NO DIRECTION HOME

The Life and Music of Bob Dylan

迷途家园：

鲍勃·迪伦的
音乐与生活

1

[美] 罗伯特·谢尔顿 —— 著
Robert Shelton

滕继萌 —— 译

重庆大学出版社

2017 版前言

Foreword

五十多年前，《纽约时报》的乐评人罗伯特·谢尔顿撰写了一篇音乐评论，该乐评一举改变了流行音乐的发展进程。如今，距离第一次出版《迷途家园：鲍勃·迪伦的音乐与生活》也是三十年有余；然而即使是在1986年，谢尔顿还在为迪伦的"杰出诗人"和"具有卓越历史意义的艺术家"地位而奔走相告、大声疾呼。谢尔顿的主要说法是，迪伦是"诗人堆儿里的新品种，是他把诗歌与流行音乐进行了嫁接"。

　　在我为本书撰写前言的时候，已是谢尔顿逝世的第21个周年纪念日了。我是多么希望他能活着看到迪伦获得诺贝尔文学奖，因为迪伦获奖的原因，即"他在伟大的美国歌曲传统中创造了新的诗歌表达"——充分证明了他早期推断的正确性。1963，恰逢《放任自流的鲍勃·迪伦》专辑发行之际，谢尔顿则因为把迪伦称为"美国年轻人崇拜的桂冠吟唱诗人"而被业界嘲笑。

　　在斯德哥尔摩颁奖仪式上，美国驻瑞典大使阿齐塔·拉吉代替迪伦宣读了他的获奖感言："我不止一次地问自己，我的歌曲创作是文学吗？感谢瑞典文学院，不仅愿意去考虑这个问题，并且最终给出了如此精彩的回答。"（假如谢尔顿在场）他会对现场的庄严与肃穆感到多么的自豪和激动啊！

　　对迪伦荣获诺贝尔奖感到错愕的怀疑者应该听听——真正地聆听——他在1962年到1966年间录制的几张专辑，以及《路上的血迹》(1975)等作品，聆听那些已经成为我们文化DNA一部分的歌曲；聆听已经成为今天世界通用语言中的那些常用词，这些常用词如同当年我们耳熟能详的莎士比亚的名言绝句。鲍勃·迪伦表达了我们的不满与悲伤，是他把阳春白雪的诗歌转化成大众喜闻乐见的流行歌曲。他谱写了改变我们时代的歌曲，那些歌曲的诞生恰逢其时而且流芳百世。

总有好事者强迫谢尔顿从迪伦众多的经典曲目中挑选他最中意的歌曲，毫无疑问，《自由的钟声》（1964）总会名列榜首：（那是）"他最深刻的歌曲之一……是文字色彩与隐喻以及人性全部内涵的胜利。"他相信这是迪伦最具政治色彩的歌曲，也是他最伟大的情歌。

> 在落日的余晖与午夜零星的钟鸣之间
>
> 我们躲避在门庭之内，此时雷声大作
>
> 庄严的钟声如闪电击中了雷声中的阴影
>
> 那闪电似乎是自由的钟声在闪烁与鸣响
>
> 为勇士而鸣响，因为他的力量不是去征战
>
> 为难民而鸣响，因为他们依然手无寸铁、依然在逃难的征途
>
> 为每一个寒夜中无家可归的士兵而鸣响
>
> 我们凝视着自由的钟声在鸣响

罗伯特·谢尔顿终于可以含笑九泉了，因为瑞典文学院授予迪伦的诺贝尔文学奖是对他文学成就的正式和最终的承认，即迪伦绝不仅仅是"一个歌舞男"。

利兹·汤姆森（Liz Thomson）

伦敦，2016年12月15日

CONTENTS 目录

介　绍
Introduction

罗伯特·谢尔顿（Robert Shelton）与鲍勃·迪伦（Bob Dylan）
在新港民谣音乐节后台。

《迷途家园》（*No Direction Home*）于1986年9月第一次出版，25年前罗伯特·谢尔顿在《纽约时报》（*New York Times*）发表了一篇著名的音乐评论，即"民谣乐坛上的一张新面孔"[1]，1986年是该评论发表的25周年。此书新版本的出版标志着那篇著名乐评的50周年纪念，也恰逢本书主人公的70大寿。

　　谢尔顿400字的短文宣布了"鲍勃·迪伦的到来：一位独具特色的演唱家"。该文刊登在《纽约时报》头版，占据了四个纵栏，在此乐评中，他把迪伦描写成一位"天赋过人、才华横溢"的年轻人，并声称他的未来将比他的过去更加辉煌。该文拥有不凡的预见性，因为迪伦的才华是原生态的。在此之前，三家大唱片公司均未能明察他那巨大的潜力，而第四家——哥伦比亚唱片公司——在那篇乐评发表的第二天，甚至还没听他唱过一个音符，便给了他一份录音合同。

　　正如苏西·罗托洛（Suze Rotolo）几年后所回忆道："毫无疑问，罗伯特·谢尔顿的乐评造就了迪伦的职业生涯……那样的乐评是没有先例的，谢尔顿从没给任何人写过一篇那样的乐评。"[2] 在她的回忆录《放任自流的时光》（*A Freewheelin' Time*）中，苏西·罗托洛详细描述了她和迪伦如何在谢里丹广场的一家报亭买到那份报纸，那是一份清晨刚刚出版的《纽约时报》，他们拿着它去了街对面的一家通宵熟食店读了起来。"然后我们又返回那个报亭买了好几份"[3]。

　　但是，谢尔顿从未声称是他"发现了"迪伦（"他发现了他自己"），而当他的巨作《迷途家园》发表之后，许多英国的朋友和同事才发觉，他们当中的这位"沉默的美国人"并非只是个小地方的评论家。［令人难以置信的是，谢尔顿当时不过是英国一家南方海滨城市的日报《布赖顿晚报百眼巨人》（*Brighton Evening Argus*）的艺术栏目编辑。］1995年12月11日去世的时候，"地区影评人工会"的新朋友们曾为此而感到震惊。他曾发起创刊《伯明翰邮报》（*Birmingham Post*），并担任该报的影评人，成为他自由撰稿人生涯的最后一搏。正如迈克尔·格雷（Michael Gray）在《卫报》（*The Guardian*）的讣告中所说：谢尔顿"在他生命的最后阶段表现出当年在纽约辉煌时期的非凡品质：他喜欢结交朋友，热情友善，善于倾听，对自己辉煌的过去守口如瓶，全心全意地为高尚的艺术服务"[4]。

喜欢交友、热情友善、善于倾听。作为一个严肃的乐评人，最后一项品质可谓必备，但是前边的两项在谢尔顿的"伯乐"生涯中就没那么重要了。20世纪60年代，在波西米亚艺术家聚居的纽约格林尼治村，他几乎"听"遍了那里的每一个俱乐部和咖啡厅，苦苦搜寻那些成长中的演唱天才，并把他们介绍给美国的听众。朱迪·科林斯（Judy Collins）记得他既是一位朋友也是一位乐评人："智力超群、机敏过人，能够敏锐地捕捉到音乐与社会思想界正在发生的大事，"并能用文字"清晰明了地"[5]表述出来。同样，长久以来詹尼丝·伊安（Janis Ian）对谢尔顿在她早期演唱生涯的成功给予的帮助一直心怀感激之情，正是由于谢尔顿的推举，美国著名指挥家兼作曲家伦纳德·伯恩斯坦（Leonard Bernstein）开始注意到她。对于詹尼丝·伊安来说，"从写作风格、职业准则与道德的角度来看，谢尔顿的文章体现了音乐评论的最高水平。通过倾听所表现出的勃勃生机使他可以预测新的流行趋势，并曾为我们当中的许多人陷入孤立。"[6]

罗伯特·谢尔顿·夏皮罗（Robert Shelton Shapiro）1926年6月28日生于芝加哥，父母分别是研究化学家和家庭主妇。1943年高中毕业，在征得父母的同意后，他放弃了父姓，他和父母的共同想法是"直接与任何一个少数族群画等号没有优势而言"。不久之后，他参军入伍，并被派往法国收复盟军的失地。由此，对欧洲文化，特别是法兰西文化产生了终生的喜爱。第二次世界大战结束后，他复员回到芝加哥，并上了西北大学的新闻学院，毕业后获得理工学士学位。

1951年2月，他来到纽约，在《纽约时报》做报社送稿付印员，同时接受培训担任审稿人。他的剪报档案显示他主要负责短期事件的报道，如选举权、社区事务、教育，以及在华盛顿特区国家大剧院如何结束种族歧视等时事的报道。不久他便开始向多家杂志投稿，包括为《科利耶斯》（*Colliers*）杂志撰写的关于一所位于新泽西州的大学领导的农业实验的报道、向《现代高保真杂志》（*Mordern Hi-Fi*）投稿介绍如何欣赏音乐的短篇，以及为《国家》（*Nation*）杂志做的一篇介绍新港民谣音乐节的长篇报道。

谢尔顿的署名文章似乎最先发表在1956年3月18日的《纽约时报》上，那是一篇介绍高保真术语的小文，也是几篇介绍唱片与节目录制总体情况的第一篇。从1958年2月开始，他的署名文章开始频繁发表，涉及诸多领域的各种话题，来自监狱的南方民谣，爱尔兰、犹太与非洲音乐；蓝草与弗拉曼柯舞曲；苏联莫伊谢耶夫舞蹈团的巡演；约翰·洛麦克斯（John Lomax）、奥斯卡·布兰德（Oscar Brand）（"一位城市吟游诗人"）、传统与民谣艺术，以及"'金曲排行榜'上的民谣"。1960年11月17日，谢尔顿指出："民谣正以前所未有的方式给纽约的夜生活带来深远的影响，从肮脏的格林尼治村意大利咖啡馆到客人举止优雅的华尔道夫酒店无一幸免。"毫不令人惊奇的是，1960年，他开始为更多的现场音乐写评论：西奥多·比科尔（Theodore Bikel）与奥黛塔（Odetta）在市政厅的演出、闪电霍普金斯（Hopkins）在村门酒吧的演唱、琼·贝兹（Joan Baez）在Y俱乐部的表演，以及1961年4月约翰·李·胡克尔（John Lee Hooker）在格迪斯民谣城（Gerde's Folk city）的现场。在那次演出会上，谢尔顿没有如约对伴奏乐队进行评论，相反鲍勃·迪伦却引起了他的注意，当时的迪伦正在6月份举行的民歌歌会上演出，接着又在7月首次参加了在滨河教堂（Riverside Church）举办的纽约城市音乐会民谣马拉松大赛，为此谢尔顿在《纽约时报》为迪伦写了一笔。

除了乐评以外，谢尔顿还就音乐与现实生活的关系进行报道，一篇早期的文章考察了民权运动斗争中"自由歌曲"的作用，另一篇则是对如何利用民谣传授历史知识进行的思考。《纽约时报》的档案目录中列举了他408篇文章，最后一篇写于1969年3月24日，评论内容涉及大都会歌剧院的"全新剧目"，即普契尼的歌剧《托斯卡》（Tosca），多年来他撰写了数量惊人的古典音乐乐评，《托斯卡》不过是其中一篇罢了。

具有讽刺意义的是，谢尔顿的乐评人生涯似乎与麦卡锡参议员大有关联。1956年1月，参议院负责调查共产党人渗透新闻媒体的一个下属委员会向他发出传票，（要求他前往华盛顿）作证。事实上，该案件犯了误指当事人身份的错误［这个委员会当时名为"伊斯特兰得委员会"，是在寻找一名叫威拉德·谢尔顿（Willard Shelton）的常驻华盛顿记者］，但是，无论如何，罗伯特·谢尔顿拒绝出席作证，坚称该委员会侵犯了新闻自由的权利，并对《纽约时报》实施了诽谤攻势。此外，他还宣读了一份声明："了解我的人都不会怀疑我对美国政府的忠诚，因为我是个忠诚的美国人，因此，从原则上讲，我必须对那些怀疑我信仰和社会关系的质疑进行挑战，并将其视为侵害《宪法修正案第一条》赋予我的权利。"左倾的《纽约时报》胆小怕事，尽管声称坚决维护言论自由原则，但是保证一旦发现共产党员必将其清除报社。结果，谢尔顿被调离新闻部，改做娱乐和专题板块。由于两次被定罪，谢尔顿决定与《纽约时报》对簿公堂，他的抗争得到了"美国公民自由联盟"的大力支持。最终，1963年9月，一个上诉法庭以2比1的票数判决他赢了官司。然而不幸的是，本案的判决最后又被最高法院以5比2的票数推翻了。[7]

当然，那时候的"罗伯特·谢尔顿早已是《纽约时报》的人"了，他"精耕细作、独辟蹊径"。正如乔恩·帕勒斯（Jon Pareles）在报纸的讣告中写道：他既是"20世纪60年代民谣复兴运动的催化剂，也是记录者"[8]。很少有微不足道的乐评人会对同行亲口作出如此高的评价。除了迪伦，还有前边提到的科林斯和伊安，还有更多的歌手与演唱家都对他心存感恩，包括琼·贝兹，她曾在1959年的新港民谣音乐节期间接受过他的专访；以及菲尔·奥克斯（Phil Ochs），巴菲·圣·玛利亚（Buffy Sainte-Marie），彼得、保罗和玛丽三人组合（Peter，Paul and Mary），汤姆·帕克斯顿（Tom Paxton），詹尼斯·乔普林（Janis Joplin），荷西·费里西安诺（José Feliciano）与弗兰克·扎帕（Frank Zappa）。

正如大卫·朗（Dave Laing）在他的"罗伯特·谢尔顿与民谣复兴新闻主义"的调查中指出：纽约是复兴的中心，而且"纽约的民谣乐坛集中在格林尼治村区，那里住着一大批多才多艺的音乐家、记者、俱乐部经理和从事音乐商业的投资人和代理商，他们频繁见面，谢尔顿早在20世纪60年代初期就已经进入这个圈子了，其中主要是因为他曾于1960年在《村声》（*Village Voice*）发表了那篇积极为民谣呐喊辩护的文章"[9]。因此，他的一些铁杆粉丝读者，包括他曾经采访报道过的一些歌手和演唱家，都是（或者成为）他的朋友，原因很简单，他们生活和工作的地点距离他家——韦弗利广场191号——近在咫尺，从韦弗利广场到格迪斯和白马酒馆（White Horse Tavern）的距离是相同的。然而尽管如此，谢尔顿的报道绝非只是写给他们，或者说得更具体一些，只写给民谣粉丝们，而是写给广大的读者和音乐消费者，他们当中的许多人都来自格林尼治村以外的地区，而《纽约时报》堪称全美发行的大报，其大部分内容也由全国各地的报刊转载。这样，"来自加州与纽约诸岛"的读者将首次应邀跟随谢尔顿走入那些烟雾缭绕的咖啡馆，如同他们跟随伟大的哈罗德·C.勋伯格（Harold C Schonberg）步入卡内基音乐大厅一样。

我们不清楚他与迪伦决定继续撰写这个传记的具体时间。（但是，有一点是清楚的，）1965年新年除夕，两人在曼哈顿上城的克里克酒吧共进晚餐，期间他们讨论了迪伦传记的写作计划。截至1965年底，谢尔顿手头已经有了几个规模较大的写作项目，其中包括《生而为赢》（*Born to Win*），一本伍迪·伽思礼（Woody Guthrie）的选集、与摄影师大卫·戈尔（David Gahr）合作的《民谣面面观》（*The Face of Folk Music*）、《乡村音乐故事汇编》（*The Country Music Story*），外加多本歌词选集的长篇介绍，以及用笔名斯泰西·威廉姆斯（Stacey Williams）为多张专辑封套所写的说明，其中包括为伊莱克特拉公司出品的《民谣盒子》（*Folk Box*）撰写的词曲介绍，部分歌曲还由他本人亲自挑选。因此，1966年，当谢尔顿书中未来的主人公上路之时，他已经做足了功课，掌握了大量有关迪伦和民谣运动的资料和文献，并且他还对其他相关者的情况了如指掌。写作初期，虽说两个人都没想到该书的成型最终要花20多年的时间，但是谢尔顿的意图似乎非常清楚，做一本认真研究（迪伦的传记），而并非粗制滥造的应景作品。与维京出版社接触无果后，他和双日出版公司签署了一份出版合同。其后不久，离开纽约前往欧洲，在爱尔兰小住后前往英国，后定居于此。

在1987年的一个采访中[10]，他简要叙述了出书的意图："金钱与富有同情心的出版商。"出版社给他的预付不算少，"但是还是不够"——谢尔顿本人不善理财。总之，期间的花费超支严重，根据他自己的说法，他调研的内容过多，网络时代之前的花费一定不菲。所谓调研内容过多是指，他不仅研究迪伦本人，而且对一切有关迪伦生平的社会、政治与文化方面的资料全部收齐，而且还要综合整理，置于大的背景之下。20世纪70年代初期，当他开始动笔写作的时候，（一位乐评人指出）成书后它将是一部"令人耳目一新的社会历史著作"，一部对"美国乐坛以及迪伦其中地位的"集大成者。但是，这是一个漫长、十分漫长的过程，以至于为密友写传记的谢尔顿无法与自己的主人公"约翰逊"（即迪伦）保持一致，原因是70年代中期的迪伦开足马力，再次上路巡演了。而1976年的谢尔顿才写到1966年迪伦的摩托车事故那一章，他个人觉得是个选择"休止"，即他所希望的两卷本传记中第一卷收尾的恰当时机了，但是他似乎在对牛弹琴。

自由撰稿的目的之一是支付房租，为此他继续写了下去，截至1977年底，谢尔顿的"迪伦"已经是万事俱备，准备上路"巡演1974"了。他把刚刚写好的章节与改好的样章一并寄给了出版社，但是双方来往的通信表明，即使迪伦1978年世界巡演的大获成功为此书出版创造了良机，他的稿件也难逃再度石沉大海的结局。与此同时，由于对迪伦万众瞩目的伦敦个人音乐会的高规格报道与专访，谢尔顿的声望可谓与日俱增。1979年2月，谢尔顿致信双日出版社称，尽管他还在积累资料，但是"我已经一字未写了"[11]。他认为没有资金资助，"如此的现状与现状的悲哀将会贻害无穷"。一年过去了，谢尔顿收到"一份校对极差的书稿"[12]，这更使他确信双日出版社既不喜欢也不懂得此书的真正意义。援引曾经遭受公众非议的猫王普雷斯利传记，即那本"比我的校对稿还长，并受到严厉批评的书稿"，（他说自己并不想做）阿尔伯特·戈德曼（Albert Goldman）那样肆意抹黑他人的传记作者。（据此）他指责双日出版社"唆使我侵犯鲍勃·迪伦和约翰尼·卡什（Johnny Cash）以及书中其他许多人物的个人隐私"，并"不断给我施加压力，强迫我为了商业利益出卖自己的朋友"[13]。

1983年底，谢尔顿与双日出版社分道扬镳，出版合同也转到了伦敦的"新英语图书馆"出版公司。但是关于资金投入与法律方面的矛盾还在持续，新出版社的编辑们发现自己不断收到谢尔顿午夜时分写来的措辞强硬的信函。随着美国版权再次售予莫罗出版公司，谢尔顿如释重负，因为书稿终于落在一家真正令读者喜爱的出版社了。一封来自纽约编辑的电报证实了他的感觉："您的鸿篇巨著令我激动万分，感激难言，祝贺。"几天之后，（他又收到）一份详细的书稿评语，告知他过去20年的辛苦"没有白费"[14]。

谢尔顿回答说他可以"接受很多各种各样的建议、想法和询问"，尽管一个不幸的文字编辑因为提出无理请求而遭到他尖酸刻薄的反击。（据说）那个不知深浅的编辑试图（向他）求证"迪伦接受采访的包机内部层高有8英里"。关于书稿长度争执加剧的原因是谢尔顿被迫要接受出版社的要求，即该书必须与时俱进：不可能有第二卷，大幅删减书中前几部分的字数。最终双方达成妥协：谢尔顿少拿稿费，出版社多出文字。[15]序言部分乃至最后一章的引文表明他（对此无理要求的）痛苦心情："一幅肖像是不可完成的，但是它是可以被抛弃的。"直至临终之前，谢尔顿对此依然耿耿于怀，认为此书是一部"被阉割的力作"[1]。

《迷途家园》终于出版了，谢尔顿也踏上了巡讲促销的征途，先是在英国而后去美国，迪伦为此而感到扬扬自得。当二人在伦敦拍摄《火焰心灵》（*Hearts of Fire*）现场见面的时候，此书的海外版相继问世：欧洲的读者，特别是法国和意大利读者对其大加褒奖，法国《世界报》（*Le Monde*）在头版刊文予以报道。

谢尔顿倾全力成就的大作虽说好评如潮，但是也许是期望值太高，有些人的好评似乎来得慢了点，这也不奇怪。该书出版后不久，迪伦的星运也是江河日下，一些乐评人和竞争对手认为时机已到，纷纷出手贬低该书与其作者，罔顾当年《纽约时报》的那篇乐评对于迪伦演唱生涯崛起的巨大作用，不承认谢尔顿身临其境、作为重大历史时刻见证人的地位：即1963年新港民谣节与广受赞誉的1964年"鬼节"爱乐大厅演唱会，1965年迪伦转型摇滚乐，1966年与"雄鹰乐队（The Hawks）"的重要巡演，1968年在伍迪·伽思礼纪念堂，1969年怀特岛（The Isle of Wight）演唱会，等等。一路走来，两

---

[1]直译是"浑水桥上的删减版"。浑水桥取自保罗·西蒙的那首名曲*Bridge over the Troubled Waters*。——译者注

人曾经交往甚密，常常是一起消磨时光，有时又有他们的女友作陪，就迪伦而言，包括他的两任女友——罗托洛与贝兹。在迪伦淡出公众视野的1971年，二人曾经在纽约促膝长谈；1978年的巡演中，他们更是彻夜交流。

在格林尼治村的那几个重要的年代里，谢尔顿曾是迪伦的"圈里人"，二人不分彼此，迪伦的朋友就是谢尔顿的朋友。正如罗托洛在自己的回忆录中写道：很多夜晚都是在谢尔顿的公寓里结束的，一次，始于白马酒馆的一个漫长夜晚之后，迪伦竟然在他家的沙发上睡过去了。有了这样的紧密关系，谢尔顿可以独家接触到迪伦身边很多的亲密人士，其中包括他的弟弟大卫（David），父母艾比（Abe）和贝蒂（Beatty），没有任何其他记者被允许同他们进行过深谈。1966年7月，当迪伦摩托车祸的消息传来之时，艾比·齐默尔曼（Abe Zimmerman）最先想到的是谢尔顿，并打电话向他了解更多的情况。谢尔顿还采访过迪伦少年时代希宾镇的朋友们，包括艾科·海尔斯托勒姆（Echo Helstrom）、邦妮·比彻尔（Bonny Beecher）、"来自北乡的姑娘（Girl from the North Country）"，以及明尼苏达大学时代的同学和朋友们。

还有，他当然还同关系密切的音乐家们，其中包括：贝兹、彼得·雅罗（Peter Yarrow）、杰克·艾略特（Jack Elliott）、皮特·西格尔（Pete Seeger）；他的经纪人阿尔伯特·格罗斯曼（Albert Grossman），还有自己未来的制作人菲尔·思贝克特（Phil Spector），他曾经在录制《山高、河深》（River Deep, Mountain High）期间对他进行了采访。许多历史的见证人现在都已离开我们了：迪伦的父母，还有约翰·哈蒙德（John Hammond）、约翰尼·卡什、玛丽·特拉维斯（Mary Travers）、艾伦·金斯伯格（**Allen Ginsberg**）、戴夫·范·容克（**Dave Van Ronk**）、理查德·法理尼亚（**Richard Fariña**）与菲尔·奥克斯等，他们都已经驾仙鹤而去了。但是他们的证词白纸黑字——与我们同在，这一切都要归功于罗伯特·谢尔顿百折不挠的艰苦努力。

尽管有如此的便利条件，谢尔顿仍然保留了一个新闻工作者的客观性，他移居欧洲既是要远离他在书中所涉及的人物，也因尼克松时代美国的丑陋不堪让他欲避之唯恐不及。对那些抱怨迪伦令人难以捉摸的人们，即问题提出了但是依然没有答案，谢尔顿常说"答案都在那了，条件是你该知道如何解码"。对于那些欲置人于死地的哀号他充耳不闻，虽说一文不名的未来也常常使他焦虑不安，但是无论多少钱财也不能说服他"出卖朋友的古董"。

从一开始，谢尔顿就决心把迪伦塑造为20世纪的文化巨人，并使他的作品可与诸如毕加索（**Picasso**）、卓别林（**Chaplin**）、威尔斯（**Welles**）以及白兰度（**Brando**）等大师级人物的作品相媲美。没错，他可能对自己这一观点的学术性夸大其词，但是假如有些歌曲的分析有过分解读、文学的关联性过分牵强的话，我们必须记住的是：早在学术界开始研究流行音乐，特别是研究迪伦之前，他就已经开始为迪伦摇旗呐喊了，为此他领先学界若干年之久。时代的确在变，谢尔顿与他的大作则是这种变迁的助推剂。

当然，谢尔顿也是个难以相处的人，发出的信件如同炮弹出膛，其实毫无必要。但是，他有时或者是常常令人难堪是事出有因的，那就是有人触犯了他的原则。令人悲伤的是，他没能亲眼看到人们对20世纪60年代的历史与音乐的兴趣重新燃起，也未能目睹向"诗人—歌手—词曲作者"这一形式的回归，此等"三位一体"（的创新模式）曾经是60年代流行乐坛的主流。

正如他指出的，迪伦"可能早在1966年就已经死去，或者之后，但是他依然改变了流行乐坛的面貌，甚至是它的新陈代谢速度"[16]。谢尔顿也未能目睹对他研究成果的重新评价，在他之后的每一位迪伦传记作者都要利用甚至有时还要大量借用他的成果。现如今，《迷途家园》已经被公认为此类题材的经典作品，谢尔顿也堪称严肃音乐新闻报道的开山鼻祖，正如文化历史学者劳伦斯·J.艾普斯坦（Lawrence J Epstein）所说："尽管结构松散，但是它引人入胜，书中充满了精彩的逸闻趣事，它是一幅真诚、有价值的肖像画，一部真正的鸿篇巨著。"

我们相信，新版本的编辑与章节的排列比旧版更好，从内容上讲，我们从谢尔顿1977年原始手稿中恢复增补了2万多字的逸事和趣闻，增补内容最多的章节分别是第一章、第四章与第十章，每一个章节都是至关重要的内容：希宾与格林尼治村，1966年从林肯前往丹佛路上的著名采访。前言是以前没有发表过的，有时间记载的部分，如盗版带、所谓新迪伦等内容都被做了删减处理，当然还有那些语焉不详、令人不甚满意的更新也做了同样处理：书的结尾部分是1978年，即伦敦演唱会成功的幕后故事。

"找点儿你自己感觉强烈的东西，然后把它写下来。"迪伦曾经这样建议谢尔顿，说这番话的时间是1965年10月的一个晚上，当时他们俩在煤气灯（Gaslight）酒吧消磨时间，四年前谢尔顿在《纽约时报》上发表了那篇改变迪伦命运的乐评。说者无心，听者有意，这位乐评人如此上心，以至于几个星期之后，他便发现了自己书中的主人公。

伊丽莎白·汤姆逊（Elizabetb Thomson）和帕特里克·汉弗莱斯（Patrick Humphries）

上：20 世纪 50 年代罗伯特·谢尔顿在《纽约时报》的排字工作间。

右：迪伦在阅读伯克利学生杂志《加州塘鹅》(*California Pelican*)上的一篇文章《如何拒服兵役》(*How to avoid the draft*)。1962 年的这段时间，他源源不断地为校园示威活动提供反战歌曲。

序：时代变迁
Prelude: The Times Changed

难道在理智上还有比漂泊在未经证实的幻象中，还不知道我们看到的是真理
还是幻象，更令人不安的处境吗？

—— **卡尔·荣格（Carl Jung）**,《**易经**》(*I Ching*) 英文版序言 [1]

保护好自己的记忆……因为你无法再次体验记忆。

—— **迪伦** [2]

因为他是俄耳甫斯的一部分，诗人……是迷思的建构者，战胜野蛮的魔术师，
奔向死亡的朝圣者。

—— **乔治·施泰纳（George Steiner）**,《**沉默与诗人**》
(***Silence and the Poet***)

真理是模糊的，太深奥、太纯洁；要体验真理你必须去探索真理。

—— **迪伦** [3]

必须有人去找到那颗冉冉升起的新
星，我猜这事儿还得由我做主。

—— **迪伦** [4]

"我信守我的诺言。"1964 年
迪伦在伍德斯托克，工作中。

这个故事讲述的是一位诗人兼音乐家生与再生、循环往复的故事，他曾经"死去"过多次，但他依然活着。这是一个人们爱戴的英雄的故事，但是这个英雄人物却否认他的英雄气概；这是一个叛逆者的故事，但是这个叛逆者却雄辩地挑战那个培育了"反文化（counterculture）"的主流文化，并且带头反对自己叛逆导致的肆意妄为。这是一个对变革的记录，对不容置疑的传统挑战的记录，也是变革自身传统的记录。这是一个给创造神话、接受神话与打破神话叙述者讲述真相的尝试。假如迷思是公众的梦境，那么梦境则是小众的梦境，那么本书的故事将试图解释一个词曲作者如何成为公众眼里的梦想家，他使一代人的梦想与梦魇变成神话。

鲍勃·迪伦的追求充满了讽刺与矛盾，笼罩在七种模糊的表象之下，忍受着舞台灯光的刺眼煎熬，由于粗俗的幽默而变得充满张力，由于我们和他的痛苦而变得黑暗。迪伦佩戴的面具无数，人格更是四分五裂，胡编乱造出的人物一箩筐，有些是我们的朋友，有些则是不共戴天的仇人。"迪伦是个多面体，他是圆的，"一个曾经居住在伍德斯托克的友人曾经如是说。"他有多重人格，"克里斯·克里斯托弗森（Kris Kristofferson）说。"就让我做我自己吧，"迪伦1964年写道："一个温情的我／无情的我／温柔的我／各式各样的我。"⁵1966年，他说"我住的地方非常孤独，"但是10年后，他说唯一能够让他感到孤独的地方是舞台。

迪伦的演唱生涯是个上下求索的故事，是一个人沿着没有穷尽的精神大路逃遁的故事，而这条大路荆棘丛生，与他人的冲突与碰撞让他遍体鳞伤，丑陋的排行榜成了他的保护墙，只有那宁静的田野风光才使他得到短暂的舒缓。偶尔，他会唱出自己"沿着时光的废墟……远离疯狂悲哀的扭曲"⁶而出走。如同每一个艺术家，他也有对未来的憧憬："有一天，所有的事情都会像狂想曲般的光滑／这时我就可以绘画我的杰作。"⁷

鲍勃·迪伦5岁时第一次登台演出，12岁时就会写诗，青春期承受过死亡阴影的威胁，19岁时获得新生，22岁给自己写了墓志铭，24岁时就已是腰缠万贯的国际大明星了，25岁时隐退"桃花源"直至获得艺术与精神生活上的重生："我们死去但是还会重生／冥冥中我们得到神的拯救。"⁸离开舞台中央长达7年之久，他重新登台再次站到聚光灯下，开始了一轮爆发式的演出、影视拍摄与歌曲录制活动。与其说这是复兴，还不如说是一次巨大的再生。

迪伦的作品导引了我们的时代：《像一块滚石》（*Like A Rolling Stone*）、《随风飘荡》（*Blowin' in the Wind*）、《痴人风向标》（*Idiot Wind*）、《敲击天堂之门》（*Knockin' on Heaven's Door*）、《鼓手曼先生》（*Mr Tambourine Man*）、《大雨将至》（*A Hard Rain's a-Gonna Fall*）、《没事，妈妈》（*It's All Right，Ma*）、《沿着瞭望塔》（*All Along the Watchtower*）、《乔治·杰克逊》（*George Jackson*）、《飓风》（*Hurricane*）、《一切都已结束，蓝色宝贝》（*It's All Over，Baby Blue*）、《纠缠布鲁斯》（*Tangled up in Blue*）、《风暴避难所》（*Shelter from the Storm*）、《自由的钟声》（*Chimes of Freedom*）、《伊甸园之门》（*Gates of Eden*）、《地下思乡布鲁斯》（*Subterranean Homesick Blues*），这些不过是上百首当中为迪伦歌曲爱好者、研究者、模仿者、阐释者、粉丝、怪客以及追随者深深喜爱的一小部分。在他们中间有两位都叫卡特（Carter）的人：一个叫"飓风"·卡特（Hurricane Carter），曾经身陷囹圄；另一个叫吉米·卡特（Jimmy Carter），曾经家住白宫。那位曾经身陷囹圄的"罪

犯"称迪伦为"一个为生命与生存而不是为死亡与死去而生活的人"。即将当选为总统的卡特在接受本党提名时，告诫美国人民要倾听迪伦的教诲："不为生存而奔忙者行将死亡。"[9]

无论迪伦卷入演艺界多深，他的炫酷、冷酷与虚伪只是他生命图景中的一小部分。他已经成为经典美国民谣、流行乐坛以及神话中的一部分（我使用"神话"一词绝非是指"虚假的信仰"，而是指代那些可以表达文化梦想、态度与价值观的典型象征与叙事）。在迪伦遇到或读到罗伯特·格雷夫斯（Robert Graves）之前，他就已经遵循这位老诗人的谆谆教诲，即一个诗人必须能够与神对话，以理性思考。

所谓迪伦"学"讲述的就是一个典型的叛逆者外加"让他成为好孩子"的搅局者：12岁的他还在学习希伯来语，也是一个开车极易出事的驾驶员，之后不久便开着摩托摔断了自己的脖子，一个电器推销员学徒，一家杂志的专栏作家与"编辑"，一个小说家与编年史作者，一个刚刚起步的剧作家、电影明星、画家、研读《圣经》的小学生，一个废寝忘食的读者、布道者、大家的孩子，然后再是父亲、许多人的梦中情人，最后还是许多人的"敌人"。

如果记者问到是谁、干什么的，他们就是自找苦吃了。"我不过是一个空中飞人，"他会回答说，或者是个"抓兔子的、给狗修毛的"或者"误入歧途的酗酒者"。记者常常也会遭到迪伦的嘲讽，如一个澳大利亚记者曾经斗胆问他："能把头发梳得像你那样得费很大劲吧？""不用，你躺在上边睡个20年就行了，"迪伦回应道。"你对毒品的看法如何？"一个法国记者又问他。"碧姬·芭铎（Brigitte Bardot）是一种不错的毒品，"迪伦嘲笑着回答说，"我只是像你一样，你把问题问好，我尽力把问题回答好。"

早在1964年，他就懂得解释自己的言行、作品的危险所在，冷冷地说道："别自创什么东西，会被别人误读的，它是变化的，会跟随你一辈子的。"[10]我认为迪伦一直想要保持他的观点的开放性。1966年，他说："我不给任何东西定性，我不会告诉你什么是美，什么是爱国主义。我接受事情的表象，不附带任何先决条件来规定它的本质。"1976年，他说自己从来就不懂多数人认同的价值观念，我无法理解阐释与限制的价值。阐释是有破坏作用的。此外，世界上没什么需要阐释的。尽管他语焉不详，充满挑战且辞藻华丽，迪伦已经给自己作了定义并经常清楚地重新界定自己，但是他的阐释会不断变化。自从我第一次于1961年见到他，他已经给我们时代的外观、演变的进程、道德秩序与本质作出了近乎完整的定义。他的艺术与生活阐释了他对可塑的生命存在的上下求索，特别是作为一个极具创新精神的叛逆者一直在寻求自己的答案。在1964年推出的专辑《鲍勃·迪伦的侧面》（*Another Side of Bob Dylan*）的说明页上，他写道：

> 我不知道答案也不知道真理
>
> 因为绝对没有一个活着的人
>
> 我不会听任何人
>
> 来跟我道德说教
>
> 根本就没有伦理道德
>
> 因为我做梦太多了。[11]

然而，到了1968年的时候，由于写出了充满《圣经》道德说教的《约翰·韦斯利·哈丁》（*John Wesley Harding*）这首歌曲，他公开承认："我们都是道德说教者。"迪伦的善变能力是对僵化教条的教育制度的含蓄批评，因为那个制度培养的都是些"无用与无意的知识"。作为一种挑战，他从大学辍学，因为他深知大学与博物馆也是"无用"制度的一部分，在那里："死亡是我们的公敌。"但是在价值观飞速变化的20世纪60年代，大学生与知识分子把他视为精神领袖，有些人称他为"人民的公知"。到80年代初期，迪伦这位自学成才的作家／音乐家早已成为学界研究的对象。为此普林斯顿大学授予他荣誉音乐博士的称号，这个早先痛恨"学习"的人，（现如今华丽转身）竟成了一名学子，尽管他不过是一位"路上学者"罢了。

迪伦本性不善言辞，但却非常善于表达。虽说是一位国际公认的传播能手，他常常却无法与周围的人直接交流。心情的好坏让他喜怒无常、性格怪僻、沉默寡言，时而枪声大作，时而恶语相向。看看下边这一段歌词："我孤独无助，如同一个富人的孩子。"[12]他对"生命与唯一的生命"[13]的定义溢于言表：

> 尖锐的讽刺，他们以蔑视恐吓
>
> 自杀性的言辞被撕开
>
> 从傻瓜金质的口舌
>
> 空洞的号角吹响的是废话连篇
>
> 证明在警告
>
> 若不是在忙于生命
>
> 就是在忙于死亡。[14]

他使用的语言简洁，言简意赅地描述了悲恸、恐怖、释放、渴望、脆弱、解放、责任、牢笼、陷阱与非正义。他是这个时代最本真的作者，其创作的主要形式是歌词与作曲，他的写作风格集中体现了黑色幽默的卓越技巧，主题紧扣当权者的傲慢无礼、乌托邦式的美好未来及其骗局、存在主义的自由与现代启示录、身份的求索、执着与缺乏献身精神、爱情与它的方方面面，以及绑架我们精神的所有虚假信仰与解放我们的真理。与他最忧郁的现代荒原观点形成有趣对比的是，他可以重新唤起再生与成功的希望。为此，他会常常发起极具挑战意味的问题，如同他会唱到寻找新的答案与新的问题，以及他对人格整体性与自我感觉的追求，它的歌曲为我们自己的求索设定了节奏。我们要么与迪伦共同成长，要么与他保持青春常在。由于经常被人误解，他曾迫切要求去了解这个问题的答案："为什么人们要惧怕那些对你毫无意义的东西？"[15]他非常了解恐惧："经验告诉我们沉默最能使人感到恐惧。"[16]他和兰波（Rimbaud）（"我是沉默的大师。"）一样，深知如何操控沉默，并将其转换成一个保护智慧的护墙。

作为友人、乐评人和传记作者，我会常常绕过这道护墙。有时是他给我钥匙，有时我会自认家门，当然最好还是他自己敞开心扉。一次他告诉我说："没有人会无所事事，我就不相信人会无缘无故地生与死。"他反复跟我说他憎恨标签："实话实说吧，我不知道我是什么。当人们认为我是这个或者那个的时候，在他们与我之间就已经产生了误解，一种障碍吧。"在日后的几年当中，他经常跟我说起此事，但是他同样也和许多没有见过的人说，条件是他们真正能够听懂他的歌。

具有讽刺意味的是，迪伦强调他的艺人身份，作为"歌舞艺人"，他贬低自己作为人生导师的重要性，但是正是他教会了我们如何看待爱情与失败、社会的瑕疵与权力腐败、长生不老与现实的救赎，以及生与死的边界地带。迪伦的演艺生涯和他的音乐是隐喻和迷思、纸牌游戏、街头对垒与哑剧表演，每一件事情都在不同的层面运行。与荣格相似，他也常常为自己释放出的创造力所震惊，如同他只是一个宣示人生真谛的工具。关于自己的成功，他曾经说："我的成功是时势造英雄。美国的能人多了去了，他们的画像早就挂在那里了，只不过他们是不能分身罢了。"

迪伦几乎是凭一己之力，将被束之高阁的诗歌艺术引入流行音乐，但是他依然不习惯人们赋予他的"诗人"标签。他曾经跟我大发雷霆，说："那简直就是他妈的一个弥天大谎。'诗人！'我觉得诗人就是那些从来不愿意把自己叫作诗人的人，自打大家开始叫我诗人的时候，我就从来没有高兴过。"

由于憎恨"诗人"这一标签，他把自己与那些无视民谣与流行诗歌伟大传统的人隔绝开来，也与那些无视借鉴与重塑日常话语的艺术活动的性质，以及那些拒绝承认大众流行音乐与严肃文学形式存在嫁接可能性的人们隔绝开来。迪伦以民俗的语言开始，然后妙笔生花，直接以复杂的城市市井语言表达自己。他执着地使用口语化的句法、词汇与表述节奏，依赖通俗的歌曲形式，以及他不承认别人赋予的诗人标签，都说明他拒绝成为严肃文学的一部分。但是，为什么迪伦是一个卓越的诗人呢？在此，我想提请大家注意他的诗人品质：他的那些简洁而又令人难忘的表达方法与名言警句；他可以同时描述几件事的能力，大胆使用各种暗喻、明喻以及象征的手法；能够唤起听众记忆的各种意象，巧妙使用韵律以及近似韵、不同用词而产生的声音与颜色的幻象，令人惊讶的语境与恰到好处的词语结合，以及歌词的抑扬顿挫，不仅能够打动听众还能发人深省。对于很多人来说，迪伦的艺术既是听觉的艺术，也是口头表达的艺术，欣赏他的艺术需要能够体会他用词的细微差别，还要强调音乐的欣赏能力。一旦做到这一点，他的歌词便会跃然纸上，音乐也会在心灵的耳畔回响。

由于越来越多的人开始接受迪伦作品的文学性，迪伦本人也逐渐对浪漫预言性诗人的赞誉不置一词，毕竟他对现代主义诗歌的贡献是巨大的。当评论家把他比作会演奏吉他的惠特曼（**Whitman**）或者是手拿录音合同的兰波，迪伦就可以停止假装不知道四行体诗与货运列车之间的区别了。由此，为了能够涵盖迪伦的艺术，有必要使用令人激动的全新方式将文学的定义予以扩展，应该包括他的舞台艺术、专辑封面阐述、小说《狼蛛》（*Tarantula*）、早期的"新闻写作"，与他创造的各种形式的媒介，此种媒介都可以成为作家有效的传播工具。他与媒体的斗嘴，他那些广为世人所知的"逆向"采访，自身都是文学表演的形式之一。

迪伦天才光环的中心是他利用艺术掩盖艺术的能力，通常他给人的印象是他谙熟即兴发挥、本能反应、出口成章，一位言语随和的吟游诗人。他能故意隐藏那些精心设计的表达，使它们贯穿于自己的作品中，并使其免于乐评人的过度杀伤。但是，他无法掩饰自己扰乱他人情绪的天才，这种才能让同辈人嫉妒万分，尽管他们也在模仿他的做法。由于他对社会弊端以及人类失败的批评如此尖锐，以至于他的听众会感到内疚，有些人甚至还会迅速反击。有人说他傲慢无礼、善于操控、野心勃勃、疑神疑鬼还骄傲自大、唯我独尊。他会经常承认，说一夜成名毁了自己，他希望自己从未对同辈们出言不逊。他也常常为自己辩解，说他的动机与意思都被扭曲了，所以是"杀敌一千自损八百"，即赢得了一个朋友也给自己创造了一个敌人。我怀疑，与大多数依靠自我奋斗获得成功的人相似，他可以忍受"对其个人历史的"一点点"修改"。他的个人历史（我同意），根本不需要什么修改，相反他只需要获取同情和理解即可。

他是个浪漫、愤怒、激情四射、兴高采烈、令人抓狂的人，是个矛盾体，许多人认为他甚至是不能维持任何长久的亲密关系的人。但是，毫无疑问，他对我们这些受害者，即社会谎言的受害者，欺骗的受害者，政府控制、媒体以及音乐界操纵的受害者们表现出的同情是不含糊的。他听到了天启的声音与远方暴风雨中的鼓乐齐鸣：

> 战鼓为聋哑人而鸣、为盲人而鸣
>
> 战鼓为遭受虐待者、为失去伴侣的母亲、为用错头衔的妓女而鸣
>
> 为触犯轻罪的囚徒，被追捕与被欺骗的人们
>
> 我们倾听着自由的钟声为他们鸣响[17]

随着他的成熟，他的人生信条也超越了简单的善恶之分。他从一个激进的社会批评家逐渐演变为观察者和福音传教士。有时他会扮演一个高瞻远瞩之人，有时又是一个撒旦般的弄臣，他知道生活对于那些感知太多的人是悲剧，感想太多的人是荒诞喜剧。他的作品在眼泪与大笑之间摇摆，他生活的目的是过度享受；然后，作为节制之人，他可以在平衡与秩序之间狂欢。正如布莱克写道："离经叛道是通往智慧神殿的必由之路。"不久，他又重新回到情感的动荡之中，无节制地生活，并将所有的一切精炼为一首歌曲。最终的教义则是没有教义，他所能接受的则是变化无常本身。"没有比变化更加稳定的了，"1964年他曾如此说道。

"没有艺术家会接受现实，"尼采（Nietzsche）写道。迪伦不仅挑战大的社会现实，也挑战他自身的现实。由于他自身的现实情形过于平凡，他

的浪漫幻想又过于平淡，因此他在不断改变自己。他的思想神秘高深，他的生活更是神秘莫测。但是，给你一个最为弱势而敏感的作家，他会不断地渴望默默无闻以及他的神佑，即使他的其他部分需要超越、胜利与征服。他双子星座人格中的两个部分在相互搏斗，通过使自己变得越来越遥不可及、难以捉摸、不可触碰而试图保护自己的内核。但是，他不断在歌曲中敞开自己的心扉，我知道即使他写的是他，或她，或他们，或者是它，或者任何一个庞大的人群，他从不使自己远离自我，或者那些在他身体内部咆哮的许多自我。在我们看来，他变成了自己创造的一些人物。谁是那个破衣烂衫的乞丐、情人、"衣衫褴褛的拿破仑（Napoleon in rags）"[18]、全副武装的孤儿、不法之徒、红心杰克（Jack of Hearts）、流浪汉、伊西斯（Isis）的丈夫兼兄弟、小丑与小偷？是谁潜伏在菲尔斯大夫（Dr. Filth）面具的后边，"孤独"小姐（Miss Lonely）、亨利太太、房东、阿喀琉斯（Achilles）、移民、鼓手曼先生？还有，这些女性灵魂人物，如乔伊娜（Johanna）、玛利亚（Marie）、拉蒙娜（Ramona）、简女王（Queen Jane）、莫娜（Mona）以及瓦莱丽（Valerie）代表什么？

所以，这是一个像嘉宝（Garbo）与白兰度一样神秘莫测的高人，同时向陌生人敞开自己的经历、思想与情感。他就在那里——看得见摸得着，但是却又似无形的幽灵，深藏不露。公众越想索要那个内在的迪伦，他就越少袒露自己。除非你能够解开那些文字密码，因为他们可以揭示隐藏在所谓迪伦现象的背后，即他的诗歌、讲话，以及那些不透明但却可以向他的"朋友们"传递秘密口信的含蓄语言。他可以把语言用作屏风，正如塔列郎（Talleyrand）所说："人类发明语言是为了掩盖自己的思想。"迪伦发明了一种全新的流行歌曲形式，它既可以阐释也可以掩饰自己的思想。这位孤独的美国艺术家也是个悲哀的传奇，迪伦属于旧式传统的一部分，该传统使哈特·克莱恩（Hart Crane）与约翰·贝利曼（John Berryman）命运不佳；但是他又开创了一个新的传统，他让迪伦这位诗人找到了更大的读者群。有些异化是社会性的，有一些则是作者本人因为现实即为如此与现实本该如此之间的巨大差异痛苦不堪而导致的。

迪伦的领导才能、舞台艺术、人格与天才的力量、吟游诗人的伟岸，以及自我延续的传奇色彩，都使得一些人把他奉若神明。演艺界经常会把能力平庸之辈吹捧得灿若星辰，在另一个极端，自古以来吟游诗人便被视作拥有神父般的神通，能与诸神沟通。对于公众赋予的权利与力量，迪伦是避之唯恐不及，虽说这其中诱惑力极大。无论是圣人还是罪人，他放弃了救世主的钟表，或是魔鬼的钩叉，并高唱："不要追随领袖。"[19]

尽管迪伦在竭力摆脱"神秘"与"超凡魅力"的桂冠，这些词语似乎就是为他造的，那些能够强烈感受到他那强大磁场的人会经常无法描述他的特殊魔力，有些人发现他"就是非常性感"。而其他人则用"神秘的力"，或者"他践行了我的许多梦想"来描述。有了这样的天赋，或者诅咒，或曰磁性，迪伦成为他那个时代最具影响力的艺术家。假如哪天他录制了一首歌，第二天就会有人在布拉格或特拉维夫演唱，就会有人在牛津讨论，就会在安提俄克引起争议，在洛杉矶被模仿，在纳什维尔被抄袭。当然，这种影响会主要集中在流行音乐领域，是他使得议论时政的抗议歌曲变得"令人钦佩"。当他亲手缔造了"民谣摇滚"以及其他类型的乐种，音乐界就集体随他而去。那些取名为"无数金发女郎（Blonde on Blonde）""神父犹大（Judas Priest）"，以及"繁星眼与大笑（Starry-Eyed and Laughing）"都借鉴了他的歌名与曲中人物。乐评人、小说家与诗人在给书籍起名时更会借鉴迪伦的音乐典故，如《大事发生》（*Something Happened*）、《大雨将至》、《为生而奔波》（*Busy Being Born*）、《逃犯布鲁斯》（*Outlaw Blues*）与《伊甸园之门》，等等。

迪伦对自己的"优秀"抱有特别的模糊态度。"我从未说过自己优秀。是别人说的，媒体说的，我没说过，"迪伦在其淡出音乐界的时候曾经跟我说过。但是20世纪70年代中期，他重新回归舞台，一大批录制精良的专辑作品的问世让他重新登上天王的宝座，而这个天王名声他也是口头上予以拒绝过，他明白如果同意为自己树碑立传，他的诋毁者们会不断攻击他的弱点。在迪伦许许多多的公开露面中，他总是会轻易成为乐评人攻击的对象。他们不遗余力地诋毁、讽刺、挖苦迪伦，挑战他的"寓言故事"，而不是欣赏他是如何编织这些故事，似乎成为一种恶性循环的游戏。"即使他不是总能写出伟大诗歌，他还总是装得像一个诗人，"那些从中获取病态乐趣的人们如此说道。在迪伦演唱的早期，那些未能被他的嗓音征服的听众感到困惑不解，因而那个动人而又坚定的歌喉曾经遭到讥讽，被称作"烟酒嗓"，如同陷阱中的困兽。"我认为他们根本没听我唱什么，"迪伦曾说。的确，那些真心喜爱这个独特嗓音的人们认为这正是要表达痛苦、智慧与愤怒的最佳媒介。（当他出乎预料改用乡村音乐的甜美假唱，粉丝们则要求他回归以前那种粗糙、刺耳的声音演唱。）

即使承认他有错误、言行放肆甚至自相矛盾，我们依然有理由认为迪伦堪称重要，是极具有创新精神的艺术大家。毫无争议的是，迪伦对于流行歌曲的贡献可与毕加索对视觉艺术，斯特拉文斯基（**Stravinsky**）对"严肃音乐"，卓别林对电影，乔伊斯（**Joyce**）对小说的贡献等量齐观。迪伦没有辜负艺术家的伟大任务，即发展、探索与变化。是他将"流行歌曲与诗歌创作"推上了一个巅峰，那些无法理解迪伦成就之人也许会把我的高山仰止当作一个传记作者的短视或者视野狭隘、一个朋友的夸大其词，（我认为）他们的观点不值一驳。

几位贬低迪伦的作者把他的崇拜者与尖声叫喊的追星乐迷相提并论，即所谓的"迪伦热"，但是他的评估是经过认真检验的，那些表扬歌颂他的人并非追星的"小孩子"，而是"有丰富文化底蕴的"评论家。早在1963年，我就把迪伦称为"美国桂冠诗人歌手"，为此我还遭到嘲笑。然而，自打那时起，越来越多的人开始同意我的评价。约翰·克莱仑·霍尔姆斯（John Clellon Holmes）："多年以来，没有人可以不关注这位天赋过人的年轻人所取得的伟大成就，不关注他的成就就无法理解我们生活的这个时代。"查尔斯·莱克（Charles Reich）在《美国的成熟》（*The Greening of America*）一书中称迪伦为"全新思想意识的真正先知"。约翰·皮尔（John Peel）认为迪伦是"使美国流行音乐成熟的最重要的力量所在"。艾伦·金斯伯格则称其为"宇宙时代的天才吟游诗人"[20]。越来越多的人将迪伦视为文学艺术家，克里斯托弗·理克斯教授（Christopher Ricks）："一个伟大的喜剧演员、一个杰出表演艺术家，如同狄更斯和莎士比亚，共同属于那些寻求最广泛读者或听众的艺术家。"弗兰克·科默德认为他是个"全才"，没有人能与其相提并论。迪伦的作品可与惠特曼、叶芝（Yeats）、艾略特、犹太教神秘主义体系喀巴拉（Kabbalah）和《圣经》相提并论。

反之，有些人认为迪伦是一个带有瑕疵的奇才，一个还没有成型的音乐家、反复无常的词曲作者、手足无措的救世主替代者、不稳定的演唱家。本书不仅是要展示作为人的迪伦，还要说明他同样是一个具有重要历史地位的艺术家。我认为，他是了解当代美国社会肌理与理想内涵的关键人物，我把他看作新型艺术家与艺人，新一代超级明星，一个将语言与歌曲完美嫁接的新一代诗人。他既是一种新的文化英雄，也是游走于不同时空、验证不同世界力量、限制与失败的反英雄，我发现迪伦是个典型的自学成才者，一个十足的美国梦的追寻者，他是来自外省年轻人的化身，拼搏不息以便能在城市安身立命，他天生就是个斗士，反对虚伪、不公正，以及扭曲自己理想的一切。迪伦的音乐包含了我们所有人的点点梦想，即去影响、去改变、去征服，他的人生旅途成为20世纪60年代的象征。尽管如此，我们依然深深地陷在那些几十年前他所创作的歌曲的回响中。迪伦的"大雨"依旧会洒落在饥渴的荒漠之上。

　　尽管有媒体的吹捧与公众的效仿，尽管他赚得盆满钵满，迪伦还是会经常遭受媒体与公众的不公正待遇。50年前，那位激进的工会歌手乔·希尔（Joe Hill）被处死，50年后迪伦一路唱来成为百万富翁。"一个有钱的孤独者依然是孤独的，"迪伦曾说。难道美国的艺术家，甚至是一位深受公众喜爱的艺术家也要遭受孤独的诅咒，缺乏他或她所需要的全面关爱？在他触逆潮流继续前行的路上，迪伦使自己的歌声广为人知，尽管存在各种阻力与乐评人的诋毁。当然，他还是比乔·希尔幸运得多，比那些18世纪来自苏格兰的抗议歌手幸运得多，他没有因为自己的反抗而被处以绞刑。此外，迪伦的命运也好于前东德诗人兼民谣演唱者沃尔夫·比尔曼（Wolf Biermann）。比尔曼于1976年11月被东德共产党政权强行流放，原因是不喜欢他的异端邪曲。迪伦的演艺生涯要比布拉格的那些摇滚歌星顺利，他们因为反对"老大哥"的独立倾向被推上了审判台。最后，他比那些苏联的"颠覆"歌手——诗人—异见分子更加幸运，他们要么身陷囹圄，要么因为私藏地下磁带而被送进精神病院。然而，尽管他的财富和荣耀，尽管被助理、保镖和忠实的追随者簇拥，迪伦也常常不被社会接受并得到应有的尊敬。对于我们当中的许多人来说，自1960年开始我们的记忆储存都被嵌入"迪伦时代"的字样，还有许多人不知道他是谁，他代表了什么，也许知道的就是，"那个唱《随风飘荡》的疯子嬉皮士"。

我们以一个"争议者"开始，对一些人来说，他仅仅是一个词曲作者、流行歌曲明星，但是对另一些人来说则是"千面英雄"。有些人想要他做《时代》杂志的封面人物，《滚石》（*Rolling Stone*）杂志提名"迪伦做总统"。慢慢地，即使是极不情愿，学界、政客以及媒体纷纷承认迪伦已经在这些变化的时代留下了自己的印迹。与拜伦（Byron）和菲茨杰拉德（Fitzgerald）分别代表各自的时代精神一样，迪伦也是他那个时代精神的化身。

迪伦将美国的流行音乐形式，无论是布鲁斯、乡村音乐、时政歌曲、民谣摇滚、叙事歌谣、祈祷甚至是华尔兹，都与新的可能性进行过融合。一个大师般的政治家兼导师，他与披头士乐队（the Beatles，或译为甲壳虫乐队），彼得、保罗和玛丽三人组合，琼·贝兹，班德乐队（the Band），飞鸟乐队（the Byrds），约翰尼·卡什，以及众多被称为"新一代迪伦"的歌手兼词曲作者等友情笃深，并对他们产生过巨大的影响。他依然不会原地踏步，或者把自己锁定在"讨好听众"的模式，因此他经常会在转型期失去崇拜者，然后在另一个方向获得支持者。他60年代的作品似乎可以按照初期、中期以及后期进行分类，但是他不断变换新的方向，很快就会有更多的"分期"。他还在变化与成长，并且在不断证明变化会如何使人惶恐不安。

迪伦的生活方式与死亡方式得到了广泛的模仿，以至于20多年来，他成了几乎每一个青年文化流行趋势的先驱。通常，他的影响甚至要远远超过他的掌控：盗版磁带与唱片在全世界泛滥，制假工业已成为一个行业；自我毁灭的天气预报派从他的歌词直接挪作他用："你不需要天气预报员／就能知道风向。"[21]1968年芝加哥民主党全国代表大会上抗议者高唱，"全世界都在注视着我们，"也是另一首迪伦歌词的改写。广告员、文字编辑们、标题作家与标题作家们借用或者直接使用他的词句或歌名：《我的后记》（*My Back Pages*）、《席卷而归》（*Bringing It All Back Home*）与《约翰内斯堡的愿景》（*Visions of Johannesburg*）。伦敦《泰晤士报》的分类物业广告曾经使用《地下思乡布鲁斯》的歌名出售自己的广告栏目。

每一个受到狂热崇拜的偶像式人物都是踩着前任的肩膀走过来的。迪伦兼容并蓄，博采众长，综合了一大批各种类型与风格的偶像人物的优秀品质：其中电影人物有迪恩（**Dean**）、白兰度，音乐界的伍迪·伽思礼与众多民谣歌手和布鲁斯歌手等偶像级大师。他在我们心目中的形象既与伟大，也和渺小的神秘人物密切相关。他是真正的"道士下山"，从普通常识中为我们炼取"真经"，并不断地改变形式、风格、外貌和表达方式，迪伦今天可能是死者的守护神欧西里斯，明天他可能又是希腊神话中的海神普罗透斯；一会儿他是塔罗牌中的魔术师，一会儿又是白脸小丑皮埃罗，高唱"生命即是一出哑剧"。他的风格就是炫酷与神秘，因为要解释他的所作所为就会完全违反那些不言而喻，留给听众完成的"留白"。如同奥斯卡·王尔德（**Oscar Wilde**）在《道林·格雷的画像》（*The Picture of Dorian Gray*）中所写："他准确地知道那个应该保持沉默的心理时刻。"

迪伦使用的节奏、抑扬顿挫与意象早已进入我们的日常用语，并使这些表现方式变得更为高雅：他撼动的是我们的（表达）基础。我们都知道琼斯先生（的新用法），用于指代那个不明事理、后知后觉的顶级庸人；即使我们害怕自己深陷"荒凉街区"，我们也会执迷不悟、继续前行；也许路上会看到"血迹斑斑"，可是我们依然不明真相，他告诉我们可以摆脱困境；我们迷失在回家的路上，但是我们一只脚已在路上，另一只却在坟墓之中，我们试图逃离这个空空的笼子；绝望与希望在船长室内搏斗。虽说现在一切都已经结束，我们将死者遗忘身后以便重获新生。我们现在比那时年轻，死亡与重生循环往复，七个人死去，但是"远方的某个地方／又有七个生命诞生"[22]。迪伦还影响到我们言语的成长土壤，我们可以忘却他的歌词在哪里结束，甚至我们自己的（台词）在哪里开始。

即使他说过自己不是"教书的"，但是他却能让我们脑洞大开[23]，并要求我们给予反馈和答案。这就是我们的故事的缘起，鲍勃——他来自美国中部小镇——在格林尼治村一走下地铁，便进入了我们的朋友圈，我们都在寻找答案，只不过他提的问题最为犀利。他知道问题本身就包含着答案，我们（包括那些年轻还有比他年老之人）找他是因为他能看到未来，他的聪颖、与众不同的想法、大胆创新的精神。他"快人快语愤愤不平／以歌词为武器／包裹在曲调与旋律之中"。我们很快会感知他那句话的含义："我说故我在。"去寻找你自己的答案，兄弟，你将会更加珍惜它们，他对我们说，无论是男性还是女性，一遍又一遍；但是，即使是在我们的坚持下，他也不愿意扮演我们的精神导师，（因为）他太瘦弱无法扛起那沉重的十字架，太小心谨慎不愿让他的经理越俎代庖。

从1961年起，迪伦说话就和我们打哑谜，谜语与悖论、警句与各种比喻无穷不尽，他喋喋不休，但是依然节制有度。我们经常对他那漫长无解的沉默表示不解，因为他是如此投入以至于人们会感觉他是在默记一个场景和一场对话。起初他喜欢让我们开怀大笑，然后他又似乎愿意让我们感觉云山雾罩，总有一种既亲近又疏远的双重迷惑。一方面，迪伦与我们近在咫尺；另一方面，他又拒人千里，如同局外人看戏，静观事态的发展。首先，他渴望世人的认可。"我很渴望，因为那是你们的世界，"[25]他后来写道。给我们印象深刻的是他从不妥协。正如他在明尼阿波利斯的一位友人后来对那段时光的描述："那不是个背叛的问题，而是谁情愿相信他的问题。"尽管他急于兜售自己的音乐，但是迪伦坚持不让步，不妥协。

通常，他似乎接受混乱，利用他巨大的动能重塑其艺术家的内在秩序感。他的变化令人目眩，我们无法与之同步，有时他似乎是我们的一部分，有时却又显得冷漠离群，总是令人琢磨不透，有时即使是他自己也能感觉到。我们对他的坚韧钦佩不已，但是我们也都知道长跑运动员的孤独，因此我们也不羡慕他的"孤独求败"。

从1966年夏季中期直到1973年的后期，他突然停了下来，然后又开始一场长达3年之久的大爆发：无数场演唱会、拍摄电影与录制新的专辑等活动；接着又是第二场"停跑"，但是每一次休整之后，他便又会重新领跑其他人。在第一次间歇期间，他做了自己一直想做的一切——享受"天伦"之乐与创作。第二次的"停跑"却是他家庭生活的分崩离析，他开始卧薪尝胆，考虑下一步的动作。这次的间歇给我提供了一个追赶迪伦，进一步理解他成功的机会。迪伦给我们制造麻烦，让我们魂牵梦绕，仿佛欲寻回我们自身曾经失去的一部分。无论是在行动还是在休息，站在我面前还是在千里之外，迪伦紧张的生活节奏让我吃惊，但是更让我吃惊的是他并没有筋疲力尽。他欺骗了收尸人，在前往公墓的路上跳下灵车，并搭车返回了故乡。我们看到他英年早逝，如同那些早逝的诗人与明星，但是他还是躲过了一劫，作为作家，他决定自己应该继续生存下去，而不是半途而废。

我从何处开始讲他的故事？可能我需要一架电影摄影机来表现迪伦众多的视觉影像：是迪伦1974年开始于芝加哥的巡演，还是1966年5月分别在伦敦的皇家阿尔伯特音乐厅或者巴黎的奥林匹亚剧场的演出？在这两场演出中，他公开抵抗听众对他音乐转型的敌视态度。或是1978年迪伦在英国布莱克布锡面对20.5万名听众的演唱会，甚至是1961年在民谣城的那次演出？当时他头戴黑色哈克·费恩（Huck Finn）式的灯芯绒小帽，以他那充满激情的演唱以及滑稽的舞台台风使我们激动不已。或是从他1976年坐在杰克·凯鲁亚克（Jack Kerouac）墓前即兴发表颂词的那一刻开始？凯鲁亚克曾经为他打开人生之路。或是头缠长巾于1976年出现在国家电视台上的形象说起？那时他看上去备受压抑，唱着反抗压迫的歌曲。还是从那个往日的星期天下午、家乡希宾小城，与自己那个衣冠不整的摇滚乐队即兴演奏的时候开始？或者从新奥尔良一路跌跌撞撞有惊无险地横穿"肥美星期二（Mardi Gras）"的狂欢，并要求知道为什么黑人不能在白人酒吧喝酒？还是在新港民谣音乐节娱乐或者激怒台下的听众？或者在考虑是否买下那个绝非家园的西海岸大宅，或是在伍德斯托克的街道上弹拨吉他的时候？无论是什么样的场合，迪伦都是一个具有磁性的演唱家，他的一生似乎也是一场演出，也许那架摄影机首先应该对准1966年的一所学生公寓，在那里粗俗的坏小子们横躺竖卧，兴致勃勃地听着《无数金发女郎》（*Blonde on Blonde*）。或者，十多年之后那些当年的学生早已是人到中年、为人父母且令人尊敬的中产阶级，第一次听到《欲望》（*Desire*）这张专辑。

　　或者，我可以从中间点开始，将动荡的60年代后置，将未经探索的70年代前置。大约10年之后，我和他成了朋友，当时他来我在曼哈顿西区所住的亨利·哈德逊（Henry Hudson）酒店拜访我，离我们上次在怀特岛音乐节见面已经有18个月了，之前我已经移居英国，筛查并整理有关他演唱生涯的事实与事实背后的真相。我一直在寻求绝对的真相，即使我知道我至多也只能找到相对的真相。我希望能够打开他创作迷思的大门，我跟他说他手里拿着钥匙，但是他不能将"锁"据为己有。他不是自己作品的最佳诠释者，他已经写出了自己的杰作，并在歌曲、诗歌、采访与辩论中零星地讲述了时代动荡的故事，但是我要的是把他们化"零"为"整"，部分原因是我认为他是个极其与众不同的人物，是任何小说家都无法创造的人物。我采访了不少自认为认识迪伦的人，但是没有人能告诉我"他究竟是怎样的一个人"。因此人们经常跟我说他们只了解迪伦的一个侧面，然后给出一些他们个人的感受，抑或见解，抑或讲述他们道听途说的逸事，可也恰恰是这些点点滴滴才拼凑出迪伦的大致轮廓。几乎我所采访过的每一个人，包括他的父母以及兄弟，都有很多很多问题要问我，也正如我有很多问题要问他们一样。我感觉我就像是《公民凯恩》（Citizen Kane）中的那位记者一样在寻找"玫瑰花蕾"，但是找到的却不止一个。

　　当他来到酒店的走廊中，他再一次给人一种焕然一新的感觉——非常健康，他的脸颊好似闪烁着光芒。他满嘴胡碴，穿着乡村工匠的靴子，一件破旧的汗衫从皮夹克下隐隐约约显露出来。我急切地想要知道这次会面难道就这样虎头蛇尾地结束了吗？又或者像往常一样，一些玩笑，充满戏剧性的感觉，时而迷雾重重，时而又怒气冲天？他的传记中没有英雄人物，也没有反英雄人物。为什么我所熟知的这个人竟对我有如此强大的吸引力？毕竟他现在没有在舞台上，既然帷幕已经缓缓拉开，我又何必对这件事情如此热心呢？他如今变成了什么样子——飘忽不定、敏感、紧张还是玩世不恭？他现在还留着那些他曾经用过的假名吗——埃尔默·约翰逊（Elmer Johnson）、泰达姆·波特豪斯（Tedham Porterhouse）、鲍勃·兰迪（Bob Landy）、罗伯特·迈克伍德·托马斯（Robert Mikewood Thomas）、大乔·巴迪（Big Joe's Buddy）、布兰迪·波伊·格兰特（Blind Boy Grunt）、基夫·兰德瑞（Keef Laundry）、查爵·马格尼（Judge Magney）？在用了普林斯顿（Princeton）之后，又用了鲍勃·迪伦博士？我问他，"现在过得怎么样啊？"他嘴角扬起了暖心的微笑，摆摆手，说"让我说啊，马马虎虎吧"。

鲍勃走进我的房间，先是仔细打量了我屋子里的每一个角落。然后说"这间屋子里一定发生过什么事情"，他说这句话时的语气就像是他曾经也在乱糟糟的旅馆中待过一样。墙上的灰泥掉了一块，他猜，会不会是几年前有人在和女友争吵时，一个威士忌的瓶子砸过去弄掉的。鲍勃的安详从容清晰地写在脸上，这使我想起他弟弟所说的话，"他就像一位年过半百的长者，如此的镇静，如此的平和，如此的庄重"。那天早上，他给人的感觉就像《清晨》（*New Morning*）这首歌一样。

我们互相比较了一下自己曾经居住的环境。"伍德斯托克已经变成了一个很烂的笑话了，为什么呢，因为他们竟在那里搞起了观光旅游，去那里的人们总想从那里挖点土，拽几根草，或者折几支树枝。"他很清楚地说道，他的"伊甸园"已经变成了动物园。为什么他后来要回到格林尼治村呢？"我要让你更加明白我们不再住在格林尼治村了，我们只是路过那里。很多时候，你必须要走很远的路，才能到你想要去的地方。重要的是，你必须要一直前行。或者，每次当你停下来的时候，在路边建一座房子。我想这是我们所能做的最为绝妙的事情了。"也就是说这是一个找个地方远离名望与唾弃的问题了？鲍勃说："并非如此，我并不想躲避什么。"他说话的声音是那么的平静，说话的节奏与他整个人平和的心态相映衬。但是，没多久，他又告诉我他还要继续投入战斗。

一个自称是"迪伦研究者"的人已经开始从垃圾桶的犄角旮旯里系统地收集各种和迪伦相关的线索，想要还原出来一个真正的迪伦。迪伦叹了口气，说："的确如此。""我想这也是出了名不得不付出的部分代价吧。我们在垃圾箱里设了老鼠陷阱，可是我们所能捕捉到的仅仅是一些无用之物，但无论如何，他依旧在垃圾箱里寻找着。"并不是每一个巨星都要为名誉付出如此代价的。为什么时至今日他依旧为世人所崇拜，抑或斥责？"是媒体给我找的麻烦，他们夸大了我的作用，我的作品只是给与我投缘的人欣赏罢了，我的受众并非所有人，普通人活得太粗糙了，他们的品位也仅限于各种炒作。我并非在谢伊体育场（Shea Stadium）举办演唱会的那类人，我和那种类型的人从不沾边。人们喊出的口号经常是'披头士、迪伦和滚石乐队是天王'，但我自己从不这样说，我也从不自称为天王以及诸如此类的称呼。促销员经常这样做，媒体也是如此。我不会将天王的头衔拒之门外，因为我从来没有接受这个头衔。"这就是当时他众望所归的状态吧，特别是他重返商演，举行1974年巡回演唱会之前的心态吧。如果他想要责备媒体，就像他吹口琴一样，别人只有听的份儿了。

我告诉他，当他把智慧冠以流行音乐之后，我是有多么的失望，还有很多琐屑的东西可以拿来兜售。当他真正地把流行音乐改头换面之后，排名前四十的电台又怎能继续播放一些粗制滥造的音乐呢？迪伦回答说："改变流行音乐并不是说要改变它的新陈代谢的机制。我不改变这种机制。我所做的只不过是多打开几扇门而已。但是你必须得承认，这种影响，我所产生的影响是全方位的，甚至在乡村音乐上也是如此。现在在大街上，你随处都可以听到流行音乐。这就是我产生的影响。"

我们又继续谈了一些我们好久未能谋面的老朋友。提起往日时光，迪伦也会惆怅，他便会把话题尝试着转回"滚雷行动（Rolling Thunder Revue）"那次巡演。"那些日子多么美好啊，的确是这样子。那才是一场运动，一场真正的运动，但是也许是最后一场运动，我说。"他大声喊叫着，"都可以成为一个很棒的歌名了，你说呢？"鲍勃又恢复平静，尽管很悲伤："大梦初醒，那种感觉已经不在。试图抓住一些过往，其实毫无意义。我看不出今天人们的所思、所想、所为和20世纪60年代初有何相似性。格林尼治村往昔的日子实在太美好了，在丁奇镇的日子甚至要更胜一筹。而眼下，一切都太令人沮丧了。格林尼治村也凋敝了。霓虹灯和廉价商品。现在，好像把一千年的光景压缩到一年之内了。你注意到这些堪称垃圾的书籍和唱片每天都在大量上市吗？真是太难以置信了。"

难道他在新左派的运动之中就找不到一丝慰藉吗？"当你真正接触到新左派之后，你才会发现他们没有政策，没有计划，没有纲领。这并非真正意义上的新左派。那些为了和平而示威游行的人群仅仅是热爱和平，他们并不是新左派的一分子。这不像老左派，或者早些年的一些组织。老左派有他们的计划，有政策，也有活动场所以及一些诸如此类的事项。老左派背后也有一些不为人知的原因。当你真正去了解这些东西的时候，你会发现根本没有所谓的青年文化，没有什么新左派；同样在音乐产业内，这也只是玩具，仅此而已。"

这些话听起来可能比较愤世嫉俗，但他当时的语气并非如此。这也仅仅是他当时对现状的一种估计罢了。我问他最近读什么书了。这个问题，是他在到达纽约之后，别人所不曾提及的，当时他正如饥似渴地阅读他所能看到的各种书籍。20世纪60年代末，他已经在伍德斯托克的阅览架上展开《圣经》，开始阅读了，他一直觉得这段经历弥足珍贵，所以不会轻易和别人分享。[1977年初，《时代文学增刊》(*Times Literary Supplement*)曾问迪伦，在本世纪的众多文学大部头中，他觉得哪本书被人们低估了，哪本书被人们高估了，对于这两个问题，他很调皮地给出了同一个答案：《圣经》]。

鲍勃告诉我："对我而言，要列举出我现在阅读的书目，自己要负很大责任，因为很多人会把这个看作背书。一些人甚至可能直接跑出去买一本同样的书拿来读，然而我并不想这样子。我曾说过我喜欢《易经》，结果真有人拿来读了。"他算是发慈悲了吧，告诉我他在读艾萨克·巴什维斯·辛格(Isaac Bashevis Singer)和哈依姆·波托克(Chaim Potok)的小说。"现在，他们对于我而言，要比印度哲人玛哈里西(Maharishi)或者印度神秘系列的书籍更有意义。"迪伦正要私下里去以色列访问，他告诉我，结果又一次走漏了风声，并且被外界误传为"上周，我去参加了哈西德(Hasid)的婚礼"。我稍作思考，想象如果是我的话，我会有什么反应。他接着说："在这座城市里，犹太人的问题已经是个非常沉重的话题了。"

鲍勃知道我这些年间不断联系他的老朋友，想要把他细碎的回忆整合成一部包罗万象的传记。我告诉他，我最终追踪到了他在希宾的一位朋友，约翰·巴克伦（John Bucklen）。鲍勃嘴角扬起微笑，说"你到底在哪里找到他的啊？"我告诉鲍勃，他现在是威斯康星州的一名流行音乐主持人。"约翰的确是我的兄弟，我最好的兄弟。"他惆怅地说道："我上次见他的时候太仓促了，当时忙得要死。我当时回希宾是去参加班级聚会。"那是他们高中毕业十周年的纪念，大家都兴高采烈的。他继续说道，"'15岁的时候，我告诉自己，他们现在瞧不起我，但总有一天，当我重返故里，他们会争着抢着要和我握手的。'我也做到了。我说，'我要回到希宾，接受人们羡艳的目光。'我跟自己打这个赌。不过，在1969年的夏天，我真的做到了。我在希宾签名就签了一个小时，应该是一个多小时。是的，艾科也在那里。你已经到过希宾了。"他接着说："你看到露天开采在地面上留下的那个巨大的丑陋的坑了吧。可是他们觉得那是优美的，他们觉得那是一道亮丽的风景线。现在他们整个村庄都在那么做。我回到希宾之后，没有再真正地环视过这个小镇。我只是去了班级聚会。我不需要别人提醒，希宾原来是什么样子的，因为那一切早已深入骨髓。"他面无表情，但他却战栗不止。这让我想起来了他的那本书《狼蛛》，在那本书里他说道他和恶魔立下了一个浮士德式的契约，以期逃离美国中部那真空般的荒漠。"我早已厌倦了洞穴"，他写道。希宾地上那个巨大的坑象征了他所见到的，并且令他厌倦不已的洞穴。

我们又聊起了他的唱片。我跟他说，我很懊恼，新闻专业出身的背景迫使我在聆听这些专辑之前，就先去分析了。我们聊到了《自画像》（*Self-Portrait*），他的眼睛眯成了一条缝，就像他在防御别人的进攻那样。我告诉他，我得重新聆听一次这张颇受争议的唱片。迪伦便对这些盗版带制作商、拾荒者、他不认识或者并不待见却又突然闯入他的生活中的某些作家戒备起来了。很明显，迪伦对于别人对他的崇敬持模棱两可的态度，但对于流行文化推销的方式，特别是对这些没有任何创意的海报、盗版录音带、伪造的传记、杂志以及粗制滥造的音乐评论极为鄙视。对他而言，真是永远无法弥合的伤口。我记得他在1964创作的《简要墓志铭11首》（*11 Outlined Epitaphs*）中的几句歌词：

> 我不愿成为活在印刷品上的傀儡
>
> 终日面对那群思想空洞的行尸走肉
>
> 他们在巧克力和糖果堆里大快朵颐
>
> 因厮混一日而扬扬得意
>
> 而我吃的早餐
>
> 身上的着装
>
> 以及我的兴趣癖好
>
> 都在他们丝毫无避讳的凝视下暴露无遗[26]

我努力向迪伦保证，我对他的刻画描写绝不会侵害他作为一名艺术家的人格尊严。迪伦和我相识已久，但愿他不会把我和那些靠扒名人糗事赚钱的记者等同看待。迪伦给我介绍了几个我可能会感兴趣的人，比如菲利普·萨维尔（Philip Saville），他是英国的一位电视制作人，曾与迪伦有过合作，另外还提了一两个明尼阿波利斯人的名字。我问他这些人能帮上我什么忙，鲍勃微笑着答道："我只是给你提供点儿写作线索。"

对于嗑药的问题，迪伦是怎么回答的呢？"你是说哪种药？"迪伦机敏地避开锋芒。"我实在没必要去粉饰嗑药这种行为，那是垮掉派的事，跟我没关系。对于一些猛药，就涉及非法交易的问题了，它不是件好事，也永远不会被清除。但你需要明白的一点是，毒品本身并不是罪恶之源。套用弗洛伊德博士的话，毒品只是一种症状，它并不是病根。"一直以来，迪伦都对电影《不堪回首》（*Don't Look Back*）中对自己的角色塑造感到尴尬，那么现在他能接受了吗？"噢，我是大概一年前看的那部电影，现在我对它的看法发生了不少变化，也没那时那么抵触反感了。可以说我现在甚至都有点喜欢那部影片了。"

迪伦这种从年少轻狂到成熟稳重的转变让人惊讶不已。初到纽约时，迪伦以魅力四射的形象示人，后来他逐渐变得焦虑、敏感且难以接触。现在，他已变成一个性情温和的人，并且已下决心与长期做他经纪人的阿尔伯特·格罗斯曼断绝联系。"他让我签了一个长达10年的合约，他不但掌控了我唱片的制作，还操纵我生活中的一切，但从下个月起我就恢复自由了。最终我只好选择起诉他，我找了个律师，准备把他送上法庭。阿尔伯特想要低调处理，正是这个原因，他在庭外与我私下和解了。其实有不少人想用各种方式诋毁阿尔伯特，但我不会那样做。"（迪伦从未动用过自己强大的媒体影响力来曝光自己与一些人的矛盾，比如格罗斯曼、哥伦比亚唱片，以及某位曾把持迪伦重要版权至1965年的音乐出品人。出于自尊心和残存的忠诚意识，迪伦也从未用文字武器来对付那些人，但仅是他那文字武器强大的威慑力，已足以助他挣脱那份期限模糊的合同的桎梏和束缚。）鲍勃后来也告诉我，他和格罗斯曼达成的许多协议，比如第一份歌曲发行合同，最后往往都证明格罗斯曼是从中受益更多的那一个。毕竟，这种已历经五年的分分合合的关系对双方都是种痛苦折磨。**1965—1966**年的世界巡演结束时，迪伦已精疲力竭，但格罗斯曼又给他安排了**60**多场演出。

在这个时代的音乐行业里，极少有哪位艺人能摆脱那些贪得无厌的商人的掌控并重获自由，迪伦无疑是其中之一。迪伦经常向我讲述他和那群商人、唱片公司主管、经纪人以及票房人士之间的矛盾冲突，一旦积蓄了足够的力量，他就竭力去掌握自己的话语权。在这样一个残酷的世界，何处才是迪伦这样的诗人的安身之所？因此，他确实需要一把保护伞。每当与经纪人格罗斯曼的关系好转时，鲍勃就用赞美之词把他捧上天。即使到了现在，他也极力克制抨击性的言语，只会说：“阿尔伯特的品位可够差的，从他说的话就能看出来。”很明显，迪伦是指阿尔伯特对伍德斯托克的描述，他口中的伍德斯托克是那样市井而庸俗——贝尔斯维尔（**Bearsville**）的一座农舍里开了家高档餐厅，另外那里还有间录音室。“他说是一座乡间农舍！”鲍勃情绪激动地喊道，“这简直难以置信！”（大概是**1963**年，迪伦曾给他在《小字报》（*Broadside*）的同行们写了封警示信，叮嘱他们要时刻当心那些潜在的“买家和卖家”，那群人会私下串通勾连，把身处中间的艺人蒙在鼓里。）

迪伦时而也有怨言，但从不带有敌意。即使是他这样富有个性的人，也懂得在对抗权威时要有个度，否则会给自己造成损失。整个国际音乐行业就像一头庞然大物，要想成功驾驭它，迪伦必须要先给它戴上马鞍。迪伦深知这个行业中盈利、亏损的规律，也能识破里面那些虚伪的言论；他身处"圈内"，却时刻保持一定的独立性。那么迪伦的成就到底有多辉煌呢？实际上，他连一个歌迷会都没有，也从未代言过某一款产品，在选择全身而退后，他拒绝了所有赚钱的商机。在20世纪60年代，迪伦见证了美国唱片业中流行唱片的年收入从2.5亿美元飙升至10亿美元以上，但在阅尽那10年的世事变迁后，迪伦对我说，所谓音乐行业，不过"是个玩具，是个游戏"。

我们都知道，迪伦曾经遭到民俗（Folkways）、先锋（Vanguard）和艾丽卡（Elektra）三家唱片公司粗鲁的冷落，而后来与他签约的哥伦比亚唱片的制作人甚至都没听过他唱歌。这样的故事由来已久，无论是猫王、披头士还是迪伦，在驯服唱片业这头残暴的猛兽之前，都曾饱受冷眼和嘲讽。诚然，娱乐圈的残酷无情是个老生常谈的话题，可是轮到迪伦或披头士这样身份地位的艺人与行业内的商人产生争执、冲突时，普通大众的同情心通常很难被唤起。

那么对于成百上千的那些被娱乐圈的铁蹄践踏得遍体鳞伤的人，乐迷们会不会更具同情心呢？曾经有个不愿公开姓名的行业领军人物向我详述了娱乐圈商业运作的流程，希望以此为自己从事的行业辩护。他认为娱乐圈本来就是一场伟大的竞争，自然充满风险与挑战。但我本人和迪伦一样，对这种商业运作方式感到愤慨，那人冗长的叙述也不过是把无数残酷的事实生硬拼凑起来。因此，我们只有去领略迪伦抛却个人得失来与这个残酷世界进行的殊死斗争，才能更好地理解他。

鲍勃和我一直聊了几个小时。每当我问的问题太过深入时，他都会起身走到窗台前，静静地望着外面，似乎想要离开。若我调整一下问题，使之不那么咄咄逼人，他就会重新坐回到座位上。聊天过程里，迪伦口中不乏一些名言金句："我们无处可去，就像无法用钱赎回自由的狱中囚徒。"迪伦不太擅长整理保存自己的创作笔记，我们俩也拿这一点开过玩笑。"和伍迪一样，我过去经常在餐巾纸上写歌，但紧接着我就随手用那张纸擦嘴了。"迪伦笑着回忆道。

"1959年起，我开始尝试新鲜事物。那时的我显得有些不入流，但的确后来再没有人能写出那样的作品。去听听我1965年前的专辑吧，你再也听不到那样的音乐了。"那么迪伦写歌的速度还像从前那样快吗？"几年前，当我全身心投入其中的时候，我可能两小时就能写出一首歌，最慢也不会超过两天。现在估计要花上两周时间了，也没准更长。"（然而就在几周后，我读到一篇关于迪伦的报道，说他在录音室里仅用了25分钟就写出一首歌！）

我想从迪伦口中打探出他参与社会运动的情况，但实际上在那段时间，曾经燃遍整个社会的烈焰已渐渐被平息。我们两人都赞同一点，那就是美国社会已再次陷入危机，战争狂人依然大权在握，而对于自己将来是否会重返抗争前线，迪伦未予评论。不过，当迪伦对我说出那句"他们必将受到应有的惩罚"时，我从他的声音中听出了坚如钢铁的决心。我坚信，迪伦迟早会重新拿起音乐的武器，继续与"他们"作斗争。

鲍勃很喜欢参观地下室的那个游泳池。我们缓缓走下楼梯，在泳池旁驻足几分钟，迪伦的双眼睁得很大，闪烁出斑斓的蓝色光芒。"城里有很多这样的游泳池吗？"迪伦这样问我，好像我是曼哈顿游泳界的权威人士似的。"我一定得找个类似的地方。"我们边走边聊，朝着他那辆崭新的淡绿色旅行轿车走去，期间我们与57号大街上的几个行人擦肩而过，他们并未注意到迪伦。

两天之后，迪伦和他的妻子就要飞往以色列了，而我准备留在纽约，重新梳理那些有关格林尼治村和伍德斯托克的记忆。我是个活在过去的人，总是沉浸在对20世纪60年代初的那些美好岁月的怀念追忆里。"民谣城现在成了个停车场。"迪伦告诉我。曾经矗立在那个角落的建筑早已被拆除，并铺上了马路。麦克·波尔科（Mike Porco）也已搬到了第三大街。我从迪伦当年在西四街的老公寓前缓步走过，在嬉皮面包店那里过了马路，然后一路向他的新住处走去。萨拉·迪伦（Sara Dylan）正要出门，她戴着太阳镜，身上裹了一件雨衣，小心翼翼地左右张望着，准备带她那只小白狗外出散步。在我看来，纽约甚至都不适合狗生存，这里拥挤得连一处让人喘息的空间都没有。布里克街（Bleecker Street）比往日更加破败凋敝，充斥着肮脏、粗陋得让人情绪低落的小咖啡馆。比萨餐馆和廉价咖啡店的生意依旧比较兴旺，但也呈现出滑坡的趋势，直到1975年夏天，迪伦才下决心用昔日的精神来重新振兴格林尼治村。那时，我的思绪又飘回到1960年。那年年底，迪伦初到纽约，那时的纽约还和往昔一样，是个充满活力与奋斗精神的水泥森林，吸引着来自外州的青年男女，家乡早已容纳不下他们蓬勃的野心。

1960年，这是故事开始的另一个时间节点。

1960年，一切都显得那么充满希望，肯尼迪险胜尼克松，当选美国总统；弗洛伊德·帕特森（Floyd Patterson）夺得世界拳击冠军；乏味冗长的日间肥皂剧《海伦·泰伦特的浪漫史》（*The Romance of Helen Trent*）也终于在播出27载后宣告完结。而在美国南方，那一年见证了始于格林斯堡罗和北卡罗来纳的抗议种族隔离静坐示威；一架美国U-2侦察机的飞行员被苏联人击落，卡斯特罗也将古巴革命推向高潮。本已看似逐渐缓和的冷战气氛，又在那一年降至冰点。

那一年的美国人都在阅读《杀死一只知更鸟》（*To Kill A Mockingbird*）、《生而自由》（*Born Free*）和《第三帝国的兴亡》（*The Rise and Fall of the Third Reich*），美国也迎来了南北战争百周年纪念庆典；百老汇时有大戏上演，如《甜蜜的滋味》（*A Taste of Honey*）和《欢乐今宵》（*Bye Bye Birdie*）；猫王拍了一部枯燥乏味的新电影《从军乐》（*GI Blues*），保罗·纽曼（Paul Newman）则一跃成为银幕上的大众偶像；希区柯克（Hithcock）那部《惊魂记》（*Psycho*）把观众吓破了胆，而慈祥和蔼的弗兰克·西纳特拉（Frank Sinatra）倾情出演音乐剧《康康舞》（*Can-Can*）。那一年，《俄克拉荷马！》（*Oklahoma!*）和《南太平洋》（*South Pacific*）的词作者奥斯卡·哈默斯坦二世（Oscar Hammerstein II）与世长辞，享年65岁，艾米莉·波斯特（Emily Post）也在86岁高龄离世，举国上下皆表震惊。此外，《别在星期天》（*Never on Sunday*）成为具有国际影响力的影片，同名歌曲也备受欢迎；汉克·巴拉德（Hank Ballard）的那首《扭摆舞》（*The Twist*）也被恰比·切克（Chubby Checker）改编成一首舞曲，并在日后成为流行风尚。而在流行音乐流域，最令人瞩目的盛事当属民谣音乐的复兴，它为20世纪60年代早期的社会运动奠定了基调。

1960年，白宫迎来了一位年轻的新主人，全国民众对这位理想主义者寄予厚望。我们努力去说服自己，所谓"新边疆政策（the New Frontier）"并非一句口号而已。在古巴导弹危机爆发、总统遇刺以及越南战事陷入泥沼之前的日子，美国青年还是朝气蓬勃、踌躇满志的；在马丁·路德·金的和平抵抗行动碰壁之前，做一名黑人、年轻人并充满希望还是恰逢其时的。

关于1960年的时代跨度，我们可以如此概括：始于乔·麦卡锡（Joe McCarthy）下台，终于尤金·麦卡锡（Eugene McCarthy）上台；始于垮掉的一代末尾，终于嬉皮士风潮之初；始于老左派的衰落，终于新左派的兴起；始于现实意义的金宝汤罐头（Campbell's Soup），终于安迪·沃霍尔（Andy Warhol）笔下的金宝汤罐头；始于达达主义（Dada）的末期，终于坎普主义（camp）的开端；始于老版本《蝙蝠侠》（*Batman*）退出舞台，终于新版本《蝙蝠侠》面向观众；始于《村声》杂志出版，终于《东村逸事》（*East Village Other*）发行；始于马歇尔·菲尔德（Marshall Field）的时代，终于马歇尔·麦克卢汉（Marshall McLuhan）的时代；始于托洛茨基（Trotsky）主义淡出视野，终于易比派（Yippie）横空出世。

同样，这一年将后托马斯·伍尔夫（Thomas Woolfe）时代过渡到了汤姆·伍尔夫（Tom Woolfe）的时代；既属于后猫王时代，也是前披头士时代；告别了熟悉的比尔·莫尔丁（Bill Mauldin）画作，迎来了朱尔斯·费佛（Jules Feiffer）的崭新作品；告别了茶饮，迎来了茶壶（即大麻）（After tea, before pot）；林迪舞（Lindy）的风潮已过，扭摆舞的天下即将到来；冷漠的社会风气逐渐消散，一股时髦新潮的气息即将蔓延开来；"愤怒的青年（Angry Young Men）"已成过去式，抗议歌手即将登上舞台；红十字组织（Red Cross）就要被红卫兵（Red Guard）组织取代，比利·格雷厄姆（Billy Graham）随即被比尔·格雷厄姆（Bill Graham）超越，宣扬母亲崇拜（momism）的社会将被波普主义（popism）的浪潮席卷，而固有的社会建制马上就会受到来自街头市井的猛烈冲击。

1960年是充满希望的一年。基于多种因素，全世界的青年人都渴望呼吸自由的气息，躁动的因子积聚爆发，将20世纪50年代社会的沉默与冷漠击得粉碎。就连罗马教皇若望二十三世（Pope John XXIII）也开始寻求教会改革，努力使之适应20世纪的人类社会；卡斯特罗和格瓦拉也致力扭转革命的形势，给高度官僚化、气氛压抑的革命注入了新的生命活力；肯尼迪的"卡米洛特（Camelot）"中也出现了一些年轻的面孔和新鲜的文化思想，在沉闷古板的华盛顿掀起一阵青春潮流。

一年之后，年轻的鲍勃·迪伦来到了纽约。

编者按： 本序言部分最初创作于1977年，当时是作为第一章来写的。1980年，谢尔顿在本书出版前的最后一次编校中对本部分进行了修改。当时，谢尔顿本打算把它编成第二章，承接第一章关于迪伦在希宾的童年经历的介绍，并开启下一章内容，也就是1966年谢尔顿与迪伦在从内布拉斯加的林肯飞往科罗拉多的丹佛的飞机上的那次访谈，他希望用这种编排方式营造出倒叙和闪进的效果。不过谢尔顿在劝说之下放弃了这一方式，因为本书的结构本已非常复杂，若再这样安排，恐怕会给读者带来更大困扰，因此大家一致同意让本部分作为序言出现。然而由于本书篇幅本就过长，出版商在最后时刻决定将本部分删除，于是也就有了1986版的那个极简略的序言"枯燥无聊，真正的敌人（Lifelessness，the Enemy）"。而此版本尊重了作者意愿，将此章节安排在本该属于它的合理位置。

罗伯特·谢尔顿发表于《纽约时报》关于迪伦 1961 年在格迪斯民谣城演出的乐评,此图为该文所配插图——一切始于此文——文章标题为"鲍勃·迪伦:一位风格独特的演唱家。"

第一章 "不许在这儿大声讲话!"
"Don't Raise Your Voice Around Here!"

我老家那地方因循守旧,传统当道,但是传统又能管得了什么?周围的一切都在腐烂消亡,如果随波逐流,不久我也会未老先衰,我那会儿 15 岁,唯一能做的就是跟大家一样下井挖煤。可是,老天爷,谁想挖一辈子煤?我可不想如此了却一生。每个人都在谈论中年,似乎大家都已经人到中年了。我决意离开,我的思绪早已沿着江河顺流而下。为此,我将不惜把自己的灵魂出卖给大象,将狮身人面像欺骗,向征服者说谎,尽管他们不会信以为真;我愿与魔鬼签订契约,请不要邮寄任何老旧的时钟——不要给我寄书,不要什么"关爱大礼包"。如果你真心对我,就请寄给我一把钥匙,我会去寻觅那扇紧锁的房门,哪怕是耗尽我的余生也在所不惜。

迪伦,1966[1]

我们不是忙着求生,就是忙着等死。
——迪伦,1965[2]

上:霍华德街,希宾,1941年。

右:1965年,伦敦,迪伦在影片《不堪回首》的开始场景中。许多人认为该片是摇滚音乐电视的开山之作。

从电影院回家的路途遥远，栗芭影城门口的遮檐内更是黑得伸手不见五指，长着淡黄色头发的男孩走进天寒地冻的夜晚。银幕上，得克萨斯州大平原上酷暑肆虐，与此形成鲜明对比的却是第一大道上的天寒地冻。即使是詹姆斯·拜伦·迪恩（James Byron Dean）也不会在此逞强好胜，因为他会在马路上给冻个半死。虽说得州也是多灾多难，但明尼苏达却是人间地狱。

马路对面是《希宾论坛报》（*Hibbing Tribune*）的灯箱幌子，几个大字用鲜艳的红色霓虹灯照着，显得十分气派，而第一大道以外的霓虹灯箱就没那么亮堂了。"摩登美国"允许矿工短期赊账并给他们提供小酌的机会，以帮助他们快速忘却自己已是债台高筑了。男孩朝台球房那边望过去，稍微犹豫了一下，因为不愿听到台球桌旁观战者的闲言碎语，他决定避而远之。影片《巨人传》（*Giant*）的故事情节依然萦绕在他的脑海之中，挥之不去，因为他仍然不愿相信詹姆斯·迪恩已经去世一年多了。

男孩拐向霍华德街，站在"希宾这条主要街道的一头就可以看到另一头"[3]，因为小镇的尽头到处是小山似的铁矿石废石堆。"曾经富甲一方的小镇"已不再富有，因为他们已经把树木砍伐殆尽，把地下的矿石开采一空。他缓步走过街道两侧的铺子，有些铺子因商品储备丰富而显得财大气粗，而其他的则在商品储备与钱财耗尽之后人去楼空。

明尼苏达州的大街。辛克莱尔·路易斯（Sinclair Lewis）也会为它大书特书，詹姆斯·迪恩也会在此立碑。如此说来，霍华德大街应该是人人皆知了，但即使如此，他们二人也绝不会在此久留，因为他们早已离开人世，就如同现在的希宾小镇早已沦为明日黄花。希宾人挖煤六十载，成为自己的掘墓人，此地唯一的用处就是矿工的坟墓。"荒凉街区"便是它的真实写照。

1956 年的那些希宾店铺与路易斯 1926 年笔下描写的那些戈菲尔·普雷里连锁店似乎都是一个模子里刻出来的，就如同遍布美国的中小城镇中都有门脸相似的蒙哥马利·沃德（Montgomeny Ward）、杰西·潘尼（J C Penney）、伍尔沃斯（Woolworth）等老牌零售商场一样。那么在利特尔·理查德（Litlle Richard）出生的佐治亚州的梅肯也会有如此门脸相似的商场吗？但至少佐治亚州不会有低于零下 20 度的室外温度吧。男孩走到谢·利帕乐器行门口，逐一看着橱窗里展示的唱片，没有利特尔·理查德的作品，也没有汉克·威廉姆斯（Hank Williams）的专辑，更没有巴迪·霍利（Buddy Holly）的大作。平·克罗斯比（Bing Crosby）还在梦想着银装素裹的圣诞节，而利特尔·理查德也做着同样的春秋大梦。

在纽黑文酒店的大厅里，他似乎可以听到某个小乐队气喘吁吁地演奏着斯洛文尼亚国歌——《莫嘉·德科拉》（*Moja Decla*）。或许是《乌庀·约翰》（*Whoopee John*）那首轻松愉快的波尔卡舞曲，再或者是为工会工人谱写的《CIO 波尔卡》（*CIO Polka*）？（不过）那个乐队算得了什么？从苏必利尔湖和加拿大平原吹来的西北风都会"唱"歌，对此，他曾经在《琼·贝兹演唱会 II》（*Joan Baez in Concert, Part 2*）的专辑内容简介中这样写道："其实就连运载铁矿石的火车也会唱，那是我当初的第一感觉。"但是又有谁会像那个男孩子一样侧耳倾听火车的歌唱呢？

那天晚上，当他走近第五大街与霍华德大街的交叉路口时却没有听到歌声，而位于路口的安德罗伊酒店那坚固的砖石大厦却为飘游四方的推销员与当地扶轮社（Rotarian）会员带来了永恒与财富。几百码开外的地方便是"齐默尔曼家具与家电公司"，公司的门脸用有光泽的镀铬和福米加塑料贴面装饰。（广告词："只为铁岭矿制造的炉灶。""本店无预付不订货。"）[1] 我宁愿去下井挖煤也不愿去卖家电，可是老天爷，又有谁想当矿工或家电推销员呢？霍华德街道变得越来越窄，前方出现了一片灌木，男孩右拐进入第七大道，路边的人行道漆黑一片，形成了一片真空，可他却用彩色宽银幕的绚丽多彩弥补了那一片真空。

1956 年 10 月《时代周刊》（*Time*）曾这样写道："毫无疑问，詹姆斯·迪恩有天才的气质，可惜的是，在拍完最后一场戏的两周后他死于赛车事故。""他以浓重的鼻音完美地再现了得州口音，并完全掌握了西部牛仔身着紧身仔裤（Wrangler）[2]、脚蹬高跟长筒靴摇晃身体走路的姿态；还有就是他那极具讽刺意味的举手投足与自鸣得意的坏笑，以及构成这个沉默寡言者全部肢体语言的举手投足、咕哝着的说笑方式等。"

这个15岁的少年电影爱好者同样也是一个少言寡语者，但是他却能把第七大道变成自己的表演现场。他翘起嘴唇，试着背诵一段对话的台词，双臀上翘，像牛仔一样蹒跚而行，为了消除北方方言中的鼻音而故意扭曲自己的脸部，并在背词时故意拖长音。当年轻的迪伦走过黑暗中赫然耸立的希宾

---

[1] 美国明尼苏达州的铁矿岭（Iron Range）对20世纪的底特律工业发展曾经作出重要贡献。——译者注

[2] Wrangler是一个源于美国西部的品牌，与Levi's、Lee并列美国三大牛仔品牌，悠久的历史追溯到1904年，深受牛仔和牛仔竞技者的欢迎，超过80%以上的牛仔比赛冠军都选用Wrangler作为比赛服装！——译者注

高中时，他突然停止了哑剧独白，这座模仿意大利北部城堡建筑风格的四层塔楼突然把这个学生从得州拉回到现实。距离东七街2425号还有最后几个街区了，鲍勃甚至可以闭着双眼，在黑暗中用脚量着人行道的距离走回家。坐落在街拐角的房子灯火通明，回家了，可是这个小城却在死亡。

他小心翼翼踮着脚尖从后门溜进厨房，希望不被人发现，但是房子的建材不饶人，"鲍比，是你吗？"母亲的声音里带着严厉。他不得不来到客厅听候母亲喋喋不休的训斥："我告诉你不只一次，一百遍都有了。如果不好好休息怎么能指望自己健康成长？（还有，）如果街坊邻居知道你成天摸黑儿在街上闲逛，人家该怎么看你？"为什么她总是杞人忧天，为什么说话像连珠炮，根本不给人家辩解的机会。

"你妈妈说得对，罗伯特，"父亲突然插嘴说了一句，他的声音低沉但似乎又带着那么点威胁的口吻。客厅里一尘不染、井然有序，家用电器更是摆放得十分整齐。也许这也是他们对他的希望所在，不过是一件可以随时开关的家用电器而已。鲍勃试图解释说那是詹姆斯·迪恩的一部非常特殊的电影，是夜场的。他的声音因为生气而升高。"罗伯特，小点儿声，"父亲说，"告诉你，在家里说话不允许大喊大叫。"

争吵随即升级并传到屋外。不是因为他的晚归，而是鲍勃的"态度有问题"，鲍勃的父亲1968年这样跟我说。有天晚上他回来得很晚，第二天晚上又忘了写作业，他们在自家的商店等他，他却没有去，不久便是他的那些车毁人亡的故事，以及他的"那个女友"与"哥们儿"，等等。"罗伯特，你给我回来，"父亲说。但是他还是走开了，穿过厨房，顺着楼梯向地库走去。父亲紧随其后，喋喋不休地责骂着："我们给你一个舒适的家，什么都买最好的，你还要什么？我像你这么大的时候从来没过得这么舒服。"

在"舒服"的地库里，鲍勃试图解释说他晚归是因为自己想再看一遍那个片子的部分情节。他说起詹姆斯·迪恩，并挥手指着墙上贴满的大幅海报画，而画中人正是那个早已驾仙鹤而去的演员。"詹姆斯·迪恩，詹姆斯·迪恩，"父亲跟着重复道，接着从墙上撕下一张海报。"别撕，"鲍勃大叫着，父亲把画撕成两半并摔在地上，"不许你在这儿大喊大叫。"父亲斩钉截铁地说道，跺着脚上了楼梯。鲍勃拾起地上的碎片，希望能够把它们重新粘在一起。不行，他决定不再大声喊叫了。

> 希宾我可爱的老家
>
> 10，11，12，13，15，15岁半，17，18岁时我曾多次离家出走，
>
> 我被逮住但是只有一次被带回家中……4

盗梦瞬间

事实上，迪伦根本没有从老家希宾出走，他只不过是心里老想着出走，很久以前他似乎就有出走的冲动。他很少提及希宾老家，即使是在创作中也是只言片语。他不愿回忆自己成长的青少年时代，徘徊于怀旧与厌恶之间。希宾是明尼苏达州的穷乡僻壤，是可怕的精神梦魇与理想的试金石。它是巴比特[1]的故乡，是狭隘、孤立与因循守旧的保守主义的温床。对此，

---

[1]巴比特（Babbitt）：美国小说家辛克莱·刘易士所著同名小说的主人公，典型的资产阶级市侩。——译者注

迪伦会说："希宾跟我是谁、跟我日后的成长毫无任何关系，"尽管这些话偶尔也能反映出他曾经试图摆脱的小镇市侩风气，但最终也使他成为自己所不愿意承认的那种忘恩负义之人。

"你去过那里，你亲眼见过的，"1971年他曾告诉我："他们在地上挖出的那种大坑，就是能挖出铁矿石的那种？他们还以此为荣呢。现在更甚，他们在北边到处挖地三尺。话说1969年我回去参加一个毕业典礼。那次回家我根本没必要看希宾一眼，我永远也不会忘掉那个小镇，我也不需要谁来告诉我它过去是什么样子。15岁时我就跟自己说：你们现在小瞧我，但是我还是会回来的，到时候我会让你们敬我三分。我说有一天我会衣锦还乡，你们会一路小跑着来和我握手。我说的没错，我和自己打了个赌。1969年我发现自己赢了赌局，我花了整整一个小时坐着给人签名。"

那种"浮士德式"的交易为他提供了动机、精力和巨大的动力与意志。创作于1963年的《北乡布鲁斯》（**North country blues**）是一首高度概括希宾历史的民谣绝唱。他曾经在《琼·贝兹演唱会II》的专辑内容简介中详细介绍了自己早年对生命与自然界中的美好事物的态度。在他的第三张专辑《简要墓志铭11首》中，第二首歌将希宾人为开采宝贵的铁矿石而将地下挖空、自己无家可归的空心化过程做了最为悲观的描述，那是死亡与衰败的挽歌。这一切使他逃离，并使他浪迹天涯。在最后那首叫作《墓志铭》（**Epitaph**）的歌曲中，他梦想接受希宾——他的家人与后代，而不指望他们会给他带来什么好处。

1963春，为了满足传统民谣界对其家庭背景、音乐创作源泉以及影响的渴望，迪伦在自传《我的盗梦瞬间》（**My Life in a Stolen Moment**）中对自己的青少年时代做了较为概括的描述。《我的盗梦瞬间》带有强烈的伍迪·伽思礼式的抑扬顿挫，是迪伦早期歌词创作的标志，其遣词造句节奏清晰、嬉笑怒骂，并不失自我嘲讽。但是多少年来迪伦一直难以接受此等评价，并否认歌词的真实性与宝贵的价值，宣称是其他人"强迫"他这样写的。最终，他还是将其纳入自己的《写作与绘画作品集》（*Writings and Drawings*）中，但是问题也随之而来，他对自己离家出走的描述让父母与家人痛苦万分。也许最令人惋惜的遗漏则是他拒绝回顾自己创作的来源："我从来就没想过为什么要下那么大功夫查清我的创作源泉。"

如果他不情愿或者说不能够花时间自查的话，我倒感觉有必要去寻找些蛛丝马迹，就如同影片《公民凯恩》里的那位记者，锲而不舍地寻找那个神秘的"玫瑰花蕾"。在我前往希宾采访之前，迪伦曾经分别于1966年和1968年告诉我："我并非对外界好奇才离家出走，我只是想离开，对了，离开。希宾是个真空，我只是想远走高飞，因为我感觉很无聊，我一直感觉很无聊，因为我从来就没有想着扎下根来接受无聊。有时我可以连续在床上躺上三个小时，眼睛盯着天花板，但是，那不是真正的无聊。你明白我的意思吧，我并非来自你们说的那种'家住郊区"伟大社会"的中产阶级家庭。'我住的那地方根本没有郊外一说，也没有穷人区，更没有富人区。没有什么正确或是错误的车道。"迪伦一边挥手，一边继续说道："我老家那里没有什么阶层的划分，从来就没有。据我所知，那里人人平等，你有的我也有，我认识的人都是草民布衣。我也曾经想过（希宾到底对我有何影响），但是希宾真的与我的现在、我的过去没啥关系。真的，没有任何关系！"

迪伦没说假话。对于他来说，现实是个多棱镜，而绝非一面平板玻璃。迪伦用这块多棱镜回照希宾以及他成长的年代，（看到的是）有时他怒火中烧，更多的时候却充满了懊悔，但是有时他也不免流露出爱意和温情。"我的家人？"迪伦重复了一遍，然后接着回答："我跟他们几乎没什么联系。"但是家人的记忆却并非如此。

铁矿岭之家

有关弗朗兹·迪特里希·冯·阿伦（Franz Dietrich Von Ahlen）的家人如何评价他决定出走德国汉诺威一事，历史似乎没有给后人留下任何记载。冯·阿伦是个不安分守己的个人主义者，1856年生人，18岁那年，他断定自己在汉诺威将永无出头之日，于是收拾行囊投奔了"新世界"。为此他连自己的姓氏都弃之不顾，给自己取了个地道的美国名字——弗兰克·希宾（Frank Hibbing）。他曾在威斯康星州务过农，在木瓦厂做工而失去了三个手指，后又自学法律成了森林勘测师、探矿工程师和伐木工。1885年听说明尼苏达州北部发现了更多的森林与矿产资源，他又从密歇根州北部搬到德卢斯，干起了土地经纪人的营生，他发过大财可后来又倾家荡产。1890年在明尼苏达州三大铁矿区之一的东梅萨比岭铁矿区发现铁矿，希宾决定去那里发大财，他从德卢斯带了三十多个人西进来到矿区，后来这一地区就是用了他的名字来命名的。这里日后逐渐成为小镇中心，希宾在此安营扎寨了。据说1893年1月的一个清晨，希宾从自己的帐篷里探出头，当时的温度是零下40度，厚达3英尺的大雪将一片松树林区覆盖。希宾，这位干瘦却意志坚强之人，留着八字胡，脚蹬高筒靴，手拿鹤嘴锄，高声说："我觉着这底下就有铁矿石，我浑身上下的骨头都能感觉到它的铁锈与阴冷。"他的随从们抢镐开干，不久便挖出了铁矿石。在希宾的协助下，苏必利尔湖铁矿公司正式成立，公司主营土地租赁以及开采权等业务，不久他成为小镇上的首位百万富翁。

20世纪初期，早在那些大财团进入该地区之前，伐木为本地的矿业提供资金以及房屋建材。在最初的326家住户中，大多数都是伐木工人，每月赚40美元，买得起腌猪肉、烘豆与排骨等，可谓吃喝不愁。松树街是小镇的主要商业街，两边曾建有60多家装有中央供暖系统的酒吧等娱乐场所。作为中西部中心地带的边境小镇，希宾的街道泥泞不堪，两侧的人行道也不得不以木板搭建，酒吧里打架成风，井下事故频发，不时还有伤寒爆发。1893年建成一块面积为2平方英里的主城区，最初叫作苏必利尔，后改名希宾。这位来自德国的难民出资建造了锯木厂、水厂、发电厂、小镇的第一家旅馆与银行，还有道路。1897年去世时他才41岁。此后的10年里，伐木成为当地的主要产业。采矿业的发展还在继续，但是一场由大财团操纵的价格暴跌使整个梅萨比地区的铁矿石一文不值。约翰·D.洛克菲勒（John D Rockefeller）乘机以100万美元的价格收购了铁岭的矿区土地，仅此一笔交易净赚5 000万美元。洛克菲勒利用自己的关系网最终使美国钢铁公司在梅萨比站稳了脚跟。

用燃烧木材驱动的铲车如同一张饥饿的大嘴，发出打呼噜似的巨响，狼吞虎咽地将铁矿石从上边传送出来，卸到德卢斯梅萨比铁路公司的车皮里。这种地上挖出的大坑当时被叫作"低产井"或者"露天矿"，时常萦绕在迪伦心头。截至1964年，霍尔-拉斯特露天矿的规模已经达到1600公顷土地，长达$3\frac{3}{4}$英里，宽1英里，深535英尺。采矿挖出的土石方竟达10亿吨，比开凿巴拿马运河挖出的土石方还多。该矿山最终产出5亿吨铁矿石，为全美战时提供了大约四分之一的铁矿石，可以说没有希宾的优质铁矿石美国就无法赢得两次世界大战，为此希宾付出了惨痛的代价。由于那些大铲车将小镇最初的地下脉矿掏空殆尽，北希宾不得不向南迁移了几英里，这就是后来名震寰宇的"喧嚣的小镇""世界铁矿石中心""大熔炉的中心"，以及"全世界最富有的小镇"等。

希宾的搬迁用了40年的时间，始于1918年，大约200个矿工的住宅与20个企业的建筑物，或是被用滚木移走，或是被用铁路运走，或是用蒸汽履带车拖走，或者干脆分流到它们的最终栖息地爱丽丝，即早先的南希宾，然而更多的楼堂馆所则是拆的拆毁的毁。对于一些小的民居住宅来说，搬迁到爱丽丝只需几天的工夫，但是像殖民地酒店这样的企业来说就要花上一个月的时间。那座稍有点年头的赛勒斯酒店就没能顺利搬迁，最后建筑物解体成为废墟。希宾的业主们与矿山老板开始了持久的诉讼。矿山老板的如意算盘是采矿的利益大于拆迁，法庭也常常站在矿山一边，希宾的搬迁如蚂蚁搬家，一直持续到20世纪50年代后期。

迪伦目睹了家乡这一难以置信的社会动荡，并给他留下了不可磨灭的印象。他的第二首《墓志铭》对此剧变进行了深刻的反思，歌中也唱到那摇摇欲坠的法院以及母亲曾经读过的中学，它们如同战争中惨遭轰炸而留下的废墟。

贫穷的移民

希宾的建设者主要来自欧洲的移民，当城市银行家与金融家们大赚特赚之时，移民劳工则千辛万苦地劳作。铁矿岭属于路易斯·艾德弥克区，如同其他城市一样，是个由多民族构成的民族大熔炉。伐木工人大多来自斯堪的纳维亚半岛以及芬兰，其他移民则是下井挖矿，他们大多是南斯拉夫人、波兰人、波希米亚人、捷克人与意大利人。有时甚至还有来自东欧的犹太人。当希宾人忙着挖矿淘金之时，一对当地的钻工另辟蹊径，可谓生财有道。安德鲁·G.安德森（Andrew G Anderson）曾经做过铁匠，后来人称安迪公共汽车，另一位是卡尔·埃里克·维克曼（Carl Eric Wickham），一个年轻的瑞典移民，决定用安迪的老古董"哈泊轿车"运送来往于爱丽丝与希宾之间的乘客。1941年开始正常通车：两英里的车程需要15美分。在第一次世界大战的采矿高潮期间，公车服务急剧扩张，1916年梅萨比公交公司已经拥有5辆运营车辆，还有几条开往德卢斯与明尼阿波利斯的路线。20世纪20年代，随着更多的兼并重组，甚至将远在加利福尼亚州的小型公交公司都连接起来，于是便成立了"灰狗长途公交公司"，这一切似乎都是因为1941年，安迪无法将那辆金光闪闪的"哈泊轿车"出售而造成的。希宾发了战争财，20年代它的繁荣达到了顶峰，增建了更多的民居和学校，后又修建了霍华德大街。20年代的整整10年，希宾的市值估计在9000万美元左右，成为当时世界上最富有的小镇。

后来有人讥讽迪伦说他模仿伍迪·伽思礼"凭空捏造个人版的大萧条"，事实上他当时没少听小镇的老年人讲述当年的大萧条。当年，铁矿业不景气，镇里的大佬们为维持商业交易甚至签发股票证明。因为有了公共事业振兴署[1]以及日后的第二次世界大战，小镇才得以重新繁荣；朝鲜战争让当地的铁矿业再度进入短暂的复兴，（然而）到了1953年就连这短暂的复兴也一去不返了，原因不言自明，峡谷里的优质铁矿石已经被采空，尽管已经研发出低品位铁遂岩的分离工艺，即使用大型磁铁与筛粉机将商业价值较低的铁遂岩分离出去，但是直到60年代当地的经济才稳定下来。截至50年代末，几乎所有的希宾人都深切地体会到当地经济的不景气。迪伦在《北乡布鲁斯》中讲述了一个矿工家庭希望破灭的故事，准确地把握了当时经济日益衰落的时代脉搏。所谓梅萨比地带的铁矿时代已经成为过去，只有当时的铁矿商会还对铁遂岩的分离工艺抱有希望，而矿工的孩子们纷纷开始外出务工，"因为现在这儿根本就没什么可以留住他们的"[5]。

难民

如同久经沙场的老兵很少谈起战争，迪伦的家人也很少谈起自己作为难民的经历。早年的骨肉分离、人为的迫害，以及由于丧失土地而产生的不安全感短时间内不可能消失殆尽，逃出沙皇专制统治所需的勇气可以经久不衰，但是由此产生的恐惧感也会深入骨髓。假如我们认同俄罗斯帝国统治下的犹太人的命运不比一个美国黑奴的命运好到哪里的话，那么它与这个生长在美国的年轻音乐家的关联也会由此变得更加清晰了。美、俄两国都充满了剥削与压迫，两国的少数族裔文化都曾被残酷地打入冷宫。迪伦与黑奴后裔

―――――――――

[1] 公共事业振兴署（**Works Projects Administration**）：罗斯福在大萧条时期建立的一个政府机构，大力修建公共设施以帮助解决大规模失业问题。——译者注

之间存在着天然的亲近感，也与他个人的家庭背景密切相关。

　　伴随航空技术的突飞猛进，乘坐飞机前往美国已不再是梦想，正如当年人贩子花钱把黑奴贩运到美洲一样，逃离沙皇的魔爪，钱也是非常关键的一步。可怜的犹太移民，很多人来美国时兜里的钱最多不过15美元，比其他族裔的移民窘迫得多。这也是迪伦母亲那一分支的亲戚当年逃离立陶宛时的窘境。当然，迪伦的曾祖父从乌克兰奥德萨逃离时也同样穷困潦倒。

　　来自欧洲的移民潮大多取道波兰的比亚韦斯托克进入荷兰或德国的港口再前往美国，通常他们都要在纽约停留，但是一旦有朋友或堂兄说，甚至是谣言说外地的某一个地方易于谋生他们便会立刻开拔出征。迪伦的曾祖父本·D.斯通（Ben D Stone）就是如此，当他听说铁矿岭因"铁"致富的消息后，便从威斯康星州的苏必利尔赶到希宾。1913年，他在南希宾以西12英里处一个叫史蒂文森·罗凯申的村子里开了一家杂货店，本·斯通待人和气、性格开朗，住在当地的500多名来自芬兰、意大利以及斯洛文尼亚的矿工都从他那儿购买工作服。在村里为数不多的犹太人家中，他还为自己选中了一个贤内助，佛罗伦斯·艾德尔斯坦（Florence Edelstein）。艾德尔斯坦家族经营铁矿岭地区的连锁影城。

　　1906年，希宾有了电影，即当时的20分钟、两卷的默片，之后便是同等长度的无声西部片。不到十年的光景，好莱坞梦工厂开始出品五卷的长片。20世纪20年代，朱利叶斯·艾德尔斯坦（Julius Edelstein），迪伦外曾祖父的兄弟成了丽瑞克影院的半个合伙人。朱利叶斯与B.H.艾德尔斯坦（B H Edelstein），也就是鲍勃的外曾祖父一道发了财，1925年他们接管了花园影院，将其重新命名为高芙尔，并于1928年转手卖给一家更大的连锁影城。

1947年兄弟二人联手兴建了栗芭影城，栗芭是鲍勃曾祖母的名字。这个家族与电影的关联成为鲍勃的电影启蒙教育，无论此等关联是如何牵强，他与好莱坞乃至光彩华丽的演艺界之间的纽带都绝非牵强。本·斯通就读于当地的学校，他人很聪明，有商业头脑，对市场行情了如指掌。为人礼貌客气，有时会跟人家勾肩搭背，但他靠劳动致富，希宾人对他可谓高山仰止。矿山年景不好的时候，斯通服装店常常会出手相助。假如一条工装裤标价两美元，而矿工只有一元一角，斯通会毫不犹豫地降价出售。当年史蒂文森·罗凯申的铁矿石开采殆尽，他举家迁往距离希宾仅仅九英里的地方，并在当地重建了自己的服装店，店址即现在的第一大道与霍华德街的交叉路口处，此处原为一家银行，他把库存商品都放在它原来的保险库里。

本与佛罗伦斯养育了四个子女，分别是路易斯（Lewis）、弗农（Vernon）、比阿特丽斯（Beatrice）与爱琳（Irene）。生于1915年的比阿特丽斯便是迪伦的母亲，她性格开朗，满头金发，虽说固执己见、脾气反复无常，但也是个胆小怕事、性情温顺的女人。希宾狭小的犹太社区曾让她感到十分闭塞，渴望外边的世界。幸亏父亲的那辆四门豪车——艾塞克斯——才减轻了贝蒂·斯通（Beatty Stone，即比阿特丽斯）的焦躁不安。14岁那年，父亲曾主动要求教她开车，"我来教你，"他一边说一边慢慢地拉动汽车的变速器。"不用你教，"贝蒂回答。她经常看父亲开车，令父亲惊讶的是，她坐在方向盘后直接把车开走了。"鲍比非常像我，"多年后她这样说道，"你要么行，要么不行。"

对于贝蒂这块"滚石"的原型来说，会开车就意味着可以去德卢斯并进入那里更加高大上的社交圈。她可以开车去那里的各种俱乐部，去追求别人，也可以被别人寻找。她身份显赫、人品端正，希望找一个与自己门当户对的犹太小伙子喜结良缘。为此，她总是衣着讲究，一路引领铁矿岭的时尚潮流，此外，那辆艾塞克斯也被她保养得闪闪发亮。别人如何看她十分重要，物质上的成功意味着安定。贝蒂曾经梦想远离故乡，1932年初，正值大萧条期间，一个黑暗的冬天，在德卢斯举办的新年除夕晚会开始让她的梦想成真。她是那天晚会上的明星，人见人爱，但是当晚见到的一位男士不仅有幽默感，而且十分聪明，外表英俊，（更重要的是）艾勃拉姆·齐默尔曼（Abram Zimmerman）还有份体面的工作。

摇摆的德卢斯

艾比·齐默尔曼1911年生于德卢斯，不过自打七岁开始他就有了份工作。父亲齐格曼（Zigman）在奥德萨开了一家规模不小的皮鞋厂，但是1907年他用鞋厂换了一辆小贩的手推车，然后把妻子安娜以及艾比的哥哥姐姐都接了过来，一家八口人算是团圆了。艾比给人擦皮鞋、卖报纸，并且做了个半职业垒球手。虽说德卢斯也有"山巅之上"的犹太人贫民窟，但是齐默尔曼家孩子们成长的小区里还住着很多北欧人，艾比经常走很远的路和同龄的犹太孩子们打垒球。在家他说意第绪语，在外说英语。

齐默尔曼全家住在莱克大街上的一幢六室一厅的房子里，（有一天）艾比的父亲终于结束了走街串巷的叫卖生涯，原因是他英语学得差不多了，可以向农民兜售自己的布料，甚至是把皮鞋直销到菲尔百货商场。由于所有的人都上班赚钱，攒够了钱就在家里装了一部电话，可是给谁打呢？因为他们根本不知道还有谁家装了电话！艾比的童年其实乏善可陈，当然1918年的那场森林大火还是了得，那场大火使数百人丧生，幸运的是大火在距离德卢斯三英里处被扑灭了。

艾比16岁的时候，齐默尔曼一家搬进了一座九室一厅的大房子，当时他还在给标准石油公司[1]做信使，每个月赚六美元，除了留下一部分自用，其余他都贡献给家里。"那时候大家都想着孝敬自己的父母，没有谁会眼看着自己的父母吃苦受累。"艾比也想自己给自己找点什么，首先是找个女孩儿。当他第一眼看到聪明活泼的贝蒂·斯通的时候，便在脑海里记住了她。那个冬天她大部分时间都宅在希宾的家中，但是他们从何时开始动真格地谈恋爱了呢？"只要天气允许，"艾比带着他特有的老练，幽默地答道。两年后的1934年他们喜结良缘，贝蒂从希宾嫁到德卢斯。此时，艾比的月薪已经涨到100美元，二人在第三大道519号筑起了爱巢，那是幢叫作奥沃尔曼的木制房屋，由两家人共住，他们住顶层。艾比知道标准石油公司不是个赚大钱的地方，但那是份稳定的收入，他从办公室75位同行中脱颖而出，做了初级主管。

1941年五月中旬的一个晚上，艾比和贝蒂正在听收音机，同时艾比还在浏览当天的报纸，纳粹在欧洲肆意横行，犹太人再次遭到追杀，英国刚刚打赢了不列颠反击战，但是在其他战场上轴心国的军队则是大获全胜；罗斯福在白宫执掌总统大权，1941年的收音机与留声机中没完没了地播放着那首《梦想之歌》，歌词是用半吊子的瑞典方言写成，唱出来几乎无人听得懂。[它与1914年的另一首民歌异常相似，歌名为《热门人物道安森》（*Hot*

---

[1]标准石油公司：1870年，洛克菲勒和他的同伴创立的石油公司。——译者注

shot Dawson），由一名双目失明的黑人牧师演唱。] 明尼阿波利斯本地的安德鲁姐妹的唱片专辑已经卖到800万张了，但是他们的经理人不让她们上乐理课，担心会毁了他们的"钱"途。收音机广播的家庭系列剧，如《一个人的家》（*One Man's Family*）、《戈德堡一家》[1]、《菲波尔·麦克基与莫莉》（*Fibber McGee and Molly*）等，《独行侠》（*the Lone Ranger*）是当年孩子们的最爱。

虽说德卢斯的人们并未注意到，1941年曾有三位世界文学巨匠陨落，令人唏嘘不已，其中詹姆斯·乔伊斯死于瑞士，弗·司各特·菲茨杰拉德（F Scott Fitzgerald）和舍伍德·安德森（Sherwood Anderson）也于年初去世，文学批评家麦克斯韦尔·盖斯玛（Maxwell Geismar）曾将二人列为"最后的乡土作家"。同时，贝蒂还在阅读一份重要的文学与音乐新闻简报。"艾比，"她大喊道，"艾比，我能感到他在动！我觉着孩子快要来了。"

分娩日

贝蒂的简报不准，直到5月24日，星期六晚上九点左右她才开始生产，而且是难产，在圣玛丽医院她产下了自己第一个孩子，一个体重10磅的健康男婴。之所以难产，是因为婴儿的头很大。根据她脊柱的情况，产科大夫原本是要给她做剖宫产的。贝蒂认为这个孩子差点胎死腹中，也几乎要了她的

---

[1]《戈德堡一家》（*The Goldbergs*）：广播剧，又译《金色年代》，一部喜剧题材的剧情片，1929年至1946年间在美国广播中播出，1949年至1956年在美国电视中播出，2013年9月24日结束。——译者注

命，艾比则为了孩子的出生给标准石油公司的同事们买了雪茄，告诉大家他有了儿子，取名叫罗伯特·艾伦，母子平安。一个星期后，贝蒂和孩子出院回家，雇了一个护士和月嫂在以后几周的月子里帮忙。

邻居们也承认鲍比·艾伦是个俊俏的孩子，他长着满头金发，贝蒂常对他说："你真应该是个女孩，你长得太漂亮了。"她在孩子的头发上扎了根彩色丝带，在照相机前摆着各种姿势给他照相。"他总是很干净，从来不把自己弄脏。"她回忆道。一张迪伦15个月时的照片显示他的确长得像天使般可爱，脸颊红润、面露微笑、满头金发。父亲艾比继续在标准石油公司任职，他的工作岗位至关重要，使他免服了第二次世界大战兵役。

20世纪30年代后期，伟大的工会领袖约翰·L.路易斯（John L Lewis）开始组织工人加入工会，标准石油公司的工人们成立了"三体石油工会"，这是个由公司员工组成的内部工会，目的是防止激进的"产业联合会"向资方提出过激要求。工会拥有300名注册会员，每人上缴一美元会费，（不过）强大的工会缺乏真正的领袖，于是工人们选择了诚实的艾比。"我们的人事经理认为如果路易斯上门找茬儿，标准石油公司肯定会不堪一击，"艾比解释道。但是《瓦格纳法案》（Wagner Act）禁止成立工会，德卢斯的卡车司机们便与"全国卡车司机工会"展开了艰苦的谈判，标准石油的工会幸免于难，艾比也继续留任工会主席。

当他带着两岁的儿子来到办公室的时候，秘书和工作人员们都围拢过来看他。三岁时，鲍比·艾伦做了第一次公开表演，站在父亲的办公桌上，对着口授录音机连讲带跳尽情表演了一番。男孩子对自己声音的录音十分自得，有时父亲艾比自己录音的时候，也会在录入的系统中插入鲍比短暂的演出片段，用来给自己的秘书们逗乐。

1946年德卢斯举行了一次母亲节庆祝会，鲍比和外婆安娜也被带去参加活动。"这是德卢斯的大事，每个人都会说起这事儿，"鲍勃的母亲回忆道。"大家都起来表演节目，但是只有鲍比一个人在倾听，别人都在不停地讲话，而鲍比就坐在那里，看着、听着。后来人们叫他也上台表演，这个长着凌乱、卷曲金发的四岁的老小孩阔步走上舞台，他跺了一下脚以吸引人注意。鲍比说：'请在座的各位安静了，我要给外婆唱一首歌。我想唱的是《星期日的早晨》（*Some Sunday Morning*）。'然后他高歌一曲，下边的听众像是炸了锅，手都拍肿了，接着他又唱了自己的另外一首绝活《翻转思念》（*Accentuate the Positive*），他似乎就会唱这两首歌。当天我们家的电话都快给打爆了，人们争先恐后地表示祝贺，我母亲和丈母娘都有很多外孙辈的孩子，但是鲍比是他们的掌上明珠，她们最宠爱他，但绝不溺爱他，至于为什么，我就无可奉告了。"

两个星期后，鲍勃故伎重演，进行了第二场演出。贝蒂的妹妹爱琳在教会学校俱乐部举办了一次盛大的婚礼招待会。鲍勃的母亲给他穿了一身白色的棕榈沙滩套装。（1968年她仍然把那套无领、三粒扣的外套挂在最显眼的衣橱里。）俱乐部成员都是鲍勃的亲友团，大家出钱赞助了鲍勃的第一场商演。一位叔叔手拿几张钞票，对鲍勃说："你得给大家唱一首吧。"他拒绝了，但是人们依然不依不饶，虽说演唱费没怎么涨。鲍勃回头向父亲求援。"我跟他说，"父亲说道，"'你应该唱，因为所有的人都是来听你演唱的。'我还跟他说，'如果你现在唱，以后我们就不逼着你在大庭广众之下唱了。'"

"所以他就唱了，"母亲后来回忆道，"但是直到他宣布：'如果大家都不说话，我就唱。'"那不是人们通常听到的男童女高音唱法，但却是那种单薄、迷人的奶声奶气的孩子腔，在场的每个人都屏住呼吸，直到鲍勃唱完他的两首保留曲目。观众们再一次欢呼雀跃，鲍勃走到那位叔叔面前，拿走了25美元的演唱费，然后拿着自己的门票收入回到母亲身边说："妈咪，我想把钱还给大家。"接着便回去把钱又递给了那位叔叔，为此他成了当天的主角儿，简直就是喧宾夺主了。

他父亲也有如此回忆："大家会欣喜若狂地大笑着，并听他唱歌。他是那种非常招人喜爱、与众不同的孩子。人们总是不厌其烦地用手摸他，和他聊天。我想我们可能是唯一不认为他将来会成为名人的人。可是大家都这么说：'这孩子将来一定会是个天才，或者他肯定会成为这、成为那的。'所有的人都这么说，不只是家里人这么说说而已。当他能够唱出《翻转思念》的时候，其他的孩子还只会唱《玛丽有一只小绵羊》（*Mary Had a Little Lamb*），因此人们都说他绝顶聪明。老实说，开始我还没太在意，我猜想随便一个孩子，只要他经常听就能够跟着收音机学会一首歌。"

回到希宾

第二次世界大战的结束触发了一次大规模的人口流动。退伍军人从世界各地返乡回城，城市人口搬到郊区，农村人口"转非"进城，所有的人似乎都在搬家，国民经济由战时转向和平生产。艾比与贝蒂也在考虑搬到希宾去住，艾比失去了在标准石油公司的工作，1945年他的职位相当于办公室经理，负责股票与审计部门。1946年2月，他们又有了第二个儿子，大卫。鲍比当时在德卢斯的奈特顿学校上幼儿园，第一天上幼儿园鲍比觉得没有爸爸在身边就不去，为此，艾比特意陪他同去，在一片妈妈的海洋中他显得有点难为情。但是鲍比在幼儿园还挺合群的。

然而艾比却没能躲过流行于1946年的脊髓灰质炎，但是他以顽强的意志，如同斯巴达克斗士一般坚强地挺了下来。由于缺乏必要的帮手和设备，他只在医院住了一个星期就出院了，就连医生也为他过早出院感到恼火。"我不会忘记那天回家的情形，我几乎像猿人一样，爬上门口的台阶。"他在家歇了半年，当时贝蒂正怀着大卫或许还在给孩子喂奶。渐渐地，他恢复过来了，虽说这场磨难让他的一条腿跛了，另一条也留下了肌肉萎缩的后遗症。鲍比没人管，尽情地玩着自己的那些小玩具，把珠子串在一起，并用积木搭建了好几座城市。

艾比身体恢复的时候需要两家的父母就近帮忙，为此齐默尔曼夫妇搬到希宾的第三大道与贝蒂父母同住，艾比与兄弟保罗、莫里斯（Maurice）合伙开了家家具以及家用电器行。他们的生意兴隆：第二次世界大战后的美国消费品供需两旺，能够买得起的家庭都在使自家更加电气化。

对于鲍勃来说，住在希宾的头两年是他孩提时代懵懂的两年。他在（外祖父）斯通家门口的爱丽丝学校上一年级，家与学校离得如此之近，以至于每当下课铃声响起的时候他竟以为是放学了，起身就回家了。几次早退之后，他开始意识到每天上课真是太费时间了。本·斯通经常带着鲍比去送货，当然也让他有机会看到其他店铺的经营活动。人们都说是外祖父本最先发现鲍勃的天分。

1952年本去世之前，艾比和贝蒂在位于菲尔维·阿迪逊的第七大道上找到了一处自己的住所，这是一座三层小楼，室内宽敞明亮，孩子们有足够的空间玩耍，即使是后来孀居的外祖母搬来同住也不显局促。

他们居住的地段位于城区的中产街区，小区内共有六幢类似的小楼，住了15个孩子，大人孩子都很客气。贝蒂回忆说："我参加过所有人的婚礼、宗教坚信礼与毕业典礼等，邻居们的宗教信仰各异，有信天主教的，也有信路德教以及新教等其他教派的，我们是唯一的犹太家庭，但是我们都非常尊敬对方，我们与邻居相处得比自家亲戚还要好。至于孩子们那就更不用说了，从来没有人打电话说他们动了别人家的狗或是在院子里扔石头之类的事情。他们也从未偷别人家的东西。邻里们对我家的孩子都称赞有加，因为他们从不讨人嫌。"

关于偷窃别人山楂果的个案

"鲍比和我经常去偷邻居树上的山楂果。或者也偷别人家的胡萝卜和洋葱。我们和其他成长中的孩子没啥两样，别人做啥我们做啥，"拉里·福隆（Larry Furlong）1966年的时候告诉我。"我们经常在后院给自己盖一个儿童活动室，看着有点像厕所的那种。我们也经常去几站地以外的那个'皮尔山'，当时它只不过是一座废弃的铁矿石堆起的小山包子，就是后来的黎巴嫩·艾迪逊（Lebanon Addition）区。现在人们都叫它皮尔山是因为那里住了很多医生。但是对于我和鲍勃、卢克·达维奇（Luke Davich）以及我弟弟帕特（Pat）和鲍勃·培德勒（Bob Pedler）来说，那就算是荒郊野外了，我们在那儿搭了很多城堡与野营点，还发现了几条小溪。孩子们有时会挤兑鲍勃两句，因为他姓氏中的那个'齐默尔曼'很难发音，所以大家都叫他鲍比·哉纳尔曼（Bobby Zennerman）。他当然不喜欢别人乱叫他的名字。一般来说，他还是个挺逗闷子的孩子，没那么娇生惯养，跟小区里的其他孩子没啥两样。但是我觉得他特脆弱，容易被伤了感情，经常噘着嘴就回家了。后来上了高中也不招人喜欢，主要是因为他不合群。当然我们现在都觉得他挺牛掰的。"

尼采曾经说过："艺术家不接受现实。"同理，这句话也适用于迪伦。贝蒂身为中产阶层，小镇的陈规陋习使得她不仅维护而且还要相信自己对现实的理解。艾比曾坦率地承认，"我的自尊在这个水平，而我的自我却在那里，"他边说边用手势表示自己所处的水平。对于父母二老来说，他们的家庭生活祥和富足，儿子的童年时光也是在蜜罐里度过的，父母宽容、家教有方。对于鲍勃来说，希宾的生活经历如此中规中矩以至于后来他把一切束缚都不放在眼里。

随着迪伦的名声如日中天，他的父母偶尔也会曝光一些有关他个人形象的细节，尽管他们自己也有些应接不暇。艾比不想得罪小镇的扶轮社成员，贝蒂也想讨好自家与社区里的那帮上了年纪的"女判官"，女判官是迪伦给他们起的别名。迪伦本人也忙着向世人讲述他辗转迁移、胜利大逃亡的故事。他们一家都不是骗子，如同皮兰德娄[1]一样，大家都是迫于压力，各自寻找属于自己的现实。

迪伦创造的个人神话既是进攻的长矛，也是自卫的盾牌，二者互为攻

---

[1] 皮兰德娄（Pirandello）：意大利剧作家、小说家，荒诞戏剧的创始人（1867—1936），曾于1934年获诺贝尔文学奖。——译者注

守，当然神话也帮他拆穿了众多虚假的传闻。尽管迪伦深谙神话的功用，但更清楚其潜在的危害，这种危害甚至可伤及自己的母亲，特别是当她得知自己的心肝宝贝儿子小时候竟然也有偷盗他人山楂果的恶行。

电声乐器时代之前的诗人

艾比个子不高，但是笑容可掬，微笑时露出不是那么整齐的牙齿。厚厚的眼镜片后边是一双温柔、略带孩子气的蓝眼睛，但是那温柔的目光也会变得坚毅。满头卷曲的黑发中也有几丝白发渗透其中，他穿运动衫、休闲裤，毛衣看起来更像是加州而不是明尼苏达州的风格。艾比喜欢抽上等雪茄，说话慢条斯理，与贝蒂急风暴雨般的语速形成鲜明的对照；虽说听他讲话感觉还是个文化人，但是他时不时还会用些双重否定之类的口语表达自己的意思。在他住的那一带，无论是商界还是邻居都把他视作大佬，而他也当仁不让。如果艾比说想见城里的什么人，那他就必须"不请自来"。假使我说我要自己去个什么地方，他就会告诉你："那就得找像我这样的门路。"

艾比和贝蒂喜欢干净，家里总是收拾得井井有条，随时可以接待亲朋好友的来访。作为一个大家庭的社交中心，他们为能继续保持和德卢斯朋友们的友谊感到骄傲。对男孩子，他们总是溺爱有加，特别是他们的长子。鲍勃很小的时候就懂得如何博得女人的青睐。贝蒂是个热情有余、情感外露的的直肠子，有些邻居的孩子不懂规矩，甚至直呼其名。她的管家之道是"母爱、温情外加开心的大笑"。艾比从来都是自得其乐，他跟别的父亲一样，只想得到属于自己的，特别是儿子们的敬重。当然，这也是既定的规则，鲍勃也不例外，多年来他一直"墨守成规"，直到他远走高飞、撕毁契约并为此而一鸣惊人。但是贝蒂有自己的看法："我们更像朋友，我和他爸经常告诉他们，将来他们也会有自己的孩子，他们也要跟自己的孩子交朋友。"

艾比属于公司高层，是标准石油公司"金环"级别的高管，属于"从来不可以做错事"的那一类领导人物。此外，他还积极参加犹太国际服务组织"圣约信徒国际理事会"分会的活动，并为一个分会的篮球队设计队服。作为希宾扶轮社的会员，艾比非常高兴能够鼓动鲍勃加入当地的童子军，尽管鲍勃加入的时间不久。"他拿到了童子军的队服，他能入队我非常高兴，"他父亲说，"但是我没问他是否喜欢。"

大卫对哥哥最早的记忆可追溯到他们乔迁希宾新家的那一天，当时鲍勃手拉手领着他走进家门。屋里的光线很暗，当鲍勃带着弟弟来到新家的儿童游乐场时，家里的地毯不知为什么都奇怪地卷着放在光秃秃的地板上。尽管不是经常手拉手，但是鲍勃一直是孩子头儿，还挺能欺负人的，有时父母回家经常发现哥哥稳稳地坐在弟弟的身上，并将人家的肩膀紧紧地压在地板上。"这孩子特有劲儿，一个人就能把冰箱抬起来。"他妈妈声称。贝蒂试图保持公正，不偏不倚，大小一律平等。总的来说，兄弟俩相安无事，互相分享小人书看，一起淘气胡闹，一起去父亲的商店玩那台手提式留声机。

20世纪50年代初，鲍勃开始越来越久地待在二楼自己的房间里，令贝蒂欣喜若狂的一件事发生在年初的母亲节，让她终生难忘。她看到鲍勃写的第一首诗，诗写在一张笔记纸上，诗的韵脚整齐，一共12个段落，每段四到五行句子不等，用词讲究，叙述了母亲的脸在灯下熠熠生辉的伤感，以及（可能）失去母爱给孩子带来的恐惧，甚至他会变成"六英寸以下"的小矮人。诗歌是这样结尾的：

我亲爱的妈妈，我希望

您永远年轻漂亮

世界上所有的人都会对您说：

您好，年轻的女士，母亲节快乐。

爱你的，鲍比。

贝蒂："我给自己的女友们读了，有二十多个人在场，大家都感动得泪流满面……当时还想着把他写的另一些诗镶上框裱起来，但最后还是放在抽屉里了，其中有一首我读了很多遍，纸上的字儿都看着模糊了。"1951年的6月，鲍勃又写了一首：

献给父亲节

这份礼物只献给爸爸

可用于高尔夫球场也可用于厅堂小坐

也可在茶余饭后或者驾车出行之时

也可用于小憩或远途旅行

我知道他是世界上最好的爸爸

比钻石还价值连城

虽说听着难以置信

但是我每天都想让他高兴

有时他对我大发雷霆

那时我就退避三舍

艾比与贝蒂，1939 年。

那样他便不会如此生气

我把他的照片摆在桌前

还有他的手球奖章置于其上

我非常幸运有个好爸爸

不知其他的孩子们是否也有

他是不可战胜的强人

没有爸爸，我将会非常失望

父亲节快乐……爱你的，鲍比。

鲍勃十一二岁时开始写诗，也是他展示才艺的大好时机；他动手"写"得很多，但对手工与模型制作之类的才艺并不是特别感兴趣。"我们开始以为他写着写着就放弃了，但是他没有，"母亲说。但是有一段时间他的创作被一件突发事件打乱了，1952年，他们家买了电视，那是希宾小镇上的第一台电视机。

看了几部电影后，孩子们对这件新玩具更加着迷了，于是便把它搬到楼上，放在小哥俩共用的寝室里。鲍勃和大卫是当时最早能看上电视的孩子，坐在电视机前一看就是几个小时，而且是什么都看，从米尔顿·伯利（Milton Berle）到克拉（Kukla）、弗兰（Fran）和奥利（Ollie），一部不落。鲍勃的块头大，这意味着一般情况下他说看什么就看什么，他喜欢音乐和综艺节目，以及西部冒险连续剧，特别喜欢看那种独来独往的个人英雄人物，无论是好人还是坏人，只要敢冒险都行，所有这些电视片中开疆扩土的人物都有一个共性，即他们都带有粗俗的美国式豪爽与直率。他经常把自己想象成将法律与秩序带到西部城镇的美国司法官韦亚特·厄普（Wyatt Earp），或者是自丹尼尔·布恩（Daniel Boone）开始那些更加富有英雄气概的西部边民，那种体型偏瘦、沉默寡言、无所畏惧的执法官，他就是来自道奇市的马特·狄龙（Matt Dillon）警长。

语言与音乐传统

虽说犹太移民与犹太教的情感纽带源远流长，但是他们的第一、第二代子孙有充分理由融入美国主流文化。很明显，在北美新大陆，来自《圣经》与中世纪的犹太传统毫无吸引力，很多甚至变成了累赘。

"在希宾，芬兰人恨波希米亚人，波希米亚人恨芬兰人，而几乎所有人都恨犹太人。"希宾的一位高中老师这样跟我说，"人们一直在努力消除这些隔阂，但要说已经根除了就没那么准确了。"那个曾经被小伙伴们叫作鲍比·哉纳尔曼或者齐莫波（Zimbo）的少年也曾寻求归依主流，为此他竟改名为鲍勃·狄龙（Bob Dillon）。然而，在踏上人生道路之前，他依然能够恪守父母立下的规矩和传统，13 岁那年他的人生旅途到达了一个新的拐点。

犹太受戒礼的意思是"到了遵守戒律的年龄"。其根源可追溯至远古，但正式的戒礼形成于中世纪，居住于德国的犹太人进一步完善了其中的清规戒律，以庆祝男孩获许参加集体阅读律法，即《摩西律法》（*Law of Moses*）[1]。艾比与贝蒂给儿子举办的庆祝活动可谓典型的美式奢华。贝蒂

---

[1] 读圣经旧约之首五卷是男孩成年的标志。——译者注

给 500 名嘉宾发出了邀请，到场的有 400 人之众。"这可真是蓬荜生辉啊！"她不无骄傲地说道。

为了准备庆典，鲍勃特意学了希伯来语。他长着天生敏锐的音乐家的耳朵，很快就学会了希伯来语中的一些古怪的发音。他的老师是拉比鲁本[1]·梅尔（Rabbi Reuben Maier），他本人是希宾奥古达犹太大教堂在铁矿岭分支的主事，也乐见鲍勃取得的进步。在每周五晚上的信徒集会上，他特意给众人介绍了这位神童，并期待自己所有的学生都会像鲍勃那样聪明、勤奋好学。坚信礼的日子终于到了，鲍勃和老师一道站在教堂的讲坛上，身后是他的祈祷书以及 5000 年的圣贤与大屠杀的记载。他身着白色礼服，头戴软帽，身披流苏边披肩，高声吟诵希伯来经书，犹太传统称为"唱诵"。仪式过后，几位犹太长老告诉他，能在大庭广众之下圆满完成这个仪式非常值得表扬。然而，尽管鲍比完成了成年礼，并继承了父辈的信仰，他还是准备以自己的信条而不是他人的教规作为前行的指导。

自由的琴弦

虽说艾比算不上酷爱音乐，但是音乐对他却是非常重要。他强迫贝蒂去学洛奇舞，刚刚买过电视又买了一架古尔布兰森公司生产的小型拨弦钢琴，并有意把它摆放在前厅供人观赏。艾比本来不识谱，但他总喜欢弹那么两下子，他给家里买了很多舞曲的唱片。他特别喜欢比利·丹尼尔（Billy Daniel）演唱的歌曲，也喜欢弗雷迪·伽登纳尔（Freddy Gardner）的萨克斯

---

[1] 来源于希伯来语的教名，含义是"注视+儿子"（behold+son）。——译者注

的演奏。鲍勃快10岁的时候，开始对钢琴产生了好奇，他开始像鸡啄米似的弹拨琴键，有个叫哈里特·鲁茨坦（Harriet Rutstein）的堂妹来给小哥俩上钢琴课，大卫听得还算认真，但是鲍勃强忍着上了一节课便不耐烦地声称，"我可不想像你们那样弹钢琴"。有那么一阵子，他差不多都懒得动手指了。但是当他14岁的时候，音乐突然在他的生命中涌动，即使当时的他还看不懂乐谱。

在希宾初中，学校乐队的任何成员都是不可小觑的人物。鲍勃也开始经常往霍华德街的那家乐器行跑了，那家店起价10美元，既可连租也可以赊账方式租卖乐器。鲍勃先租了个小号，声称很快就能学会。他"吹"了两天，家里的房子都跟着颤抖，因为他根本吹不成调儿，全是颤音。让大家放心的是那只小号很快被退回了，换回来的是一把萨克斯管。但是没过两天，他沮丧地把它还了回去。他又试了把铜管乐器，但还是没有逃脱失败的厄运，哪一件乐器都用着不顺手，最后他怕自己今后不被乐器行老板待见，勉强租了一把廉价的破吉他回家，他抚摸吉他的那个劲儿好像是拿到了一件传世之宝。（原文是：西班牙的传家宝。）

他照着说明书，用手轻轻地拨弄着六根琴弦，手指压在定音的琴丝上，没想到竟然弹出了曲调。他一连几个小时抱着那把吉他不停地试着弹出各种音调，手指像被针扎了似的疼痛难忍。保加利亚移民码农洛夫（Manoloff）编写的《西班牙吉他演奏教程》（*Basic Spanish Guitar Manual*）带他入门，不过他在听力与指法方面的进步可谓日新月异，很快就掌握了多种指法。找对了音节，也就找到了入门的钥匙。

寄给我一把钥匙——我将会去寻觅门上的锁孔

即使它将耗费我的余生。

吉他的拥有者

那把吉他成了他的拐棍、武器与地位的象征，为此他也获得了某种安全感。希宾城里城外，有些人至今还记得他曾经斜挎吉他行走于大街小巷之间，切特·克里帕（Chet Crippa）回忆说即使在最寒冷的冬天，鲍勃也会吉他不离手。随着年龄的增长，迪伦开始变得内向，与亲朋挚友和同窗的交流越来越少。他把全部的注意力都集中到一个他可以完全信赖的朋友身上——他的吉他。如同三角洲的蓝调乐师，他视自己的吉他为知己与伴侣。"我从不去打猎，也不去钓鱼，也没参加过篮球队，"迪伦后来承认，"我只是弹吉他，唱自己喜爱的歌曲，这就够了。我的许多朋友跟我一样，啥都不行，既不能当足球队的中卫，也当不成低年级商会的头头，更当不成学生联谊会的推手，就连自学成才的卡车司机也做不成。我能做的就是写词，唱歌，画小人，消解自己，成为隐形人。"

迪伦"隐形"的部分原因来自对外来族裔的歧视。即使在所谓"自由的国度"，希宾的三四十户犹太家庭依然被排斥于主流之外，因而不得不抱团取暖。艾比喜欢打高尔夫球，但却无法加入梅萨比乡村高尔夫俱乐部，于是他经常和大卫在公共球场打球，即使是后来梅萨比俱乐部取消了族裔限制条件，他们也不去俱乐部打。鲍勃只打了一次，根本就打不好，于是他索性就放弃了。[6]

鲍勃想要的是私人的空间与公众的赞许。他是一个真正的双子座，内向与外向的性格兼备却也相互制约，一个害羞的孩子变得傲慢轻率，心地善良的小伙子突然变得充满敌意，勤奋好学的学童却变得不求上进，就连说话也表里不一。从父亲艾比那儿他继承了慢条斯理，说话像印第安人一样，发音吐字深思熟虑；而从母亲贝蒂那儿却继承了情绪反复无常，尽管伶牙俐齿，但有时却力不从心，表达情感词不达意。从少年时代开始，迪伦做事的态度便经常左右摇摆不定，爱走极端。"我不愿按常理出牌，"他曾经如是说。十五六岁时便开始令人琢磨不透。你看，一上高中便疯狂地爱上了摇滚乐，妈妈的乖孩子突然爱上了驰骋的西部牛仔，彬彬有礼的好少年突然变得狂野好斗，从不多愁善感却突然阅人无数，中产家庭的富二代却成天与穷人家的孩子打成一片，白人的孩子却满嘴"黑"话。

迪伦后来告诉我："我住的那地方整个就一荒郊野外。以前我常听的电台都不是本地的，他们从南边的路易斯安那州顺流而上直至密西西比河。"希宾本地的电台——WMFG因循守旧，这种情况即使是在鲍勃的堂兄赖斯·鲁特斯坦因（Les Rutsteirn）接手之前与之后的1958年都没有太大改观。鲍勃当年就曾怪罪赖斯不选摇滚乐曲播放。对此，赖斯于1968年依然固执己见，认为播放陈旧的"标准曲目"是为满足当时家庭主妇们的需要。"我们不播放年轻人喜欢的歌曲，"他跟我说，"让德卢斯的那些电台去干吧。"20世纪50年代初期，WMFG电台曾经播放过流行歌曲，如弗兰基·莱恩（Frankie Laine）的《少不更事》（*Too Young*）、珀西·费思（Percy Faith）的《红磨坊之歌》（*The Song from Moulin Rouge*）、四个小伙子（Four Lads）的《爱情多美妙》（*Love Is a Many-Splendored Thing*），但是走情感路线的歌曲，如盖·米切尔（Guy Mitchell）、多丽丝·戴（Doris Day）以及佩里·科莫（Perry Como）、"比尔·哈雷与彗星乐队"（Bill Haley and His Comets）的曲目能播放吗？在希宾电台播放？没门儿！

猫王埃尔维斯·普雷斯利（Elvis Presley）出现之前，哈里是当之无愧的白人摇滚之王。早在1953年他就录制了多首黑人节奏与布鲁斯名曲，他的第一张摇滚金曲则来自艾弗利·乔·亨特尔（Ivory Joe Hunter）的"摇滚三部曲（Shake，Rattle and Roll）"，曾经的封面金曲。在演唱此首歌曲的时候，他借用了黑人R&B的编舞以及视觉效果设计，当然还有白人的乡村音乐表达方式与台风。哈雷希望自己的歌曲传递正能量，清新、快乐还有超脱现实。他曾经说："我个人反对用歌曲宣泄不满，或者大声疾呼之类的。我演唱摇滚的动机是让孩子们高兴，因为将来他们长大后必定会面临各种问题，但是现在就让如此年少的孩子面对这些问题是不公平的。"

哈雷的歌曲，特别是他的《彻夜摇滚》（Rock Around the Clock）成为1955年电影《黑板丛林》（Blackboard Jungle）的主题曲，并因此而风靡全世界。《黑板丛林》讲述了一所城市公立中学的种种问题。但是摇滚大潮的真正源头始于1951年，当时前DJ艾伦·弗理德（Alan Freed）开始在克利夫兰电台推放这一全新的乐种。到1954年的时候，摇滚乐已在东海岸的各主要电台播放，唯独WMFG对其视而不见。迪伦不得不把收音机波段调至偏远的南方波段，并与路易斯安那州的农民以及田纳西州的卡车司机为伍。"《亨丽埃塔》（Henrietta）是我听到的第一张摇滚专辑，"迪伦说。此外，他认为强尼·雷（Johnnie Ray）是他"最喜爱的歌手，他的嗓音与风格让我情不自禁"[7]。

鲍勃的听歌之旅大多是沿密西西比河顺流南下，而且多半始于深夜，因为夜里几乎没有干扰。通常他把收音机藏在被窝里，以便不让来自什里夫波特（美国路易斯安那州西北部城市）或小石城电台的歌曲声吵醒家人。

"话匣子佩琦"是位来自南方的流行音乐节目主持人，正是他用黑人节奏布鲁斯改变了白人乡村音乐。当比尔·哈雷将两种音乐进行整合的时候，迪伦恰好可以同时听到乡村与摇滚。1954年，《麦考尔杂志》（*McCall's Magazine*）头版头条大书特书美国的"和谐社会"，把美国家庭生活描写成田园牧歌的翻版，并再续《星期六晚邮报》（*Saturday Evening Post*）作者诺曼·洛克威尔（Norman Rockwell）的封面文章主题以及安迪·哈代（Andy Hardy）的电影《一个人的家》。然而对于鲍勃·迪伦来说，自打高中时代开始他便与家人渐行渐远，他的和谐社会来自南方电台的午夜音乐广播秀，告诉他白人黑人音乐如同一家，绝非两道。这一点还可参考《琼·贝兹》（*Joan Baez*）专辑封套说明：

> 我学着选择自己的偶像
>
> 作为我的声音并讲述我的故事
>
> 我的第一个偶像是汉克·威廉姆斯……

海勒姆·汉克·威廉姆斯（Hiram "Hank" Willianms）是无数美国农民、卡车司机与工厂工人的"民间莎士比亚"。他出身平民，生于阿拉巴马州的一间小木屋，生前曾拜黑人街头歌手偶·多特（Tee-tot）为师学习音乐。威廉姆斯一生写了125首歌曲，其中20多首用词简单但却荡气回肠，如《我孤独我欲哭无泪》（*I'm so Lonesome I Could Cry*）、《不忠的心》（*Your Cheatin's Heart*）、《冷酷之心》（*Cold, Cold Heart*）以及《孤独与被抛弃的》（*Alone and Forsaken*）等，触及人世间的流离与失所。汉克·威廉姆斯，逝世于1953年新年之际，享年29岁，可谓英年早逝，令人唏嘘。官方的说法是他死于心脏病，非官方的说法是他生活放荡，耽于酒精与毒品。[8]

如果威廉姆斯是诗人，利特尔·理查德则是摇滚的命脉，节奏与布鲁斯的约翰·亨利（John Henry）。理查德·彭妮蔓（Richard Penniman）1935年生于佐治亚州，10岁便在教堂唱诗班与街头练歌，后成为职业歌手，先后加入来自阿拉巴姆的"糖脚山姆（Sugarfoot Sam）"以及后来的"哈德逊博士医学秀（Dr Hudson's Medicine Show）"乐队，他的音乐与生活经历不凡，从宗教到世俗、从教堂唱诗班到小酒吧卖唱，可谓大起大落。看似圣灵附体，他的尖声呐喊与舞台上的欢蹦跳跃惊天地泣鬼神，难怪约翰·列侬（John Lennon）称其为"原始的尖叫者"。他是联系黑人福音歌曲与现代灵歌的桥梁，猫王普雷斯利翻唱他的歌曲，"滚石乐队（Rolling Stones）"与"新兵乐队（Yardbirds）"也非常认同他的风格，保罗·麦卡尼特（Paul McCartney）也是他的忠实粉丝。20世纪50年代中期，迪伦曾经报名参加广播大学利特尔·理查德的培训班，亲耳聆听他非正统的布道："我的歌曲具有疗伤的功能，他会让聋哑人开口说话，耳聪目明。" 利特尔·理查德曾经短期退出歌坛成为一名神学院的学生，1962年再次回归演艺圈，并前往英国利物浦的凯文与披头士乐队合作，传授假声高音唱法，如披头士乐队多首带有"yeah，yeah，yeah"歌词的唱法。迪伦尽管从未与利特尔·理查德谋面，但是比披头士乐队早七年就借鉴他的演唱风格。1959年迪伦高中毕业，在他的毕业簿上就曾写下自己的雄心壮志："加入利特尔·理查德的乐队。"

迪伦对其早期接受的各种音乐影响抱着感恩的态度，但是对自己无法了解得更多显得十分不耐烦。迪伦曾经告诉我："跟你说吧，那状态就如同青春期的少年，总是需要有个人可以依赖，总想找个人依赖。我曾经依赖过很多人，那也是我变化如此之大的原因所在。我也写了很多类似汉克·威廉姆斯那样的歌曲，但我却从未能够抓住他的创作精髓。至于猫王普雷斯利，几乎所有我认识的人都在模仿他。或者是巴迪·霍利。"但是即使是在不断聚集偶像的同时，迪伦也是不断地在偶像与自我之间徘徊，正如他后来在《琼·贝兹》专辑封套说明中所写：

> 日后我的偶像纷纷坍塌
>
> 因为后来才得知他们也是人……
>
> 但是我从每一位被遗忘的神灵那里获悉
>
> 未来的战场只有我孤独一人……

但是随着时间的推移，那些被遗忘的乐神又被重新记起。时值1978年环球演出，迪伦跟我说起了他对埃尔维斯之死的反应："太令人伤心了，我几乎崩溃了……我一生就那么一次。我回顾了自己的一生，包括全部童年时代，整整一周的时间我没跟任何人说话。如果没有埃尔维斯与汉克·威廉姆斯，就没有我的今天。"

不久，迪伦就学会了用自己的方式弹奏他的第一把木吉他，因此他想来把更大、更炫一点的。他在西尔斯百货商场看到了一把，罗巴克商品目录是这样介绍的：天蓝色的琴身外加琴弦两侧的白色翅膀状琴头。他开始攒钱支付20美元的定金，后来又付了19美元才买下来。为了不惹父亲讨厌，鲍勃把新买的吉他藏了起来，直到最终付了全款。艾比不得不佩服鲍勃的足智多谋。鲍勃没用自己每周的零花钱，以一己之力买了无数张唱片，他收藏的第一批专辑是汉克·威廉姆斯的78转密纹唱片，接着又买了利特尔·理查德、巴迪·霍利与汉克·汤姆逊（Hank Thompson）45转的新唱片。鲍勃从玩留声机到演奏吉他，再到自家的钢琴，他不断地华丽转身，从模仿利特尔·理查德的随风舞蹈，再到站立式敲打钢琴键盘，可谓万事俱备，只欠东风了。现在，他需要的就是一支自己的乐队。

1968年，里·罗伊·霍伊卡拉（Le Roy Hoikkala），一个面相腼腆的年轻电子技工告诉我："有一天我在城里见到鲍勃，谈音乐是必须的。我们俩当时都读八年级，我本人是乐队的鼓手，蒙特·艾德华森（Monte Edwardson）是吉他手，大约在1955年，我们仨在鲍勃家的车库里凑在一起排练了几次。蒙特是熟练的吉他手，鲍勃负责节奏并演唱。我们自认为是搞乐队的料，于是给乐队取名'金色琴弦（Golden Chords）'，乐队成员一律平等，没有所谓的核心人物。鲍勃对利特尔·理查德崇拜得五体投地。他钢琴弹得也不错，摇滚乐那时才刚刚起步，哈里与普雷斯利也不过是刚刚出场。"

"我们开始接活儿，有时在慕斯洛齐会议，有时在学校的家长会上给大家演唱，无论哪里举办人才秀，我们都会到场演出。我总是记得那次在希宾纪念大厦里举办的社区音乐达人秀，所有的评委都来自当地商会，所以没人指望他们懂音乐。'金色琴弦'乐队赢得了观众的掌声，但是评委却把一等奖给了一个弹古典钢琴的女孩。台下的孩子们大声起哄反对评委们的决定，因为我们得了第二名。"[9]

"金色琴弦"乐队演唱了几首乡村歌曲，如强尼与杰克（Johnnie and

Jack）的《我要回家》（*I'll Be Home*），但是鲍勃率领的三人组合则越来越具备利特尔·理查德的台风。早在1955年，鲍勃就能在短时间内快速写成一首歌曲，对此里·罗伊印象深刻。"他可以一边弹钢琴一边写歌，外加现场发挥，简直就是一蹴而就。记得他曾经用R&B手法演唱了一首有关火车的歌，就是说他可以用一首歌立马说明一个道理。"每个星期天鲍勃都会溜出家门，跑到位于第四大道和19街交会处的凡菲尔特的小吃与户外烧烤店演唱那么几首。有那么几个月，孩子们都会在此扎堆儿，使这里成为希宾音乐圣地。"金色琴弦"乐队的排练是对外公开的，而城里的年轻人则视其为正式演出。迪伦当时在希宾还曾组建过其他几个类似的乐队，如"影子摧毁者（Shadow Blasters）""艾尔斯通感恩（Elston Gunn）"以及"摇滚粉丝（Rock Boppers）"等。由于是星期天下午，从没有家长提出反对意见，毕竟孩子们已经长大了，没人会再相信他们的无理警告。

不见不散

鲍勃的父母从未公开反对儿子玩音乐，但是他们却从未分享他对音乐的激情。有时鲍勃会带里·罗伊与蒙特来家里排练，但总是尽量安排在父母不在家的时候。事后，艾比与贝蒂才意识到从14岁起鲍勃就已经无情地和他们疏远了。迪伦曾经用一个十分形象的比喻问过我这样一个问题："你闻到过自己出生时的味道吗？这也是每当有大事发生我总是要快速离去的主要原因。"这个问题与他逃离希宾有直接关系。具体地说，他是在指每当完成一张专辑就要从伍德斯托克的家中"出走"的事实，但是他表示这也是自己长期的一种态度，即逃离一种形式的死亡与远离自己的出生地。还有一次，他说：“在我成名之前，有很多人对我以诚相待，他们从不害我。你明白吗？我不是那种有家可归的孩子，就是那种坐着公车就可以回去的那种。我也对此不感冒，我不会为自己背书，我只是靠自己，唯一的方法是我不在乎，但是我现在就是我，我只接受我的所作所为、我的现状和我的未来。”

鲍勃说自己无家可归，如果他父母知道了一定感到震惊。艾比一直认为鲍勃会读完高中然后加入自家企业经商。因此他总是一有机会就给鲍勃找活儿，让他来店里帮忙。但是，鲍勃不听话，总是"溜号"，鼓捣自己的音乐，写歌，躲在房门紧锁的卧室里读书。"鲍比，你在屋里吗？"母亲会经常对着楼梯口大叫。"我在，妈。我在看书"成了他的标准回复。

"他从未与家人或朋友疏远，但是他的确有梦想，"1966年他母亲告诉我。"他总是一个人在楼上梦想自己成了伟人，会有一番创举。他甚至是经常跟外婆说：'外婆，将来有一天我会成为名人，我会让您衣食无忧的。'他跟她说自己会赚很多钱，她要什么都行。"

我两次去希宾拜访迪伦的父母，每次我都没完没了地追问他们有关迪伦写作天才的问题。母亲："鲍勃总是一个人在楼上，他用了12年的时间成就了自己。他有什么书看什么书，他自己也买书，但都是戏剧画册之类的，如《古典名著图解》（*Illustrated Classics*）等有深刻思想内涵的名著。他也常去图书馆看书，我不了解他喜欢哪些作家，我们几乎不讨论作家，我就是常常一起笑啊说啊。"父亲："那时我常常告诉罗伯特，如果他在学习上需要帮忙就尽管说，我常帮着他做数学作业……他历史学得不好，考试成绩总是很差。我过去常跟他说历史就是把看过的书背诵下来就行，可他却说历史没啥可记的。我也问过他历史咋就那么难，他的回答通常是：'我就是不喜欢。'"母亲："我记得他曾经说：'我不想学物理，我不喜欢。'我想给他找个辅导老师，他说：'我就是不喜欢物理，求你了，让我把物理课退掉吧。'"

"鲍比会写会画，他是个有艺术气质的孩子。他要么是在画素描要么就是在画油画。我试图逼他学建筑设计，我的想法是至少他以后能养活自己。写那些诗能养活你自己？不能，写诗只能是等死。我说：'让你上学是为了以后自己能够养活自己。写那些诗不能解决吃饭的问题。'"那时候他还在读九、十年级。他上高中以后写的那些诗从不给任何人看，只给我和他爸看。我告诉他你不能就这么写下去了，坐那儿没完没了地写诗、白日做梦，一想到他日后会成为诗人我就后怕！你知道我说的那种诗人对吧？那种没啥大志向，写诗只图个人快活的那种。在我们那时候，诗人就是无业游民，啥大事干不了的那种人。在家我们总得拿着叉子站在他身后督促他。'鲍比，该吃饭了。'他吃得不多，饿不死就行。"

我问他们他是否把自己看作诗人，"没有！"父母二人齐声说道。母亲："我从未管他叫过诗人。有的时候，当他盘算着上大学的时候，我就对他说：'鲍比，为什么不学点有用的东西？'他回答说：'我想先学一年理工科、文学和艺术，然后再看看我想要干什么。'我告诉他：'别老想着写诗，求求你了。赶紧上学学点真本事，拿个学位再说。'"

贝蒂与艾比对于鲍勃早期钟情写作与音乐不以为然，然而几分钟后他们便谈起了另一个令人不快的话题。他们无法理解为什么自己不能分享他的成功，即使鲍勃不断地给他们汇钱以补贴家用，对于鲍勃说自己因为不快活而离家出走的说法更是感到困惑不解。有那么一阵子，他们曾经责怪他的经纪人，阿尔伯特·格罗斯曼，说是他在从中作怪。贝蒂："难道阿尔伯特真的以为全世界都认为鲍勃是个孤儿？"艾比，"我告诉阿尔伯特：'你不能永远把我们蒙在鼓里。'我跟阿尔伯特说我们问心无愧，我们替他开了好头，一开始我们就在不断地鼓励他。"

才艺比赛

由于鲍勃对黑人节奏布鲁斯音乐的兴趣与日俱增，而另外两位成员对日益流行的白人商业摇滚乐越来越感兴趣，"金色琴弦"乐队开始变得不和谐了。不久鲍勃便成为另一支名不见经传乐队的灵魂人物，乐队由四人组成：鼓手查克·娜菈（Chuck Nara），贝司手比尔·马里耐克（Bill Marinec），电吉他手拉里·费彼罗（Larry Fabbro）以及钢琴手、吉他与主唱鲍勃。1955年，四个人经常扎堆儿排练，交换唱片听，偶尔也会听鲍勃畅谈自己的音乐抱负。可是对其他人来说，音乐不过就是个业余爱好罢了。

差不多一年以后，鲍勃和他的无名乐队在希宾高中"杰克特·简博理才艺大赛"上进行了首演，乐队虽说演唱技巧不尽如人意，但是个个都是初生牛犊不怕虎，有朗诵歌词的，也有唱颤音的，当然还有钢琴伴奏的。鲍勃平时在班里话不多，也不合群，虽说看着堆积如山的演出设备似乎让他们看得出这大阵仗，但是没有谁会觉得这么几个小孩竟然会闹出如此大的动静。为了加强一鸣惊人的效果，鲍勃坚持乐队任何成员不得剧透当天的演出内容，当时他就给乐队立下了规矩："别告诉任何人你要做什么，直接做就是了。"

鲍勃按照利特尔·理查德的样子，把头发拢到额头以上，乐队把扩音器调到最大音量，全场震耳欲聋，可是当鲍勃用他那嘶哑、坚定的哀鸣吼唱之时，"招来的不仅仅是观众的掌声，也有观众的嘲笑"。费彼罗告诉我，"我们唱的那些歌基本都是利特尔·理查德与猫王的保留曲目，但是其中有一首格外突出，给观众留下了深刻的印象，即《摇滚永存》（*Rock 'n' Roll Is Here to Stay*）"。

这可不行，不能在希宾高中唱这种歌！K.L. 彼得森（K L Pederson）校长当时正陪同几个教育官员参观校园，演出场地话筒的音量与乐队扩音喇叭二合一产生的巨大音量简直是太过分了，老校长赶紧跑到后台，直接掐断了麦克的电源。看到自己也无力高音演唱，鲍勃强压怒火，但是还是在大力弹奏钢琴。有人说那天他把钢琴的脚踏板都踩断了，也许他还绷断了几根琴弦。"非洲的尖叫式唱法，"一位老师说道，他被惊得目瞪口呆。一位叫杰利·埃里克森（Jerry Erickson）的同学在成为银行家之前也曾经在少年时代组建过一个小型的三人合唱小组，他的反应非常有代表性："鲍比总是走在大家的前边，即使我们平时都认为他是个乖孩子，但是当天也许我们都会觉得他有点疯了。"即使是费彼罗也承认他们那天的演出的确令人震惊："鲍勃当时的演唱风格的确是相当超前的，特别是对于那个小镇来说。"

另一个学生目击者说："我的第一感觉是不对劲儿，我们的社区不大，还不习惯这样的演唱，我认为当时很多人也都觉着不对劲儿。即使现在（1969年），我意识到当时年轻的迪伦也不过是初出茅庐，虽说他很超前，但是他似乎还没有意识到。由于对自己的才能自信满满，他从不在乎别人如何品头论足。他只会说：'我就是我，喜欢不喜欢随你。我知道我的演唱最好。'"目睹的证人还有约翰·巴克伦，他比迪伦小一岁，后来在威斯康星州的丰迪拉克成为一名嗓音甜美的音乐节目主持人。那次演唱会不久，两人便成了形影不离的好朋友，如同堂吉诃德和仆人桑丘·潘沙。"如果有了一个演唱的机会，鲍勃会毫不犹豫地给自己做宣传，而且游说能力超凡，总能赢得众人的支持。"巴克伦和他的母亲以及妹妹都坚信鲍勃的本事都是从他爸爸那儿学来的。"我们认为，"巴克伦说，"鲍勃一定是当推销员的料。果不其然，他给自己当了最好的推销员。"[10]

有关那次才艺大赛的消息不胫而走，学校上上下下为之震撼，老师们嘲笑，同学们窃笑，家长们警觉。其中有一位叫伯恩·罗尔夫森（Bonn Rolfsen）的老师尤为不满，但是也为鲍勃台上台下的不同表现感到惊讶。[10] 年后，他告诉我说：了解迪伦的关键在于了解他们所处的地理位置："如果从希宾的这儿走上几分钟进入那荒凉的灌木丛，你就会理解为什么我们喜欢独来独往。"在课堂上，伯恩记得鲍勃曾经非常寡言少语，是个很内向的孩子，但又是聪明异常的好学生。我记得他像个小大人，性情温和。但是坦率地说，我已经记不得他的写作水平如何。大卫当时跟我说鲍勃一直在写诗，但是显然我没感觉到。"还有一位教鲍勃"社会研究"的老师叫查理·米勒（Charlie Miller），也记得鲍勃，说他"与众不同之处在于他有自己的想法，而且能够把自己的才艺表现出来。《随风飘荡》那首歌使我想起了他曾经在课堂上表现出来的那种对社会底层的悲悯情怀"。

"杰克特·简博理才艺大赛"首演之后，鲍勃又像从前那样静静地坐回到自己的椅子里默不做声了，尽管也有人回忆说他与以前的确有所不同了。看上去他总是在跟自己微笑，巴克伦认为（在迪伦身上），他看到的是刚刚兴起的"黑色幽默"，不是莱尼·布鲁斯式的尖酸刻薄，而是"那种为防范危险的白种人而故弄玄虚，装出的黑人幽默"。巴克伦看到的是一个玩世不恭者在保护自己的同时，还在嘲笑身旁另一个不同肤色的世界。

位于西北的演员片场

在猫王埃尔维斯身穿黑皮夹克（成为青春偶像）之前，很多美国青少年还不知流行音乐为何物。甚至当时的一小部分人还把那个1953年入主白宫的那位老将军敬若神明，但是远在铁矿岭的若干青少年在"演员片场"中发现了自己的偶像，当然他们主要还是通过观赏他们的片子找到了自己的偶像，白兰度的《飞车党》（*The Wild One*），迪恩的《伊甸园之东》（*East of Eden*）、《巨人传》，特别是他的《无因的反叛》（*Rebel Withouta Cause*）把西部那些偏远地区的观众看得目瞪口呆。

白兰度与迪恩塑造的人物使当时西部片中的英雄人物相形见绌，因为此时全新的大众英雄绝非"只识弯弓射大雕"之辈，相反他们的胯下之物却是隆隆作响的摩托车，穿行在与世俗格格不入的聚光灯下。在富足但毫无生气的小康社会中，除非你能拥有一把吉他，否则有辆摩托车你就能挑战新边疆，因为摩托车曾经是年轻人性欲膨胀的梦想，敢于叫板父辈、拒绝安全驾驶的象征。哈雷摩托是美国20世纪50年代 "刘易斯与克拉克远征"的翻版[1]。

当时城里的摩托大咖是一位名叫戴尔·布党（Dale Boutang）的家伙，他是个具有牛仔风范的铁汉骑手外加职业举重运动员。他买了一辆哈雷74型的摩托，鲍勃买了一辆哈雷45型的，比戴尔的小了一号。里·罗伊很快在西

---

[1] 刘易斯与克拉克远征（Lewis and Clark expedition, 1804—1806年）：是美国国内首次横越大陆西抵太平洋沿岸的往返考察活动。领队为美国陆军的梅里韦瑟·刘易斯（Meriwether Lewis）上尉和威廉·克拉克（William Clark）少尉，该活动是由杰弗逊总统所发起。——译者注

区教会了鲍勃如何驾驭这个铁家伙。"除非有辆摩托和一件皮夹克，否则你绝对成不了男子汉，真正的男子汉。"鲍勃曾经常给自己的朋友讲一件往事：有一天，他们四个飞车党驾驶各自的铁骑来到郊外的布鲁克林区，布鲁克林与希宾被一条铁路线一分为二，四个人焦躁地在铁路交叉路口等着火车驶过，鲍勃不断地打着火，准备火车一过去便飞驰而过，正当他打火向前移动的时候，突然看到一列火车从另一个方向的轨道上疾驰而来，当他反应过来时，急忙向左打轮，接着快速跳车逃走，那列火车在他身旁只有几英寸的地方呼啸而过，鲍勃站起身，心脏狂跳不止，他的手开始哆嗦，费尽九牛二虎之力才把摩托车推回铁轨的对面。有那么两分钟，他面如土色，话都说不出来了。他开着摩托回家，开得很慢，而且从未告诉家人他曾经"与死神擦肩而过"。有段时间，他竟想过把摩托卖了，但是不久他又重新自信满满地骑着摩托外出兜风了，也许是觉得自己"对死亡有免疫力"吧。

鲍勃并不满足于会骑摩托、摆姿势，以及像迪恩、白兰度、猫王普莱斯利那样思索人生，他还想像他们一样留下自己的影像。于是他找到弟弟大卫，让他用自家的宝丽来一次成像的相机给他拍照。在他们楼上的卧室里，在15至17岁，鲍勃学了如何摆造型，如何用艺术掩盖艺术。多年以后，当我和他格林尼治村时代的女友苏西·罗托洛谈起此事的时候，她颇感意外。"我感觉来纽约前他似乎从未拍过照似的。"弟弟大卫回忆起他们曾经最喜爱的摆拍时刻，就是用卧室的厚重窗帘做帷幕，鲍勃从中探出头向外张望，或者咧嘴怪笑，或是下巴放八字手势装酷。至于动作造型的拍摄，鲍勃经常是骑着自己的哈雷，呼啸着冲向站在路肩上的大卫，然后再来个漂移动作，并在回身大喊："拍下来了吗？"1966年影评人宝琳·凯尔（Pauline Kael）在3月刊的《大西洋》(*Atlantic*) 杂志上撰文，称白兰度为美国 (世俗英雄) 的范例，但是她所描绘的人物肖像看起来与迪伦所表现出的英雄本色更为相似：

> 主人公是形单影只的独狼……白兰度代表的是对第二次世界大战后美国疯狂寻求安全感的反动……白兰度没有准则，唯有直觉……他不与社会同流，因为他知道主流即下流，他是英雄……因为他内心足够强大因而从不将主流奉若神明……也许他独特的魅力就在于硬汉式的自负：还有一种幽默感……尽管炫耀与自大显得有些空虚与幼稚……他具有爆炸式的危险，当然又不是那种道貌岸然的一本正经，他不会讲什么大道理，更没有夸夸其谈和虚伪的理论……

因为他没有准则，只有真善美的人生哲学，或曰对一种生活方式的执着——因而他经常被自己信任的朋友出卖，那就是他，新原始人类，拜伦笔下 "找不到正确出路的少年英雄"，他的高尚品质在于他的脆弱……作为观众的我们感到安全可靠，可我们全然不知他的坚强就是他的孤独呈现，谁希望自己是局外人？他不是知识分子因而无法将自己的言行理性化，他只能感觉那种理性并将其表演出来，如在《飞车党》中，上帝知道有多少青少年会有如此感觉："那才是我生命的故事。"

当迪伦加大油门，在自己人生的舞台上展现千姿百态的时候，詹姆斯·迪恩已经命丧黄泉，汉克·威廉姆斯也离开了人世，但是白兰度却依旧活在好莱坞与希宾小镇。

堂吉诃德与桑丘·潘沙

鲍勃16岁的时候经常跟约翰·巴克伦说，"你是我最要好的朋友。"以此夸人在美国20世纪50年代可是句重话。巴克伦来自工人家庭，美国的主流，祖上也许来自英国。约翰也是那种桀骜不驯的"问题少年"，即使他可以和那些来自特维恩市的孩子们成为朋友，因为他们温文尔雅，属于典型的中产阶级家庭，鲍勃在威斯康星州韦伯斯特附近的西奥多赫泽耳夏令营也曾与他们有交集，但是约翰依然可以找到些所谓的"坏孩子"并与之为伍。从1954年开始，鲍勃开始参加哈达萨俱乐部组织的暑期犹太复国主义夏令营，时长大多为几个星期不等，他非常喜欢游泳，也不介意说希伯来语。但是，16岁生日那年的夏令营看着有点过于平淡了。开始他只是围着篝火唱了几首歌曲，为了让大家振作起来，鲍勃与六七个孩子一道爬上了淋浴室的屋顶，然后自断退路把梯子也拉上了屋顶，接着他们在屋顶又唱又吼，嘲笑自己的随队辅导员，直到拉比在屋檐下高声宣读训令才使他们返回地面。"鲍勃那年差点把夏令营闹翻了天，"父亲艾比回忆道，"我想他们可能会把他遣送回家呢"。

巴克伦家相对轻松的气氛看来对鲍勃更有吸引力。贝蒂坚持平时上学的日子九点半必须关灯就寝，而约翰家则相对灵活，约翰的母亲是个裁缝，比较尊重孩子的隐私，父亲在铁路上工作，在一次事故中失去了一条腿。15岁时父亲离开人世，在此之前他在家里说话基本不算数。巴克伦告诉我，他生来就是做跟班的，而鲍勃则是越来越大胆鲁莽。音乐巩固了他们的友谊，琴弦与卷轴上的磁带把二人紧紧地拴在一起，迪伦演奏钢琴的时候约翰经常给他录音。"那种磁带没什么美学价值，"1969年巴克伦如是说，"但是，他们能让我们怀旧"。他们非常喜欢来点即兴录制，"我们总是会拿把吉他，一边演奏吉他，一边唱着我们即兴编出来的歌词，听上去稀奇古怪，我们曾经想着把小样寄给什么人，但是最终还是没敢"。约翰喜欢听鲍勃讲述那些特别厉害的故事。一次他们结伴前往圣保罗郊区的小镇海蓝德，途中鲍勃跟他这位挚友说："我们会告诉大家我们是来录唱片的，我会告诉所有的人你是我的贝司。"

　　约翰家位于165号州际公路边上，鲍勃与约翰以及他的妹妹露丝一起度过了愉快的时光。日后约翰在迪伦的《第115个梦境》（*115th Dream*）中隐约可以听到当初那快乐的音乐、笑话与嬉戏的时光。一次，在一个情侣出没的小巷里，鲍勃戴上一副弗兰肯斯坦的怪物面具，吓得几对情侣魂飞魄散。鲍勃的故弄玄虚也被他发挥到音乐创作上了。"快点过来，我想让你听听我刚写的东西，"约翰，"我会说：'不会吧，你写不出那么好的歌词！'因为他写得实在是太棒了，我总是搞不明白他怎么能写得出来。可是他的确是个天才，那绝不是装出来的。在希宾，他只能用音乐表达自己的感受，当他用音乐表达自己感受的时候，却没有人能够理解他。" 鲍勃上初二后的另外一个爱好便是追求女孩，小小年纪便阅人无数，坊间传闻他喜欢身材丰满的大胸女。其中之一是他在1957年结识的芭芭拉·休维特（Barbara Hewitt），一个性感十足的尤物。鲍勃为她神魂颠倒，他会常常对着自己形影不离的兄弟说："我爱芭芭拉，约翰，我爱芭芭拉，"一天起码要说上10遍。有时他也会说："知道吗？约翰。"约翰回答道："知道，你爱芭芭拉。"后来芭芭拉随家人远走高飞，去了明尼阿波利斯，这才了断了鲍勃这桩未竟的早恋。

人人都说要离开希宾，但是鲍勃的饥渴更是难当。他们不断地寻求新的朋友与新的思想，这种追求让他们烦躁不安，最终他们认识了吉姆·丹狄（Jim Dandy），一位二十来岁的黑人音乐节目主持人。吉姆家住邻近小镇弗吉尼亚。由于廉价的欧洲移民劳动力丰富，铁矿岭地区的黑人很少。巴克伦说："我们常去拜访吉姆·丹狄，因为他那儿总有新鲜的变化。他是黑人，所听的音乐都是布鲁斯之类的，他听的歌我们大多数都很喜欢。"吉姆·丹狄与妻子和孩子是弗吉尼亚12000户居民中唯一的黑人，鲍勃是在1957年夏天在WHLB广播电台上听到他的节目，并在后来找到了这位"幕后英雄"。当时他和约翰大惊失色，但是惊喜于自己的发现——音乐节目主持人竟是个黑人。吉姆也觉得这两个年轻人很合得来，于是也主动放弃了他在收音机广播里的"白人腔"，重新用流行的黑人俚语主持。他们经常一起听老的布鲁斯乐曲以及黑人节奏布鲁斯（早期摇滚乐），这种扎堆儿听音乐的活动断断续续持续了几个月，通过丹狄鲍勃发现了一个全新的铁矿岭，这是他的家庭所不知道的铁矿岭，也是为什么后来他会说："我家住的地方没有贫民区，也没有富人区。没有错误的道路，更没有正确的路径。"

艾科与潘恩：摇摆的女孩

"有一件事总是让我感到意外，鲍比是否跟我有缘，因为我家在路的那一侧，他是希宾的乖孩子，而我们则是城外的乡巴佬。他们是富家子弟，而我们是穷二代，他是纯正的犹太人，而我们则是德国人、瑞典人、俄罗斯人与爱尔兰人的大杂烩。"

艾科·海尔斯托勒姆·施佛尔斯（Echo Helstrom Shivers）用手抚平了

自己满头的浅色金发，她的指甲是精心修过的。她淡定地吸了口烟，然后坐在位于明尼阿波利斯家中的沙发上。那是1968年的春天，她与迪伦邂逅11年之后，但是往事如烟，宛如历历在目的活生生的现实，那是她一生中最令人激动，也是备受感情折磨的岁月。"如果我的名字出现在你的书里会对我造成什么伤害吗？"她自言自语道，"也许我能帮助你了解他当时的为人。"

还是在昨天，在希宾附近的一个简陋的小屋里，艾科的母亲玛莎·海尔斯托勒姆（**Martha Helstrom**）跟我说："对了，是该给我们家闺女艾科点儿表扬的时候了，是她改变了鲍比。整件事情她是受害者，但是她爱鲍勃，因而就放手了。当时我们总是让鲍勃感到像回到自己家一样，而艾科和我也信任他。他总是烦躁不安而且很不耐烦，他总是没有时间把一件事情做完，老是匆匆忙忙的。"艾科的母亲和蔼却很严肃，说起话来非常像《愤怒的葡萄》（*Grapes of Wrath*）中的裘德妈妈。当艾科与鲍勃上初中的时候，她确信有一天他们会喜结良缘，他们曾经约法三章，无论谁先事业有成都要回头助对方一臂之力，鲍勃将成为大众偶像，艾科则荣升为电影明星。

在弟弟大卫眼里，虽说鲍勃与艾科的感情投入很大，但是她依然是个不起眼的姑娘，鲍勃的父母也曾经力劝鲍勃离她而去。"她不是犹太人，而且门不当户不对，"他接着说："鲍比总是跟希宾的矿工、农民还有工人家的女儿谈恋爱，他觉得她们就是很有吸引力。"**1961**年，鲍勃说："我把我的第一首歌献给碧姬·芭铎。[1] 而艾科看起来就是明尼苏达州的芭铎，当

---

[1] 碧姬·芭铎：法国性感女星，自从演出影片《上帝创造女人》后，她的噘嘴表情和性感服装就成为20世纪50年代的性感标志了。——译者注

然还带着那么点儿帕特·尼尔的风采。她的双唇丰满，颧骨突出。海尔斯托勒姆夫妇给孩子起名叫艾科是有原因的，她是在哥哥出生整整14年后出生，母亲与姐姐都对古希腊神话感兴趣，但是他们也都知道仙女艾科曾经征服了古希腊罗马神话中的潘，潘是半人半羊的山林和畜牧之神，艾科能歌善舞、机灵淘气，具有预知未来的天赋。

她想过去当演员，但是1968年的时候她却在明尼苏达州的一个电影公司做文秘，她做这份工作主要是为抚养上一次婚姻带来的一个孩子。她越说早年曾经和鲍勃的亲密关系，我越感觉希宾离她越近，尽管她早已离开了。[11]"我们相遇还是挺有意思的。当时我在霍华德街上的那个L&B咖啡厅，鲍勃在楼上的慕斯洛齐，他和巴克伦从楼上下来，鲍勃和我搭讪，而且就在大街上他就开始弹着吉他给我献唱。"那是1957年的冬天，她16岁，而他17岁。"鲍勃还要表现一下自己的钢琴演奏功夫，但是楼下的琴房锁了。鲍勃拿出一把小刀插在门缝中，撬开锁就开始弹起了钢琴。我也许是希宾唯一能够听懂他讲话的女孩。我那时一直爱好音乐，我上过手风琴的辅导课，也是学校合唱团的队员。我们在琴房有一架脚踏式风琴，在家我还有一台录音机，但是我爸不让我听，我总是听收音机，永远忘不了第一次在车载收音机里听到查克·贝里（Chuck Berry）的《梅波莲》（*Maybellene*），我听得'嗨'了去了，可我爸却把收音机给关了，害得我不得不跑到我们家后面的那些小五金店蹭听别人的收音机，有时还熬夜到凌晨五点钟，收听施来福伯特的节目主持人盖特茅斯·佩琦播送的节目。1957年，谁在希宾听到过节奏与布鲁斯呀？因为人们还在演奏华尔兹舞曲之类的东西。所以，每当鲍勃说起节奏与布鲁斯的时候，只有我一个人听得懂他在说什么。当他对我说'来我家一起听听我的布鲁斯唱片吧！'，我就会满口答应。"

他们的友谊很快升温了，"我想开始的时候他也许只是把我当作朋友，这也是人之常情，即使我们是情人了，可是看上去还是朋友关系。第一次见面我就问他是不是犹太人，他不回答就改换了话题"。齐默尔曼夫妇对艾科还算客气，但是他们不停地告诫鲍勃，她和他不合适。鲍勃的浪漫情怀让他把每一次与艾科的幽会都变得富有戏剧性：几次公开的课后家访完，他总是让艾科溜进溜出家门。"他似乎不希望和他母亲多聊，我见过他父亲几次，他总是很客气，但是我妈妈感觉他们家人很不'待见'我，于是就不再去他们家的商店了。"还有一次，鲍勃以为家里没人，可是奶奶却突然登门拜访，他赶忙把艾科藏在一个储物柜里，然后飞奔去迎接奶奶，说他要去图书馆。艾科照着他的说法穿过楼上的一扇门，爬到车库上边的门廊。"我的裙摆一直给吹得到了我脖子，双手扒着屋檐悬在半空，直到鲍比从车库后身跑过来抱我下来，他就喜欢玩这些小把戏。"

艾科的母亲对鲍勃非常热情，但是父亲马特·海尔斯托勒姆（Matt Helstrom）则不尽然。当时的马特疾病缠身，是个愤世嫉俗的画家、电焊工，眼尖的猎人与护林者。他并不看好鲍勃与艾科的恋爱。一天晚上，艾科在照顾外甥，约翰与鲍勃在一旁上演了一出牛仔智斗印第安人的话剧。"突然间我爸的车就开到了家门口。约翰和鲍勃仓皇从前门夺路而逃，与此同时，我爸从后门走了进来。大家都听得到他们跑在碎石铺成的小路上发出嘎吱嘎吱的声响，我爸顺着声音就追了过去，'刚才有人在咱家吗！'他又冲着我大喊大叫，我说没人来啊。只要我爸在鲍勃就不会有消停的日子。后来鲍勃赚了大钱，我爸才觉得也许他是个好人。我爸有三把吉他，其中一把还带扩音器。鲍勃有时候也会偷偷过来试试自己的手气。一次，鲍勃跟我说他知道一种方法，可以考验我是否会成为贤妻良母，（后来得知）我得给他做点什么，于是我给他做了一张比萨饼。此外，我还给他休闲裤上的漏洞打了补丁。我记不起来还有其他什么要求了。"

海尔斯托勒姆家的房子四四方方，如同一个火柴盒，屋顶用油毡纸覆盖，位于73号公路边上的一个棚户区，距离希宾西南三英里。鲍勃经常放学后搭车去那里。后来他有辆蓝色的福特，他们便一起开车往南一直开上枫叶岭的顶峰。站在山顶，他们可以纵览铁矿岭方圆30英里的开阔地，有时他们或者自驾或者搭别人的车沿着火焰塔路——一条坑坑洼洼布满车辙印的小路，开到长满白桦树的顶峰。夜晚的山顶空气清新，沁人心脾，夜空中星辰点缀，令人心旷神怡。海尔斯托勒姆太太后来说："他们曾经梦想白头偕老，并在枫叶岭安家，生了孩子无论是男是女，他们都打算管他/她叫鲍勃。你知道当时的半大孩子都那样，他们太年轻了，尤其是女孩子都喜欢早婚。"

下午的时候，假如马特·海尔斯托勒姆不在家，艾科和鲍勃就会在自家门口席地而坐，鲍勃会坐在楼梯磴上，双腿夹着吉他，而他的金发女友则会坐在一木制的秋千里，随着音乐轻柔地荡漾着，如同计时的钟摆。鲍勃总是即兴献歌。"他给我的歌，"艾科回忆道："大多是节奏与布鲁斯或者说唱布鲁斯类的，他从不像大多数歌手那样来回重复歌词，相反他的歌词总是与众不同，而且总是在讲故事。"1968年的时候，那个曾经精巧的秋千也已经锈迹斑斑了，但是他依然在枫叶岭的微风中摇摆，感觉那个秋千正是《公民凯恩》中那个记者梦寐以求的"玫瑰花蕾"——所谓失去的童真时代的象征。

　　"约翰和鲍勃会唱很多首'说唱布鲁斯'歌曲，有时他们也会用乡村小调的方式先唱一首类似《飞越彩虹》这样的影视插曲。[1]他们俩总是互帮互学。别人不信任他的时候，我则对他更是信赖有加。"当他单独给我唱的时候，他真是才子一枚，可是每当在外演出的时候，人们却感受不到他的天赋，因为扩音器总是摆放在很高的位置，人们根本无法听到他在唱什么。艾科是他的重要粉丝，每场演出必到。星期天在凡·菲尔特咖啡厅的演出被迫移到柯里尔烧烤屋了。不过也有听众不买鲍勃的账，"1958年夏天一次在圣路易县城的演出中有人竟大声喝倒彩，笑声与呛声同时爆发。"他告诉她自己会一辈子以音乐为生了吗？"那是他的人生计划。他没有和任何人说起过，因为只有我和约翰才是他的知己。他交友随意性很大，但也总是很小心，到现在我还记得他是如何给自己取了个新名字。那是1958年，当时他还在读初中，一天他和约翰来找我，说：'我知道自己该叫啥名字了，我觉得这个名字不错——鲍勃·狄龙。'"

　　但是直到1962年他才正式把名字改了，事实上直到1959年他才启用这个名字。埃塞尔·默尔曼（Ethel Merman）也同样背负着十分沉重的包袱，即那个让人费解的姓氏"齐默尔曼"，他索性甩掉了第一个音节。他说："谁能在光天化日之下想象出这么个叫'齐默尔曼'的姓氏？会把人羞死

---

[1]《飞越彩虹》（*Somewhere Over the Rainbow*）：美国经典爵士音乐作品，最早出现在米高梅公司于1939年出品的童话音乐片《绿野仙踪》（*The Wizard of OZ*），并获得第12届奥斯卡最佳原创音乐和最佳歌曲奖，作曲家哈罗德·阿伦（Harold Arlen）融合了流行音乐和美国黑人音乐的风格，由朱迪·嘉兰演唱。——译者注

的。"[1]鲍勃的新名字可能有两个来源。虽说马特·狄龙一直被认为是个真实的边疆时代英雄人物，但他的成名却是由电视剧编剧约翰·弥敦（John Meaton）与制片人诺曼·麦克唐奈儿（Norman Macdonnel）为惊险电视连续剧《荒野大镖客》（*Gunsmoke*）虚构的人物。那部戏最初于1952年由哥伦比亚广播公司电台播送，并于1955年9月10日在CBS-TV电视台首映。在迪伦家附近便住着一位曾经参加希宾早期建设的一家人，姓氏也是狄龙，一位叫詹姆斯·狄龙（James Dillion）的人是该城最早的运货马车车夫，1968年希宾的电话黄页簿中就有四个家庭姓氏为狄龙的。1965年，鲍勃与《芝加哥每日新闻》（*Chicago Daily News*）把这几个叫狄龙的家庭一一作了比较：

《芝加哥每日新闻》：有人说你把名字由原来的鲍勃·齐默尔曼改成鲍勃·迪伦是因为你崇拜迪伦·托马斯（Dylan Thomas）的诗歌，你的看法如何？

迪伦：不是的，天啊，不是这样的。我用迪伦这个名字是因为我有个叔叔叫迪伦。我不过是改了拼写，因为那样看起来更顺眼，我读过迪伦·托马斯的诗歌，跟我的风格不太一致。

迪伦也曾经跟我强调说这是个普遍的误解："请在你的书里替我解释一下，我的名字并非来自迪伦·托马斯，迪伦·托马斯的诗是写给那些床上表现不佳的人看的，是给那些专门寻找雄性浪漫风流的人看的。"虽然他曾

---

[1]原文是burned to death。——译者注

用罗伯特·齐默尔曼的名字在明尼苏达州立大学注册就读，但是同学和朋友们都叫他狄龙。他曾告诉几个朋友狄龙是他母亲娘家的姓氏。还有人听说狄龙是俄克拉荷马州的一个地名。只是在他纽约成名后不久明尼阿波利斯的朋友们才得知鲍勃一直把自己的名字写成迪伦，不过与此同时，他也开始熟悉迪伦·托马斯的生平并熟读他的作品。

艾科明白为什么鲍勃要疏远自己的家庭："他父母对他的管教太严，而他又是坚决不服管的那种。记得鲍勃非常讨厌为父亲的小店打扫卫生，我知道鲍勃怕他父亲，即使他从来不说父亲曾经揍过他。他父母根本不懂如何靠写诗就能赚那么多钱，我觉得他父亲从未给过他那么多钱，我感觉我的钱都比他多。没错，他该有的都有了，但就是没有零花钱，这就是为什么我得总给他买热狗吃的原因吧。"

艾科与约翰超喜爱鲍勃的幽默以及他特有的荒唐感。艾科："他总是能想出些逗乐子的事情。"约翰："他愚弄别人的能力超群，没人知道什么事儿能相信他。"男孩子们的爱好之一是搭车旅行。他们把鲍勃的车停在艾科家附近，然后沿着73号公路搭车走，看看最终能走多远。艾科则耐心地等候着他们的归来，他们要么搭乘私家轿车，要么搭乘运货的卡车从相反方向返回。鲍勃曾经玩一种叫作"格里森道孚（*Glissendorf*）"的文字游戏，他们给艾科的表妹表演。艾科的表妹是个淳朴的乡下姑娘，根本听不懂、看不懂，急得差点儿哭出声来。还有一种游戏叫作"电话传心术"，鲍勃会给艾科打电话，告诉她此时自己的意念正集中在家中的某一个物件上，她必须猜出是什么。如果猜对了，他就会说自己相信"传心术"，并且有能力把自己的意念传输到别人的大脑中。

鲍勃还经常假装自己是个音乐早熟的孩子。"他给我打电话说他要演奏自己录制的唱片,于是他就把鲍比·弗里曼的'你想跳个舞吗?'演奏了一遍,还说'那就是我们的乐队'。现在我才知道那根本不可能是鲍勃他们的乐队,因为他总是喜欢天马行空、口无遮拦。"鲍勃的游戏总是以严肃的结尾告终,他常常(找机会)取笑某个巡回演出的歌手,然后便没完没了地发问,问人家工作、路上演出的生活、各种安排、乐队纪律、流行趋势等,完全是偷师学艺的节奏。

和鲍勃一样,艾科也对希宾失去了好感:"我迫不及待地想离开,因为希宾有一种可怕的冷漠,这种冷漠是在其他城市里感觉不到的。我觉得铁矿岭的那些小镇如此冷漠,其主要原因是经济不景气造成的。毕业后,几乎所有的煤矿都倒闭了,因而所有的人都被迫远走他乡。"

三个小伙伴对劳工阶层充满同情。海尔斯托勒姆太太记得:"鲍勃似乎比他的家人更加谦卑,艾科与鲍勃两人都对劳苦大众充满同情。"她和女儿艾科都曾回忆起鲍勃是如何喜欢阅读约翰·斯坦贝克的小说的。1968年,艾科依然把迪伦读过的小说放在自己的书架上。"我们经常谈论斯坦贝克的小说,鲍勃总是在阅读他的作品——《愤怒的葡萄》《罐头工厂街》[1]等。"《愤怒的葡萄》使他对大萧条时代的俄克拉荷马州的劳苦大众充满了同情。

"令我感到惊讶的是鲍勃竟然对我心生好感,因为我原来一直认为犹

---

[1]《罐头工厂街》(*Cannery Row*):斯坦贝克战后写的第一部小说,是以他的故乡加利福尼亚为背景。——译者注

太人压根儿不愿与他人往来。鲍勃从来不说自己是犹太人，而我真的觉得希宾的犹太人就是觉得自己与众不同，但是鲍勃从来没觉得自己高人一等，他真心喜欢像吉姆·丹狄那样的黑人，即使周围见不着几个黑人居民。每当他从明尼阿波利斯回来，鲍勃总是被黑人的舞蹈与音乐深深地打动。"

在希宾高中的初小毕业舞会上，艾科给自己买了一条浅蓝色的拖地长裙，鲍勃给她买了装饰肩部的小花束，那束装饰花她一直保留着，直到它干枯凋谢。在1958年希宾高中的年鉴上，鲍勃声称："让我告诉你，你的美貌倾国倾城，但是我想以前我曾经向你表白过。致学校里最美丽的女孩。"他们一起参加了舞会，但是他们根本不入流。艾科："我们当时太与众不同了，我们本不该去参加那个舞会。我们根本不会跳舞，鲍勃不会领舞，我又不会跟舞。他只会缩小步伐，然后不断跟我抱怨：'你怎么搞的？你会跳舞吗？'我说：'我跟你跳不起来。'真是太可怕了。但是我们还是坚持下来了，我俩一直在一起，鲍勃那时还很胖，他有婴儿肥，而且还有那么点儿小肚子。我觉得他看起来很乖巧。他看起来的确是那种干净利索的孩子，粉红色的脸上刮得一干二净。舞会后我们哪儿也没去，坐在鲍勃的车里，后来就睡着了。我们跟学校里其他的孩子截然不同，我无法忍受和其他的女同学一样，我必须与众不同。"

1958年夏天，他们的感情开始出现裂痕，艾科想要结婚，鲍勃想要出走追寻自己的音乐梦，和别的女孩谈恋爱。艾科则变得越来越霸道，鲍勃不信邪，也开始变得烦躁不安。看电影的时候，他总是先进去，并坚持让艾科在里边见他。他在德卢斯或者双城的时间越来越长，1958年当他在毕业留言簿上签字的时候，他是在给"圣保罗的姑娘们献媚了"。

约翰也在暗恋艾科，因而一直因两边不讨好而备受折磨。艾科逼着他问鲍勃是否还在和别的女孩约会。约翰："我告诉她也许是的。"艾科认为形势已经无法挽回了，于是便在学校的楼道里当着众人的面把鲍勃送给她的手镯退还给他。"我现在还能看到他的双眼——睁得老大。'你要干什么?'他问道。我说：'跟你拜拜。'他说：'别在楼道里还给我。'"事后，在她家，她要求鲍勃告诉她是否和别的女孩约会。他回答说不是，但是艾科宁可相信约翰的话。"鲍勃非常需要女孩子们的注意。"

1958年她花了一整个夏天尽力使自己从曾经的二人世界中解脱出来，她独自一人徒步爬上枫叶岭，但是目力所及之景象早已物是人非。她坐在那个秋千上，想起了他的声音、他的歌声。"他后来常说他不能结婚的原因是他还要干一番事业。假如他没有干一番事业的决心，他可能就和我结婚了。他也许最终干了他父亲的老本行——在自己家开的家具店上班儿了。"10年后，海尔斯托勒姆太太说："每当艾科播放鲍勃唱片的时候，她依然会有故人常在的感觉。"前"爱意满满"乐队的约翰·塞巴斯蒂安（John Sebastian）曾经告诉我："谁都无法接近迪伦，他像一团熊熊燃烧的烈火，会把你烧成灰的。"艾科·海尔斯托勒姆是第一个离他太近的人。

她和鲍勃于1959年秋天在明尼阿波利斯曾经再度和好，希望能够再续"浪漫"。然而当希宾1959届高中毕业班举行第十届校友聚会的时候，两个不期而遇的老同学则早已分道扬镳——艾科与迪伦，此时的迪伦偕妻子返校参加聚会。五年前，鲍勃告诉《生活》（Life）杂志的克里斯·威尔斯（Chris Welles）："学校老师教我们说天下太平，对此我们都不抱半点怀疑，都写在教科书里了。但是天下并不太平，他们撒了弥天大谎，隐瞒了很多真相。孩子们跟我的感觉一样，但是他们听不到真理，因为大家都害怕挺身而出，但是我不怕说出真相。"

总之，尽管他没有大肆声张，迪伦算是衣锦还乡、荣归故里了，因为他是自打弗朗西斯·贝拉镁（Francis Bellamy）以来最著名的校友，贝拉镁是《宣誓效忠美国国旗誓词》（*Pledge of Allegiance to the American Flag*）的修订者。鲍勃被老同学们团团围住，大家纷纷索要签名，他也给艾科签了名。

献给巴迪·霍利的花圈

鲍勃急于读完最后一个学期，因为他迫切希望出走。"我不会在此待得太久的。"他如此告诉约翰·巴克伦。为此，他三次落选光荣榜，当贝蒂训斥他的时候，他却反唇相讥："光荣榜不能代表一切。"他开始尝试抽烟喝酒，一次，巴克伦回忆说鲍勃不知跑到什么地方一个人喝闷酒，后来又打电话过来说："约翰，我待会儿去找你，我会把你揍扁。"约翰回答说："你来吧，咱们揣一架。我在外边等你。"（不一会儿）那个想揍他的人终于步履蹒跚地到了。"他身体摇晃着，挥拳打我的下巴，但是他体力早已不支，挥出的拳头根本不伤人。最终我把他安全地送回家。鲍勃也突然发现经常酩酊大醉是何种滋味了。"

鲍勃去明尼阿波利斯上学的时候，就已经开始喜欢上红酒了。1964年10月，也就是在爱乐厅的音乐会刚刚结束后的庆功宴上，他依然把红酒当作上品献给琼·贝兹、格里高利·科尔索（Gregory Corso）、艾伦·金斯伯格、奥尔奈特·科尔曼（Ornette Coleman）以及其他客人。当时这位好客的主人给我们提供的酒水是成排摆放的瓶装博若莱[1]红酒。他在格林尼治村"北漂"的最初几年里，鲍勃给人的印象是每天都喝红酒而且喝得很嗨。苏西·罗托洛曾经跟我说："自打我们第一次见面我就没见他清醒过，但他一半是装的，通常的情况是他可以假借喝高了偷听或偷看他人的一举一动，这一点他特在行。"

即使是头脑异常清醒的时候，年轻的鲍勃也会经常出车祸。虽说他爸爸可以事后把事摆平，但是他的鲁莽仍然伤害了父子关系。"鲍勃每次撞坏了车子都会有一个同样的理由，他通常会先打电话说：'我把风扇的皮带弄坏了。'"一次事故后，艾比不得不支付4000美元才在庭外和解了一桩理赔案子。最坏的一次事故发生在1958年，鲍勃决定把自己的摩托卖了，但是卖前想最后再骑一把，当他慢速转弯朝家开去的时候，一个三岁的小男孩手拿橘子，从两辆停靠在马路边上的轿车中间跑了出来，一下撞到了摩托车的一侧。希宾医院说孩子需要转院治疗，艾比叫了一辆救护车，送孩子去德卢斯的大医院。那孩子倒是康复了，但是艾比从此却把鲍勃与摩托车看作是死神的代名词，出事的当天晚上鲍勃和艾科在城里见了面，他发誓一辈子不再碰摩托车。他跟艾科反复说了几次："我现在还能看到那个橘子在马路上翻滚。"

高中快毕业的时候，鲍勃的择业计划似乎越来越明确。他参加了一个堂兄组织的小乐队，乐队名叫"缎带音调（Stain Tones）"，一个水准粗糙

---

[1]博若莱：法国中东部的一个丘陵地区，位于马孔和里昂之间的索恩河西部。以所产的葡萄酒闻名。——译者注

的"草台班子",他们在威斯康星州的苏必利尔电视台演唱过一曲,在希宾兵工厂俱乐部有一支舞曲,在希宾电台还有一支保留曲目。巴克伦:"他总是能把'金色琴弦'与'缎带音调'这样的乐队凑合起来,他就是这样的天才,寻找机遇并充分利用机遇。"鲍勃开始崇拜马迪·沃特斯(**Muddy Waters**)与吉米·里德(**Jimmy Reed**),二位来自南方的芝加哥蓝调布鲁斯大师兼歌手,里德曾经是白人乡村音乐歌星,后跨界改唱"乡村摇滚乐"。(不久)又一个全新的终极音乐典范降临了,他就是巴迪·霍利。鲍勃开始模仿霍利那甜美、纯情近乎孩子气的声音,那种音质成为迪伦后来录制的许多歌曲的典型演唱风格。

霍利可以像猫王普雷斯利那样,用一种极具张力的风格演唱,或者摇曳"身"姿,用带有强烈渴望的那种"迷失方向的男童声"演唱,令20世纪50年代的少男少女们心驰神往,充分体现了青春歌曲中那种痴迷神往偶像的特质。霍利原名查尔斯·哈丁·霍利(**Charles Hardin Holley**),1936年生于得克萨斯州的鲁巴克市,15岁时改名巴迪·霍利,经常在西得克萨斯俱乐部下属的演出场所献艺。与迪卡公司签约后毫无建树,霍利便与他的乐队"蟋蟀"转与诺曼·佩迪签约,佩迪在新墨西哥州的克劳卫斯经营一个录音棚。佩迪经验老到,帮助他们翻唱了一首老歌——《就是那一天》(*That'll Be the Day*),并一跃进入百万金曲榜单。到1958年,霍利的《佩吉·苏》(*Peggy Sue*)、《继续狂欢》(*Rave On*)、《清晨》等金曲好评如潮,雄踞美英两国排行榜之榜首。霍利对披头士乐队的影响几乎可与利特尔·理查德和埃弗利兄弟乐队相媲美。迪伦与他的小伙伴们对霍利有巨大的认同感——同样是小镇青年,年轻气盛、微不足道,且脆弱不堪。可想而知,

1959年1月31号，霍利偕歌手玲柯·瑞伊（Link Wray）在"德卢斯兵工厂"演出的盛况！（迪伦1975年拜访瑞伊时亲口告诉他："玲柯，当你和霍利来德卢斯演出的时候，我就坐在第一排，你现在和过去同样棒！"）台上，巴迪·霍利和迪伦年龄相仿，看上去如同他的兄长。而此时的汉克·威廉姆斯与迪安都已作古，利特尔·理查德与白兰度却从未踏足希宾，但是巴迪·霍利就在眼前，就在北乡的舞台上大放异彩！乡村摇滚，得克萨斯与墨西哥混合的乐种，利特尔·理查德的歌曲，什么都有了！[12]

就在迪伦看完演出后三天，巴迪·霍利在一次飞机失事中遇难，霍利的死给他们的打击巨大。鲍勃和朋友们仔细研究了他遇难的每一个细节：1959年1月31号凌晨一点，一架"比奇·富豪"轻型四座包机从艾奥瓦州的梅森市冒着小雪起飞，奔赴北达科他州的法戈进行下一场演出。几分钟后灾难便发生了，也许是21岁的年轻驾驶员根本无法在当时的天气状况下操控飞机，飞机的左翼首先触地，飞行员与三位歌手瞬间遇难：霍利，22岁；李齐·凡伦斯（Ritchie Valens），17岁，他是一位墨西哥裔的美国人，生前有畅销金曲《西班牙舞曲》（La Bamba）；以及J.P.理查森（J P Richardson），24岁，生前人送外号"大爵士乐迷（the Big Bopper）"。霍利等人的罹难给鲍勃造成了巨大的心理创伤。（从那以后）他不再是个充满生机的孩子，相反，未老先衰，一直被死亡的阴影所笼罩。他的一举一动似乎在告诉人们：人生苦短。所有的车祸（包括摩托车祸）都指向死亡。"我周围燃烧着灼人的烈火。"1965年，迪伦如是说。格蕾泰尔·怀特克尔（Gretel Whitaker）是迪伦大学时代的朋友，她说："我们都没指望迪伦会活过21岁。"鲍勃21岁的时候，他已经给自己写了一首哀怨的布鲁斯，曲名《独眼杰克斯》

（*One Eyed Jacks*），由明尼阿波利斯的几位朋友转给我，歌词如下：

> 他的宝石皇后
>
> 和他手中的杰克
>
> 你们是否给我掘墓
>
> 用一把银制的黑桃铁锹？
>
> 并忘记我的名字
>
> 我已经20出头
>
> 那是我损失的20年光阴
>
> 看不到我在哭泣？
>
> 看不到我在死亡？
>
> 我不会活过21岁……

对霍利之死还有一个蹊跷的注脚。策划法戈演唱会的演出经理急着寻找能够替代霍利的临时乐队，由此在明尼苏达的摩尔海德找到了一个兄弟组合，即西德尼与比尔·威林组合（Sidney and Bill Velline）。2500个买票等待听霍利演唱会的孩子们就这样听了场威林兄弟组合的演出。威林兄弟让弟弟鲍比出台，鲍比·威林（Bobby Velline）告诉那位经理人说他们乐队的名字叫"影子（Shadows）"，就是高二学生胡编乱造出来的那种。鲍比·威林后来把自己的名字缩写为鲍比·威（Bobby Vee），并很快成为领队。利用舞会节省下来的500美元，"影子"为明尼苏达的索窦公司（Soma Label）录制了四首歌曲的小样。其中一首《苏西宝贝》（*Suzy Baby*），由鲍比·威主唱，曲风完全是霍利的。"影子"后来在法戈附近寻找一名钢琴手，有人推荐了1959年初夏在法戈红苹果咖啡厅做过打杂的一个孩子。"当时很少有会弹摇滚乐的钢琴手，"威1969年在伦敦时这样告诉我。"我们给了鲍勃·齐默尔曼一个为我们工作的机会，他的钢琴的确弹得很棒——C大调尤为精彩。他的风格很像杰瑞·李·刘易斯（Jervy Lee Lewis），鲍勃在法戈给我们伴奏了两首舞曲。但我们还是没有让他入队，因为大家觉得还没有赚够钱再养活一个队员。"

鲍比·威的《苏西宝贝》在中西部各州一路领先，成为金曲。一天晚上，鲍比·迪伦冒雨从法戈坐公共汽车回到家中，他告诉家人自己错过了第一次成名的机会，但是这事他没跟外人讲。他跟巴克伦和其他人讲述的版本是他才是《苏西宝贝》唱片录制中的明星，然后又重复了他在明尼阿波利斯的故事，没人对此信以为真，但是也没人能够反驳他。

毕业季

艾比与贝蒂在儿子的毕业典礼上可谓兴高采烈。1959年初，大家一致同意鲍勃应该上明尼苏达大学，因为那是离开希宾唯一"可接受"的出路。贝蒂很不情愿地承认家里的确没啥让他留恋的，但是依然为他举办了全城最为隆重的毕业晚会。晚会的各项进展顺利，唯一不给力的是"荣誉客人"却未到场，他和那些男孩子们出去撒野了。他妈妈认为孩子该回来，至少待上一刻钟，那样她就不会取消庆祝晚会。"长话短说，他还是回家跟我们团圆了。"

贝蒂的晚会与麦克·尼克尔思（Mike Nichols）和达斯汀·霍夫曼

（Dustin Hoffman）在《毕业生》那部影片里的毕业晚会有着惊人的相似之处：两者的主角都是父母而并非他们的儿子。艾比："罗伯特就是不懂，其实这样的晚会是个惯例，我跟他说：'这是个里程碑，人一生中只有一次高中毕业，只有一次大学毕业。'他说：'如果我回来我也不会待太久。'但他还是留下来了，来了这么多人他心里也挺高兴的。"请了鲍勃的朋友或搞音乐的歌手来了吗？"没有，"艾比回答说，"我们有很多邻居和家人要请，毕业季孩子们也有自己的晚会，家长们只是指望孩子们能露一脸儿。鲍勃待的时间比我们预料的要长。虽说来参加庆祝晚会的人他认识的不到一半，但是人们都认识他。"

午夜时分，鲍勃离开了，说是要去见几个朋友。事实上他只是在希宾的街上溜达。凌晨两点左右他就回来了，当时贝蒂和一个打扫卫生的女工正忙着收拾房间。"今晚的晚会开得挺棒的吧？"他母亲问道，他说的确不错。他母亲最美好的回忆是他儿子，那个毕业生，"总是像个小大人儿似的，他也许看上去跟平时不太一样，但是对人总是很礼貌，我们都非常喜欢那个晚会，对有如此礼貌的孩子而感到自豪。"餐桌上堆满了陌生人送的礼物，其中有一套"铅肚（Leadbelly）"的78转唱片，在此之前，"铅肚"已于1949年去世。"铅肚"是一位来自南方路易斯安那州的歌手，最早由美国民歌收集者约翰与艾伦·洛麦克斯（Alan Lomax）父子发现，当时的"铅肚"还身陷囹圄，这一发现可谓重大。"铅肚"声音浑厚，演奏一把12弦吉他，鲍勃满脑子都是他的代表曲目：《洛克岛一线》（*Rock Island Line*）、《带上这把榔头》（*Take This Hammer*）、《绿色玉米》（*Green Corn*）以及《午夜特快》（*Midnight Special*）等，这些歌曲的歌词意味深长，与普通流行歌曲大相径庭，鲍勃完全陶醉于他的音乐叙事中了。

巴克伦："鲍勃在电话上几乎就是大喊大叫：'我有重大发现！'快来我家！"他们听了唱片，鲍勃没完没了地说个不停："'这就是我要的，这就是我要的东西，'他不停地说着。1959年的'铅肚'对我们来说是太简单了，但是鲍勃的另外一个偶像则把我们甩出了好几个街区。那天下午一起听过'铅肚'之后，我的第一个反应就是鲍比·齐默尔曼已经变成了鲍勃·迪伦。""铅肚"其实也不是什么好人，他是江洋大盗保罗·班扬[1]的黑人变种，（洛氏父子找到他的时候）正因谋杀罪在监狱服刑。但他是公认的美国民歌、布鲁斯以及劳动歌曲的开山鼻祖，是他指引鲍勃真正感受到20世纪50年代第一次民歌复兴运动的起源，"铅肚"对迪伦的吸引尽管短暂，但是也为迪伦打开了通往民谣以及未来未知的大门。

毕业后，迪伦前往明尼阿波利斯去扮演大学生的角色。他差不多回家五六次左右，要么是学校放假，要么是从纽约回来给家人报喜。1964年春，弟弟大卫希宾高中毕业时鲍勃露了一面。伯恩·鲁尔佛森（Bonn Rolfsen）印象深刻，当时鲍勃站在同一个礼堂里，一言不发，他的歌曲让大家十分愤怒。伯恩："他当时已经是大红大紫了，如果他想要，他可以把学校闹翻天，但是他刻意寻求低调。他看上去压力很大，还很紧张，因而不停地抽烟。他像个上满了发条的钟表，尽管稳坐桌台，可是却一直在驱动自己前行。"

---

[1] 保罗·班扬（Paul Bunyan）：美国神话中的人物，传说中的巨人樵夫，力大无穷，伐木快如割草。因其体型巨大，传说其只需迈一小步，就能跨越三条街。——译者注

不过这样的返乡之旅变得越来越少了，就我所知，1964年以后他只回过家两次，过去常有明信片寄回家，电话打回家，无论离家多远都不间断，但是现如今鲍勃似乎把希宾忘到脑后去了。1963年，《德卢斯新闻论坛报》（*Duluth News—Tribune*）星期日深度报道编辑沃尔特·艾尔多特（*Walter Eldot*）曾经引用艾比的一段话：

"我儿子就是一个大公司，他的形象是做给公众看的，"他父亲说……在明尼阿波利斯演戏，又没人给钱，他开始练就了现在的舞台人物性格——穿着土里土气，口音也像个乡巴佬。"那也是，"他父亲接着说，"让我们当时甚至至今感觉非常不安的一个方面，但是那也不过就是表演罢了。"

……关于那段时间，他父亲逐渐开始了解迪伦的未来了。"他想要的是绝对的行动自由。"父亲齐默尔曼说。"他想当一个民歌手、一个艺人。我们都无法看到，但是他有权利把握住那个机会。那毕竟是他自己的生活，而我们也不想成为他的绊脚石。因此我们达成一致，他可以在一年的时间里做自己想做的事情，如果到了年底大家对他取得的进展都不满意，他就必须回学校接着上课。"

1963年后半年，《新闻周刊》（*Newsweek*）的一篇报道使鲍勃更加疏远了自己的家庭，而这篇报道的采访助理正是艾尔多特。鲍勃因为那两篇报道在电话中跟父母大发雷霆，警告他们不要未经他的允许就接受采访。对于艾比来说，这太难做到了，直到1968年春天，艾比还在讲述自己的版本，在接受《星期六晚邮报》儒勒·西盖尔（Jules Siegel）的采访时，他说：

"我曾经常常让他独自一人前往穷人区收欠款……我也知道他根本不会从那些人手中要回一分钱，我只是想让他看看生活的另一面，他常常回来后跟我说：'爸爸，他们根本没钱。'我也会跟他说，'那儿有些人跟我赚的钱一样多，鲍比，问题是他们不知道如何管钱。'"

海尔斯托勒姆一家、约翰·巴克伦以及吉姆·丹迪（Jim Dandy）等人教会了鲍勃更多有关穷人的世界。尽管艾比是个招人喜爱的人，但他看起来更像乔治·巴比特。

环行交叉路：环形会被打破吗？

1968年春，艾比与鲍勃关系似乎大有改善，但是他仍然感觉有必要告诉朋友和邻居们，他们不常看到鲍勃是因为他经常三更半夜坐私人飞机回希宾，而且第二天一大早就又离开了。这样编故事可以让自己不丢脸，而且也会给儿子增加神秘感。尽管鲍勃有四年没回家，但是希宾的百姓对红眼航班半夜探亲的故事深信不疑，有人发誓他们还有人证、物证。

1967年秋，艾比和贝蒂去纽约的伍德斯托克探望鲍勃一家，他们那个举世闻名的儿子已经不再扮演孤儿的角色。鲍勃娶妻生子，仅凭这一点，就是个个人发迹的成功故事，与后来的任何一件事都可相提并论。几天后艾比带我去纽约吃饭，他急切地想告诉我他和儿子在伍德斯托克已经和好，他已经开始重写自己的历史，（我于1966年首次与他认识）他已经不再是那个板着面孔，把流行音乐说得一无是处的"老古董"。（相反，）当他站在柜台后边等待下一位顾客的时候，他总要仔细研读一下最新的流行金曲《排行榜》（*Billboard*），那是一份发布音乐排行信息的行业周刊。"无论如何，今晚咱们一起吃个饭。明天在安卓有个环形俱乐部的午餐会。如果你想见希宾的精英，就必须来我们环形俱乐部看看。"说话者语气温文尔雅，但是我知道这是个我无法拒绝的邀请。

艾比把我隆重介绍给了希宾的十几位大佬，他本人喜爱热闹喜庆的场合，性格平易近人，跟谁都能说上几句小话，与夫人们也能直呼其名。午餐后，城里的一位大律师保罗·哈里斯（Paul Harris）连篇累牍地对"环形项目"的目标进行了一番颂扬："第一，服务高于自我。真正了解你的朋友与邻居。第二，遵守商业道德的高标准。以职业为荣。第三，参与。献时献力，积极参与社区项目建设。"（演讲过后）众人齐声高呼"美国"〔克莱德·希尔（Clyde Hill），分会合唱团指挥竟然还要求大家"再给点儿力"〕，然后又是"环形项目"的主题歌，最后以《共和国战歌》（*The Battle Hymn of the Repubic*）结束。会场里到处弥漫着雪茄的烟雾，四十多个人引吭高歌的声音在此云山雾罩之中飘荡。"环形俱乐部的'伍德斯托克（Woodstock）'分支，"艾比一边走，一边兴高采烈地说，"每逢周一晚上聚会，上次我没能参加是因为我们去看鲍比了。"

如果不属于环形俱乐部或基瓦尼俱乐部（二者都是美国工商业人士的一个俱乐部），也许你在希宾就会显得有点不入流。如果你不加入以下这些五花八门的俱乐部，也许城市本身就会成为一个真空了：慕斯俱乐部、奥德·费勒斯俱乐部、一战老兵第2039辅助团俱乐部、新人俱乐部、基督教女青年会、美国坦戈尔·洛齐"瓦萨"级可俱乐部、乔布斯·多特尔的贝瑟尔第四级俱乐部、星期二音乐会俱乐部、希宾开拓者俱乐部、埃塞克·沃尔顿联盟、希宾花样滑冰俱乐部、威尔斯·伍德兰得花园俱乐部、梅萨巴罗·萨理安思俱乐部、意大利之子古列莫·马尔科尼1164旅店俱乐部、全国天主教林务员协会希宾圣弗朗西斯第610号法庭俱乐部、邦克尔·威灵工人4H俱乐部、伯奈布里斯犹太人兄弟会以及商会等组织机构。

吉姆·希区柯克（Jim Hitchcock）于1966年担任过商会的主席，也是《希宾论坛报》的出版人，他承认希宾有过萧条的时期，但是"我们正在复苏，就这么简单，"他不无悲哀地说，"年轻人的流失是主要问题。"据希区柯克说，除了铁矿石，希宾有三件宝：杰诺·鲍卢齐（Jeno Paulucci），他的春饼王公司销售速冻比萨以及中餐食品，客户达上百万家；棒球手罗杰·马里斯（Roger Maris）；以及鲍比·迪伦。

"我知道小镇因为迪伦而平添了一点儿神秘感，罗杰·马里斯那个球员总说自己是北达科他州法戈人，而且每当人们说他是希宾人的时候他还跟人急。这儿的人非常高兴鲍勃乐于承认自己是希宾人，尽管他有点稀奇古怪的。"城里的大佬们是否曾邀请鲍勃开一场演唱会？"据我所知，从来没有向迪伦发出过正式的邀请，假如我们事先知道他要来，我们会请他演唱的。"《希宾论坛报》是否给鲍勃·迪伦做过深度报道？"没有。"1968年8月10号，在它75年创刊纪念日那一天，《希宾论坛报》刊登了二十多篇纪念文章，盛赞希宾的种种优点，（但却）只字未提迪伦的名字。

20世纪50年代，在希宾无数个家庭中"家长—孩子"的关系都很紧张，艾比与贝蒂也不例外，但那也是因为他们的儿子表达了更为与众不同的情怀使然。到了1968年春天，艾比与贝蒂试图将一切都解释为前后因果关系。当有人问他们如何看待那个"懂礼貌、有教养的好孩子"摇身一变成为那一代人中"青年造反"最为雄辩的代言人时，他们只能这样作答了："这让我们感到很不安。"艾比："当时他的确给一些孩子带来了不良影响，（不过）我认为他造反还是有原因的，他想要替人们做点事情，但却欲速不达，他不可能明白为什么有些事情变化如此之快。"贝蒂："即使是他在家那会儿，他也非常关注下层百姓。他总是想要向他们施以援手。"鲍勃看过《无缘的反叛》（*Rebel Without a Cause*）很多遍，他们做父母的对那个片子有什么反应？艾比："我们觉得那个片子有点戏过，说实话，我觉得孩子们没那么邪乎，要么他们更差，要么他们更好。"每个孩子都有叛逆之道——您也有叛逆的时候？贝蒂："我们不叛逆，我们只是跟着走，我们只知道父母为了我们可是操碎了心。"艾比："有时候我们也对父母失望，因为他们强迫我们做不愿意做的事情，对此我们也抱怨或者也会哭闹，但最终也还是照着他们说的做了。"

艾比带着我在家里转了转，在地下的娱乐室，鲍勃曾经将自己收集的詹姆斯·迪恩的作品挂满了墙面，现在他父母也给自己的叛逆之子建了一个陈列室：各种海报、专辑封面，以及迪伦的宣传以及杂志照片等。他父母还给我放了几首他在高中乐队时演唱的老的练习曲，鲍勃稚嫩刺耳的声音唱出了《摇滚永恒》。一大摞78与45转的黑胶唱片堆放在屋子的角落里，都是20世纪50年代的专辑，名称如下：米淇与西尔维亚（Mickey and Sylvia）《维克》专辑中的《亲爱的》（*Dearest*）与《有法可依》（*There Ought to Be a Law*）等；吉娜与"飞车乐队"的《蓝色宝贝》（*Baby Blue*）；"三叶草"与纳京高[1]的《汉克·斯诺为吉米·罗杰斯歌唱》，而后则是一大堆汉克·威廉姆斯的孤独蓝调布鲁斯，比尔·黑利（Bill Haley）、帕特·布恩（Pat Boone）、鲍比·威、约翰尼·艾斯（Johnny Ace）、韦伯·皮尔斯（Webb Pierce），以及鲍勃的最爱，巴迪·霍利的《滑倒与滑行》（*Slippin and Slidin*）、利特尔·理查德的《什锦水果冰淇淋》（*Tutti Frutti*）以及猫王普雷斯利的《伤心旅馆》（*Heart Break Hotel*）、《蓝色绒面皮鞋》（*Blue Suede Shoes*）等。

艾比带着我去鲍勃楼上的卧室，楼梯的墙上挂着一幅鲍勃的照片，他面颊圆润，利索地打了条领带——他的毕业照。艾比："两个儿子住同一间卧室，有两张单人床，但是谁也不知道谁睡在哪一张床上。起初墙上只有一幅西部牛仔风格的基本图案、马和马鞍等，但是后来又不断在此基础上重复作画。"艾比拿出几本家庭影集，看到里边无数张照片，他都感到有些吃惊了，说："不知道这些照片是否能卖些钱。"

他翻看着照片："这是鲍比在扮演斗牛士，手里拿着浴巾当斗篷，当时他大约12岁。这些照片现都是无价之宝了，这儿还有一张他敲小手鼓的照片，这里还有他治疗哮喘吃的药，他现在已经没那个毛病了。以前这间屋子里的墙上贴的都是牛仔壁纸，鲍比当时才15岁，他头戴牛仔帽摆着姿势，嘴上还叼着一根烟。我不久前把这张照片寄给他了，还加上那张为纪录片《不堪回首》做广告拍的照片，鲍比的表情完全一样。现在我们到了密西西

---

[1]纳京高（Nat "King" Cole, 1919—1965）：钢琴演奏家，男中音。主要音乐风格是爵士乐、流行乐。——译者注

比河的上游——保罗·班扬的故乡，是的，他就喜欢保罗·班扬的那些荒诞不经的故事。"

　　鲍勃为什么对反派人物以及盗匪非常着迷？"啊，是的，他的确非常着迷，没错。当时大家都对那些反派人物感兴趣，我本人也……这些都是他的《经典插画》（*Illustrated Classics*），有《大鼻子情圣西哈诺》（*Cyrano*）、《巴黎圣母院》、《科西嘉兄弟》（*The Corsican Brothers*）与《探路人》（*The Pathfinder*）等。"他知道鲍勃小时候就给维克多·雨果的《悲惨世界》画过一系列插画吗？"不知道，我还真不知道那事儿。也不知道那些画放在哪里？"艾比带着满脸的骄傲与悲伤在鲍勃留下的杂物中寻找着。自打鲍勃离开故乡，多少年过去了，早已是物是人非了。

　　艾比觉得鲍勃以后就不打算回希宾了吗？他停顿良久，然后说："这是鲍比小时候当童子军的照片。""你觉着有朝一日他会回希宾吗？或者艾比你根本就不知道？"他接着在那些老照片中翻弄着。三周后，迪伦回到希宾，那是他离家四年后第一次重返故乡，艾比的儿子回来参加父亲的葬礼。

卡迪什（Kaddish）：一个犹太人的悼词

　　艾比1966年夏天第一次患心脏病，就在迪伦出（摩托车）车祸不久，虽说病情不重，但是他不得不减少活动，可是他惦记着自己的儿子，惦记着自己的形象，不过医生也帮不了大忙。1968年春天，他家又出事了：儿子大卫要娶一个天主教徒。"我的儿子不犯错，一犯就是大错。"艾比在去世前几周曾经这样跟我说。安排在5月举行的婚礼就这么给推迟了。

　　6月5日上午，艾比醒来后感觉浑身乏力，"不对劲儿"。于是他就留在家里，想着放松一下，可是贝蒂下班的时候还是感觉不好。五点左右，艾比遭受致命的心脏病发作，并瘫倒在客厅的沙发上，贝蒂急忙去叫隔壁的医生。起初，鲍勃还不想露面，生怕给葬礼添乱。不过第二天他还是独自一人乘飞机回来了，大卫在希宾——克莉斯霍尔姆机场接机，天上下着蒙蒙细雨。鲍勃戴着顶黑色的礼帽，那顶帽子曾经用在《约翰·韦斯利·哈丁》的专辑封面上。他和大卫发现家里站满了亲戚以及左邻右舍，几分钟后，鲍勃把母亲和弟弟叫到一个角落，说："这不是花园晚会，让那些人离开。"贝蒂解释说这是犹太人的悼念传统，可是鲍勃坚持只能让自家人留下。

鲍勃的言行举止给大卫留下了深刻的印象，哥哥处事不惊、坚定果断，淡定得"像一个50岁的成熟男性"。当两个人讨论葬礼细节的时候，大卫更是为鲍勃熟悉犹太葬礼的各种礼仪而感到吃惊，特别是对"卡迪什"异常熟悉。卡迪什是希伯来葬礼习俗中的悼词，通过朗诵悼词展示爱子对亡父的虔诚孝敬。那是个星期五的早晨，大卫和鲍勃前往位于第一大道的殡仪馆，开始鲍勃还很克制，但是当他看到父亲的遗体时，显得非常难过。他比贝蒂和大卫把死亡看得更加严重，似乎深深陷于无法在父亲生前与其交流的极大痛苦之中。（"我从未真正了解我父亲，"鲍勃后来这样告诉伍迪·伽思礼的前代理人。）当殡仪馆对吊唁的人群开放后，鲍勃则又恢复了那少有的自制，独自一人站在角落里，像架摄影机把一切尽收于镜头中。

艾比去世的两年前，鲍勃就曾滔滔不绝地跟我讲述了关于死亡与自杀的看法："我就知道自己与它为伍很久了，我与死亡相处的时间比一个50岁的人还长。嘿，死亡于我算不了什么，只要我能死得痛快。有许多次我知道自己可以死得痛快。有段时间我曾惧怕死亡。我也承认曾经有自杀的念头，在过去的半年里，我一直生活在自杀魔法的笼罩之下。"

"刚到纽约的最初几年我真的是最怕死了。当我开始写歌的时候大家都管我叫天才，天才这个天才那个的，我知道他们说的都是狗屁，因为我还没有写我自己要写的。我已经写了《随风飘荡》，但是我还是不满意，我从未觉得《随风飘荡》让我满意，因为那首歌我10分钟就写完了。《随风飘荡》是一首幸运的经典，与《你那颗骗子的心肠》（*Your Cheatin' Heart*）不分伯仲，但它是单向思维的产物。"

"我真的有病，老兄。没病时我就写不出东西来，你一定懂我的意思。没病的时候我就玩儿。病了我就写作，我不会让别人理解我。老兄，没人知道我得了什么病，我也不打算告诉别人我是什么病。如果和伍迪·伽思礼得了同样的病，我就真不知道该干什么了。一具行尸走肉，但是我不会腐朽，我不会让自己废了，我反对自我腐朽，那是老天爷的意愿——我反对自然，我从不写大自然的东西，我觉得大自然忒不自然，我认为最自然的事情是梦想，而即使是大自然也无法利用腐朽触摸梦想。"

"刚来纽约的时候，我非常恐惧死亡。我写不出东西，今天写出的东西总觉得明天会写得更好，我不想死。我想坐飞机而不想死，因为我就想说出点什么，因为我知道人们想听，我不想看着自己自生自灭，我也不想听到自己行将就木，品味或闻到自己死期将至。所有关于平等的说教都是扯淡。人们唯一共享的就是死亡。"

在犹太教堂举行的葬礼上，鲍勃穿了一件双排扣的外衣，袖扣是白玉做的，系了一条白色领带，并戴上了传统的无边便帽，这是他向母亲作出的最后妥协。原本他想戴那顶约翰·韦斯利·哈丁的帽子，因为那顶帽子可以假乱真，被人当作虔诚的犹太教士戴的那种黑帽子。当拉比宣布哀悼仪式结束后，大多数人坐上长途车，准备前往远在德卢斯的墓地。路上贝蒂、大卫和鲍勃大部分时间都沉默不语。

那天下午，大卫开车带着鲍勃在雨中的希宾兜风，鲍勃让眼前的小镇缓缓驶过，如同一部漫长的默片回放。他路过一座小山，男孩子们在此竖起了一块小指示牌："明尼苏达州希宾镇——鲍勃·迪伦的故乡。"那是托马斯·沃尔夫（Thomas Wolfe）的艾什维尔、辛克莱·路易斯的索克中心，鲍勃告诉大卫希宾就像是一个巨大的殡仪馆。大卫再一次被哥哥的平静所感动："如此的淡定，如此的含蓄，如此的高冷，几乎像圣人一样！"当天晚上，鲍勃说想见几个老朋友，伯恩·鲁尔佛森以及第七大道上的天主教神父迈克尔·海斯（Michael Hayes）来了，牧师一直在给学生们讲授鲍勃的歌曲和歌词的含义。孩提时代的朋友都不在了。艾科、约翰·巴克伦以及蒙特·爱德华森（Monte Edwardson）都走了，当然鲍比·齐默尔曼也不在了。鲍勃对客人温柔客气地说："自己已不再感觉是希宾人了，即使是在自己家里也觉得是个陌生人。"

贝蒂非常高兴鲍勃能待到周四，他力劝她把房子卖掉，考虑干点别的重新适应新的环境。他们说到自己的童年，鲍勃安慰她说她和艾比是称职的父母，对于外人来说贝蒂与艾比曾经是好家长。他们过去是否表现不同？他们是否在人生的关键时刻阻止过他？难道他们当时不愿意给他做成功的跳板？是不是他们给他提供了逃离的动机？反叛的动因？以及塑造他独特个性的材料？（今天）那个"圣人般"的儿子终于能够回来参加父亲艾比的葬礼，也证明了他和贝蒂并非教子无方。贝蒂告诉鲍勃家里所有的钱都被冻结了，原因是家里的不动产还没有出售。鲍勃拿出自己的支票簿，给她写了一张五位数的支票，贝蒂和大卫看得瞠目结舌。她坚持不要，说："鲍比，你的钱应该留给孩子用。""我可以多开几场演唱会。"他回答道。

周末这几天，鲍勃睡在父亲以前的卧室里，（白天）花了几个小时在那些杂物中寻找自己的童年记忆——漫画书、经典插画、照片、以前的录音资料、家用的录音带等。在希宾，有些人发现他和他父亲惊人的相似：他对孩子也是不苟言笑，从不乱花钱，行为举止含蓄保守。他有可能成为自己长期反对的那种人吗？

妻子即将临产，鲍勃必须在身旁陪护。在去机场的路上，他在霍华德大街做了最后一次的"遛弯"。（当）车子开过一家杂货店的橱窗时，（他看到）并排摆放在橱窗中的两本平装书，几周前一位希宾的访客曾经惊讶于这个发现，其中一本是《不堪回首》，来源是迪伦主演的一部影片，右侧那本是一本长篇小说——书名是《逃亡者》（*The Runaway*）。

顶部：20 世纪 40 年代，来自希宾的问候。

上与右：罗伯特·艾伦·齐默尔曼高中时代的照片，（拍摄于）他离开明尼苏达前往纽约之前。

第二章　密西西比河的错误起点
The Wrong End of the Mississippi

在明尼阿波利斯一带流传着这样一句老话，迪伦是个病态的骗子。我不敢苟同。其实，迪伦只是一个浪漫主义者罢了。他漫步于此，活脱脱雪莱年轻时候的样子。

——亨利·韦伯（Harry Weber），1966

迪伦是他自己的精神领袖。从别人那里他了解到自己的能力所在，然后自学成才。

——戴夫·莫顿（Dave Morton），1966

他在明尼阿波利斯的时候，与在美国东部的时候，判若两人。

——保罗·纳尔逊（Paul Nelson），1968

那是一种什么感觉
独自一人
迷失在归乡途中
如无名之辈一般
四处飘零

——迪伦，1965[1]

左：1963 年 8 月，迪伦在录音棚。

右：1962 年，刚刚抵达纽约不久，此时的迪伦早已不是"无名鼠辈"。

公路就像一把钥匙，打开了迪伦通往他锦绣前程的大门。他离开了12号公路上的丁奇镇，走过偏僻小道，也闯进过死胡同，迂回曲折，跌跌撞撞地到了61号公路上的明尼苏达大学。

1959年夏天之前，他随性地游历各地，早已把旅行指南、日程表、当地的历史传统抛到脑后。有时，迪伦专程去法戈[1]却没能见到鲍比·威[2]，他就会去落基山上的一个小镇，这个小镇是在19世纪淘金热的原址基础上重建的。在那儿，他会在一个低劣的脱衣舞酒吧里唱歌，而此时此刻学校和家人已远在千里之外。鲍勃和他的家人告诉我，他在明尼苏达大学入学之前，去了丹佛以及科罗拉多州的"中心城"。据其他人回忆，1960年夏天，鲍勃应该在科罗拉多州，可能他去过那里两次吧。我知道1964年年初他从那里回来，后来他又回到了中央城市，1966年3月我在那里见到了他（见第10章内容）。"中心城"可谓是没有围墙的美国边疆博物馆。

1959年，鲍勃收到蒙特·爱德华森——"金色琴弦"组合成员之一的来信，得知在丹佛会有一场轻快活泼的民谣音乐会。他决定去碰碰运气。他独自一人，只身投入了当地咖啡馆民谣演唱秀之中。"出离之书"画廊酒吧（Exodus Gallery Bar）位于林肯大街1999号，是当地"垮掉的一代"成员、艺术家、诗人以及少量衣着保守的大学生聚集地。丹佛时尚人群吸引了不少出走他乡的人们到此参加艺术展、诗歌朗诵以及民谣集会。迪伦在那附

---

[1] 法戈：美国北达科他州东南部城市。——译者注
[2] 鲍比·威：原名罗伯特·威尔莱恩，美国流行音乐歌手，20世纪60年代青少年的偶像。——译者注

近悄悄地逛了几周，对他来说，这段欢乐时光实在是难能可贵。那里有金斯顿（Kingston）三人组的旁系，哈林（Harlin）三人组——三个留着板寸头的大学生，他们总是没精打采的，并且缺乏原创性。其他当地明星还包括一位数学老师乔治·唐宁（George Downing），他唱催人入睡的牛仔歌曲。戴夫·伍德（Dave Wood），博尔德大学的一个研究生，模仿墨西哥式说唱。一位"出离之书"画廊酒吧的歌手答应收留鲍勃在他的公寓里住几周。沃尔特·康利（Walt Conley），一位从内布拉斯加州来的黑人，身材壮硕，但又风度翩翩，他在20世纪40年代后期学习民谣，师从皮特·西格尔[1]和作曲家厄尔·罗宾逊（Earl Robinson）。据说，鲍勃从沃尔特那里学会了一首时下流行的反3K党的歌曲《3K党》（The Klan）。后来，沃尔特十分钟爱的一些唱片突然丢失了，加之当时他俩同时在追求一个女孩，所以最终还是闹翻了。迪伦跟我说，"我被从丹佛赶出来了"，没有流露出丝毫悔恨。"我被迫从丹佛离开，因为我抢了别人的东西。"

　　两位丹佛的演唱家深深地影响了迪伦。一位是"出离之书"画廊酒吧的甜心歌手，19岁的朱迪·科林斯，丹佛人，她是一位受过正统训练的歌手，在1959—1960年那时，她把这看作为之奋斗一生的事业。迪伦第一张唱片也包括朱迪一直在唱的两首民谣：《旭日之家》（House of the Rising Sun）和《一个永远悲伤的少女》（Maid of Constant Sorrow）。朱迪成为解读迪伦歌曲的第一人，也是最权威的阐释者。[2]另一位是一个快活的老赌

[1] 皮特·西格尔：美国民谣歌手和作曲家，曾收集大量乡村民谣和劳动歌曲等，并发展了五弦班卓琴的技巧。——译者注

棍，已过世的杰西·福勒（Jesse Fuller），他也经常在"出离之书"画廊酒吧表演。福勒于1896年出生于佐治亚州的琼斯博勒，他把传统歌曲、布鲁斯和他自己写的乡村雷格泰姆（raral ragtime），以及过往"美好时光"的老歌融合在一起。他独自一人就是一个乐队，弹十二弦的吉他、击钹、吹口琴，并且还弹奏他自创的奇特发明"富特拉（fotdella）"——一架单脚操纵，可以同时敲鼓和弹奏低音提琴的机器。"一只孤独的猫"——他这样称他自己，上场时却永远富有活力、风趣幽默。迪伦看到福勒把口琴和卡祖笛放在嘴巴前边，他戴着一个颈托，这使得他能够一会儿唱歌，一会儿用口琴演奏连复段。迪伦向福勒请教，学会了以这种别具一格的方式吹口琴。福勒于1976年与世长辞。

鲍勃觉得他在"出离之书"画廊酒吧以及其他几个科罗拉多州的俱乐部里的表演不值一提。但是他却获得了演出经验与好评，如果非得说赚钱的话，也赚了一些小钱。科罗拉多见证了他仍是无名之辈的岁月，也给了他使个人经历增添那么点传奇色彩的良机。迪伦跟家人说，在丹佛他得到了业界的热烈欢迎，也被观众广泛接受。但他的父母却仍然觉得，当初把他送去明尼波利斯读书，正是希望那所大学能够打消迪伦对于音乐的魔怔。

重访 61 号公路

1959年，明尼苏达大学大概有25000名在读学生，该所大学是美国中西部十大名校之一，有自己的足球队、畜牧专业学院，以及各界的大笔捐款，学术排名也比较高，尤其是在医学和科技领域。偌大的校园坐落在密西西比河的转弯处，并且延伸到了东岸。到20世纪60年代，主校区已成为全美最大的独立学院中心，学生和教师人数已占到整个城市所有人口的**10%**。斯科特·菲茨杰拉德曾住在顶峰大街的左侧街头，圣保罗区与之隔河相望，休伯特·汉弗莱（Hubert Humphrey）曾任明尼波利斯市长。《冒险杂志》（*Venture*）称明尼波利斯"这座城市像当地生产透明胶带和麦片的百年老字号企业一样能够凸显美国特色，像在海华沙湖中游泳一样振奋人心，像皮尔斯伯里的烘焙一般有益健康……这里并非是那种只给你带来新奇刺激的地方，而是沉浸在那令人舒心、为众人珍视的民族美德——友善、和气、乐观、幽默、激情、勤奋、明智、自尊之中，总会让人感到家的温馨，而也正是这些美德造就了明尼波利斯。虽然城市的名字来自印第安—希腊语，并有斯堪的纳维亚的背景以及犹太人作为市长，这个城市无疑里里外外都流淌着美国的血液。"

明尼波利斯有**150**个公园、**20**多个湖泊，是一座名副其实的城市粮仓。人们总说圣保罗是东部的尽头，而明尼波利斯是西部的起点。迪伦，一个小镇青年，多多少少都会被湮没在这个新世界的人情冷淡之中。

鲍勃的一个表亲是法律专业的学生，是西格玛阿尔法穆组织（Sigma Alpha Mu）的成员。这是个犹太人的学生社团组织，他们俩在联谊会会所短暂地住过一段时间。鲍勃对这个组织的反应很负面，曾经不那么"正面地"把会所成员叫作"傻瓜"。他父亲回忆道："鲍勃对学校里的那帮孩子不感兴趣，他觉得大多数人都是装腔作势之辈，都是些被娇生惯养的富二代，跟他们根本没有共同语言，宣誓入会之前他就退出了。" 鲍勃在《我的盗梦瞬间》中写道：

后来，我凭借着一份虚假的、我从未拿到的奖学金上了大学

我上了一门自然科学课，但却挂科了，只因不愿意看到一只兔子被宰杀

我从语文课上被赶了出来，因为我在论文中用脏话来形容老师

我的传播学课也不及格，因为我每天打电话说不去上课了

我在西班牙语课上表现还不错，那是因为我以前学过

想找点乐子，我在联谊会附近徘徊

他们让我住在那里，我住了，直到他们要我入会

我带着两个南达科他州的女孩在一个两居室的公寓里住了两夜

我过了桥，走上14号大街，住进了一个书店的楼上，那个书店还在卖难吃的汉堡、篮球汗衫和斗牛犬雕像

一个女演员在我面前真心跪地，我为她难过。后来我和十多个朋友住在密西西比河东岸，华盛顿大道大桥下，七角南边的一座破旧的房子里

这就是我的大学生活吧。[3]

迪伦颇具讽刺意味的总结丝毫没有提到他在课堂之外的收获。离开那个联谊会会所的时候，鲍勃感觉非常难受。他的心理辅导员回忆说鲍勃"难以捉摸，作息时间古怪，又闷闷不乐"。鲍勃喜欢打交道的那群人是一些喜欢民谣的知识分子，他们住在丁奇镇。所谓丁奇镇是指大学的商业区和一些波西米亚艺术家聚居的社区。"蜘蛛"约翰·克尔纳（John Koerner）便是其中之一，他属于垮掉的一代，一个思想家、造反派、艺术家、退学学生以及理想主义者；一个中产阶级的哈克·费恩（Huck Finn），成天沉浸在音乐之中。[4]

克尔纳告诉我，"我第一次见迪伦，是在丁奇镇一家叫作'十点钟懒学生之家'的咖啡馆，咖啡厅后来毁于一场大火。迪伦神不知鬼不觉地走进咖啡馆。伦恩·杜拉索（Len Durasow）当时也和我们在一起。我们三人又去了酒吧，迪伦那会儿年纪太小，不被允许进去喝酒。当时他还有点胖，像一个胖嘟嘟的小天使。我们买了一些喝的东西就出去了，到了化学楼的后边。那里有一个宽阔的码头装卸平台，在那儿我们举行了一个小型露天聚会。鲍勃和我来演奏，伦恩来伴舞。大概到了凌晨，我们还在闲逛。学校的一个保安觉得挺傻的，但是他也没有过来干扰我们。鲍勃和我弹的是一样的吉他。他也在写一些歌曲，写的都是当时很流行的民谣灵歌，比如说《罪人》（*Sinner Man*）等。他对奥黛塔那些偏向于摇滚的东西特别感兴趣。迪伦以前的声音非常好听，十分悦耳，不像他后来变成的那个样子。我不记得鲍勃说过要做商业歌曲，我们对即兴创作、写歌更感兴趣。迪伦说话方式经历了一个巨大转变，这给我留下了很深刻的印象，前后几乎看不出是同一个人。那时，可能除了年纪稍微大一点的戴夫·莫顿，还没有一个人用嬉皮士的方式讲话。我们还没有进入到嬉皮士的那种环境，大部分人还只是随便唱唱歌，喝喝酒，玩一玩，去参加派对，追追女人。"

大学里的人都觉得"蜘蛛"约翰·克尔纳将会成为明星，而迪伦则屈居第二。哈里·韦伯是克尔纳的室友，也是拉丁文学博士候选人，不过他也研究民谣。1966年韦伯告诉我："1955年，我带着一把吉他到了明尼波利斯，那时的民谣还处于地下先锋状态，前辈们还属于老左派那帮人。他们对于民谣的理解还仅限于工会歌曲——就像西格尔以及《民歌荟萃》（*The People's Song Book*）之类的，还有吉恩·布鲁斯坦（Gene Bluestein），他曾于1958年出过一张民谣专辑——《北极星州之歌》（*Songs of the North Star State*），成为当时校园里的民谣大腕。早期的明尼苏达民谣协会中大概有80%都是犹太人，大部分都是大学生，他们鉴赏力尤为缺乏，最终分化成两个阵营。"

"我和克尔纳成了朋友，后来又成了室友，"韦伯继续说道，"我在这里听说的第一位歌词作者就是迪伦。老戴夫·莫顿（Old Dave Morton）是最早写歌的，但我从来没有听过他写的歌曲。我听的迪伦的第一首歌是《每当灵歌在我耳边响起》（*Every Time I Hear the Spirit*）。鲍勃并没有宣传过这首歌，那应该是在黑人灵歌的基础上创作的，只是加上了乡村摇滚的节奏，是一首不错的青春挽歌。1959年鲍勃来到这里的时候，一看就是相当乖巧的，满头金发，没留一点胡须。他眼球略微突出，脸颊圆鼓鼓的。丹·皮尤博士（Dr Dan Pugh）被迪伦的长相迷住了。丹·皮尤博士说，'他的内分泌系统太值得玩味了'。"

"迪伦刚来的时候，一看就是从小地方来的。他衣着过于讲究，就像是一个小淘气鬼突然长大了五岁，他的言谈举止还停留在高中阶段，很莽撞，他经常会摆出双脚叉开，手扣皮带的姿势。当然，他个子不高，但体重不轻，我觉得他至少比他所说的体重还要再重25～30磅。几乎从一开始，鲍勃在讲述个人背景的时候就自相矛盾，但我不觉得他在撒谎，他只是一个浪漫主义者罢了。其实，他并没有在学校待很久，大概只有八九个月吧，最后几个月，他压根儿不在学校。他和形形色色的人待在一起，打些零工，诸如刷盘子之类的。"

"他辍学之后，整个人变得让人难以忍受，他是相当自命不凡的，这一点实在令人讨厌，但他这样做，也只是在努力引起别人的注意吧。我觉得，跟平常人一样，他也期待别人对他的欣赏，但他实在过于粗鲁，过于自负了。克尔纳和迪伦经常在竞争，当时我还担心迪伦会毁了自己的嗓音。他很清楚自己在做什么，但他根本不注意保护自己的嗓子，经常唱一些闹腾、高音的歌曲。"

"迪伦来这儿大概只有一个月的时候，我就遇到他了，他本来是要找克尔纳的，但凑巧他对我所了解的某首歌曲或是演唱技巧比较感兴趣。我们当时住在东南42号大街，很破的一个地方，有点像三个人的贫民窟，但那里似乎一直歌声不断。我发现和鲍勃交流起来很困难，觉得其他人也会有同感，即使是那些他喜欢的女孩们，和他交流起来也并不容易，迪伦和他们聊天也比较费劲。但是一旦谈到音乐，他简直判若两人。"

"如果你不能解释清楚他的演唱方式有什么毛病的话，你可以唱给他听，他就会改进的，"韦伯接着说道，"虽然鲍勃借了很多书，但我觉得他都没怎么看过，他根本不谈论书籍，当然，除了伍迪·伽思礼的那本《奔向光荣》（*Bound for Glory*）。我借给他一套伦道夫的《阿肯色民谣集》（*Folk Songs of Arkansas*），不知道他现在还有没有留着那本书。迪伦从来不关心这里的反传统运动，可能他觉得自己已经做到极致了，所以再也不会为那些事情而分心了。人都是各取所需罢了。1959年，迪伦见到了辛西娅·古丁（**Cynthia Gooding**）。在她的演唱会结束之后，我们举行了一个派对，迪伦对着辛西娅唱了半小时歌，她当时惊呆了，那个场面简直太滑稽可笑了，毕竟当时辛西娅已经是明星了。"后来，辛西娅在纽约的"民谣音乐城"见到迪伦，她写信给哈雷："大家都爱听他的故事，人们听他说，听他笑，可

是当大家马上要发现他在说谎的时候，他突然拿出口琴，顿时大家就被吹懵了。"⁵

韦伯说，他"很难和迪伦这个常人相处，但是把他看作一位艺术家的时候，我便会得到心灵的解脱。他是一位伟大的艺术家，是个天才，这足以说明一切，别无其他可言。他是令人厌倦的，有时候甚至惹人恼怒，但他恰恰是一位契诃夫式的天才，他比大多数人都要简单。当我见到他之后，我才知道他的天赋如此之高，他当时并没有让我感到惊叹，但是现在他的能力的确让我心生敬畏。我觉得，他初来明尼阿波利斯之时，并没有意识到自己的天赋，但是，稍等，我收回那句话，他的一举手一投足活脱脱一个年轻的雪莱，他非常自信。迪伦经常拿着一本法国象征主义诗集，但在我的印象里，他更是一位优秀的倾听者。他不唱歌的时候，整个人都非常安静，一旦他感到紧张的时候，他就会唱歌，他不善于谈话，他也不聊天"。

"当迪伦开始用电声乐队伴奏的时候，民谣铁杆爱好者对于他的态度就如同歌剧爱好者对威尔第一样：也会说他是背叛，因为他的《奥赛罗》受到了瓦格纳的影响。铁杆民谣爱好者认为艺术必须是静态、一成不变的。《放声歌唱！》（*Sing Out!*）杂志的编辑们让乔希·怀特（Josh White）受到了极大的冲击，他很失望，很受伤。可能偶尔你也会谅解这种墨守成规的态度，但仅仅是偶尔。皮特·西格尔从未身陷那种窘境。正统的民谣爱好者对迪伦的所作所为难以置信。他是一位伟大的艺术家，这足以说明一切。"

丁奇镇大学

虽然迪伦于1959年9月被明尼苏达大学的文理学院录取了，但没过几个月，他就已经和丁奇镇大学的人厮混在一起了。他主修音乐，但却在咖啡馆上高级研修班，"辅修"极端的生活方式，研讨课是大声说唱"整景儿"，时刻在准备有关伍迪·伽思礼的"毕业作品"。鲍勃在明尼阿波利斯的朋友和对手组成了一个杰出的圈子，他们都很聪明，多姿多彩，有天赋，洞察力很强。他们在做什么，或者他们属于社会的哪个阶层都不重要。以哈维·艾布拉姆斯（Harvey Abrams）为例，他是一名学生，同时也是一名激进的民歌爱好者，1966年春我曾采访过他。

"1960年夏天，我见到鲍勃时，他已经写了几首优美的歌曲了，像《3K党》。鲍勃从来没有真正上过学，他拿着一本笔记本，但里边并没有学校作业。他周末在'十点钟懒学生之家'唱歌赚钱，一晚上可以赚五美元。后来，鲍勃·布尔（Bob Beull）和我合开了一家咖啡馆，我们在橡木大道和华盛顿大道附近租了一间旧房子，重新装修了一下，名字叫'巴士底监狱'。"

"在那之前，迪伦和我是很好的朋友，当时我住在梅尔文·麦考士的公寓里，在他的书店楼上。戴夫和格雷泰尔·惠特克（Gretel Whitaker）也住在那里。鲍勃周末会在巴士底监狱演出。我觉得他很了不起，他每次演出的时候都是用的鲍勃·狄龙（Bob Dillion）的身份，而不是迪伦。唯一一次我们看到他的名字是在《纽约时报》（1961年9月的）的一篇文章中，那是用迪伦·托马斯的迪伦来拼写的名字。在学校，他注册的名字是鲍勃·齐默尔曼，但他上音乐课的账单上所用的名字都是狄龙。当他用迪伦·托马斯的迪伦拼写自己名字的时候，都快把大家给气疯了。"

"1960年秋季以及初冬，迪伦在巴士底监狱演唱，鲍勃·布尔每晚给他10美元，布尔在1966年1月去世了。不知道迪伦是怎样做到用一把中音'吉布森'吉他换到了一个个头极大的格瓦切·兰杰吉他以及一个四立方英尺大的音箱。迪伦会听由休·布朗（Hugh Brown）和史蒂夫·奥尔森（Steve Olson）演奏的弗拉明戈舞曲，他们俩曾和卡洛斯·蒙托亚（Carlos Montoya）一起学习。但是迪伦不会去演奏弗拉明戈舞曲。他的音乐做得越来越出色了，但写的诗歌还是比较简单的。摇滚乐？肯定不是！如果有人给他放一张披头士或者滚石的唱片，他估计会把那唱片砸个稀巴烂。迪伦是纯粹到不能再纯粹的一个人。他一定要拿到最原始的唱片，如果有可能的话，他想拿到国会图书馆的镇馆之宝，或者他会去寻找那些原唱歌手。"

在哈维和莫顿住在东南部第15号大道714号的时候，迪伦会"赶在邮递员到家之前跑回家。我们当时还很年轻，休·布朗和我会经常听鲍勃讲述（他在老家）俄克拉荷马州凄惨度日的情形。但是当我们看到他家人从夏威夷皇家宾馆寄来的一张明信片的时候，感到尤为吃惊。最后，我们也想明白了，他的家人也一定会给他寄钱"。

艾布拉姆斯回忆说："鲍勃穿李维斯牌子的牛仔裤、平底便鞋或靴子、蓝色的粗斜布衬衫。冬天的时候，他会穿一件很旧的花呢运动夹克，戴着厚厚的围巾。他总会戴一顶奇怪的鸭舌帽或者便帽。早在这成为流行时尚之前，鲍勃就曾断言学校脱离了实际生活。我知道他是在夜以继日地写歌。其中很多还只是一个雏形，很多完全与伽思礼的歌曲雷同，有很明显的模仿痕迹。但即使这样，慢慢地，迪伦的原创之作也泉涌而出了。

"惠特克和我给迪伦讲了很多关于政治上的东西，其他人也是这样，迪伦不读任何关于时事政治方面的书籍，他真的不怎么读书的。你看，迪伦喜欢倾听。音乐家耳朵的构造貌似和常人不太一样，他们有非凡的听力。如果迪伦身处国外，他应该很快就能学会当地的语言。他刚到这里的时候，对政治一无所知，并且根本不感兴趣，我们当中大概有50个人酷爱政治，尤其对古巴革命特别感兴趣。这样说吧，迪伦确实从我们这里吸收了大量政治方面的知识。可能迪伦对政治不在行，或者说对教条不感兴趣。可能对他来说，他只认同那些社会底层的受压迫者，与普通人站在一起。这完全是基于感性层面或者是本能层面的，看看《霍利丝·布朗》（*Hollis Brown*）那首歌，他只是在感性层面，或者本能层面上对政治话题有一种感觉，和人的最初始的情感有关。如果美国再来一次大型罢工运动的话，迪伦很有可能成为第二个琼斯母亲。"

韦伯对民谣音乐的发展史及其谱系了如指掌，但是迪伦根本不在乎这些。他从另外一个层面来讲述这些东西，但这并不会阻碍他们成为朋友。哈里和克尔纳居住的地方时常会举行各种派对。"人们曾经一度去参加派对，听迪伦演唱。后来，就基本上没有人会举行派对了，因为迪伦肯定会去表演。迪伦成为第一个在脖子上戴着托架，将吉他和口琴结合在一起演奏的人，没人见过这种演奏的方式。据我所知，他是第一个将索尼·特里（Sonny Terry）的口琴和伍迪·伽思礼的吉他风格结合在一起的白人歌唱家。"

当他们缺钱的时候，艾布拉姆斯回忆道："我把莫顿和迪伦的吉他当了好几次，还有布朗的吉他。"然后，等手头宽裕之后，他就把那些东西再赎回来。"我们的生活都极不规律，尤其是迪伦。对于鲍勃来说，凌晨五点半用头敲别人家的门早已不足为奇了。当他想寻找热闹或刺激的时候，根本不会顾及别人在做什么，权当别人已经起床了。对于鲍勃来说，希宾镇充满了各种糟糕透顶的记忆，所以他不愿意谈及（故乡），他也不想让我知道任何关于希宾的事情，他把从希宾来的信件都藏了起来。有时他是在德卢斯出生，有时是在俄克拉荷马。我们知道他曾经玩过摇滚，但当他在此有了点小名气之后，便矢口否认了。"

"当学生准备好了，老师就出现了。"

韦伯和艾布拉姆斯以正人君子形象从波西米亚、"垮掉的一代"和嬉皮士的行列中脱颖而出。其他人不愿妥协，如同丁奇镇至高无上的精神领袖戴夫·莫顿，1961年，他搬到了西海岸。莫顿在各种非主流文化中，是个一丝不苟的先锋派的实验主义者，成为丁奇镇20世纪50年代神秘的"垮掉派"与60年代嬉皮士联系起来的桥梁。他对迪伦产生了极大的影响。莫顿身高六英尺三英寸，身材消瘦，像是在东村吸食海洛因而神志不清的亚伯·林肯。他的头发从每一个毛孔飘浮而出，额前有一绺垂发，口鼻之间有胡子，也有络腮胡，他蓬乱的头发从后背垂下来，大概有两英尺长。他温文尔雅、聪明绝顶，简直是一个东方格言的宝库，是迪伦所在的这个被边缘化的大学中最杰出的教授之一。莫顿曾有幸在1948年听过莱德贝利（"铅肚"）的演唱会，他是最早在"十点钟懒学生之家"演奏民谣的歌手，虽然最初他只认识四五个和弦。同样，他也是先于他人最早开始写歌的原创歌手，但并不是特别出色，歌曲内容大多与"原子弹"和艾森豪威尔总统有关。迪伦回忆道："那时有很多（种族）骚乱和不满，就像是暴风雨来临前的平静。当时有很多诗歌朗诵活动，如凯鲁亚克（Kerouac）、金斯伯格、柯尔索（Corso）、弗林盖蒂（Ferlinghetti）等诗人都参加朗诵活动。我在接近尾声的时候才参与其中，感受到了它的魔力，每天过得都像礼拜天一样。"

1966年，我追随莫顿来到了洛杉矶。他已经变成了西海岸出名的嬉皮士，他绘画，并编辑一本先锋派文学杂志《摄政王》（*Regent*），学习《易经》，在民谣摇滚乐队——"新近改进的自动点唱机野蛮人"担任领唱。作为这支乐队的主力，莫顿要弹吉他，弹钢琴，吹卡祖笛。"回到明尼阿波利斯之后，我开始学习数学，但并没有坚持多久。大多数时候，我更关心在丁奇镇消防站里新建的全美画廊。1959年秋天，在一个聚会上，我第一次遇见鲍比·迪伦。他非常活泼，幽默但有点紧张，他坐着的时候，腿总会弹一下。他从不过多谈论希宾，虽然他刚刚在那里待了一两天。铁矿岭是一个国际性社区，可笑的是却有点被隔离了，在那里长大会让人感觉怪怪的。"

莫顿熟知亚洲哲学、美洲印第安哲学、神话传说和迷幻经验。我让他还原曾经与迪伦的对话，他似乎陷入恍惚之中："根据印第安人的信仰，要想获得救赎，有三个步骤：第一步是爱；第二步是感官享受；第三步是佛法，也就是责任，对家庭、子女，甚至是社会的责任。的确，我们经常在谈论这些话题。我曾经在迷幻作用下阅读威廉·卡洛斯·威廉姆斯（William Carlos Williams）的《佩德森》（*Paterson*），那是一种奇妙的感觉。迷幻打开了人类思想博物馆的大门。在迷幻的作用下，你可以穿越历史和神话到达那些妙趣横生的地方。整个伊甸园可以在你的大脑中重建，我有过这样一次经历，我感觉我的声音都不是我自己发出的，这些只言片语似乎来自我的记忆，或是我的潜意识里的某一个地方。"莫顿停下来了。我们意识到他很精确地描述了迪伦歌曲创作的某一个阶段。"一些艺术家的创作总会被描述成是幻觉的作用。修拉把整个颜色击碎成星星点点。通过幻觉，我看到的颜色就如同梵·高笔下的星光灿烂，就像波斯花毯一样，各种颜色如百川入海，汇聚到一起。毕加索的超现实主义在我看来是现实主义的，自打我能从这个全新的层面感知这一切之后，一直都是如此。"

迪伦的回应呢？"他一直听着，用心听着。虽然他和别人不会聊很多，但我们总能做到相互沟通。鲍勃后来所成就的那番事业并没有让我感到惊奇。他似乎在努力完成一件事情，而这件事情任何人都无法与之分享。迪伦是他自己的精神领袖。老话说得好，当学生准备好了，老师自然就出现了。"

在俄勒冈州波特兰市上高中的时候，休·布朗是莫顿的好友。休讲话谦和，为人低调，学古典音乐出身，会写诗，后来成为一名公路工程师。布朗说："我一直都很喜欢鲍勃，当时，我觉得我弹吉他要胜他一筹，后来戴夫、麦克斯·乌勒尔（Max Uhler）、我，还有其他几个人在一起住，住宿安排一周一个样儿。我们在东南十五大道住的时候，离丁奇镇大概有三个街区远，一旦有比较特殊的考试，我们都会尽量把迪伦叫醒，但这对他而言，太痛苦了。有一次他放话要把我扔到楼下去。大部分情况下，他都在练吉他。迪伦说他要飞到纽约去看望伽思礼，他也说他想去纽约碰碰运气，看能不能一夜暴富。在'十点钟懒学生之家'的时候，大部分人都喜欢他，虽然那时他还不见得多么优秀。他学唱奥黛塔的歌，从中获得了不少乐趣，还唱着其他什么人的歌。'我不知道哈维·艾布拉姆斯为什么说那时的迪伦会把自己的名字写成狄龙，因为我记得他在这儿的拼写是迪伦。当然，他说过很多事情，最后都证明是错的。他只是努力想要否认他来自希宾吧。"

"我结婚的时候，鲍勃送了我们一个烤箱和一个熨斗作为新婚礼物，其实这两件东西本来就是我的，但他却不这样认为，他仍然觉得这是礼物。

他在明尼阿波利斯地区还是很受欢迎的，现在大多数不喜欢他的人，是在他出名之后才开始不喜欢的。在明尼阿波利斯，曾几何时，人们对他的厌恶之感像疹子一样蔓延开来，我确实不太理解这其中的原委。他要签唱片合同的时候，兴高采烈，但他也并非极度自负之人。但是像鲍勃这样令人反感的年轻人，也很难对他有正面的评价。鲍勃在自己的音乐创作和为人方面，都说过或做过令人反感的话和事。听说他要去纽约成名发财，大家都觉得他很不知趣。他离开时欠了别人很多钱，但我们每个人都会欠别人很多钱的，最后，无论如何，我们都会还清的。"

"当鲍勃在这儿的时候，激进运动的第一波骚乱已经开始影响到美国的大学校园了，"休继续说道。"哈维、惠特克、赫歇尔·卡明斯基（Herschel Kaminsky）等人试图在当地掀起同样的激进运动，他们曾在密西西比州积极参与当时的社会运动。我们曾组织了'古巴公平竞争委员会'，鲍勃从未参加过（我们组织的）任何集会，但他会在附近观望。鲍勃可能是通过伽思礼，而不是校园里热衷于政治的那群人对政治感兴趣的。因此，他在政治上必然是非常单纯的。"

在丁奇镇附近，流传着这样一句不知出处的格言，"迪伦小时候错失了一碗鸡汤，他用他剩余的一生去探索他错过了什么以及他为什么会错过"。休·布朗的反应是："如果你试着去理解鲍勃，你会发现越来越多的地方你不能理解。我们都很喜欢金斯伯格的诗，但我们并不知道在那时他对迪伦的影响有多大。当时并没有多少人没有使用毒品，有些人尝试吸了大麻和佩奥特之类的致幻剂，但还没有人听说过LSD[1]。我18岁的时候就读过阿道司·赫胥黎的《感知的大门》（*The Doors of Perception*）。麦克什的书店里有一些文学评论，但不多。当时还没有人注意《村声》这份报纸。丁奇镇这个圈子里的人们离开后，大部分都去西部了，主要是洛杉矶。很少有人去纽约，除了鲍勃。"

戴夫和格雷泰尔

迪伦在丁奇镇圈子里的朋友都是那些不愿接受"体制"的异见者。哈维·艾布拉姆斯说："问题并不在于我们要给学生灌输怎样的理想，而是谁会接受这些理想。"最坚定的"体制外"人是戴夫·惠特克、格雷泰尔·霍夫曼（Gretel Hoffman）和他的妻子。当我找到戴夫之时，他在圣弗朗西斯科辍学了，挣的钱仅够糊口。戴夫当时年仅二十八九岁，温和之中透露着些许颓废，看起来比实际年龄更显苍老一些。惠特克说："迪伦与左派之间千丝万缕的联系完全是发自本能的。他的生活背景里不存在任何导致他向犹太左派靠拢的因素。凑巧的是，我们大学里的波西米亚圈子在政治上也有左派人士。"

格雷泰尔清楚地记得："1960年1月到3月之间，我们经常会在'十点钟懒学生之家'会面，他住在一个破烂的演员休息室里，有一张床，一把椅子，一张桌子，一个冰箱，冰箱里的食物已经发霉了，还放着一些啤酒。1960年年初之前，鲍勃即将退学，他对联谊会的会所仍然十分痛恨。他乖乖

---

[1] LSD：D-麦角酸二乙基酰胺，一种强烈的半人工致幻剂。——译者注

的样子给我留下了深刻的印象，他有特别温柔的一面，但同时看上去也有点悲伤。他经常说他可能活不到21岁，很明显他不会那么做的，就是说他不会自杀，但他就是感觉自己的生命轨迹早已是命中注定了。我从来无法确认他是谁、老家在哪里，他很擅长讲故事，比如他会说自己曾经是一名摇滚歌手，但当时他不过是一个正在学习唱歌的孩子罢了。（曾经）有一个以色列音乐家组合来到'十点钟懒学生之家'表演，鲍勃非常高兴，至今我依然记得他高兴的样子。这种自由轻松的氛围使他特别快乐。他似乎喜欢各种各样的经历。"

"用来形容鲍勃那段时光的关键词，"格雷泰尔继续说道："是热情——对整个奇妙的音乐世界的热情。虽然在演唱技巧上他还很欠火候，但他对音乐创作还是很熟练的。为了写一首新歌，他甚至可以一连坐上几个小时。但是直到六个月以后（1960年秋天），他才真正意识到好歌和新歌的区别。一年以后，他那抱着'试试看'的态度才真正转变了。对于音乐创作者来说，明尼阿波利斯是一个绝佳的地方。鲍勃在位于圣保罗的'紫色洋葱'餐厅演出，正如圣保罗的任何一家餐厅一样，'紫色洋葱'餐厅也是卡吕普索海中女神的诞生地。到1960年底，鲍勃成熟了，他在选材上更加谨慎。他过去经常跟人讲起和鲍比·威一起弹钢琴的那点事，我觉得没有人会相信，而他同样也不会去信任那些不相信他的人。"

唱片收集者

两个民谣迷使得明尼阿波利斯在民谣乐坛上占有一席之地，他们分别是保罗·纳尔逊和乔恩·潘卡克（Jon Pankake）。这两个人听过大量的民谣，对民谣风格也有其强烈的主张，两人共同发起创刊一本成本低但风格鲜明的油印杂志《小沙评论》（*Little Sandy Review*）。语言犀利的《小沙评论》很快就给人们留下了深刻印象。这本杂志不是反左派的，相反它把音乐价值放到首位，社会价值其次。这种犀利的关于个人以及（对音乐作品）评判的争论在纳尔逊、潘卡克和迪伦三人中持续了很多年。《小沙评论》最早公布了迪伦"编造"个人历史以及改换姓名的事实。

保罗·纳尔逊后来成为《放声歌唱！》的编辑，同时也是一位自由评论撰稿人。通过对迪伦不同成长阶段的分析，他也记录了自己观点的变化："1959年那时候，鲍勃和克尔纳演唱的曲目基本都是乔希·怀特（Josh White）、奥黛塔以及亨瑞·贝拉方特（Harry Belafonte）唱过的老歌。即使两人都是不错的吉他手和歌手，依然不会有人保证鲍勃和克尔纳是最好的，因为还有很多年轻人也和他们不分伯仲。迪伦的学习速度似乎惊人地快，时常会让人有'一日不见，当刮目相看'之感。迪伦第一次听杰克·艾略特演唱是在一张英国推出的时政歌曲唱片上。很快，两周之内他不仅唱熟了《杰里》（*Jerry*）和《森林》（*Timber*）这两首歌，还能对伽思礼进行自己的解读。他还学会了各地的方言土语以及很多吉他、口琴的演奏技巧。迪伦在两周之内就掌握了普通歌手要花两年时间才能学会的内容。对于诸如《永久的伤悲》（*Constant Sorrow*）之类伟大的歌曲，他似乎总有一种准确的直觉，跟着唱片听录音就能学会。那个在明尼阿波利斯的'迪龙'，与日后在美国东部摇身一变的'迪伦'，完全判若两人——他的言谈举止完全不同以往，那个原来的迪伦完全消失殆尽。到了东部之后，他经常会说一些稀奇古怪的口头禅，比如'我来纽约之前，根本不了解民谣'。这纯粹是一派胡言。他在明尼苏达的时候也并没有特别受欢迎，但是从那以后，总体情况都在不断好转。任何人都没有预料到迪伦竟有如此强大的征服力，我觉得迪伦他自己也并不知道自己有这种本事。他去了东部（的纽约），并能一鸣惊人，让哥伦比亚给他出了唱片，他的成就让很多人都惊呆了。最令人吃惊的莫过于他改变的速度如此之快，每过几周，迪伦就会以焕然一新的姿态、不同的风格展现在人们面前。"[7]

乔恩·潘卡克说："迪伦给我的第一印象是个初学者，尚未掌握所有的和弦变化。我对鲍勃音乐家的身份或者仅是一个普通人的身份并没有特别感兴趣。鲍勃想要尽可能多地从我这里学习音乐方面的知识。我从艾伦·洛麦克斯的唱片集中选了一首得克萨斯州的囚歌给他听，他说比起跟着唱片学，他更渴望直接跟着那些原创者本人学。他似乎并没有多大心思去出唱片，可能他只是想在咖啡馆的演出圈子里走红，以此来吸引女孩们以及公众的关注。"

潘卡克有一次周末不在家，按照学校的老规矩，他没有锁门就走了，回来之后，发现大概有20张唱片不知去向。"我第一个怀疑的对象就是迪伦"，乔恩这样告诉我，"因为他曾经对我的唱片爱不释手。托尼·格洛弗（Tony Glover）说他在鲍勃家里看到一些唱片，其中包括杰克·艾略特在英国出的几张唱片，这让他很吃惊。迪伦还拿走了其他一些唱片，比如由黑人歌手伊丽莎白·科顿（Elizabeth Cotten）创作的《山间小曲——蓝草音乐》（*Mountain Music——Bluegrass Style*），还有一些别的。伍迪·伽思礼的唱片也在其中，他品位还挺不错的。当我们发现这些唱片在迪伦手上之时，托尼、保罗和我在没有任何通知的情况下就闯进了他的住处，我用力把他提了起来，背靠在墙上，连续扇了他几个耳光，让他知道我是动真格儿的了，我扮演的'狠角色'还是很专业的。我甚至还叼了一根雪茄，一直没从嘴里拿出来，他立马就把一些唱片拿出来了，说剩下的第二天给我。鲍勃坚持让我拿他的吉他作抵押，还跟我讲了一大堆彻头彻尾的谎话，说（那些唱片）是被一些孩子丢到他那里去的。第二天早上，他把剩下的唱片给我送来，也把自己的吉他赎回去了。我觉得他跟我道歉了，但我不太确定。从那之后，他再也没有来看过我，有趣的是我觉得他偷唱片这事儿并没有恶意，我觉着他可能认为他比我更需要那些唱片。但我还是觉得这是对我个人的大不敬，因为一般人不会去他所尊敬的人家里偷东西。"

"我觉得鲍勃并没有因此而记恨我，"保罗又说道。据说他后来又被一些人追打，短期内连续换了好几次住处。如果没有那件事，我想乔恩应该会非常喜欢迪伦的，但这件事却在很大程度上影响了他的态度。我们算了一下，他大概拿了价值好几百刀的唱片，他都是挑精品唱片拿的，他非常清楚要拿哪些唱片。

老师出现了

迪伦把伍迪·伽思礼作为偶像、精神教父或者说是音乐模范，他对这一点深信不疑。在他的《墓志铭》一曲中，鲍勃这样形容伽思礼：

他是我崇拜的最后一位偶像

因为他也是第一位

我曾见过的偶像

他曾面对面地教我

人终究是人

把作为偶像的自己砸碎了

伍迪从没让我感到害怕他

他也从未践踏我那些卑微的梦想

因为他只是带了一本人类之书

把这本书给了我，让我阅读

从中我学到了最宝贵的一课。[8]

伽思礼就像是俄克拉荷马州的沃尔特·惠特曼，他沿着现代公路走着，唱着自创的乡村公路歌曲，也像是农村的卡尔·桑德堡（Carl Sandburg），一个真正的流浪汉／游民与吟游诗人，双手依然沾染着泥土。当迪伦开始读伽思礼的人类之书时，他真的不再需要丁奇镇了。迪伦的皈依是一个爆炸性转折点，极具戏剧性。如同发现了《圣经》一般，如饥似渴地读完了伽思礼早期的自传《奔向光荣》，无数人都说他们曾跟迪伦说："鲍比，你应该看看伍迪的那本自传。"但是惠特克应该是第一个推荐人。格林泰尔回忆道："当大卫激发起鲍勃阅读《奔向光荣》的兴趣之后，他就张嘴闭嘴地谈论伽思礼——伽思礼正在忙什么以及关于他的意义何在。鲍勃几乎是爱上伍迪·伽思礼了。当他得知伽思礼住进了新泽西州的医院，他决定必须去探望他。出发之前，他一直念叨着：'我要离开这里了，我要去见伍迪·伽思礼了。'"

第一版的《奔向光荣》，于1943年由杜登出版社（Dutton）发行，只有少数几本流传到了明尼阿波利斯地区，鲍勃借了韦伯的那本。最后两百页尚未读完，他带着这本书去了"十点钟懒学生之家"，打算继续如饥似渴地把这本书读完，就像要赶紧喝掉他曾错过的鸡汤。有人说他是坐在那儿不动，一口气读完了那本书，很像用了把菜刀翻页，之前从没有人见过他这样读书。

　　哈维·艾布拉姆斯说："那本书对他造成的冲击巨大，在接下来的两年中，他完全按照书中的内容规划自己的生活。迪伦开始按照伽思礼的方式来做每一件事情。数月过后，迪伦唱的每一首歌曲都像是出自伽思礼之口，他模仿伍迪的唱法已经到了出神入化的地步。他一般是坐下来听唱片，然后重复。这种进步无疑是显著的，甚至他的说话方式也开始发生变化了。在他离开这里之后，俄克拉荷马州口音中的鼻音变得极其明显，已经深入到他骨子里了。那种粗犷、沙哑的音色已逐渐与他融为一体，越来越成为他的身份象征，他就是自己认同的人民的一分子，特别是伽思礼。虽然我不知道他是怎样做到的，但是他能够在一两天之内将伍迪的《汤姆·乔德》（*Tom Joad*）这首歌完整地背诵下来。他的确能够把那首民谣唱得十分优美。那些不太了解鲍勃的人总会对他的改变感到厌恶甚至不爽，因为人们一直以为他只是在装腔作势或者是为赚钱罢了。有时，我们也会觉得，不管从什么角度去看，伽思礼和迪伦的性格简直如出一辙。我们相信这种性格是他与生俱来的，只不过希宾18年来的富裕中产阶级文化氛围已将它埋葬。我们觉得鲍勃真正的'自我'来自内心深处。"

　　迪伦的角色扮演大概始于1960年夏季，他对一些密友吐露过心声，他承认自己的很多改变是出于建立一种新的身份认同的需要，他仅仅是对自己之前无精打采、毫无方向感的精神状态不满。格雷泰尔说："迪伦对于这件事情并不避讳，他的解释是在培养自己的性格。"托尼·格洛弗补充道："他说那是在演戏，只不过要持续两三天。他说：'戏过之后，我还是我。'"伍迪当时住在新泽西州的灰石医院（Greystone Hospital），患有亨廷顿舞蹈症（Huntington's chorea），已经奄奄一息了，鲍勃想要联系他。莫顿说："那年秋天惠特克家总有酒友聚会，鲍勃经常喝得酩酊大醉，并借着酒劲给伍迪打电话。我们几个人也在电话里简短问候了一下他，鲍勃告诉伽思礼，他正要出发去医院探望他。"那时难免有一些戏弄甚至恶作剧。有人从丁奇镇打电话给迪伦，说伍迪刚刚参加了一个派对，迪伦立刻就跑过去了，上气不接下气，满脸通红地问："伍迪在哪？他在哪啊？"

这位"千面英雄"是谁？伍迪·伽思礼是美国文化的经典代表人物：他是个吟游诗人、歌手、故事大王、先知歌手、码头工人、组织者、工会成员、旅行家、记者、采桃人、搭便车旅行者、漫游者、农民工与难民。他是一个无拘无束的反叛者，早年辍学，后来成为那些身无分文、流离失所的俄克拉荷马与阿肯色州民工的代言人。这些人的家园曾经遭受20世纪30年代的旱灾与沙尘暴的袭击。他亦是"大萧条"时代的诗人，徜徉在时代的浪潮中，或歌唱，或咒骂，或痛饮，并成为50年代的"垮掉的一代"、60年代的嬉皮士，以及70年代的一些政治活动家的鼻祖。伍迪是惠特曼、桑德堡、威尔·罗杰和吉米·罗杰斯的结合体。无论伽思礼象征着什么样的影响和传统，他就是他自己，一个绝不妥协的个人主义者，他的艺术只服务于自己，但也会为音乐、文学以及他的人民服务。

《奔向光荣》里的伽思礼和唱片中的他，是一个充满生气、活泼健康的年轻人。他身材矮小，以至于不能成为一位巨人，他瘦骨嶙峋、眉清目秀，貌似也配不上一座英雄塑像，他更不符合诗人的一贯作风。他的声音并不洪亮沉稳，因此也算不上一个伟大的歌手。但是，所有的嘉奖他都当之无愧：一位伟大的人文主义者，一位美国文化英雄人物，一位重要的诗人，虽然大部分人尚未发现这一点，一位歌唱家和作曲家，著有美国最伟大的歌曲作品。伍迪代表了美国民谣文化中最为刚毅的品格——对受压迫者的同情，对欺骗的憎恶，对音乐的喜爱；独立的人格，谁都不能将他收买；当他看到百姓被欺侮，一股正义感驱使他为那些人发声，为他们歌唱。这位渺小的流浪工人，自学成才的民谣作曲家，像惠特曼一样，歌唱自己，但是他的"自我"是一种自我剖析，是屹立于天下苍生之中的。他那令人陶醉的远景展现出一个广阔多样化的美国，一个充满希望同时不乏风骨的美国；正如他在《美少年弗洛伊德》（*Pretty Boy Floyd*）中写道，当这些希望遭到银行家、骗子和伪君子的"破坏"，当他们"用一支钢笔就可以使你倾家荡产，使你的希望之翼折断之时，他已经怒不可遏了"。

迪伦热情澎湃，以伽思礼的一些人格特征塑造自己：吃苦耐劳、自力更生、语言丰富，能写出感情深切却又妙趣横生的民谣，才思泉涌，创造力非凡，还有口琴和吉他，以及那沙哑粗糙的嗓音。最后，他终于找到了一个可以重塑自己的榜样。最后，他终于可以告别希宾中产阶级的背景了。最后的最后，他终于找到了自己的大哥，以及梦寐以求的精神教父。伍迪是迪伦的第一位"鼓手（Tambourine Man）"，即使后来迪伦超越了自己特定的形象，伽思礼依旧在迪伦性格中留下了不可磨灭的印记。伽思礼为世人观察世界开辟了一个新的视角。伽思礼所有的歌曲加起来有1000

首左右，其中大部分都散发着春天般温暖的爱意、孩童们的欢声笑语以及协同合作的高尚情操：

我讨厌那些让你觉得自己一无是处的歌曲，讨厌那些让你觉得自己注定会失败的歌曲。注定会失败，这对某些人某些事定会受用，因为你要么太老，要么太年轻，要么太胖，要么太瘦，要么太丑，要么太这样，要么太那样。我站出来，正是要与那些因为你时运不济或者路途艰辛而嘲笑你、贬低你的歌曲进行斗争，直到我咽下最后一口气，流干最后一滴血。我站出来就是要证明，不管你曾经受到过多么严重的打击，不管你跌倒过多少次，不管你是什么肤色，什么身材，什么体型，我都会站出来歌唱那些让你引以为豪、对自己的工作引以为傲的歌曲。我写这些歌曲正是为了鼓舞包括你在内的天下芸芸众生。⁹

伍迪在17岁时第一次走到这条路上，但是这条路几乎每次都将他打回原形。他先后有过几任妻子和前妻，生了多个孩子，欠债无数，有些根本无法偿还。他曾经对第二任妻子马乔里（**Marjorie**），也就是阿尔洛（**Arlo**）的生母说他下楼去买包烟，结果一去不复返，三周以后，他从西海岸给妻子寄了一张明信片。迪伦说他（伍迪）不仅是一位诗人或者一位民谣歌唱家，他只不过是在学伍迪罢了，正如《奔向光荣》中所说：

我其实正是人们口中的农民工。你们一定已经给我贴上了各种标签，如果以你们的繁文缛节以及诸多令人害怕的办公室，对，我的确是在路上行走不止。你们尽管可以给我冠以各种头衔，甚至记在你们的花名册里，但是在你们点名的时候，我也要去尽我的职责了。这样一来，我们可以节省时间，节约财力，提高工作效率。我就要上路，该死的，我就是要在路上……如果我停下来了，你们就必须放下工作，开始踏上征途，因为世上还有很多路要走。[10]

伍德罗·威尔逊·伽思礼（Woodron Wilson Guthrie）于1912年生于俄克拉荷马州俄克马镇，一个因石油而发家的农村。他父亲曾是富裕的大牧场主、房地产投机商，盖了一座六室一厅的大房子，可是没过几天，一把火全都化为灰烬了。紧接着，伍迪15岁的妹妹命丧一场煤油爆炸中。母亲死于亨廷顿舞蹈症，后来父亲在一场大火中去世，也许是自杀。伍迪被送去寄养家庭做农活，不到17岁，他便离家出走，前往加尔维斯顿（港口城市名，位于美国得克萨斯州东南部）和墨西哥湾了。他加入了来自俄克拉荷马、阿肯色以及德州西进的农村流动人群中。在加利福尼亚州，这些"沙尘暴难民（Dust Bowl refugees）"每摘一吨桃子，果园农场主付他们一美元。不久之后，伍迪就为他们而歌唱，同时也在洛杉矶的WKVD做一个电台节目，每天可以得到一美元的报酬。就像斯坦贝克所写的《愤怒的葡萄》里边的主人公汤姆·乔德一样，伽思礼只是一个失去家园、没有任何权利、没有任何财产的农民工。

伍迪的唱法结合了乡村音乐和民谣，他妈妈教过他一些古老的民谣和传统歌曲，从广播和路上的流浪农民的口中，他又听到了乡村音乐。伍迪的堂亲，杰克·伽思礼就是一位乡村音乐歌手。伍迪会弹吉他，会给歌曲配乐，这些都是他从著名的卡特家族（Carter Family）的唱片中学来的，这个名望显赫的家族从1927年开始到第二次世界大战一直在美国乡村音乐界独占鳌头。新的卡特家族成员有母亲梅柏丽（Maybelle）、她的三个女儿、约翰尼·卡什的一些朋友和同事，他们在20世纪60年代末又再次崛起，跻身乡村音乐乐坛领军人物的行列。

两位来自洛杉矶的友人激发起了伍迪对政治的强烈兴趣——一位是威尔·吉尔，一名演员；另一位是麦克·奎因（Mike Quin），一位诗人，也是美国西海岸一家名叫《人民的世界》（The People's World）的共产党报纸的专栏作家。通常来说，人们认为是奎因"发现"了伽思礼。就像迪伦一样，伍迪也积累了很多人脉，有朋友、熟人、位高权重者、帮手、合作伙伴。西斯科·休斯敦（Cisco Houston）也是一位流浪歌手与无业游民，在旅行途中和伍迪成为了很好的朋友。1939年，伍迪来到东部，结识了皮特·西格尔，并和他一起旅行。皮特从哈佛大学退学，热衷于学习音乐和组建社团。1940年，伍迪28岁，来到了国会图书馆的民谣文化档案馆，为艾伦·洛麦克斯录制歌曲及其人生经历（这些录音长达三小时，后来由艾丽卡公司发行）。伍迪也在维克多、迪卡和斯廷森唱片公司制作了一些商业唱片，最后也和民谣音乐企业家摩西·阿希合作并在他不同的厂牌下发行唱片，不过大部分是在阿希的民俗唱片公司出品发行。[11]在伍迪到达纽约之前，他是左派的宠儿，20年后，迪伦也受到纽约民谣左派的拥戴。

1940年，伍迪去了西部与妻儿团圆。西格尔、李·海斯（Lee Hays）和作家米勒德·兰佩尔（Millard Lampell）开创性地创建了具有历史意义的民谣组合，名叫"年鉴歌手（Almanac Singers）"，伍迪于1941年6月加入了这个组合。他们最初在格林尼治村的第十号街处活动。皮特·西格尔说："我们偶尔从这儿得到5美元的预约费，偶尔从那儿得到10美元的预约费，非常努力地工作，才能勉强把这个组合维持下去。星期天下午，我们全天开门迎客，每位客人收35美分的入场费，于是我们就和朋友们唱整整一下午。我们称之为民歌歌会。"

1939年，伍迪在"香烟模范"电台破天荒地赚了一笔巨款200美元。后来，一位经纪人在洛克菲勒中心顶层的豪华"彩虹"录音棚预订了"年鉴歌手"。在《奔向光荣》中，伍迪细细回忆他们几个人如何罢演，原因是他们拒绝穿乡巴佬样式的演出服。他不愿妥协的高风亮节，为日后民谣表演者的生活方式定下了基调，而这对迪伦产生了很大影响。

伍迪对进步主义者以及左派圈子里的一些伪君子同样嗤之以鼻。他不愿迎合任何人，痛恨商业演出只"给观众看他们索要的节目"。他摒弃了"民间音乐"这个术语，因为这样人们有可能会把他和那些"丝袜民谣歌手"——贵族民谣歌手归为一类。伽思礼的立场同样也解释了为什么迪伦不愿称自己为民谣或者抗议歌手的原因。此外，迪伦经常拒绝说自己是一位诗人，这也与伍迪的想法呼应，他声称："我不是一位作家，我希望你们能够理解，我只是一个一文不值的吉他弹拨者。"

是西格尔鼓励伍迪着手写《奔向光荣》的。在哈佛，皮特认识查尔斯·奥尔森（Charles Olson），后来成为一名评论家和诗人，在1942年请伍迪为《共同点》（*Common Ground*）杂志供稿。伍迪写了一篇非常出色的文章《耳边之音》（*Ear Music*）。紧接着，建议伍迪撰写自传的呼声愈加高涨，于是他一心扑到了《奔向光荣》的写作上，该传记于第二次世界大战激战正酣之时出版，受到了普遍的赞誉。斯坦贝克评价道："伍迪就是伍迪，成千上万的人不知道他还有其他的名字，他就是一个声音和一把吉他。"和西斯科·休斯敦在莫沁特马琳斯住过一段时间之后，伍迪在布鲁克林的康尼岛短暂居住了一段时间。1942年，他娶了前马乔里·玛扎·格林布拉特。一直到20世纪40年代末，他写了大量的歌曲以及诗歌，有的制作成绘本，有的制作成唱片。与迪伦一样，伍迪也是时而滔滔不绝，灵感迸发，时而沉默不语，陷入沉思。那个华丽的新书发布会晚宴是在艾米·范德比尔特家举行的，整个晚上伍迪一句话都没说。

已过世的西斯科·休斯敦曾在1959年跟我说："伍迪是最伟大的民谣诗人，他像《圣经》里的先知一样歌唱着当今社会里发生的一切。除了一辆好车，一支钢笔，一台打字机，一把结实的吉他，他不在乎其他物质上的东西。我们这些人旅行也是坐着带侧门的普尔曼卧车，手指晒得黝黑的人总是想要有自己的汽车。而那些过着朴素生活的人一定会觉得伍迪才是他们的代言人，他们很认同伍迪的生活方式。"

伍迪至少写了有1000首歌曲，从《这是你的国土》（*This Land is Your Land*）这种民谣式的国歌，到经典的告别歌曲《很高兴认识你，再见》（*So Long, It's Been Good to Know You*）；从儿歌《汽车，汽车》（*Car, Car*）到祖国赞歌《富足的牧场》（*Pastures of Plenty*）。他原创的歌曲不多，但他写了不少民谣和乡村音乐，并且给很多歌曲重新填词，用他的歌词完全改写了原来的老歌。他对那些反英雄人物深爱有加，因为他觉得那些"法外之人"才是真正与邪恶势力斗争的勇士。[12]

20世纪40年代末，伍迪的健康状况每况愈下，他的耳朵听不见了，手中的笔也写不动了。1954年，他的噩梦开始了，亨廷顿舞蹈症将他囚禁在医院长达13年。他的作品以及一些札记由伍迪·伽思礼儿童基金一并收集起来，这个基金会是由他的代理人哈罗德·利文撒尔（Harold Leventhal）、西格尔、卢·戈登（Lou Gordon）和另外一个朋友共同创办的。我编了一本他的选集《生而为赢》，于1965年出版。鲍勃·迪伦的作品最后将伍迪带入了当代观众的视野中，伽思礼的儿子阿尔洛·伽思礼的成功也提醒新一代的民谣歌手，伍迪的事业后继有人。在《有恩于我的人民》（People I Owe）一文中，伍迪将他的艺术成就归功于广大平民百姓。他觉得他只是一名记录者，他将人民的诗歌记录了下来："你们的生活经历成就了我的作品，我能感受到你的能量在我体内升腾，我也能看到我的能量在你们体内流动。你们可能冠予我诗人的名号，可是与你们相比，我又算得了什么，你们才是诗人。与你们相比，我也称不上什么词曲作者，也并非优秀的歌手，因为只有你们才能配得上这一殊荣。"（选自《生而为赢》）

来自北方的女孩

当记者们碰巧遇到艾科·海尔斯托勒姆的时候，他们深信他找到了迪伦所谓的"来自北方的女孩"了，曾经很有可能的人选是邦妮·简·比彻。迪伦在《我的盗梦瞬间》中曾说："我深深地迷恋上了那个真心爱我的女演员。"邦妮知道她（对迪伦）已经产生了一定影响，但她却不会出卖她的灵魂。1966年，我在洛杉矶联系上她，当时她已经过上了西海岸"垮掉派"的生活。这个年轻女人，温柔中带着一丝飘忽不定，不喜欢抛头露面，只会心悦诚服地跪在她自己的面前。邦妮，面容精致，满头金发，讲话清楚，丝毫没有表演学校雕琢过的痕迹。[13]

部分源自于我的推测，但通过我与丁奇镇这个圈子的接触，我清晰地感受到，至少从某种程度上来讲，鲍勃在东部的成功受到了邦妮的激励。他也回过明尼阿波利斯几次。虽然与邦妮的暧昧已经终结，但友情尚存。邦妮，深谙世事，来自伊代纳（美国明尼苏达州东南部城市），家境富裕，住在双子城郊区。1960年年初，她和鲍勃在一个派对上相遇，而在此之前她早已是一个叛逆者。她想要从上等白人这个背景逃脱出来的渴望程度丝毫不逊色于鲍勃想要融入主流群体的急切程度。邦妮胸有城府，读她应该读的东西，认识她需要认识的人，她内心也很清楚，没有一个来自希宾这种小地方的姑娘可以和她媲美。

邦妮经常从保罗·尼尔森工作的那家商店买一些唱片。她却从未认真考虑过，发挥她嗓音的优势，成为一名声乐家。她在学校剧场，扮演一些跑龙套的角色，对此她已经知足了。鲍勃和邦妮之间似乎有着天然的吸引力，自然而然就熟络起来了。邦妮在一个通宵卖汉堡的店里做快餐厨师，她把手弄脏了，鲍勃适时出现了。如果没能挤入汉堡餐厅的聚会，他们可能就去阿拉莫公寓参加派对了，阿拉莫公寓也称作蚁山（Anthill）。她全心全意地鼓励鲍勃，1960年时，在很长的一段时间里，她还是鲍勃最忠实的观众。当朋友们说鲍勃已经深深爱上了邦妮的时候，对她而言，这份感情似乎并没有那么重要。他们渐渐疏远了。当鲍勃在纽约小有成就之时，他便会给邦妮打电话或者写信。我见到邦妮的时候，她当时和一位"村里的"嬉皮士喜剧独白演员休·罗姆尼（Hugh Romney）谈恋爱，休·罗姆尼还有一个人们熟知的艺名——威韦·格雷（Wavy Gravy）。罗姆尼、泰尔尼·提姆（Tiny Tim）、赛文·达尔邓（Severn Darden）是洛杉矶幻景剧院的主要演员，邦妮是那里的精神监工，经常能在剧场内外看见她跑来跑去的。

辛西娅·芬彻（Cynthia Fincher）是邦妮所在的妇女联谊会的一位姐妹，她和鲍勃共度了1960年年末的时光。他们俩在音乐上是精神伴侣。辛西娅会弹班卓琴，会画画，聪明伶俐，能说会道。他们曾在"紫色洋葱"酒吧共同演出。对鲍勃来说，无论是婚前婚后，格蕾泰尔·霍夫曼都是一位特殊的朋友，直到她嫁给惠特克。鲍勃在明尼阿波利斯见过艾科几次，她早已属于鲍勃的过去的过去了。鲍勃的（追求艺术的）节奏超过了他所有的朋友。这种激情，在他离开丁奇镇之后，势头丝毫未减，因为这种激情源自于他对演唱和伍迪·伽思礼的挚爱。

受人尊崇的先知

在丁奇镇，鲍勃与戴夫·托尼·格洛弗的友谊超过了其他所有人。[14]1963年，鲍勃曾这样描述格洛弗："一位能够包容我所有棱角的朋友。我发自内心地爱戴夫·格洛弗，格洛弗的言行举止、思维方式，就连走路姿势都跟我如出一辙。"格洛弗帮我构建出了迪伦早期在丁奇镇的日子，格洛弗也是在新港遇到鲍勃的，他也去伍德斯托克看望过鲍勃，在纽约州参加过鲍勃的几张专辑的录制工作。托尼是一个坚强而又沉默寡言的人，但他温文尔雅，像布鲁斯演奏者一般冷静，他对音乐充满热情，为人真挚。格洛弗选择了"托尼"这个昵称，以免和戴夫·瑞（Dave Ray）一起唱歌时把名字和克尔纳、瑞、格洛弗混淆。每次莫顿看到格洛弗，他都会唱《你是我的阳光》（*You Are My Sunshine*）这首歌，以此来讽刺托尼一贯阴郁的心情。

托尼，性格沉闷，说起话来言简意赅，像极了詹姆斯·迪恩，这使得鲍勃非常信赖他。

格洛弗开始谨慎小心地强调："鲍勃并非常人。我知道有两种人，一种是我在这里认识的那些不修边幅之人，另一种是讨观众喜欢的公众人物。我们俩都处在主场的边缘地带，虽被人所接受，但却游离于主场之外，因为我们追求与众不同。我想这也正是我们友谊的真正基石，我感觉还有一些其他难以言喻的共同点。他变了，现在（1966年）从很多方面来看，他都像是一个垂垂老者，已经接受了生活的平淡，也不会再去做什么来改变现状了。我也不知道他过得是否幸福。或许，他就是他。"

格洛弗被鲍勃迷得神魂颠倒了，但大部分时候，他还是想要保护鲍勃的，想要确定鲍勃值得人们同情。他保存了所有的文档、剪贴册以及值得留念的东西。托尼是第一个知道鲍勃去哪里的人。无论是在明尼阿波利斯他默默无名的时候，还是在他功成名就之时，他对鲍勃的喜欢从未变过。1960年5月，托尼在一场为格雷泰尔举办的派对上遇到了鲍勃。托尼说："我看到鲍勃坐在角落里，弹着吉他，我就过去和他说话。他留着平头，穿了一双运动鞋，他看起来似乎与当时的氛围格格不入，他自己貌似也不太舒服。林恩·卡斯特纳（Lynn Castner）正唱着伍迪的歌，很多人并没有认真听鲍勃的歌唱，他怒气冲天，扔下一句话说他再也不唱了。当时在场的一些人议论道，他以为他自己算老几啊。"

格洛弗后来成为音乐记者兼小说家，大概也是第一位敢批评鲍勃或者给他建议的音乐家朋友。因为格洛弗的这些建议都具有建设性意义，所以鲍勃也就欣然接受了。至少有两年半左右的时间，鲍勃一直与格洛弗、尼尔森和潘克争论当下的主流政治歌曲。1962年8月之前，鲍勃第三次回到明尼阿波利斯，他流露出对当时主流反叛歌曲的质疑态度。1962年，鲍勃为他在丁奇镇的朋友们准备了一小段表演，他自己也很兴奋。他鼻音浓厚，以伽思礼式的口吻说道："我要给你们唱一首尚未完成的歌曲——这首歌也根本完成不了。"（他给吉他调了调音）"大家好，我是鲍勃·迪伦，来自巴黎，这首歌是我专门为'争取民族平等大会（CORE）'而写的，这是一个为黑人争取平权的白人组织。我已经厌烦了为所有人写歌曲，你们可以把这首歌曲录制到录音机上，也可以给在《小沙评论》的朋友们播放这首歌曲。我非常尊敬《小沙评论》的观点。我必须要说，乔恩·潘卡克比我更出名，在此我要即兴写几段歌词，但是最后一段才是这首歌曲的题眼。我现在写是因为它们此刻涌入了我的脑海。我女朋友现在在欧洲，她是乘船去的。她9月1日就回来了，但是如果她不到家，我就整天在外面漂着，不回家。有时，这样不太好，有时，特别不好，不过，有时，貌似也没什么。这不是我的风格，这是皮特·西格尔的风格。你们都知道，他是迈克·西格尔的哥哥。"

鲍勃开始唱《黑色十字》（*Black Cross*），唱到一半便跳到《来日漫漫》（*Tomorrow Is a Long Time*），接着他又表演了一首说唱布鲁斯，在问"哪些人才是真正的伪君子啊？"然后，他唱了一首改编自传统音乐《长日将至》（*A Long Time Coming*）的歌曲。"你们喜欢这首歌曲吗？我只改编了其中一半的歌词，这首歌是写给我自己的，我想我已经给别人写了太多歌曲了，最后，我已经到了有一些话想要对自己说的地步：老天爷，迪伦，你还没给你自己写过歌呢，我说，你已经让别人给你写了很多歌了，然后我又对自己说你能给自己写歌，同样可以给任何人写，所以我在一周之内写了

10首关于自己的歌曲。"鲍勃正要唱《鲍勃·迪伦的布鲁斯》（*Bob Dylan's Blues*），但他突然发现自己忘了歌词。随后，他唱了《卡琳娜，卡琳娜》（*Corrina, Corrina*）和《心底的布鲁斯》（*Deep Down Blues*）。整个派对瞬间成了迪伦的主场，他一首歌接一首歌纠缠不清地唱着。最后，他离开的时候说，"明尼阿波利斯住着一群麻木的人。"

1962年夏天，鲍勃已经厌倦了替别人写歌了，但他还远未完成第一阶段的承诺。1963年，鲍勃已经变得非常极端了，他又去拜访了托尼·格洛弗、保罗·尼尔森还有其他人，他们进行了激烈的争论。托尼回忆道："保罗当时说鲍勃尚未在传统风格和他独具特色的个人风格中找到一个平衡点。鲍勃唱了当时他最新出炉的一首歌曲《只是游戏中的一颗棋子》（*Only a Pawn in Their Game*）。尽管并不是传统的艺术手法，但是他试图告诉我们这个平衡点也许会在今天发生。保罗的观点是，不能仅仅因为民谣所代表的事业是伟大的，就断定民谣是优秀的文化表现形式。迪伦基本上同意这个观点，但他觉得不能因为一首歌是有所指，就否定民谣的积极作用。他主张一首歌的社会意义远远要比歌曲本身要重要得多。

迪伦唱起了他的新歌，算是给他们的争论配乐吧，他的新歌大多都是针对时政的评述，由于对大家的反应不满意，他开始骂脏话了。破口大骂了一阵之后，他说："民谣和这些东西丝毫没有关系！你走在大街上时听的歌曲，算不上音乐，你可以用留声机放这些民谣，但你走在大街上的时候，听到的那些根本不算。"说这些话的时候，他的声音在颤抖，流露出焦躁和沮丧，他的朋友们也已经被他远远地甩在了后边。

这些年来，他曾多次返回丁奇镇，在这些回访期间，1963年7月那一次应该是记忆最深刻的，那时他一夜之间成为全美民谣的领军人物。他告诉那帮老伙计他去了伦敦，他把他的经纪人阿尔伯特·格罗斯曼称作"一个英姿飒爽的天才"。这些年来，他走了这么远，又不由自主地伤感起来："我是从公路离开这座小镇的，我想应该是第12号公路吧。我那时并没有多想，似乎在一种无意识状态，在我离开那座小镇的三年半到四年中，我几乎根本不在乎那里的点点滴滴。流逝的时光，机缘巧合，哥们儿，才促使我待在那里。全国上下，到处都有'我'的身影，他们都高高在上，'挂在那里'，但他们永远无法把我和故乡分离。"他不过是在自嘲罢了，把自己说成一个会唱歌、会写诗、有领导能力的躯壳。惠特曼写的《自我之歌》（*A Song of Myself*），伽思礼写的《美国历史上伟大的流浪汉》（*The Great Historical Bum*），迪伦已经接受了他们的信条——所有杰出的民谣创作者都只是记录者，他们记录下了天下苍生的诗篇。

早在1961年，托尼就曾录下了鲍勃演唱的"节奏与布鲁斯"（R&B）类型的查克·贝利歌曲，之后托尼会经常给迪伦演唱录音。1961年5月，迪伦第一次回到丁奇镇的时候，他仍然深受伽思礼的影响。在一次双子城音乐家的集会上，托尼第一次听到鲍勃原创的《献给伍迪的歌》（*Song to Woody*）。鲍勃告诉托尼，琼·贝兹想要把那首歌录下来。托尼说："我不知道我在多大程度上能够影响他的决定，但是我对鲍勃说：'你自己的歌自己唱，你会比她唱得更好。'"

1961年12月，鲍勃再次回到明尼阿波利斯，在此之前他刚刚录制了第一张专辑。格雷泰尔说："鲍勃做的第一件事情就是给我们看（刊登了有关他乐评的）《纽约时报》剪报。他说话语速飞快，边说边拿起吉他：'听我现在吉他弹得怎么样，看看有什么变化没有。'但是，当大家过来听的时候，他又有一些不好意思了。他突然之间变得很会讲故事了。他和大卫两个人常常坐下来讲故事，还可以连续几个小时喋喋不休地讲笑话。他那时真是挺讨人喜欢的。我不知道鲍勃是否跟莱尼·布鲁斯经常见面，布鲁斯在我们这儿可是尽人皆知的。很多人都会似懂非懂地写几首莱尼·布鲁斯风格的爵士乐复段。"[15]莱尼·布鲁斯（对迪伦）的影响可能是间接的，主要还是通过休·罗姆尼。莱尼·布鲁斯和休·罗姆尼都是前巴克利勋爵的门徒。作为讽刺独白演员，他曾在明尼阿波利斯市中心一个叫"小调儿"的酒吧里表演，当时迪伦还在明尼阿波利斯。[16]他们都抓住了20世纪50年代末的契机：黑色幽默、口述小说、寓言故事、神话传说等，都深深地影响了迪伦。

1961年12月，格雷泰尔说："迪伦的变化是巨大的，他开始尝试写诗，并逐渐意识到他写的就是诗歌。"一位当时的密友比尔·高尔弗斯（Bill Golfus）说："谁也没能想到从丁奇镇出来的人居然能发专辑，大家都被镇住了。只有一个人隐约感觉到未来变化，他就是戴夫·莫顿。我们当时还年轻，装作是'垮掉的一代，'只是抱着玩的心态罢了。"

默默无名的先知

迪伦尚未从明尼阿波利斯的同僚那里得到他应得的赞赏。1966年，学校里的两位大诗人约翰·倍里曼（John Berryman）和艾伦·塔特（Allen Tate）还基本上没有注意到他。1972年，倍里曼自杀，而塔特直到他去世也没多看迪伦一眼。1964年5月，学生文学杂志《象牙塔》（*Ivory Tower*）注意到了迪伦。罗兰德·弗林特（Roland Flint），《明尼苏达评论》（*Minnesota*

Review）的一位编辑曾说：

　　迪伦的文字我只读过他写在专辑封套上的注释，包括一些所谓的诗歌吧。他是个大众喜爱的演唱家，我喜欢他的文字，也喜欢他的表演，喜欢听他的歌。但是我觉得他不是一个诗人，他也不是在写诗，他的作品缺少形而上学的复杂思想内涵，大部分内容简单纯朴、通俗易懂……但是《明尼苏达评论》不会发表流行歌曲的歌词，对了，迪伦写的就是歌词，而且他擅长歌词创作。约翰·倍里曼可能会同意我的观点，甚至会更瞧不上迪伦的作品。（你们把迪伦说成是文学匠人），我还真想见识一下他那些作品的文学价值。

　　1961年，哈里·韦伯33岁，是《明尼苏达评论》最年轻的编辑，也是弗林特的前任。韦伯告诉我："我不认为迪伦在唱片封面上写的那些诗歌有多高的文学价值，但他的歌词的确是很棒的诗歌。如果我还在当编辑的话，我愿意赌一把，把他的《鼓手曼先生》，还有《第115个梦》都印出来。我一定会很高兴将《麦琪的农场》（*Maggie's Farm*）印刷成册，即使是那些叠句也会照印不误。弗林特是艾伦·塔特的门生，也是密友。塔特固执地否认迪伦是个诗人，但我不同意他的看法。《大雨将至》是一个年轻人的初出茅庐之作，但我还是想说《滚石》是一首很好的诗歌。"

　　如果大多数明尼阿波利斯的文人都认为迪伦不是一位严格意义上的作家，那么当地报纸、杂志的记者们就更不待见他了。（圣保罗）《先锋报》（*Pioneer Press*）的P. M.科莱博是研究迪伦生平的专家，1965年他写了一篇

十分刻薄的文章，发表在1966年3月27日《本周概要》（*This Week*）的周末
补充版上：

> 迪伦是个百万富翁级别的"垮掉派"成员，与欧文·博林（Irving
> Berlin）一样，他腰缠万贯。迪伦不是乡巴佬，也并非文盲……他自己成就了
> 自己。在迪伦走过的24年中，他从未工作过，即使是在小的时候也不用打工
> 赚钱……在希宾，他没有受到过种族压迫，因此在后来的歌曲中他也没有
> 触及相关话题。迪伦在明尼苏达没有黑人朋友，所以，1963年8月，当他出
> 现在"向华盛顿进军"游行队伍核心的时候，人们不免大吃一惊。不过，很
> 明显在这个伟大年轻国度里，人们对此等情绪怀有极大的渴望。然而，具
> 有讽刺意味的是，迪伦所鞭挞的这个社会却给了他以丰厚的物质回报。

另一位撰文对鲍勃冷嘲热讽的是《德卢斯新闻论坛报》的沃尔特·艾
尔多特。艾尔多特告诉我很多奇怪的人物都来自铁矿岭，比方说迪伦，还有
美共领袖格斯·霍尔（Gus Hall）。艾尔多特援引了迪伦的歌曲《红翼墙》
（*Walls of Red Wing*），作为他歪曲州立少年犯培训学校的主要证据。这位
德卢斯的艺术专家披露："那里根本没有什么围墙。"

《小沙评论》透露了迪伦1962年深秋这段时间在明尼阿波利斯的生活
经历。尼尔森对迪伦的第一张专辑给予了很高的评价，但是潘卡克在一篇未
署名的评论中对纳尔逊的褒奖颇有微词：

> 我们记得的迪伦是一个声音柔和，但却不太讨人喜欢的年轻人；他穿

着精致，干干净净，衣服都是典型的学生装：宽松裤，毛衣，白色牛津帆布鞋，毛葛雨衣，戴着墨镜，娴熟但并不引人注目地唱着在咖啡馆里才能听到的歌曲……那年秋天，他退了学，只身踏上了前往新泽西州的公路，他和伍迪·伽思礼的见面是天注定。那是在校园里最后一次看到他，直到1961年5月他重返校园。他短暂地停留了几天，在学校的民歌歌会上一展风采。鲍勃的变化，即使往小了说，也是实在令人难以置信的。鲍勃选了伽思礼和加里·戴维斯（Gary Davis）的几首歌曲，他的表演虽说有些乱，也算不上什么成功，但是在他现在炉火纯青的表演风格中包含了使他成为民谣歌曲原创新人的全部要素。没错，那天晚上，一颗民谣新星诞生了。

《小沙评论》告诫迪伦"远离那些反叛的人群"，并且推翻了《放声歌唱！》的那篇报道："对我们而言，迪伦的引文以及封面上摆出的伽思礼式的姿势实在荒谬可笑；这两个动作看起来都太做作，并非真实的伍迪。"鲍勃第一次看到这些报道的时候是在我纽约的家里。他不关注人们对他作品的褒贬，也没有关注对他更换名字的爆料，令他感到最沮丧的似乎是关于他大一那一年衣着与外表的描述。他跟我强调说，"我从不梳头，也从不系领带"。

1965年，迪伦的负面新闻在双子城仍然流传着。1965年夏天，当迪伦面对8000名观众，在明尼阿波利斯大礼堂里做了一次演出。演出结束之后，《圣保罗夜间遣使报》（*St Paul Evening Dispatch*）的娱乐专栏作家痛批迪伦"应受责备的"行为：

他拒绝与任何人联系，演出时更是胡闹一番，总会在结束的时候把别人的口味搞砸了……迪伦要么苦大仇深，要么狂妄自大……他说："为什么我要见他们（包括居住在附近的家人）？我是个无名之辈之时，他们从来没有时间陪我，为什么现在我要见他们？"观众在表演间歇等了许久，他们不耐烦了，便开始吹口哨，这时迪伦说："我和你们一样急着回家，难道你们现在就不能先读一会儿报纸吗？"第二天的头版头条就是"鲍勃·迪伦，滚回家去！"以及"偶像的堕落"。这一场演出就个"出卖"，但是那天的演出（或者根本就没有什么出彩之处），迪伦的《伟大的人》（*The Great One's*）系列唱片销量狂跌不止。

1965年11月5日，迪伦再次在大礼堂里开演唱会，场内座无虚席，当晚票房收入净赚26000美元。《明尼阿波利斯明星论坛报》（*Minneapolis Star Tribune*）的乐评人说：

> 真正的表演其实在观众席上。从马戏团串场表演来的青少年们，嚼着口香糖，穿着戏服，像被催眠了一样坐在那里。迪伦骨瘦如柴，把头发高高隆起……《荒凉之路》（*Desolation Road*）（原文如此）真正展现了幽默和洞见。当晚，（迪伦）追随者们亲耳聆听了他那尖酸刻薄的政治大批判，此时演唱会达到高潮，这并非他的安排，但是喧闹的人群喜欢。让心理学家去解释吧。

一位自称"曼"的作家在地下报纸《时尚前卫的双子城》（*Twin City a Go-Go*）中评论道：迪伦重返（明尼阿波利斯）"仅仅验证了他有多么受欢

迎，同时也说明了别人依旧不理解他"。埃德·弗里曼（Ed Freeman）的评论在这份报纸中被引用："迪伦过去唱伍迪·伽思礼歌曲的时候，就像是肺癌患者一样，现在听他唱歌就像是滚石乐队在唱伊曼努尔·康德（Immanuel Kant）。"演唱会之后，迪伦和几个同事，还有在街上遇到的一对夫妻，结伴闲逛丁奇镇。他们偷瞄了一下"十点钟懒学生之家"和一些其他的酒吧，好几次路过麦考士书店。鲍勃给他们讲这些地方原来是什么样子。

迪伦早在五年之前就离开了明尼阿波利斯，但他确切的告别时间却很难确认。他曾经和布朗，还有麦克斯·尤勒（Max Vhler）住在一起，后来他又搬回到自己阴冷的小屋。迪伦经常会做一些伽思礼式的不辞而别，比如免费搭车旅行。但是总有人在几个小时后看到他在汽车终点站等车。惠特克曾告诉我，鲍勃给伽思礼所在的医院打了几个电话之后就出发了。鲍勃跟惠特克的最后几句话都在说："我要去纽约了，我要去见伍迪！"惠特克说："他抬腿就走了，那天明尼阿波利斯正好有暴风雪，但这丝毫不能阻挡他去芝加哥的脚步。"杰瑞·康纳斯（Jerry Connors），当地的一位置景工，清楚地记得有一次在"十点钟懒学生之家"酒吧喝酒，和迪伦是邻桌，听到他说："我要去纽约，我要成名！"康纳斯说，迪伦是在那天离开的。他是否像在歌中写的那样沿着61号公路离开已经不重要了。61号公路只是所有公路的象征罢了，因为它连接着德卢斯和明尼阿波利斯，然后向下直接通达密西西比河正确的终点——布鲁斯的故乡。[17]

丁奇镇的好友们也曾预先得到警告说迪伦打算离开了。但是房东和迪伦的父母并不知情。艾比和贝蒂曾根据他最后的地址找过迪伦。在一个凄凉、没有什么家具的屋子里，他们只找到了一些琐屑的纸片。他们拉开了抽屉，也找了空无一物的橱柜。这次，他离开了，真的离开了。他们这才意识到他们的儿子已经摆脱他们的掌控。迪伦说："我伫立在公路旁，暴风雪迎面吹来，暂且相信这世间仍留有一丝怜悯，我要去东部了，带着我的吉他和箱子，除此之外，别无他物。"

据村里的一位路人凯文·克劳恩（Keven Krown）回忆，1960年圣诞节前，迪伦就已经在芝加哥了，按他的说法迪伦在芝加哥待了好几周，其他人则坚持在去东部之前，他先去威斯康星州的麦迪逊待了几天。克劳恩在纽约，可信度并不是很高，所以他所说的那个时间与地点并没有给我留下什么印象，但去麦迪逊的这个小插曲看上去是有可能的。鲍勃想要修改他到达纽约故事线索，至少对我来说，在最终抵达格林尼治村之前，他应该是在纽约时代广场疯玩了几周。在《我的盗梦瞬间》一曲中，他首次把比喻当作真实的信息而不是记录传递出来，也算是迪伦整个艺术生涯中为数不多的几次吧：

> 那就是我的大学生活
>
> 毕业之后，我便去了得州的加尔维斯敦
>
> 我试着去寻找老友，找了四天
>
> 他妈妈隔着纱门跟我说他从军了
>
> 那时厨房的门已经关了
>
> 我横穿加利福尼亚，几乎都快到了俄勒冈州
>
> 我在森林里遇到了一个女服务员
>
> 搭了她的便车，她把我放在了华盛顿的某个地方

我手舞足蹈，一路从新墨西哥的印第安节日

跑去参加路易斯安娜新奥尔良的四旬斋狂欢节

我伸出大拇指、睡眼惺忪、帽子反戴着，但是我的头高扬

我四处流浪，积累人生的教训

把自己逼得变得压抑

我坐货车，那纯属寻求刺激

寻欢作乐

我给别人割草，为别人唱歌，这样才能糊口

沿着61，51，75，169，37，66，2号公路免费搭车旅行

黄鼠路——40号马路和霍华德·约翰逊收费站

有人怀疑我持械抢劫，把我送入监狱

有人指控我谋杀罪，被监禁了四个小时

我也因为长得像犯人而被逮捕

可是我从未干过这些破烂事儿。[18]

第三章　说唱格林尼治村布鲁斯
Talking Greenwich Village Blues

了解你自己。

——德尔斐神谕，公元前 6 世纪

发掘你自己。

——迪伦，公元 1961 年

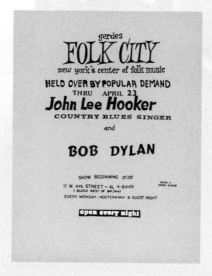

唯一的路径就是向上，1961年12月，格迪斯民谣城。

从大学退学后，迪伦用他纤细的手指勉强抓紧了通向演艺圈的绳索。迪伦用得最多的是拇指，他会把拇指放在鼻尖，以示对正统教育制度的蔑视；他用拇指翻阅那本《奔向光荣》，并将其奉为圣经；他竖起拇指，一路搭便车（可不仅仅是比喻）来到纽约，拜访伽思礼；他用拇指尖在一个个民谣巨匠的名字下划下记号，坚信自己迟早会——与他们结识。

源于对伽思礼漂游四方的浪漫主义情怀的痴迷，迪伦告别大学，从丁奇镇远走高飞。有人看到他往明尼阿波利斯城外的公路方向行进，数小时后，又有传闻说他正在长途车站台购买东行的车票，不管真实情况如何，迪伦是在1960年12月一个寒冷彻骨的冬日抵达纽约的，街上满是融化的雪水，但迪伦内心炽热的使命感让他容光焕发。迪伦曾以各种各样的方式讲述自己第一次纽约之行，其中最有趣的版本莫过于那首创作于1961年5月的《说唱纽约》（*Talking New York*）。这首歌是迪伦在纽约西部的一个卡车车场写成的，描写了一位孤独的羁旅之人，他在纽约历尽艰辛，最终过上了日薪一美元的"成功人士"的生活。

没有一个社区能比格林尼治村更体现个人和艺术的自由，而在格林尼治村，没有一处地方能比外百老汇剧院和民谣演出场所更具有活力。民谣音乐的复兴，不仅是件令人瞩目的盛事，更蕴含着深刻的社会意义。民谣的热潮迅速席卷各地，正如当年横空出世的摇滚乐一样。1954—1958年是摇滚、节奏布鲁斯及乡村摇滚艺人的鼎盛时期，但后来他们似乎失去了灵感和方向。随着早期摇滚势力陷入低潮，一波贿赂丑闻又浮出水面，当时有部分DJ被曝收受唱片公司的贿款，专门播放指定的唱片。在这种背景下，纯净的民谣在那些年成为受到污染的摇滚乐的替代品。凭借其鼓励异议和反商业化的传统，民谣俨然成为当时音乐领域中的一股正能量。

在当时，只要有点资金，每个人都能开家咖啡屋；同样，只要拿把吉他，随便唱几首歌，任何人都可以走上演艺舞台。这种轻视音乐才华和观众群体的普遍倾向给当时的音乐产业造成重创。那段时间，民谣运动在反商业化的理想主义浪潮下开始蓬勃生长。那些追求商业效益的民谣歌手必须开始以理想主义的形象示人，他们在穿着上要简约朴素，并展现出漠视金钱的态度。一些歌手坚信自己能在坚定理想、绝不妥协的同时仍过上不错的生活。"好音乐和商业化为何不能同时出现呢？"织工乐队（**The Weavers**）的创始成员李·海斯问道。在他之后的很多人都相信在音乐和思想上坚持理想主义和不妥协的态度不会耽误挣钱，但还有一部分人对财富上的成就持鄙夷的态度。

后来做了迪伦经纪人的阿尔伯特·格罗斯曼曾发出感叹，他认为一些"纯粹的"民谣歌手"见到金钱就像见到海洛因一样唯恐避之不及"。格罗斯曼不仅否认财富具有成瘾性，还做了很多事情来使人们相信正直的品行也能带来财富。1959年的首届新港民谣音乐节上，格罗斯曼曾和我谈起他和乔治·维恩（**George Wein**）联合制作的那张《美国公众》（*The America Public*），他将其形容为"一个等待着被民谣王子吻醒的睡美人"。事实上，作为音乐商人的格罗斯曼不仅第一个亲吻到了睡美人，甚至与睡美人同床共枕。[1]

迪伦去了东部并如愿见到了伽思礼，但是他决心开辟出自己的一片天地。他的雄心壮志被身边的民谣复兴运动的风格所柔化，这项运动鼓励个人为集体作贡献，而追求个人的"成功"就是在为集体贡献力量。1963年，迪伦在"彼得、保罗和玛丽"那张《在风中》（*In the Wind*）的专辑封皮上写有一首散文诗，其中记录了早期民谣界的那种亲密无间的集体情谊。

白雪堆积在台阶和街道上

那是我到纽约后的第一个冬天

那时的街道与现在不同

格林尼治村也是另一番面貌

人们总是一无所有

也总是一无所获

那时的你们对金钱嗤之以鼻

对身边的人却充满好奇——

每个人都会去一个热闹的地方

那是个叫作煤气灯的地下咖啡店

就坐落在麦克督格尔街的地下……

煤气灯里的人都亲密无间

你们必须这样

这会帮你们保持理智

也是你生存下去的方式

毋庸置疑？这只是个娱乐场所

和街角那里截然不同

我们站在街角？不是为了环视这个世界

也不是为了观察女孩们优美的身姿

我们是为了注视彼此

然后倾听自己的心声

追忆那些时光？我黯然神伤

因为它们已经逝去

不会回到我们身旁

想起那时

没有观众的喝彩

更没人称我们为表演者

但每个人都在为事业忙碌

看待事物也有自己的独到角度

我记得那时的休

他穿着不同风格的服饰

却总会高声吟唱拗口的诗

那些听到石头击打墙面的声音都能被触动的人

才会理解诗句的意义

我还记得卢克

他弹奏着班卓琴

唱着《东弗吉尼亚》（*East Virginia*）

声调仿佛屋外白雪那般轻柔

另一首《加菲德先生》（*Mr.Garfield*）

却唱得如屋顶的烟囱管一样冰冷坚硬

戴夫也唱起《旭日之家》

后背倚靠着砖墙

1963年8月，迪伦在纽约哥伦比亚音乐公司录音。

喃喃细语般的唱腔

却蕴含着嘶吼般的文字力量

那些脸庞躲在黑暗处的姑娘

会把歌声珍藏在心房

保罗是位吉他手兼歌手　也是个喜剧演员

但并不是能让你捧腹大笑的那种

他的幽默只能用"时髦"来形容

仿佛是集查理·卓别林、乔纳森·温特斯和皮特·洛瑞于一身

在这样的一个夜晚

保罗会说:"听我、彼得和玛丽唱歌吧"

玛丽的长发倾泻而下，一直垂到腰间

彼得留着不长不短的胡子

煤气灯的舞台显得越来越小

他们的歌也越来越有年轻的活力

墙壁在颤动

每个人都露出了微笑

每个人都享受这一时刻

这就是一切的开始

就发生在那间地下咖啡馆的里面

它并不虚幻

因为它距离彼岸已如此之近

只要坚信彼岸并不遥远　就一定能到达

这种感觉你会永远铭记

它将伴随你的一生

它自然而然地出现在你身旁　纵然是千金也难买

更不能从别人那里获取

当你带着这种感觉生活

你会发现其他人也会拥有同样的感觉

你们的言论和思想要一致

你们的信仰要一致

你们的感觉也要一致

彼得、保罗和玛丽现在就拥有这种感觉

它穿透外墙，走上地面，来到外面的世界

来到麦克督格尔街

那里没有报晓的公鸡

草叶上没有露珠

阳光也从未洒在这片土地

除了熬夜后的肢体麻木感　再没有任何清晨到来前的征兆

但我们每个人都有办法知晓清晨何时来临

一旦你们拥有这种感觉　它就永远不会消失

它只会在你们的身体里自由生长

因为彼得、保罗和玛丽

你们每个人都在成长

时光的脚步也从未停歇[2]

"玛丽已长大。"迪伦与玛丽·特拉弗斯在1963年的新港民谣音乐节。

晚上 11 点的牛仔

这是1960年时我们眼中的那个格林尼治村的年轻迪伦，也是许多年之后迪伦眼中真实的自己。但是在1966年时，迪伦曾要求我修改这个故事，他想将自己刻画成一名都市牛仔，穿行于时代广场熙熙攘攘的人群间："我摆脱了所有人的纠缠去了纽约，"迪伦说道，"其实第一次到纽约时，我没去格林尼治村。我有个朋友……他现在成了瘾君子，而当时我们一起去的纽约，他那会儿忙着写剧本。我们一起去了第43街，然后在纽约斯混了两个月，玩得非常尽兴。我是在1960年12月搭顺风车来的纽约，然后在第二年2月份去的格林尼治村。12月的时候我还在纽约的街上溜达呢，和我那个哥们儿。我喜欢去人多的地方，你看出来了吗？你能叫得出名的活儿，我们那会儿都干过，有时一晚上能挣100美元，从下午四点一直忙到第二天凌晨三四点，真的。我们两人一块儿干活，一晚能挣150美元或者250美元，下了班就去酒吧和别人一块儿玩，无论男女，来者不拒。你让我们做什么都可以，只要付我们钱。没错，现实就是这么残酷。我们一拿到薪水就跑出去挥霍了，所以最后还是两手空空，没办法，最后只好投奔格林尼治村。还好，我还有把吉他。那时我难觅容身之所，但我心里并不恐慌，因为总有人会收留我。"

在时代广场附近生活是不是很危险呢？"我差点在那里丧命，"迪伦答道，"去格林尼治村之前，我就没打算留在纽约。我在春季离开，不准备再回来。后来我又回来了，因为我是如此想念纽约，而且我也没有别的地方能去。我最早在43街和44街一带的酒吧活动，正好就在百老汇和第8大道之间。直到两个月后，我才去了格林尼治村，没人知晓我此前那段在上城区斯混的经历。"

这两个月在时代广场发生的一切都已成为过去，迪伦怀揣着雄心壮志，在1961年2月登上了开往格林尼治村的地铁。他和当初离开明尼阿波利斯时并无二致，穿着利索轻便的牛仔、羊皮材质的衣服。村里的人收留了迪伦，而他看上去是那么需要爱与关照，以至于跟见到的每个人都推心置腹地交流，连自己的兄弟姊妹、爱人、父母都一一谈及。迪伦已对民谣音乐产生了浓厚的兴趣，不久后又沉醉于垮掉派的诗作中。休·罗姆尼是位集诗人、喜剧演员和幻想家于一身的大人物，他当时已经在麦克督格尔街功成名就。迪伦刚到纽约的时候只会用一点点垮掉派的词语，但六个月之后他已经能像罗姆尼那样嬉笑怒骂、侃侃而谈了，而且罗姆尼的经典口头禅"发掘你自己"也传承给了迪伦。垮掉派诗人和民谣吉他乐手常常携手合作，尽管在当时都还是廉价劳动力，但两者均在艺术上给予迪伦醍醐灌顶般的指引与启发。当惠特曼、桑德伯格、伽思礼、凯鲁亚克和金斯伯格的浪漫主义渐渐退出历史舞台时，城市民谣歌手们将新浪漫主义推上了时代的浪潮。

20世纪50年代的中期，现代诗歌和爵士乐的联姻在旧金山迎来了短暂的蜜月期。1961—1963年，诗歌和民谣音乐的结合在格林尼治村得到延续，这其中也有迪伦的功劳。如果把1963年4月为第二张专辑而创作的那首《简要墓志铭11首》作为标志的话，迪伦已经成功实现了民谣与垮掉派诗歌的完美融合。在有关伽思礼的那个悼词中，迪伦把自己早先在纽约时的经历和伽思礼当年的东行之旅叠加在了一起。这首诗会使人回想起弗朗西斯·维隆（François Villon）的《曾经的力量都去了哪里》[3]（*ah where are those forces of yester year?*）以及西格尔的《拉姆尼的钟声》（*the bells of Rhymney*）——

"地铁向更深处行驶"，扫烟囱的老者说道。⁴但总体而言，迪伦并未亦步亦趋地跟在这些前辈身后，而是选择开辟属于自己的崭新道路：

所以我回到那条路上

向着远方走去

我敲打着门

身边没有鬼魂

来夺走我的童真

把我引向错误的方向

甚至让我饮下浑浊的水

那敲门的人是我

而你是否在家⁵

1961年，迪伦迈着有力的步伐，穿梭于各处，如大众咖啡馆、煤气灯酒吧、"wha？"咖啡厅以及民俗中心，这些场所都面朝麦克督格尔大街。相比于偏远简陋的丁奇镇，作为城市主街的麦克督格尔大街被黑压压的人群挤满，显得繁忙且热闹，大街上弥漫着创新、浪漫、艺术以及自由的气息，其中还掺杂着卡布奇诺咖啡和香肠三明治的香味。当时的迪伦就像个刚进城的外乡人，饥肠辘辘的他会走进街上的一家三明治店，只点一份最便宜的那种三明治，还盼着有人能请客。迪伦迅速结交了许多新朋友，人们都被他之前辗转漂泊的经历深深打动，也了解到他与比格·乔·威廉姆斯及曼斯·利普斯科姆这样的小众黑人歌手之间的友情。

迪伦的标志性装扮是一顶外表奇特的黑色灯芯绒小礼帽，他随时随地都佩戴着，将其作为自己的演出道具、身份徽章，甚至是着装风格的一部分。帽子的顶部略尖，帽舌短短的，剪裁适当，看起来有点像荷兰小伙子戴的那种便帽，又像是那些站在甲板上凝视曼哈顿的东欧移民戴的帽子。无论是上台演出还是日常生活，这顶礼帽时刻伴随着迪伦，直至1962年，迪伦把它作为纪念品赠予歌手戴夫·范·容克。位于麦迪逊大街的"特里普勒"是一家风格优雅的男士用品店，他们后来卖起了同款的帽子，而位于曼哈顿的"阿瑟"迪斯科舞厅在玻璃橱窗中展出了这款帽子的复制品，上面挂着的标识写着：没错，我们在出售这款帽子。就拿托尼·赫伯特来说，至少他有一首歌的灵感就来源于这顶帽子。我后来问鲍勃这帽子是从哪儿买的，为什么要买它，他咧嘴露出笑容，说道："就在某个地方，哥们儿。我当时就买了下来，因为戴着它脑袋就不感觉冷了。"

最先收留迪伦的是一对中年夫妇，名叫伊芙·麦肯锡（Eve MacKenzie）和麦克·麦肯锡（Mac MacKenzie），二人住在第28街的东边，就在贝尔维尤医院附近。麦肯锡夫妇俩都是朴实、慷慨的人，他们把鲍勃当成自己的儿子对待，而在那几个月里，迪伦也一直把那里当作自己的家。麦克·麦肯锡是个喜欢喝酒、讲故事的码头装卸工。鲍勃回忆道："我之后再也没见过他们，真的感到很难过。我那时经常在外面玩到半夜才回去，然后就睡在沙发上。我再给你讲讲其他人吧，我会一一告诉你他们的名字。梅尔和莉莉安·贝利，我爱他们俩。每次想起他们的时候，我就会很心痛，因为我再也见不到他们了。梅尔是位内科医生，而莉莉安我不知道做什么工作。他们是这世界上最可爱的人，他们收留我，还让我睡在他们家，把仅有的一个房间腾出来给我住。他们把自己的一切都给予了我，无论我做什么，也永远报答不完他们的恩情。每次碰到和他们名字一样的人时，我就……"迪伦这时变得忧郁而安静。

在人们的印象里，迪伦在格林尼治村的首场演出就是在大众咖啡馆举行的，他曾给托尼·格洛弗写信讲述这次里程碑式的演出，还给伍迪·伽思礼寄了张明信片，写有他和伍迪（"世界上最伟大、最圣洁、最像上帝的人"）以及杰克·艾略特见面时的感受。大众咖啡馆其实是一个杂乱无章的地下俱乐部，位于麦克督格尔大街的西侧，就在米尼塔附近，它还有两个别名，分别是"胖黑猫"和"芬乔"。当迪伦已经在做一轮咖啡馆演出的时候，大批的民谣音乐家尚在苦苦争取着外界的认可。民谣音乐给曼哈顿灯红酒绿的夜晚注入了一股清新质朴的乡村之风，从格林尼治村最粗陋的小咖啡馆到雄踞市中心的华尔道夫酒店，民谣的身影随处可见。与此同时，一位气质忧郁、敏感的年轻民谣歌手吸引了大批观众的关注，她的名字叫琼·贝兹。在1959年新港音乐节上出色的首演之后，"先锋"唱片对她进行了精心包装，以求进一步提升她的知名度。无论琼、皮特·希格尔还是金斯顿三重唱组合都是地道的上城区民谣歌手，他们在灌录唱片、与经纪人合作以及巡演方面都展现出专业的水准。而迪伦在格林尼治村的同伴们都是一群默默无闻的艺人，他们都极度渴望在事业上取得突破，否则能在晚上做的营生也就只有在第三大街的瑟德赛德咖啡店（Thirdside）"端茶送水"了。

有一部分艺人确实是全身心地投入民谣事业，而其他人只是把民谣当作进入演艺圈的工具。在特鲁德·海勒的"凡尔赛"俱乐部，有位声音甜美的新星比弗利·莱特（Beverly Wright），她身着金色亮片装饰的盛装，告诉听众她"迟早要去拉斯维加斯唱民谣"。"第二阶段"俱乐部有位叫吉米·加文（Jimmy Gavin）的演员兼歌手，他的脸颊刮得白白净净，举止也浮夸做作，毫无民谣的气质。Wha？咖啡的伦·钱德勒（Len Chandler）是位口才出众且充满魅力的黑人歌手，他自称已经抛弃了自己的古典音乐背景，转而去发掘研究本民族的音乐。在布利克街上，气氛沉闷的"公鸡和公牛"小酒馆陷入了资金困境，尽管有鲍勃·吉布森（Bob Gibson）这样的人才在这里演出，情况仍每况愈下。后来，从广告商转行做电影制片人的弗莱德·温特劳布（Fred Weintraub）买下了这间小酒馆并更名为"痛苦结局（Bitter end）"后来取得了商业上的成功。吉他手迪克·罗斯米尼（Dick Rosmini）曾评论道："咖啡馆是最残酷的学校，但它能不断鞭策你努力奋斗。"在全格林尼治村最昏暗肮脏的拉菲罗咖啡馆时，歌手汤姆·帕斯利（Tom Pasle）愤世嫉俗地评论道："与其为了混口饭吃而做这行，我还不如直接饿死得了。"

在麦克斯·戈登（Max Gordon）和赫伯特·雅各比（Herbert Jacoby）的运营下，"先锋村"俱乐部培养出众多人才，雅各比在上城区经营的那家"蓝色天使"也是一样。1948年，织工乐队在先锋村开启事业，亨利·贝拉方特的音乐生涯也正是在这里起航。在民谣音乐刚刚登陆纽约的时候，谢里丹广场是民谣爱好者们夜晚齐聚一堂的地方。这家地下室俱乐部位于华盛顿广场和西四街的交汇处，那里曾是市中心的咖啡公社。第二次世界大战期间，在巴尼·约瑟夫森（Barney Josephson）的经营下，这里成为民谣爱好者的聚集地，乔什·怀特在那时也频繁光顾。直到1960年时，怀特再次光临这家俱乐部，当时的俱乐部已经被凯尔西·马雷夏尔

（Kelsey Marechal）和马丁·洛林（Martin Lorin）重新翻修并命名。此外，卡罗琳·赫斯特（Carolyn Hester）以及克兰西兄弟（Clancy Brothers）和汤米·马科姆（Tommy Makem）等爱尔兰民谣歌手也是那里的常客。[6]自1958年开门营业以来，"村门"俱乐部在艾尔特·卢戈夫和伯特·卢戈夫兄弟俩的运营下，形成了自己的民谣特色招牌，里昂·比伯（Leon Bibb）、西奥多·比凯尔（Theodore Bikel）、酸橙升组合（the Limeliters）以及奥黛塔等民谣艺人都曾在那里举办自己的纽约首演。位于第七大道南的"第三页"俱乐部有着更加内行的音乐氛围，它那狭长、狭窄的房间也是许多女同的聚集场所，比如有同性恋倾向的歌手小蒂姆（Tiny Tim）[7]就把那里当作自己的主要舞台。

Wha? 咖啡馆曾一度拥有最火爆的气氛，这是家位于地下的夜总会，经理曼尼·罗斯（Manny Roth）总为漂泊至此的年轻艺人提供工作。1961年初的一个晚上，迪伦曾带着他的口琴去了那里，为台上的天才布鲁斯歌手兼词曲创作者弗雷德·尼尔（Fred Neil）伴奏。尼尔直到1969年才获得了大众的认可，那时他的歌曲《每个人都在谈论》（*Every body's Talkin*）成了电影《午夜牛郎》（*Midnight Cowboy*）的主题曲。然而讽刺的是，正是这首歌帮助尼尔在那次较量中击败了他曾经的口琴伴奏师。迪伦在1969年的一次采访中对《滚石》杂志说："现在不是有部刚上映的电影叫《午夜牛郎》吗，然后你们都听过一首叫《趴下，女士，快趴下》（*Lay, Lady, Lay*）的歌吧? 好吧，这首歌我本来是写给那部电影的，去年夏天的时候，那几个制作人说想给电影配个主题曲。可是等我写出来时，才发现还是晚了一步。"

有传闻说迪伦唱歌像乡巴佬，对此他本人表示赞同：麦克督格尔街上的任何一家咖啡馆都能予以证实，其中大众咖啡馆和Wha？咖啡馆最有发言权。（据一些民谣收集人称，迪伦在纽约首次有录音记载的台上发言就发生在Wha?咖啡馆，当时他的开场白是这样的："迪伦，从西边来。想在这儿唱两首歌，行吗？"）实际上，迪伦在纽约真正意义上的事业起点是煤气灯酒吧和格迪斯民谣城。

一首民谣，一座城

西四街11号，距西边的麦克督格尔街仅几个街区之遥，正处在波西米亚风格的西村和嬉皮士众多的东村之间。在那里，屹立着一座六层高、建于1889年的深褐色建筑，曾经是喷枪工厂。建筑底层是一家社区沙龙，百老汇的当地人和流浪者可以在这里喝着酒，在自动唱片点点唱机上点唱辛纳特拉的歌曲来排解孤独的情绪。这个地方被称作格迪斯，以它19世纪时的第一任主人的名字命名。自1958年以来，麦克·波尔科一直经营这家沙龙，他是一个和蔼的意大利卡拉布里亚人，留着稀疏的小胡子，戴着厚厚的眼镜，有浓重的口音。他和弟弟约翰在1933年从贫穷的意大利移民到美国，1952年时来到这里，希望通过经营格迪斯来还清债款。他曾多次尝试与一些手鼓乐手以及前卫的爵士音乐家塞西尔·泰勒（Cecil Taylor）合作。[8]

1959年年末，两个男人来找波尔科，提议在四年时间内将这家冷清的沙龙转变成一家生意兴隆的夜总会。其中一个是汤姆·普伦德加斯特（Tom Prendergast），一位新英格兰地区的商人，伊斯雷尔·杨（Israel Young），一家民谣中心的老板。民谣中心位于麦克督格尔大街110号，既是个音乐商店也是人们聚会的场所，同时也是个传播流言飞语的中心。谣言机，他们一直在寻找民谣演出的场所。他们同意在格迪斯承办这些演出并从门票收入中获利。汤姆和伊西·杨（Izzy Young）决定把这家俱乐部称作"第五弦钮"，灵感来源于民谣班卓琴上的低音装置，在1960年的1月，以"纽约市的民谣音乐中心"[9]的名号开张营业。艾德·麦克科尔迪（Ed Mccurdy）和莫利·斯科特（Molly scott）的首晚演出的几个月后，民谣歌手和乐器表演艺术家相继登上拥挤的舞台。音乐家和粉丝聚集在一起，但是伊西是一位无视事实的空想家，他好像并不清楚如何营销才能获得利润。他记录了一些民谣圈的琐事，也很珍视自己作为年轻的民谣爱好者导师的角色。由于经验不足，杨和普伦德加斯特作为制作人，被迫在三个月之后放弃了"第五弦钮"。他们引进了一些优秀的表演者，比如克兰西兄弟、拖延者组合（the Tarriers）、布朗尼·麦基（Brownie Mcghee）和索尼·特里，但是兄弟俩还是赔钱了。与此同时，那个分不清民谣与博洛尼亚香肠区别的麦克·波尔科，却靠卖酒水饮料大赚了一笔。

1960年2月，"第五弦钮"每周一闭门停业的时候，麦克就开始介入了，他给新店起名为"业余者之夜"。热情洋溢的年轻表演者进行免费的表演，座无虚席。我提议他把业余者的免费表演称作"民谣合唱会"，他几乎念不出来这个词。当普伦德加斯特和杨不干了的时候，波尔科承担了管理俱乐部的责任，并把俱乐部重新命名为"格迪斯民谣城"，雇佣一位叫查理·罗斯柴尔德（Charlie Rothschild）的胸怀抱负的年轻经理，之后和格罗斯曼合作，让他作为人才协调员。开始的时候和西斯科·休斯敦以及牧师加里·戴维斯——一位著名的双目失明的"神圣布鲁斯"男人合作很成功，格迪斯后来继续与真正的民谣人才订立演出合同。

伊西·杨一直没有从经营"第五弦钮"失败的阴影中走出。有一天查理去民俗中心与人闲聊，然而在没有任何征兆的情况下，伊西在他的脸上打了一拳。纽约市民谣复兴的兄弟情谊出现裂痕，手足之争的迹象开始出现。尽管歌手间会有激烈的争吵，但民谣城还是在不断兴旺壮大。尽管薪水微薄，只达到工资表要求的最低工资，但歌手们还是争先恐后在这里演出。罗斯柴尔德在和波尔科发生冲突之后离开，之后麦克很快自己雇用人才，并对顾客进行调查，来决定他们的喜好。

麦克用他惯有的"轻蔑"对待前来试音的歌手，他通常不听试音歌手的歌曲，只喜欢听掌声。当他在厨房里切三明治的时候，一位女性民谣歌手过来试音。"你甚至都没有听我的演唱，"她抱怨道。"我听到了掌声"，麦克说。"我们可以让你在这儿唱几个礼拜。"波尔科毫无魅力，因为他甚至不会讲英语。他把自己的新俱乐部命名为"一首民谣，一座城"。还有一次，他打电话给《村声》准备刊登一则为期两周的广告，他本来想说安妮塔·希尔是个弗拉明戈歌手，结果在电话里却说成了"火烈鸟歌手"。另外一位表演者以几种不同的语言演唱，被广告宣传为"语言学民谣歌手"。

麦克的英文并不纯正，他的威士忌也掺了水，甚至在他给音乐家的报酬中也存在很大水分，但他总能对新人有求必应。"给他们一个机会"是他的工作座右铭，"越新越便宜"是他的生财之道。当在1961年3月的时候，他的一位常客，梅尔·贝利，敦促他给迪伦一个机会。麦克表现出了兴趣。他喜欢鲍比，但有点担心他太年轻了。一场在4月5日为纽约大学民谣俱乐部而办的迪伦"音乐会"赚到了具有说服力的"信誉"。梅尔和他的妻子莉莉安是位服装设计师，他们夫妇二人是迪伦最坚实的后盾，麦肯基一家也参与其中。如果麦克签下鲍比，伊芙·麦肯锡承诺她会给所有她认识的人打电话来照顾麦克的生意。最终，麦克为鲍勃安排了持续两周的出道表演，从4月11日开始，在海报上和约翰·李·胡克一起宣传，约翰是一位密西西比州的布鲁斯艺人，他在底特律演唱多年。这是迪伦在纽约获得的第一份真正意义上的工作，他欣喜若狂。

"当鲍比第一次来工作的时候"，麦克几年之后对我说道，"我那时甚至不知道他是否有足够的衣服穿。我拿了一些我孩子的旧衣服，然后把衣服拿给这位叫卡米拉（亚当）[Camilla（Adams）]的女士，因为我知道她非常喜欢鲍比，就像母亲喜欢孩子一样。我觉得他喜欢工装类衣服，但是我的孩子当时没有这样的衣服。所以我觉得卡米拉给了鲍比一些粗棉布的衣服。然后我带他去协会（美国音乐家协会，当地802）因为他想要表演，必须加入这个协会。那里的秘书叫麦克斯·艾伦斯（Max Aarons），他给了鲍比一份申请表，我为他的入会提供了资金。麦克斯对鲍比说道：'麦克告诉我了关于你的很多事情。他告诉我他想要你加入协会，而且觉得你会成为明星。你意下如何？'鲍勃说：'好吧，我会尽我所能。'麦克斯脸上带着微笑，说道：'好吧，如果我确实让你加入协会，你成为了明星，你会为我做什么呢？'鲍勃说道：'好吧，如果真的如愿以偿，我会做任何我可能做到的事情。'现在，麦克斯是协会的主席，"麦克说道，仿佛迪伦真的帮助了他一样。麦克继续说："他们当时问他多大年龄，那时他只有19岁，我觉得。协会的工作人员说如果你未满21岁，你应该让你父亲过来签署文件。鲍勃说他父亲母亲都不在身边。所以协会的工作人员看着我并问道：'好吧，那我们该怎么办呢？'我理解他的父母亲都不在，而且我还有种感觉鲍勃是离家出走的。所以我作为鲍勃的监护人签署了文件，这也是他所拥有的第一份合同。鲍比紧紧抓住那份会员资格证书，仿佛那就是《圣经》一样。在离开的路上，我对他说：鲍比，现在你需要获得卡巴莱歌舞表演的准许。他必须要去拍摄一些照片。我们走进第六大街地下铁的写真机，他的头发有些凌乱。所以我问他是否想要梳理头发。鲍勃说道：'我从不梳头。'所以，我把我的梳子递给他，但是他照着镜子，一副迟疑的表情。他觉得他头发凌乱的时候看起来更帅。"

迪伦有自己的一套理论："你脑袋外面的头发越多，说明你脑袋里的杂乱越少。留板寸不好看。那些头发都在你的大脑上杂乱无章地生长。我让我的头发生长，所以我可以理性而且无拘无束地去思考。"麦克继续说道："甚至当他在想自己的形象时，我还想这些。他稍微梳了梳头，不管怎样，为了照相吧，我给了他两美元去拿许可证。他回到了地方，他看起来非常开心，就好像中了彩票一样。'麦克，'他说道，'我拿到证了！'他是如此开心！他是一个宅心仁厚的孩子。这里是他们事业起步的地方。彼得·雅罗有次告诉我：'麦克，这里是幸运之地。'在我这里开始演唱生涯的人都大赚了一笔——鲍比，彼得、保罗和玛丽，乔西·菲利西安诺（**Jose Feliciano**），西蒙和加芬克尔（**Garfunkel**）。我希望我能够有他们十分之一的成功。"

麦克说他支付给鲍勃的工资要比合同规定的最低工资 90 美元每周要稍高一些，加上一些旧衣服、三明治和饮料。迪伦只想着让自己的名字在纽约的海报上和约翰·李·胡克一同被宣传，因为约翰是一位伟大的布鲁斯音乐家。他兴高采烈的心情很快就被泼了一盆冷水，因为来听他演唱的多是冷漠的，不懂音乐欣赏的，吵吵闹闹的醉酒之人，而且还听到了一些妒忌心强的同行尖酸刻薄的言论。但是他的朋友圈和粉丝圈还在不断扩大。迪伦感觉到他仍旧还要学习很多关于表演的知识，他仍旧还要付出很多艰辛来发展自己的音乐。那天晚上没有一个责任录音的人来观场，此外，他对我这个《纽约时报》的评论员也心存不满，因为我一直忙着听胡克的音乐和忙着采访他，从来没有听过迪伦的表演。

当结束了在格迪斯的演出的时候，迪伦想把他的歌录制在唱片上。"我去了'民俗'唱片公司，"迪伦之后说道："我说：'你好。我写了一些歌。'他们甚至看都不看。我一直听说'民俗'是个好地方。欧文·西尔伯甚至从来不和我交谈，我也从没见到过莫·阿施。他们就会说'去吧'。我还得知《放声歌唱！》应当很有帮助，很友善，宽宏大量且乐善好施。我当时觉得就是这儿了。然而我去错了地方，尽管他们把《放声歌唱！》写在了门上。"

迪伦不明白为什么似乎只有零星的观众对他感兴趣。在拜访完伽思礼，参加完位于康涅狄格州的布兰福德的民谣音乐节后的五月，他又返回明尼苏达州探亲。在他离开之前，另一份纽约的工作加重了他暂时的沮丧心情。一位在芝加哥见过鲍勃的年轻音乐推广者，给了他一份匪夷所思的工作，这份工作在一家位于第五大道的酒店，给基瓦尼俱乐部演奏。之后迪伦把这次现场演奏会描述成"第115条的荒凉街区"："各种千奇百怪的表演都在那晚上演——穿得像小丑一样。当有人唱歌，小丑就会表演。他们支付薪水给小丑，表演者却没薪水。我甚至都听不到我自己的声音。一个小丑一出现就打我的脸，我踢了他的裤裆，反正也没人看到我——其他的小丑总算没来烦我。"

西行丁奇镇和威斯康星州的麦迪逊的旅途富有决定性意义。迪伦意识到自己必须跨越纽约这道障碍。他在6月返回，开始了6个月的密集工作，极具目的性地收集合同。1961年的下半年，迪伦从一位地方性的民谣爱好者蜕变为职业歌手。转变成了一位音乐专家。

他是我的朋友

1961年夏天的大部分时间里，迪伦在格林尼治村的各处奔波，迫不及待地希望被世人关注并吸引大人物的目光，如饥似渴地学习新的东西。他穿梭于纽约和波士顿的民谣圈，像特工一样将自己所听所看的一切统统吸收进脑海，为实现自己的宏伟蓝图而努力做着准备。民谣城并没有立即给他带来工作或录音合同，不过他却得以更多地登上舞台，为村里的一些特色歌手伴奏。由此，他也成了一名广受追捧的口琴伴奏乐手及吉他手。1961年年中，迪伦成了民谣城的固定驻唱歌手，还研究出了许多滑稽幽默的舞台小技巧。"约翰·塞勒斯老兄"也是其中一位驻唱歌手，他演唱福音和赞美诗，擅长用自己热情洋溢的吼声和铃鼓的鼓点来调动观众的情绪。约翰老兄就像老母鸡对待新孵出的小鸡一样照顾围在身边的民谣新人，对于为自己伴奏的乐手，他也从不吝惜赞美之词，颇具巨星的慷慨风范。作为典型的酒吧歌手，他能用钢琴弹奏许多曲目，比如《河上的大船》，而马克·斯波尔斯特拉和迪伦这两位身穿工装的乐手用吉他和口琴为他伴奏。约翰老兄和工装二人组的表演通常是晚上的压轴好戏，人们都为马克·斯波尔斯特拉和迪伦的演奏而兴奋不已。迪伦那时经常在舞台和酒吧之间来回穿梭，他时而放声大笑，时而向麦克索要朗姆酒和可乐。如果有其他歌手来那里客座演出，他们一定会请迪伦来伴奏，因为那时候会演奏单簧口琴的艺人可不多。

戴夫·范·容克和杰克·艾略特是最让鲍勃着迷的两位歌手，他们无疑是格林尼治村当时最出色的民谣艺人。艾略特是个在城市长大的乡村歌手，他简直就像是活生生的伍迪转世，伽思礼曾如此评价：“杰克·艾略特的歌声听上去比我更像我自己。”范·容克是一位白人城市知识分子，他对布鲁斯等黑人音乐有自己独到的解读。这两人对迪伦的影响无疑是巨大的，他们就像是一座通往昔日时光的桥梁。

戴夫·范·容克是公认的麦克督格尔街的“音乐”市长，他身材高大，毛发浓密，有些爱絮叨，并且拥有四分之三，或者更准确地说，五分之三的爱尔兰血统。他有一头瀑布般的浅棕色头发和狮子般的长髯，每分钟都要梳理好几次，我们不妨把范·容克比作一张凌乱的床，上面铺满各种书籍、唱片封套、烟斗、空威士忌酒瓶、写有无名诗人词句的纸张、吉他拨片以及断了的琴弦。范·容克是迪伦在纽约的第一位音乐导师，他简直是一座行走的布鲁斯音乐博物馆。他一开始热衷于爵士乐，但后来兴趣重心逐渐转向了黑人音乐——他爱上了爵士舞、瓶罐乐队、雷格泰姆演奏中心，以及作为黑人音乐基石的布鲁斯。范·容克于1936年出生于布鲁克林，他15岁就从高中辍学，但他从未放弃学习，还乐于传授他人知识。1949年，范·容克成为一个男声四重唱的成员，等到退出时，他已是满面胡须。他当时从事爵士乐，常用爵士乐的拟声唱腔，到了1956年前后，他已成长为一名专业歌手。尽管有时脾气暴躁，范·容克却有着一颗温暖、敏感的心，他的歌声哀怨低回，有着沙哑的苍凉感，能够帮助城里的白人听众理解那些晦涩难懂的黑人布鲁斯音乐。[波士顿的罗尔夫·卡恩和埃里克·冯·施密特（Eric von Schmidt），以及伦敦的阿列克谢·科尔纳同样将民谣布鲁斯带给了那些品位高雅的白人。]几年前，猫王也作过同样的贡献，只不过他的风格更华丽、招摇。不过，范·容克只与志同道合的密友分享自己重塑的布鲁斯音乐，这也正是猫王享誉全世界，而范·容克（还包括小约翰·哈蒙德、冯·施密特、卡恩和科尔纳）只赢得了圈内掌声的原因。迪伦曾一度是范·容克最忠实的追随者。

后来，迪伦因成长而舍弃了与戴夫及其妻子特丽·泰尔的友谊，但依旧会回去看望他们。有时范·容克会变得愤世嫉俗，因为迪伦从他那里吸收了太多宝贵的养分，还以此赚了大钱。不过范·容克在大多数情况下还是达观的："某种意义上迪伦就像一块海绵，他会拼命吸取养分。当他得到了自己想要的东西后，就会弃之如敝屣，这也就是为什么迪伦不再把我和特丽当成最好的朋友的原因。他从我们这里尽可能地索取养分，然后转身离去。他也对琼（贝兹）做了相同的事，不过这里也包含机会主义的因素。60年代初的人们很看不惯他，虽然鲍比对其中大多数人的态度都非常傲慢，但他们的过激反应可就是自己的错了，"戴夫说道，"他们无非是想在天才耀眼的光辉下捎带沾点光罢了。'他要五块钱，我就给他五块钱；他饿了，我就立刻喂他吃饭，而我想要的唯一回报就是他能时常回来看看我，然后告诉人们他还爱我。'可迪伦完全不吃这一套。"

目睹迪伦一炮而红，范·容克并未像大多数人那样心态失衡。范·容克夫妇拥有自己的生活，因此迪伦跟着他们也相对更自由。鲍勃和范·容克夫妇在第15大街一起住了很长时间，后来夫妇二人搬到了韦弗利广场，正好住在我的街对面。特丽做了迪伦的第一任业务经理，曾在8个月的时间里负责迪伦的演出安排。"你知道他是个很棒的象棋选手吗？" 范·容克问我。"你知道迪伦有多么紧张吗，他不停地颠腿，膝盖撞到桌子下沿，震得棋盘上的棋子到处乱颤，我还以为是在开降神会呢。但是他每次都能打败我。迪伦的确给人一种神秘感，让你更加迫切地想了解他，但是我非常确定，他处事神秘是出于个人原因而非商业原因。我想这和他神经质的性格有关，即使你跟他在一起待上几个小时，你也会发现，跟他沟通实在太难。而且不知是什么缘故，他很难把注意力长时间放在一件事情上。"

当迪伦闯出名头时，范·容克曾提过这样的说法："整个民谣圈就像一位犹太母亲一样围着迪伦转。"他会想念迪伦吗？"也不算太想念，但每次见到他，我都会很开心，我时不时也会听听他写的东西。最好的迪伦，一定不在会客厅里，而是在舞台之上。"那么他觉得迪伦有权用音乐作为抒发个人愤怒反抗情绪的媒介吗？"你该读读《神曲》，"戴夫提出建议。"我觉得《真正第四街》是首好歌，当时正是鲍比向欧文·西尔伯和那帮犹太母亲讲出内心真实想法的最好时机。那首歌是迪伦的告别宣言。"

谈到迪伦的时政歌曲时，戴夫说道："他就像一块性能卓越的晴雨表，因为他对外界的情绪波动非常敏感。但是当分析这种情绪的内涵时，他就极其缺乏耐心，因为他毫不在乎。"为何迪伦这样一个睿智的文学家会变得如此反智呢？"鲍比在很大程度上是垮掉的一代的产物，"范·容克答道。"他和凯鲁亚克绝对是同道中人，而你再也不会见到和他类似的人物了。鲍比涉足垮掉派诗歌时正值那个时代的尾声，但他的成就超越了所有的前辈，或许金斯伯格除外。鲍勃是个迟来者，但他不会再有继承者了，就像不会再有与他同名同姓的人一样。

迪伦到底说没说过他崇拜迪伦·托马斯？"他会尽量避免谈及此话题，而我认为原因很明显。我倒是和鲍勃谈论过弗朗索瓦·维庸（Francois Villon），还跟他提过兰波和阿波里奈尔。有一次我问他：'你听说过兰波吗？'他说：'谁？'我重复道：'兰波-RI-M-B-A-U-D，是一位法国诗人。你真应该读读他的作品，'我说。鲍比的身子似乎稍稍颤动了一下，并表现出思索的神情，他回答：'好的，好的。'之后我又多次跟他提到兰波的名字。很久之后的一天，我来到他的住处。我对别人的藏书很感兴趣，而我在他的书架上发现了一本法国象征主义诗人的译作，上面很明显有常年翻阅的痕迹！我觉得他可能在我提到兰波之前就已经知道这位诗人了。我没再跟他提及过兰波，直到我听到他的那首《大雨将至》，这首歌是他第一次尝试使用象征主义的手法。我问鲍勃：'你那首歌里运用了大量的象征主义手法，对吧？'他只回答：'啊？'"

范·容克是一位个性突出、固执己见的左派人士，但他从不演唱政治题材的歌曲："我不觉得有人会因为一首歌而改变政治信仰，同样，我也不相信菲尔·奥克斯的一首歌就能推动一场运动，能让纠察队继续执行任务，或是鼓舞罢工者和民权斗士们的士气。他的歌曲只是一种个人良知的反映，跟烧掉自己的兵役卡，或者自焚的行为并无区别，除了能让自己和听众与这世间的丑恶划清界限，再无其他用处。就我而言，我无法接受自己安然自得地置身于这世间的丑恶之外。"那么范·容克眼中的抗议歌曲是一种浪漫式的无政府主义吗？"不，这是民粹主义，社会性的爱国狂热贯穿于它们中间，好在迪伦受到的影响较小。我对此感到恶心，因为我自己是一名国际主义者。在我看来，无论是美德、责任抑或罪恶，都不应强迫美国人民去承担。我最不能容忍那些假惺惺安慰黑人的歌曲，我宁愿听到一首歌这样唱：'兄弟，如果你再这样无所事事下去，你将会比你父亲混得还惨。'"

范·容克对迪伦的影响是多方面的，他的生活丰富多彩但性格稳重，他拥有一套公寓，阅读了大量书籍，思维活跃且见多识广。大量重复段落和对话性的歌词是他的音乐特色，在晚上听还有可能抓不住主旋律。他自学成才，不是那种矫揉造作的大学知识分子。当然，他对迪伦的主要影响还是在音乐方面，尽管迪伦通常只演唱戴夫全部作品中的四首：《丁克的歌》（*Dink's Song*）[10]、《旭日之家》、《可怜的拉扎鲁斯》[11]以及《请把我的坟墓打扫干净》。迪伦学到了范·容克的演唱风格、思想和对歌曲的诠释方式，比如范·容克的拟声唱法、咆哮唱腔以及南方田园习语的运用。迪伦吸取了戴夫的一些吉他演奏经验，但让他收获更大的还是戴夫出众的音乐表现力，那种通过巧妙分配有声和无声部分吸引听众的高超技艺。6个月间，范·容克的身份从音乐导师转变成了一个经验丰富的同行，他与迪伦一道，前行于那条无尽的长路。[12]而对于迪伦而言，真正毕生追随的偶像只有一个。

相遇伍迪

或许是1961年2月初的一个周日，鲍勃见到了伍迪·伽思礼本人。伍迪当时正遭受着亨廷顿舞蹈症的痛苦折磨，在此前的《生而为赢》一书中，他也曾详述过该病痛对他母亲昔日的摧残。1954年11月的时候，正在布鲁克林州立医院住院的伽思礼写下了一些文字，记录当时的病情：

亨廷顿舞蹈症

意味着在现有医学领域里

无药可救

对我来说即是如此

对于同样深受其害的你们亦是如此

既然所有悉心照料我的护士

为我服务的药师

以及前来看望我的人们

都这样对我说

但是在体会你们的话语　凝视你们的脸庞

或是聆听了你们在耳畔的轻声呼唤之后

我知道这一切并非毫无希望

并非没有良方

能治愈我的眩晕

也就是所谓的舞蹈症

或许　上帝会创造一剂良方　为我驱走病魔！ [13]

1956年5月，为了接受更好的治疗，伍迪·伽思礼被转移到了位于灰石公园的新泽西州立医院。他的病情不断恶化，但偶尔还是会去格林尼治村看看。1959年7月26日是个周日，由拉尔夫·林兹勒、约翰·科恩和莱昂内尔·米尔伯格领衔的民谣艺人召集二十多位朋友和粉丝来到华盛顿广场公园探望伍迪。在年轻歌手的簇拥之下，伍迪走到离喷泉50码处的一片光秃秃的草坪，他呼吁大家演唱几首他的作品，以及他喜爱的歌曲。依照他的意愿，各位歌手演唱了《鲁本·詹姆斯》《约翰·哈迪》还有《富饶的牧场》。伍迪的脸颊由于病重已变得瘦削不堪，灰白的卷发从满布皱纹的额头垂下，但听到这些年轻人演唱自己的曲目，他的面容变得格外神采奕奕。可是我和在场的其他人心里都清楚，他的病情已难以控制，治愈希望渺茫。

1960年夏，民谣歌手罗根·英格利什（Logan English）、克兰西兄弟、汤米·马科姆、莫利·斯科特和马丁·洛林在谢里丹第一广场给伍迪带来了一次难忘的经历。1960年10月23日是伍迪之子阿尔罗·戴夫30岁的生日，上述众人在当天把伍迪带到了位于第二大道的一间舞蹈工作室，当时我非常想和伍迪说上几句话，但拥挤的人群把我挡在了外围。那段时间，伍迪的身体每况愈下，后来甚至连曼哈顿都去不成了。罗伯特·葛里森和希德赛尔·格里森是一对中年的民谣爱好者，住在东奥兰治，离灰石公园不远，正是他们二人发起了看望伍迪的周日聚会。迪伦那时经常和葛里森一家住在一起，在其中一次周日聚会上，他终于见到了自己人生中唯一的偶像。可他发现，这位曾经"向荣耀进发"的作家如今已被病魔摧残得只剩一副躯壳。伽思礼的双手颤颤巍巍，肩膀也不自主地颤抖，他的嘴里只能发出些许微弱、含混且嘶哑的声音。为了表达谢意，伽思礼能做的只有在嘴角勉强挤出一丝微笑，以此告诉大家，他听到那些送给他的祝福了。

当天房间里还有另外一位行将仙逝之人，他就是西斯科·休斯敦。西斯科是伍迪多年的搭档，可那天是他最后一次拜访伍迪。近两年来，西斯科一直与无法医治的癌症作斗争，到1961年初时，他连工作都不得不放弃了。西斯科一直在民谣城有固定的演出，麦克·波尔科能做的也只有给他无偿提供饮品，希望以此减轻他身体上的痛苦。**1961**年初，西斯科走进了经纪人哈罗德·利文塞尔的办公室，用一种平静得让人害怕的语气对他说："你就要失去一位好客户了。医生说，我的生命只剩下**3**至**6**个月了。"在所剩无几的人生时光里，西斯科在"先锋"完成了自己最后一张唱片，为自己漂泊的一生画上了句号（在录制完那张《无家可归》、离开东奥兰治后的大概一个月，西斯科去了位于加州的姐姐家，他于**4**月**28**日在那里与世长辞，享年**42**岁）。

那天，伍迪靠着枕头坐在沙发上，西斯科告诉他，他们两人都已接近人生这场艰辛旅途的终点。杰克·艾略特尽力不让悲伤情绪在人群中传染，但当时的情形就如同为活人守灵一般，即使是爱尔兰的吊唁者也无法在死亡面前戏谑打趣。因此，艾略特和格利森把目光聚焦在房间里那个最年轻的人身上，"那个小伙子不错，"说的正是迪伦。不知是在一群人面前顿生畏惧之感，还是因"死亡的味道"而难以抑制沮丧情绪，迪伦退缩了，他羞怯地用审慎的目光打量着屋里那一张张或暮气沉沉或朝气蓬勃的面孔。正如艾略特向我描述的那样："那些天我和鲍勃都在伍迪那里，有意思的是，鲍勃有点踌躇不前，他躲在暗处，安静地看着外界的一切，听其他人唱歌。你知道，鲍勃那时很腼腆，他现在也是。但言归正传，我一下就能看出，伍迪对鲍勃的影响是全方位的。鲍勃可能觉得他比我跟伍迪更心有灵犀，但我太了解伍迪了，我们俩之间的交流完全可以不借助语言。实际上鲍勃也是如此，他说他与伍迪的沟通已超越了语言的范畴，他能体会到这种'感觉'。我明白他的意思。那些日子里，迪伦就像上班族一样在东奥兰治和纽约各地之间频繁往返。"

杰克自弹自唱，为伍迪表演了歌曲，鲍勃也用吉他弹奏了一两支曲子。在那个周日首次拜访伍迪之后，迪伦创作了那首《献给伍迪的歌》，他自称在东奥兰治那次之前早就见过伍迪本人。根据伊西·杨的日记上的记载，迪伦在南达科他州时就听过伽思礼的歌曲了，尤其是《尘暴区》那张专辑。"我过去经常能见到伍迪，"迪伦在1961年10月23日告诉伊西，"只要是我手头的钱充足的时候。我曾经有一次在加州见过他，那时我还没正式开始搞音乐。我记得杰克·艾略特当时和他在一起。（艾略特曾在1955年至1959年间跟伽思礼一起在欧洲旅行，那时迪伦才13岁。）我当时住在卡梅尔，终日无所事事。二月份的时候我写了《献给伍迪的歌》，我把写歌的那张纸送给了伍迪，他很喜欢这首歌。"1962年2月1日，迪伦给伊西那本编年史上的故事又提供了一个新版本："这一年以来，我不断和伍迪见面。记得第一次见到他时，我才13岁。他喜欢我的歌。"

　　艾略特也喜欢迪伦的歌。杰克总有点爱自我怀疑，在他头戴斯特森牛仔帽、嘴叼万宝路香烟的冷酷外表下，藏着一颗容易受伤的心。因此，他发奋地向所有大师级歌手学习，无论他们比自己年长或是年幼。艾略特用自己大部分的青春时光来模仿伍迪，直到三十多岁时，他才成为了真正的自己。人类学家约翰·格林威在《流浪的杰克·艾略特》中写道："刚出名的民谣歌手有个特质，即过于急切地证明自己作品的原创性，而这其实很可悲……杰克的作品大量借鉴了他人的优秀成果，这一特点反倒使他成为美国民谣领域的代表人物。"

　　格林威的这段话同样适用于迪伦，因为他一开始也经历过模仿他人的阶段。范·容克带领迪伦在书籍的海洋和城市的街道中畅游，而艾略特指引迪伦去探索乡村，他周身散发出马匹、皮革和洗革皂的气息。艾略特就像是连接20世纪30年代的流浪派和50年代的垮掉派的纽带，由于他本人的城市背景，他的音乐能够完美地将西部流浪牛仔的文化传统传达给城市的听众。

"流浪者"杰克·艾略特本名艾略特·查尔斯·阿德诺波兹，是个犹太医生的儿子。艾略特整整比迪伦大10岁，他把自己在布鲁克林的出生地描述成"一座位于弗拉特布什中部的15000英亩的牧场"。9岁时，他被选中出演了一些牛仔歌手题材的电影。住在弗拉特布什牧场和西部之间的某地时，艾略特意识到自己作为一个来自布鲁克林的牛仔歌手，需要取个更美国化的名字。一开始，他给自己取名为巴克·艾略特，后来才改成了杰克·艾略特并一直沿用。1947年前后，他在度假农场遇到了一位名叫托德·弗莱彻的牛仔，他从弗莱彻那里学会了弹吉他。大概18岁时，艾略特在康尼岛见到了伍迪，此后的5年里，他与伍迪形影不离。[14]

比起第一次见到迪伦，我第一次见到艾略特的时间要早了8年之久，那时他正在阿德菲大学读书。然而每当在教室上课时，杰克都显得迷茫而无所适从。除了骑马外，杰克还痴迷于汽车和卡车，他有段经典的开场白："抱歉伙计们，我迟到了。我的老马克卡车在两英里外的地方熄火了，我拼了命地想给它修好，但火花塞已经被打坏了，电池也有点问题。后来我想，走路或许也是个不错的锻炼方式。"杰克不仅歌唱得好，还非常擅长讲故事，他讲话的节奏、含混碖巴的咬字，以及威尔·罗杰斯般淳朴的声调能让任何事物都变得格外有趣。

1955至1959年期间，旅英的杰克成为英国人眼中美式民谣的代名词。之后，他毅然回归故土。在伊西·杨的邀请下，杰克于1961年的2月18日在卡内基音乐厅的一场音乐会上登台演出。虽然艾略特行为古怪、飘忽且缺乏纪律性，他的歌声却流露出坚毅、哀怨而温柔的情怀。伽思礼的歌曲始终是他创作的基石，他曾翻唱过《汤姆·乔德民谣》，一演唱完便在咖啡店掀起一阵热潮——这首歌是伍迪对斯坦贝克的《愤怒的葡萄》一书的音乐演绎，而此书又恰恰讲述了伍迪及其他流离失所的雇农的人生历程。杰克也爱拿伍迪的孩子开玩笑，比如那首《车子，车子》就曾被他用无数种方式演绎。对于词句他会反复斟酌，如同细细咀嚼烟草一样。"这首歌，我在40号公路上的每一家酒吧都唱过。"每当艾略特在演唱伍迪那首被"流浪派"奉为国歌的《艰难旅途》之前，他都会献上这样的开场白。

在做了整整10年伍迪的信徒之后，杰克开始在他的音乐中添加了布鲁斯和汉克·威廉姆斯作品的元素。如同迪伦，杰克也受到了杰西·福勒的口琴风格的影响。他几乎把福勒的那首《旧金山湾布鲁斯》当成了自己的主题曲。和迪伦一样，杰克以漫谈者的姿态出现，而到后来这已不再是一种伪装：他的耳朵在捕捉言论、歌曲以及美国平原俏皮话时极其敏锐，你都不能再把他看作是一个城市的乡村歌手。在1960年末时，艾略特曾回顾往昔："人们都觉得我和鲍勃是挚友，但我们之间实际上并没有什么来往。即使在我们长时间共处的时候，他也总是心事重重的。我是个比较有浪漫情怀的人，所以当然愿意把我们俩看成是亲密的朋友，但每次见到他、跟他说话时，我都特别激动、紧张，似乎我是他的某个歌迷一样，又好像我俩素未谋面似的。不过后来有一小段时间我们俩经常在一起玩。"

"即使鲍比在自己的四周砌了一堵高墙，我也深知他的性格有多敏感。我还记得那天见到他时，他的第一张专辑刚刚问世，但是销量不佳。他穿着宽松的李维斯牛仔裤，看上去非常沮丧：'我再也不玩民谣了，我准备去画画。'"艾略特模仿迪伦的样子。"从迪伦那里，我总能得到一个相同的信息，我总觉得他在说：'让我们像艺术家一样探索世界吧，我们不要以多少磅、多少盎司或多少钱来衡量这个世界。让我们成为艺术家吧，哼！'"

杰克嫉恨迪伦的成功吗？艾略特曾一度对此耿耿于怀。"他有着我不具备的那种旺盛精力和对成功的渴望。假如他可以选择踩着某个人而平步青云，他也会踩在我身上的，但他并未这么做。我觉得我本来也可以取得那样的成就，"杰克说道，目光注视着我的肩膀上方。"但这并没有让我产生嫉妒心理，只是让我记恨自己。有意思的是，鲍勃·迪伦有段时间常被看作是'杰克·艾略特之子'。有时候我也会这样把《莫要三思》（*Don't Think Twice*）等歌介绍给观众：'这是我儿子鲍勃·迪伦的一首歌。'我记得我教过鲍比几首我的歌，就是伍迪写的那几首现在的小孩子都不听的VD歌曲——他都是从我这儿学来的。"

杰克抿了口波旁威士忌，努力回忆着往昔。他头脑中的记忆变得杂乱无章，因为"今天仿佛是昨日和未来交织在一起。"杰克回想起第一次去伍德斯托克看望迪伦，"当时是凌晨两点，我碰巧到了那个社区附近。萨拉、萨莉（格罗斯曼）和鲍比都对我非常热情，他还给了我一个大大的拥抱。鲍比就是那么有意思，他喜欢和人开玩笑。但是你与他交往时还是要小心谨慎，否则他可能又会自我封闭起来了。"

艾略特可以自我安慰，至少他还能做本真的自己。"当阿尔伯特在身边时，鲍勃总显得有些紧张。而当鲍勃心情愉悦，他的眼睛也变得明亮起来。但更多情况下，他会警惕地提防着一切，他一直都是如此。鲍勃说的每一句话就像是提前在脑海中演练过一遍似的，而一旦稍稍放松下来，他的口中又充满欢声笑语了。"

迪伦参与了杰克在先锋唱片的第一次录制，杰克对此仍感到很自豪。那天的录制中，迪伦给那首古老的福音歌曲《轮回永固》中加入了一点管竖琴的元素，他用了自己的一个艺名，即泰德姆·波特豪斯。他们二人关系中颇具讽刺意味的一点是，迪伦一开始根本没想到杰克是个从城市长大的歌手。1961年3月，迪伦与音乐家兼出版商巴里·科恩菲尔德以及范·容克共同接受了《费加罗报》的采访。据范·容克回忆，当有人提到艾略特是个来自布鲁克林的犹太牛仔时，"鲍比笑得差点儿从椅子上跌下来，可我们其他人并没觉得多好笑，因为我们都知道杰克的牛仔身份是他自封的，所以根本没再想别的事情。大概两年后，《新闻周刊》揭露了鲍勃个人背景，我才意识到他的演技也够高超的。他当时未发一言，只是不停地狂笑，我都担心他把肚子笑炸了。"

此外，杰克为鲍勃树立了一个平易随和的漂泊者形象。迪伦固然明白时间宝贵，不应因怠惰而浪费，但他也懂得，与世无争、漂泊四方的个人形象能让外界的人情绪放松，从而有助于人际交往。因此，迪伦逐渐学会隐藏自己的野心。有一次，艾略特在好莱坞的一处停车场里闲逛时遇到了詹姆斯·迪恩，于是他就在那里给迪恩弹了段吉他。听到这一故事时，迪伦惊讶地瞪大了双眼，若换作是他，绝对不会让这份价值连城的合同在自己指缝间溜走。多年以来，杰克都热切盼望自己能在电影中饰演伍迪的角色，他曾这样告诉《新闻周刊》："没人能胜任这一角色，只有我——因为我已经演了整整10年了。"

然而具有讽刺意义的是,这份让艾略特在台下苦心修炼已久的角色最终在1968年1月交付给了迪伦,又在1975年初再次给他发出邀请。不过,迪伦选择了拒绝,最终便由大卫·卡拉丁出演。

安德烈·纪德曾这样评价另一位法国作家查尔斯·佩吉:"佩吉不惜将友谊丢弃到火里,以便让烤炉继续燃烧。"在麦克督格尔街,迪伦的火焰燃烧至顶点,一旁的伍迪和西斯科很乐意为他增添一些热量,戴夫和杰克亦是如此。烈火或许已灼蚀了这两位年轻人的肌肤,然而能守在迪伦这簇熊熊燃烧的火焰旁边,他们并不感到沮丧。

徘徊与跌倒

范·容克、伽思礼和艾略特是一群人中唯一强势的三张面孔。截至1961年秋季,迪伦认识了很多人,你会以为他在东海岸生活了五年。当他从一位独行侠变成爱交际的人,他做得很出色,但这种状态也是一时有一时无。第一张唱片发行后,他成为了一名公众人物,经常有迹象显示他患有公共场所恐惧症,比如专门避开以往的路线,以避免与第六街道的公众接触。但刚开始,他需要在身边聚集许多人。他就像不善社交的政客,更擅长梦想着上任后要做的事情,而不是必须与人握手,或者亲吻婴儿。关于他的一切,都在贬低扶轮社的同伴和友好,但他知道如何转换自己的方式,以便确立自己的身份。这与他的天性相悖,并且让他感到疲惫,然而1961年,他尤其表现得外向与善于社交。

与纽约的民歌爱好者一道,迪伦向波士顿市的核心地区及其临近的剑桥小镇发动了进攻，即东部大学生的聚集地。这是新港民谣音乐节的举办地，捧红贝兹的地方。查尔斯河沿岸没那么狂热的地区，音乐占据着主旋律。1961年6月，迪伦在剑桥47酒吧（Club 47）驻唱三天，结交了一些朋友，吸引了一些粉丝。47酒吧能干而有才的协调员贝齐·西金斯（Betsy Siggins）是波士顿民谣届的"保姆"，而她也做好了"收养"迪伦的准备。他与留着胡子、异常热情的埃里克·冯·施密特成为朋友。作为一名商业艺术家，埃里克如同专业人士一样热衷于民谣歌曲，与范·容克一样突然爱上了布鲁斯音乐，埃里克几乎同样嗓音凝重，但说教方面则远远不及。迪伦的另一位波士顿密友是聪明、潇洒的歌手吉姆·科威斯金（Jim Kweskin），科威斯金后来组建了自己的流行陶罐乐队；他的着装如同19世纪90年代密西西比河船赌徒，即戴着宽檐黑帽，演出时流露出智慧和才气。迪伦第一次与这位"嬉皮哥们儿"见面时便有好感；而科威斯特更多地了解了迪伦的音乐与性格。古怪的摩托车怪才盖诺·福尔曼（Geno Foreman）也来自波士顿，他的张狂与任性吸引着迪伦；红头发的弗里茨·里士满（Fritz Richmond），智慧与作曲一般超群，也与迪伦关系不错。

　　一对来自波士顿的夫妇帮助迪伦签署了第一份唱片合约。卡罗琳·赫斯特与她当时的丈夫理查德·法理尼亚之所以搬去波士顿，是因为他们觉得这座城市没有纽约那么充满仇恨恶意。我曾于格林尼治村白马酒馆将法理尼亚介绍给卡罗琳，经过13天的疯狂追求，他们俩结了婚，两人更为熟悉了解彼此是在波士顿附近、欧洲、北非。后来，迪伦与琼·贝兹交往，法理尼亚娶了琼的姊妹米米，他们再次见面。卡罗琳与理查德喜欢听鲍勃吹奏口琴。九月份，当卡罗琳为哥伦比亚第一次录制唱片时，她邀请鲍勃一同参加。由于迪伦出现得正是时候，他本人也签署了一份唱片合约。[15]

离开波士顿，迪伦回到纽约，忙碌参加竞选活动。他奔波于煤气灯、民谣音乐城、下议院、民俗中心、米尔斯宾馆的酒吧、"壶鱼（Kettle of Fish）"以及白马酒馆。有时，当白马酒馆关门，他与我约在麦高恩（McGowan）见面。他经常拿出好几个小时排练、听唱片、写歌，但他最喜欢的是在街道上徘徊。他在纽约结交了许多朋友。蓝草组合（bluegrass）和林布瑞尔男孩（Greenbriar Boys）的主唱约翰·赫勒尔德（John Herald），几乎不善言谈，直到音乐将他完全转化成一位外向的人，他认为鲍勃比较好相处。哈蒙德是位有天赋的白人布鲁斯制作人，也是迪伦的好友。他相貌英俊，平时爱穿皮夹克，偶尔也会给当制作人的父亲推荐有前途的演唱人才。

伦·钱德勒与迪伦近来变得关系密切。伦斯毫不压抑自己，侃侃而谈。作为一名黑人歌手，尽管有时遇到挫折，数年以来，伦斯依然想做就做，勇气可嘉。此外，他与迪伦一样喜欢假象。迪伦与伦斯在城市街区间吸着烟徘徊。如果迪伦在格林尼治村交的第一批好友可以划分为自信与羞涩两种类型的话，马克·斯普尔斯特拉（Mark Spoelstra）就是属于后一种类型，与约翰·巴克伦一样，他容易被相反类型的人所吸引。

1961年6月周一晚间于民谣音乐城举行的"民歌会"上，我第一次与迪伦相遇。对于他的演出我异常喜爱，所以要么我就是前一年在民谣音乐城见过他，要么就是我看到了他的内心。不论是哪种情况，我们的这次相遇都是令人难忘的。这次音乐节上，迪伦讲述了一个音乐方面繁冗却又有一个意外结局的故事，受到诺伊（保罗）·斯图基（Noel Stookey）以及彼得、保罗和玛丽的启发，"大熊山"讲述的是发生在煤气灯的故事。这篇长故事情节围绕着哈德逊河游览船过于拥挤的一幕，多年之后，阿罗·伽思礼运用类似的方法，获得成功：《爱丽丝餐厅大屠杀》。

迪伦看起来如同欧洲街头歌手或者杂技演员。他快速摇摆，玩弄着他的灯芯绒哈克芬帽子，他做着鬼脸，皱眉蹙眼，讲着可笑的故事开着玩笑。我走近爱尔兰歌手帕特·克兰西（Pat Clacey），问道："喂，帕特，你必须注意这个年轻人！"帕特把关注力从詹姆森身上转到了迪伦身上，"他是谁呀？"他又好奇又高兴地问道。兴致勃勃的听众最终还是让迪伦走下了台，我告诉迪伦我非常欣赏他的演出。他对我的欣赏表示了感谢。"太好了！很高兴你喜欢我的演出。我的表演还可以更好的。感谢你喜欢。"他说道。我告诉他请他下次演出的时候通知一下我，我将在《泰晤士报》上对他的演出进行评价。"我一定会的，我一定会的。"他答道，"我觉得去年四月我在这里演出的时候，我们错过了。"我承认去年我确实错过了他。

一两周后，我的电话响了，电话另一头传来了微弱、有鼻音的声音："你好，我是鲍勃·迪伦。你说过，如果我有演出的话要通知你。我将在煤气灯演出一周。"几天过后，我抵达煤气灯欣赏范·容克和迪伦的常规演出。阿尔伯特·格罗斯曼坐在他往常位于后排的座位上，喝着咖啡看起来一副心满意足的样子。早年，阿尔伯特经常在咖啡馆处理工作。他通常吸着超大号香烟，如同石油大亨拿着水烟袋，使用大拇指和食指画着圈微微弯曲着小指头，慢慢地用手熄灭烟。我给迪伦说，他的演出时间太短无法报道，但我把他引荐给了阿尔伯特，并且告诉他迪伦肯定会走红。如往常一样，格罗斯曼一言未发。迪伦离开我们那桌后，格罗斯曼询问我对范·容克的印象，我对容克印象颇佳，但我认为迪伦更有前途。格罗斯曼微笑着，如同一只柴郡猫来到了未被开垦的、田鼠肆虐的土地。

煤气灯当时的主人是外表狂野的波西米亚人约翰·米切尔，米切尔曾与镇压麦克督格尔街道咖啡馆的警方与消防当局打过官司。米切尔认为迪伦尤其散漫。尽管迪伦经常怀念煤气灯，但他也会对自己在那里进行的首次表演开起玩笑。迪伦有次告诉我，煤气灯是"民谣歌曲的百老汇，汇集了各路明星——戴夫·范·容克、（班卓琴师）比利·法耶尔、（民谣歌手）哈尔·沃特斯。"迪伦在煤气灯进行的短暂表演并没有什么实质结果。格罗斯曼什么也没有说，关于迪伦我没有写一个字，迪伦还在继续写歌，并不断磨炼他的西部口音。有时他那模糊的方言使他的唱辞难以分辨。他开始嘟嚷着："徘徊、跌倒，他的外套领子高高竖起。"很快我们其中的一些人开始称他为"徘徊者"以及"跌倒者"。

1961年7月29日，迪伦跌跌撞撞来到纽约首次进行演出以及参加广播节目。这场"马拉松"是由调频广播WRVR举办、河畔教堂负责运营的。现场活动开幕式上，伊西·杨和鲍勃·耶林（Bob Yellin）调动起音乐家们的积极性。那些日子里，如汤姆·帕克斯顿与莫莉·斯科特这样的年轻人，以及加里·戴维斯教士、布鲁斯歌手维多利亚·斯皮维这样的资深歌手，即使没有演出费也会前来演出，以响应对民谣天才的号召。这场时长为12个小时的演出在播出中漏洞百出，足以令联邦通信委员会委员汗颜。每小时的整点时刻，迫不及待的歌手们纷纷用摇摆的班卓琴琴杆敲击话筒，他们的声音时起时落，完全没了章法。现场的观众如同参加高中聚会一般焦躁不安、乱作一团。

现场有来自《村声》杰克·戈达德组织的布鲁斯工作室，即东地中海部分，以及各种班卓风格展示。活动中并没有巨星，但是演唱的曲目令人刮目相看，出场的歌手也都是目前城里才艺俱佳的演奏者。下午场中场，一位唱歌、外表、鼻音与伍迪·伽思礼相像的不起眼歌手来到麦克风前。这位被介绍为来自新墨西哥州盖洛普的歌手就是迪伦，他的口琴放置在一个由铁质外套衣架临时制作的支架上，与艾略特和布鲁斯歌手丹尼·卡尔布一道，迪伦一口气演出了五首短歌曲。我在《纽约时报》将迪伦的风格简短地描述为"好奇的扣人心弦、喃喃自语、完全乡村式样的演唱方式"。迪伦短暂的演出获得了热烈的掌声，他的朋友圈发出的欢呼声足以带动一大群人。

走下舞台后，迪伦被介绍给了一名17岁、大眼睛的长发美女——苏西·罗托洛，后来这两人开始了一段长达两年的炙热恋爱。迪伦逐渐以"第二个杰克·艾略特或者伍迪·伽思礼"的名号为人所知，但是若想获得全国知名度，出唱片似乎是唯一的方法。晚夏时节，来自格林尼治村的两名聪明女生，即电视台制作人西比尔·温伯格以及苏西的姐姐卡拉·罗托洛，突发奇想为迪伦与其他不知名的歌手录制歌曲。她们建议录制一张汇集包括范·容克和艾略特在内格林尼治村六位最佳民谣歌手的样本唱片。

西比尔写信给哥伦比亚唱片的制作人约翰·哈蒙德，描述了这个项目并且尤其介绍了迪伦。"西比尔写的信，引起了拥有卓越才能的整个团队关注，"卡拉回忆道，"我们认为，通过稍有名气的歌手带动，我们会为诸如鲍勃和约翰·永利（John Wynn）等名不见经传的歌手带来知名度。最初的想法是让鲍勃出点名。"然而后来没有得到回应。卡拉认为，哈蒙德只是把信件放在了桌子上，甚至有可能都没有打开读。她觉得，哈蒙德没有想到西比尔信中的鲍勃·迪伦就是他数周后签约到哥伦比亚五年合约的歌手。

由于迪伦伙伴（尤其是卡拉）的催促，同时还有我会为演出撰写乐评的保证，迈克·波尔科再次邀请迪伦来到民谣音乐城进行为期两周的演出：9月25号到10月8号，林布瑞尔男孩将与精彩绝伦的鲍勃·迪伦同台演唱。林布瑞尔男孩（拉尔夫·林兹勒、赫勒尔德、耶林）是城市的蓝草音乐奇才。耶林的班卓琴声如同风中的五彩纸屑般跳动，赫勒尔德的嗓音高扬，林兹勒拿着曼陀林的手指则如同惊恐的小鸟筑窝一般划过。这三位歌手的歌唱精彩绝伦，他们大呼小叫，却又不失大家风范。他们的风格很难效仿，但迪伦融入得相当不错。

那两周，迪伦换着三套衣服穿，一套比一套破烂。其中的一套是褪色的蓝衬衫、卡其色裤子、无袖的深色套衫、配上不和谐的软绸领结，所有的套装都配着他标志性的帽子。其他时候他身穿羚羊皮夹克或者无领结的羊毛衬衫。他的吉布森吉他上部分曲线处贴着一张歌曲顺序表格，他的脖子上挂着口琴架。他看起来不拘小节、衣冠不整，既不起眼也身体虚弱——直到他开始唱歌。他收缩的嗓音从喉咙里挤出，如同囚徒越狱一般。迪伦嗓音嘶哑，让人不由得想到了伽思礼的老唱片。如同范·容克的嗓音，迪伦的声音也雕刻在砾石之上。有时迪伦偶然低声吟唱，有点像艾略特。但迪伦的嗓音完全独具一格。听到他的声音，你不会联想到美丽或者蜿蜒，而是联想到在内心中翻转的某种东西。他的嗓音完全没有一丝城市化，更像来自一名农场民谣歌手。那两周喜爱迪伦的大部分观众，都把他视为大师级民谣歌手，但许多人认为他仅仅是个糟糕的笑话。

鲍勃在欢快的节奏下，以《我将要抓到你，萨莉·加尔》开始了演出。这是一场典型的迪伦式的演出，因为他能够在自己的声音、吉他与口琴伴奏之间展开一场对话。忽然，你看到他如何愿意与林布瑞尔男孩这样优秀的组合分享舞台。"有一首歌适合这种情况，"迪伦说道，他一边还回吉他，换成口琴。他开始演奏传统布鲁斯哀歌，《生活正在杀死我》。他那高超的演唱技巧无处不在，那是一种能够熟练使用民间谚语才能达到的隐匿技巧。表面上它反技巧、反润色、反意识，但是那些因素都隐藏在表面之下。给人的感觉是，他昨天才刚刚开始自己的演唱生涯，而非五年前。但是没有人可以确定。

在两首歌曲的间歇，迪伦还在创作没有定型但是非常有趣的独白。他开始讲述一个关于蟾蜍的故事。这个开放式结局的故事，是关于一只长毛蟾蜍的，故事开头和结尾都没有固定，但他调音的时候，这个故事给他了一种填词的节奏。他嗫着嘴，一副男孩脸。对于乐观豁达者来说，他那慢条斯理的吐字演唱风格听着好像处于半醒状态；对于消极处世者来说，又听着像半睡眠状态。接下来，他一路吼着唱完了那首关于火车的歌曲，即《900英里》。为了调节吉他演奏期间的短暂停顿，他将吉他高高举起凑近话筒，这是一种老式乡村歌曲的演奏方法，以此增强弦乐的声音效果。

背景则是民谣音乐城酒吧中各种令人分神的喧嚣：其中有调酒师手中杯子发出的叮当声以及他给人倒酒（时摆出的各种姿势），看起来就像他在拍电视广告片一样。收银机的抽屉在拉出时所发出的轻柔声响。酒吧里一些喝醉酒的人絮絮叨叨，其他人则试图让他们安静下来。迪伦全神贯注。"这首歌是我脑中所想的，"他说着，拿上吉他开始演奏《说唱纽约》，带有一种说唱布鲁斯非常古老的风格，其中三个稀疏的和弦支撑着更适合说而非唱的扭曲歌词。迪伦以翻阅连环画杂志那样的快节奏，演唱了他的第一首抗议歌曲。

鲍勃开始演唱其他人脑海中想到的那些歌曲。他知道乔希·怀特和辛西娅·古丁喜爱已久的那首《丁克之歌》，于是他便用一种痛苦的呻吟把那首歌曲唱了出来。迪伦说，当他还在得克萨斯州的时候，他在布拉索斯河上挑选了这首歌。事实上，民谣猎手约翰·洛麦克斯早在1904年就从一位喝杜松子酒的黑人妇女那里听过这首歌，这位妇女边唱这首歌的时候，正在一边疲惫地搓洗着她男人的衣物。这首歌是美国民谣歌曲中女性最为悲悯的哀悼之一。鲍勃将范·容克的版本稍加修改，利用即兴演绎的人物使得其演奏模式不断花样百出。有时候他的声音听起来就像是在是铲起沙砾，有时候则像是呜咽。他抓住了原版的紧张与悲伤。"我从来都不是没有母亲的孩子，"民谣歌手埃德·麦柯迪曾经如此说道，"但是我知道它的感受。"迪伦不是黑人洗衣女工，但他知道这种感觉。偶尔，迪伦会仰起头，似乎是在扫视天花板以寻找下一句歌词。

这位20岁环游世界的歌手将他的观众从得克萨斯州带到著名的芝加哥酒吧——马迪·沃特斯常去的地方，在这里他表示，他曾经创作了另一首布鲁斯歌曲。他拖着脚走到位于一堆破铜烂铁中间的直立式钢琴前，并弹奏了几首原始的和弦。接着他再次弹起了伍迪的歌，一首突然跳动的道路歌曲《艰难旅行》（*Hard Travelin*），道路沾满滚烫的沥青，使长着老茧的脚不由得作痛。接着他独自创作了另外几首歌曲，包括《纽约大熊山》《说唱哈瓦·纳吉拉布鲁斯》，这是对亨瑞·贝拉方特以及特奥·比克尔等国际"风格独特的演奏大师"的一种小小嘲笑。

观众反响更多的是迪伦的智慧，而不是他那舒缓、严肃以及强烈的歌词内容。在观众的要求下，他表演了卓别林式的小丑。他最终以自己的歌《献给伍迪的歌》结束，似乎是要将听众的注意力集中到每一行新的歌词上。

表演结束后，我们再次回到民谣音乐城，参加他的第一个新闻采访。迪伦问题回答得很快，但我有一种感觉，他是在临时创作、有所隐藏。回答类似这样："我20岁，5月份才满21岁。从10岁起，我一生都在歌唱。我出生于明尼苏达州德卢斯，或者威斯康星州的苏必利尔地区，就在分界线附近。我13岁开始与一个狂欢节旅行。我做零活，在狂欢节唱歌。我曾经在明尼苏达州、北达科他州，后来在南方清洗过小马，铲过蒸汽机用的煤炭。我高中毕业。南达科他州的苏福尔斯曾是我的家，新墨西哥州的盖洛普也是。我也曾经在北达科他州，以及明尼苏达州一个名叫希宾的地方居住过。我曾经在明尼苏达州大学就读过八个月，但是我并不喜欢。我曾与鲍勃·威以及一个名叫'影子'的乡村摇滚乐队一同弹奏钢琴。1961年2月我第一次来到东部，这里与我见过的其他城镇一样艰难。"

我询问他吉他弹奏技巧。当他演唱《可怜女孩》（*Poor Girl*）的时候，他拿出来了一把餐刀，并用刀刃的反面把吉他的弦压在档子上。他是在哪里学习这种名叫"玻璃瓶吉他"布鲁斯的老式乐器的？"我学会使用了屠宰刀，"鲍勃回答道，"从新墨西哥州盖洛普一位名叫'摆脚（**Wigglefoot**）'的老男人那里。"他是一位历经风霜的老式布鲁斯人，眼睛上戴着眼罩。我从曼斯·利普斯康姆那里学到了很多，但是都是私下拜师学得的。曼斯的影响力很大。五年前我曾在得克萨斯州纳瓦索塔见过他。我曾经也是农场帮手。我从戴夫·范·容克那里学会了《旭日之家》，从"盲眼柠檬"杰斐逊那里学会了《把我的坟墓打扫干净》。我很喜欢"兔子灰"的唱片。

"杰克·艾略特和戴夫·范·容克是纽约最好的民谣歌手。我只能以一种方式唱歌，我喜欢听的那种方式。我的声音并不好听。我没有办法唱得好听，而且我也不希望唱得好听。"鲍勃提到了许多受人崇敬的音乐家名字，其中一些是他在唱片里听过的，还有他见过的以及共事过的。他看起来像是认识他们所有人。"是的，我非常喜欢雷·查尔斯。我是听了沃尔特·雅各布斯的歌后才开始学吹口琴的——你知道，小沃尔特——来自马迪·沃特斯乐队。但是我的口琴放歌不同。我曾在狂欢节为舞者弹钢琴。"

他是否制作过唱片？"我制作的唱片并没有发行。我曾与吉恩·文森在纳什维尔演出，但是我不知道他们是否发行唱片。至于玻璃瓶吉他，当我在底特律的一家咖啡馆演出的时候，我曾经使用一把弹簧刀发出那种声音。但是当我拿出弹簧刀的时候，观众席里有六人离开了。他们看起来有所担心。现在我使用厨房刀，没人再会离开了。"音乐方面受到什么影响？"很多，特别多。当然有伍迪·伽思礼。去年冬季开始，我经常能遇到伍迪。我们能够聊天；尽管他生病了。我也很欣赏我的歌曲。我两年前在丹佛遇到的杰西·富勒，并和他一起切磋。"

鲍勃继续演唱一组歌曲。我告诉卡拉说，这个采访不错，我非常喜欢他的作品和为人处世的方式。但是我告诉她，一种强烈的感觉告诉我，他在说假话。他似乎走了很长的路，期间结识了很多知名或者无名的歌手。对于过去他闪烁其词。我让卡拉告诉鲍勃，和格林尼治村的一个人开玩笑与接受媒体采访完全不同。卡拉与鲍勃碰头后几分钟，我们在"格林布瑞尔男孩"演唱不同曲目的短暂间歇继续进行采访。

"听着，"鲍勃告诉我，"我会对你实话实说。我不会告诉你任何虚假的消息。"他想让我称呼他为鲍比·迪伦还是鲍勃·迪伦？他仔细想了想，就像将要签署合约一样。他有点响亮地给自己重复了这两个名字："鲍勃·迪伦，鲍比·迪伦，鲍勃·迪伦，鲍比·迪伦……还是叫鲍勃·迪伦吧！说这个名字别人才知道我，"他自信地宣布道。我记录下的这篇采访，于1961年9月29日星期五刊登在《纽约时报》上：

格迪斯民谣城出现了一张新面孔——鲍勃·迪伦。虽然迪伦只有20岁，但是在近几个月曼哈顿酒吧表演的乐队中，他独具风格，脱颖而出。

迪伦是唱诗班男孩和"垮掉一代"青年的结合体，长着一张天真无邪的娃娃脸，顶着一头蓬乱的头发，头上松垮地戴着一顶典型的哈克·费恩（马克·吐温笔下的人物）灯芯绒棒球帽。他的衣服可能松松垮垮，不太合身，但是当他演奏起吉他、口风琴、钢琴，洋洋洒洒地写着新歌的时候，他的才华几欲破衣而出。迪伦的歌声绝对称不上悦耳，他有意重现南方农场工人在后院门廊边哼歌边沉思的野性美。所有的"吼叫"都体现在他的音符中，灼烧的激情充斥在他的音乐之中。

迪伦既是喜剧演员又是悲剧演员。和在乡村巡演的歌舞剧演员一样，他的音乐中经常出现滑稽古怪的音乐剧独白。《说唱大熊山》（*Talking Bear Mountain*）中他嘲讽游览观光的船只过于拥挤；《说唱纽约》中他讽刺自己一直得不到公众的认可；《说唱欢呼雀跃》（*Talking Hava Negilah*）中他嘲弄人们对民谣音乐的狂热和作为歌手的自己。在严肃的乐风中，他就好像在拍一部慢动作影片。而他的歌词却又密集紧凑，让你怀疑下一秒就会绷断。演唱时他全身都在颤动，闭着眼睛，进入梦乡一般，好像在搜寻歌词和心境，寻到之后他便消除这紧张的氛围。他可能会用你难以理解的吼叫、啜泣含糊地吐出《旭日之家》的歌词，他也可能会清晰地道出《盲人莱蒙杰弗逊布鲁斯》（*Blind Lemon Jefferson Blues*）中的悲酸，"我只求你帮我一个忙——确保我的坟墓是干净的。"

迪伦高度个性化的民俗音乐演唱方式仍在发展。他的影响力就如海绵吸水一般慢慢渗透。有时，他想表现的戏剧效果成了跑偏的情节剧；有时，他的音乐可能会因演唱风格过度矫揉造作而崩塌。但他本就不是为迎合每个人的口味而生的，他音乐中的原创色彩和催人奋发远比他的乳臭未干更值得一提。迪伦对他过去的经历和出生地只是模糊带过，但和他过去在哪里相比，他的未来要走向何方更为重要，这才是我们真正关心的。

接下来四段洋洋洒洒地将"格林布瑞尔男孩"组合吹捧了一番。和他们一样，迪伦似乎成了新闻的焦点。巧的是娱乐板块评论页面的顶部的大字标题横跨三个专栏，鲍勃·迪伦：文风独特的艺术家。标题下方迪伦的一张生活照足足占了三寸的篇幅，照片中他戴着帽子，打着领带，手上拿着他的大吉他。文章的排版、配图和大字标题对迪伦的吹捧已经超过我所写的内容本身。

公众对这篇报道的反应极端分裂。不少音乐家对此感到很高兴。埃利奥特（Elliot）在布利克尔大街（Bleeker Street）的独木舟酒吧（Dugout）模仿迪伦的声音把这篇文章读给几个醉汉听。戴夫·范·容克用冷静却又迫不及待的口吻跟我说我做得"不错，很不错"。帕特·克兰西和他弟弟汤姆都表示："鲍勃很有音乐天赋，他理应在这个圈子里如鱼得水。"伊西·杨说她在此前数月就发现了迪伦。然而大多乡村音乐歌手对这篇文章的反应不外乎嫉妒、蔑视和嘲弄。最了不起的两名乐器演奏家埃里克·韦斯伯格（Eric Weissberg）和马歇尔·布莱克曼（Marshall Brickman）揶揄道，我得戴个助听器。演艺事业一直难有起色的歌手罗根·英格利什也同样是面色不善、语带讥讽。绿石楠男孩儿组合看到这么个"毛头小子"把他们的风头盖了下去，感到很受伤。鲍勃·耶林后来几个星期都不跟我说话。弗雷德·赫勒曼（Fred Hellerman）是一名作词人和乐曲改编者，曾为四人奏乐队织工乐队工作，他公开和我叫板："你说他这儿伟大，那儿伟大，这话你也说得出口？"他当时在街角碰到我。"他压根儿不会唱歌，不会演奏，不知道音乐是什么。你这篇文章是瞎写的吧！"贝兹的经纪人曼尼·格林希尔（Manny Greenhill）还比较友好，跟我说我的评论"写的是一两年之后的迪伦，不是现在的迪伦。"查理·罗斯柴尔德说迪伦身上虽有一些潜力"但有很长的路要走"。最激动的要属卡罗琳和理查德·法理尼亚。不管从个人角度还是音乐角度，他们都是迪伦粉丝，而且迪伦还会在卡罗琳即将录制的新专辑中进行演奏。非音乐圈的迪伦粉丝——麦肯锡、格利森、卡拉、西比尔和苏西——都为之雀跃。

那周五晚，迪伦出现在纽约的民谣城，到场人数之多使他受宠若惊。他进场的时候，赞助商在下面交头接耳："他来了！就是这家伙！"现在大家都闻风而来，他反倒不确定自己能不能担起大家的厚望。他很感谢我，还跟我说："你不但是个优秀的作词人，还是个好作家。"此后数年他经常这么和我说。在我长达20年的评论生涯中，还没有见过哪个演艺界人士像他这么在乎评论家的感受。但他不在状态的时候也会痛斥我写的东西，但是这样的情况很少。因为他从一开始就知道作家也和音乐家一样渴望得到掌声。

迪伦演出的第四晚，底下的观众更加入迷。酒吧里一个陌生人让我们困惑不已。他五十来岁，圆脸，衣着得体，脸上总挂着笑容，还向认识迪伦的孩子们递酒。迪伦很快就蹦出了一个词儿："警察！"后来他说那人是"跟踪"他的多名警察中的一个。"他是警察，"鲍勃说，"我当时跟你说过。哎，这些警察缠了我一辈子。1964年之后，他们就不怎么盯我，但那之前他们经常四面八方地向我涌来。"后来也没人知道那晚的怪人究竟是谁。

那天傍晚，迪伦把我带到一个僻静的街角，跟我说："接下来我跟你说的事你不要告诉任何人，我今天下午碰到老约翰·哈蒙德，他问我要不要跟哥伦比亚（唱片公司）签约，五年期合约。但是，哥们儿，请你千万先别讲出去，因为周一我们才能确定下来。我在给卡罗琳录唱片的时候碰到他，我左手跟他握手，右手把你写的评论递给他。他还没听我唱歌就打算签下我！但是别告诉任何人，任何一个人！哥伦比亚高层如果知道了可能会把这件事搅黄，但我觉得应该能成。在哥伦比亚待五年，你觉得这事儿怎么样？"

每一个目睹迪伦和哈蒙德见面的人都有不同的故事版本。一篇综合分析指出，哈蒙德是出于直觉和迪伦的名声才向他伸出橄榄枝的，而非出于任何显示他音乐天赋的客观证据。然而哈蒙德阅人无数，完全可以凭直觉选人。来自得克萨斯的年轻女歌手卡罗琳·赫斯特为哥伦比亚录制的第一张唱片对她来说是跨越，但对迪伦来说却是飞跃，虽然他在其中只是个吹口琴的小角色。卡罗琳在20世纪50年代来到纽约，有着天籁般的嗓音和流水般倾泻而下的棕色长发。她起先签的是珊瑚唱片公司（Coral Records），后来又签了传统（Tradition）。她的音域和爆发力着实惊人，迪伦也对她印象深刻，因为她认识巴迪·霍利，也很崇拜他。

格罗斯曼曾一度想邀请卡罗琳进入彼得、保罗和玛丽三人民谣组合。1959年，金斯顿三人组合获得巨大成功后，他便开始选人以组成一支流行民谣三人乐队，这支乐队将会融合金斯顿三重奏乐队的特点，但二者最大的区别在于：一个漂亮的女孩。他为了找这个女孩花了两年的时间，也曾考虑过摩根·斯科特和罗根·英格利什。他一直很欣赏鲍勃·吉布森（Bob Gibson），打算邀请她来当乐队的主唱。几个月间，他和吉布森、卡罗琳、雷·博胡斯拉夫一直陆续有合作，博胡斯拉夫是受过专业音乐培训的商业艺术家。但这个组合最后没能成功，吉布森有时嗓子会失声，个人问题也很多。博胡斯拉夫是个严肃的音乐家，除非前景大好，不然他不打算拿自己的艺术事业冒险。卡罗琳倒是很愿意也有能力做这个"漂亮女孩"。但到了1960年3月，她也开始不抱希望："我真的很怀疑这个组合到底能不能成功。"她写信和我说，"我们录了几盘磁带，效果都不是很好，但我们要是肯花心思应该也是能做好的。博胡斯拉夫的音域和我很不一样，所以我们最后混起来的效果不太和谐。"这个三人组也缺少格罗斯曼最终组成的彼得、保罗、玛丽组合具有的专注和毅力。

迪伦自己的说法是他把《时代》上刊登的评论递给哈蒙德之后继续回去吹奏口风琴，直到演出结束，迪伦连一个调都没唱过，但哈蒙德说他儿子和其他人跟他说过许多有关迪伦的事，所以他想替哥伦比亚用"标准"合同签下他———张专辑——接下来四年可以选择再出四张LP大碟。迪伦连合同条款都没问就马上同意了。法理尼亚也大致证实了这种说法，尽管迪伦在演奏的时候他跑过去找哈蒙德极力吹捧迪伦说他是绝对一流的歌手和作词人。

　　哈蒙德是最了不起的爵士乐制作人之一，他挖掘了比利·霍利戴（Billie Holiday），20世纪30年代，他还和班尼·古德曼（Benny Goodman）共事过。他还捧红了贝西公爵（Count Basie）、泰迪·威尔逊（Teddy Wilson）、班尼·卡特、布鲁斯钢琴乐的顶级钢琴家、米德·勒克斯·路易斯（Meade Lux Lewis）、阿尔伯特·安蒙斯（Ammons）和皮特·约翰逊。哈蒙德是家境富裕的藤校毕业生，热爱爵士乐和黑人音乐，于1938年和1939年在卡内基音乐厅组织了两场音乐会"从灵魂到摇摆（from spirituals to swing）"，这是对30年后摇滚乐的预演，所有的元素都将与后来的摇滚相融合。为了和他儿子区分开来，大家都叫他"大约翰·哈蒙德"，他很高，身上带着军人的威严，脸很长，举手投足间风度翩翩。母亲来自范德比尔特（Vanderbilt）家族，父亲是个银行家，所以他能没有经济顾虑地一心追求在耶鲁求学时就爱上的爵士乐，即使在大萧条时期亦是如此。1933年，他曾先后为《国家》和《新共和》撰稿，报道过著名的九名黑人男孩因种族歧视被控强奸的斯科茨伯勒民权案件。他还为《下拍》（*Downbeat*）、《节拍器》（*Metronome*）、《旋律制造者》（*Melody Maker*）、布鲁克林之鹰（*Brooklyn Eagle*）和《纽约罗盘》（*New York Compass*）撰写爵士和布鲁斯音乐评论。30年代中期，他还以自己的真名或化名亨利·约翰逊为左翼杂志《新群众》（*new masses*）撰稿。

　　哈蒙德在霍利戴17岁就发现了她，她虽有自毁行径，却独具音乐天赋。当时他去莫奈·摩尔（Monette Moore）位于哈莱姆大街西133号的驻唱酒吧听她演唱，但却对霍利戴印象更加深刻，整个30年代，他们在演播室内外经常合作。同样的戏码也在迪伦身上上演，他在海斯特的唱片里挖掘出了迪伦。

对于迪伦断言哈蒙德没听过他唱歌就准备签下他，哈蒙德一直很不安。在连续九个月被几个大唱片公司——艾丽卡、民俗、先锋——拒绝后，迪伦居然不用试音就被一个大唱片公司签下来了！哈蒙德在法理尼亚借的位于第十大街西的公寓见了迪伦，当时他们正在彩排。哈蒙德的回忆很模糊："他当时刚到纽约，戴着棒球帽。那时他还没在民谣城进行首次公开表演，我很欣赏在民谣之城听到的有关他的事迹，于是让他到我的演播室来。我不知道他经常唱歌，但我知道他经常写歌。我听过他的事迹，于是我当场就签下了他。他说他没有经纪人也没有父母，当时还未到达法定年龄。合同签订之后，我们紧锣密鼓地制作了第一张专辑，那时迪伦一天要写三四首歌，麦克风用得还不是很熟练。他的吉他弹奏说得好听点还不是很成熟，口琴吹奏也是不尽如人意。但是他有嗓音、有观点、有想法。他对社会现状很不满，于是我鼓励他把所有的愤懑都放到唱片里，因为我觉得这种方式能让他展现出真实的鲍勃·迪伦。

"所以前八个月我和迪伦合作得很痛快。我并未对他提供任何指导，因为我觉得他是个诗人，和他的同辈没有代沟，而哥伦比亚当时在沟通这方面做得不太好。我觉得唱片制作人对他干扰得越少，最后唱片的效果会越好。我记得他第一张唱片的制作经费只花了402美元，因为从头至尾只有他一个演奏者，没有筹备费，也不用花钱雇音乐家。他在做第二张专辑的时候来问我阿尔伯特·格拉斯曼这人怎么样，格拉斯曼想当他经纪人。我跟他说我之前在新港音乐节和他合作过，觉得跟他共事没问题。但后来我发现我跟他没法共事。"

　据说哈蒙德的儿子在他挖掘迪伦的过程中起了不少作用，但哈蒙德对此也是印象模糊："迪伦来到纽约之前，我儿子就对他仰慕已久。他当时正好在明尼阿波利斯的一家咖啡吧演唱，1961年我签下迪伦之后，他马上跟我说：'爸，我刚在明尼阿波利斯转悠了一圈，你知道鲍勃的真名叫齐默尔曼吗?你知道他是从明尼苏达大学毕业的吗？'我说：'我不知道，这些对我都是新闻。'我又说，'这些都是他的私事，对我不重要。'"小哈蒙德在格林尼治村到处风闻迪伦的事迹，成了他狂热的簇拥者。在他爸爸的印象里，小哈蒙德只要一提起迪伦便赞不绝口。

　卡罗琳的专辑《卡罗琳·海斯特》制作得很成功，那时正值哥伦比亚开始重视民俗音乐。迪伦参加了三首歌的录制。《我将飞走》（*I'll fiy away*）是一首欢快的灵歌，他的口风琴吹奏得极富节奏感，中间只停了一小会儿，时而热情奔放，时而窸窣嘈杂，最后以布鲁斯音乐中情感深沉的奏乐（swallowing riff）结尾。在《摇摆周年》（*Swing and Turn Jubilee*）中，卡罗琳的歌唱带着跳方块舞时的欢欣鼓舞。布鲁斯·兰霍恩（Bruce Langhorne）能在吉他和小提琴弹奏间切换自如，让整首歌舞动起来。迪伦的口琴吹奏得抑扬顿挫，推动着整首歌欢快的曲调。迪伦口琴吹奏的另一种风格在《回来吧，宝贝》（*Come back, baby*）中也体现得淋漓尽致，忧郁伤感的曲调扮演着伴奏者最恰当的角色——给予无形的支持。哈蒙德对卡罗琳这场表演相当满意，很想在接下来一周内就签下迪伦。迪伦之后会发现这份合同其实很糟糕，但这是他可以一展拳脚的机会，当时没什么比这更重要。再说，首先，他喜欢哈蒙德的热情、谦和以及对他的鼓励；其次，能和与这么多爵士乐大咖合作过的人共事让他感到很荣幸。

"拿下哥伦比亚的五年期合同！"布拉泽·约翰·塞勒斯（Brother John Sellers）在民谣城啧啧称赞道，"这孩子还真是个人物。"签约的消息传出去之后，他感受到了圈子里同行的嫉妒，失去朋友的速度和他结交朋友的速度有得一拼。民谣界倾向于打击那些"小有成就的人"。亨瑞·贝拉方特成了他们眼中"出卖原则"的代表人物，因为他建了个组织，创了个乐队，身边还有一批工作人员。[16]知名演员伯尔·艾夫斯（Burl Ives）被他们视作"社会弃儿"[17]。连克兰西兄弟和汤米·马克姆（Tommy Makem）这种再正常不过的组合在繁华的市区进行一场表演也被他们说成："他们已经出卖了灵魂，他们已经不是以前的他们了。"民谣界对大众媒体和演艺圈的蔑视一直持续到20世纪60年代中期。迪伦每次改变风格，民谣纯粹主义者都觉得这是商业力量在作祟。

每当迪伦的演艺事业风生水起之时，他总是会成为无数人爱恨的焦点。他的每一次成功都会吸引一大批簇拥者和诋毁者。当然也有路人转粉的现象，那些曾经嘲笑过他的人也会转而崇拜他。对迪伦的嫉恨也充斥在明尼阿波利斯的民谣圈，他们对《时代》上的评论和他的签约都感到震惊不已。"我们不明白为什么迪伦可以做到而比他出彩的约翰·克尔纳做不到，"来自明尼阿波利斯的苏珊·加德纳在1968年这么跟我说。其实那时候，她和早期质疑迪伦的那些人早就明白为什么了。从那以后，妒忌和怀疑一直纠缠着迪伦。如果他在曼哈顿打个喷嚏，那些在哈弗广场的人会称赞他，而那些在伯克利的人则时刻准备着抨击他；从东岸到西岸，人们对迪伦的评价莫衷一是。

1961年9月的最后一周，迪伦开始感到压力越来越大，几乎将他击垮。他能承受得起公众的褒扬吗？他能摆脱业界的嫉恨吗？他在民谣城准备每一次演出时，自我怀疑都在胸中翻滚。但有一点可以确定的是，人们喜欢他滑稽古怪的言谈举止。如果他表演的目的更多是为了博得观众的笑声，那那些想从他的表演中猎奇，听到欢声笑语、清脆节拍的观众就比较好满足。于是他在舞台上的走动开始多起来，用自己的帽子当道具，把它拉低，斜着戴，变着法儿地戴，用它擦眉毛、拍苍蝇、弹吉他。他在歌与歌之间的独白变得越来越滑稽可笑，时间掐得越来越准。他进步得很快，两个星期的舞台表演让他变得更强大，更自信。演出结束之时，那些原先不喜欢他的人也变得不敢小觑他。很少有人对迪伦的情感是不温不火的；人们要么爱他，要么恨他。

第一张唱片

快速地从头到尾排练了一遍之后，鲍勃和哈蒙德打算进入在第七大道上的哥伦比亚电影制片厂A部。哈蒙德所需要的是一位乐器演奏家，一位谋划者以及他自己。迪伦才华横溢，身边带着一位满头棕色长发的女孩，名叫苏西。他依旧外表冷峻，大部分歌曲试录了不到五次就敲定下来了。有一些仅仅试录了两次，即使是西纳特拉（Sinatra），光热身也要录十来次。哈蒙德和这样一位谙熟布鲁斯的年轻人一起合作非常高兴。他一直告诉迪伦让他离麦克风稍微远一点，以免p这个爆破音会产生噪音。过了20分钟左右，迪伦信心倍增。某一时刻，哈蒙德起身离开了控制室，带着他的一位老朋友，戈达德·利博森回来了，他曾是一名木管演奏家，后来又担任哥伦比亚唱片公司的总裁。利博森在哥伦比亚唱片公司的第一份工作就是由哈蒙德介绍的。利博森对迪伦的表现流露出赞许的目光，他们两人在对讲机中也对迪伦赞赏有加。

迪伦第二天说，令他最为震惊的就是当他在录《人终有一死》（*Fixing to Die*）这首歌时，一位年迈的黑人看门人，不再打扫走廊了，走进了录音大厅，静静地听着。那时，鲍勃就知道会有更多的人喜欢他的歌曲。这悲怆幽怨的挽歌将迪伦定格在了唱片上，看门人抵着扫帚，凝视着，聆听着。鲍勃永远不会忘记这一幕，对他而言，这比哈蒙德与利博森的所有称赞都更珍贵。

第一张唱片就简单地命名为《鲍勃·迪伦》，在1961年11月录了三场就结束了，但直到1962年3月19日才正式发行。录音完成和正式发行时间上的这个空当是个惯例，这种拖延必然是由官僚机构行政效率低下所导致的，迪伦因此而十分恼火。迪伦觉得他在1961年底有极大的动力去创作，但因为一张唱片耽误了五个月，难免令人扫兴。在这张唱片正式发行之前，他已经陷入了很窘迫的境地了，他把唱片压到了抽屉的最下面。其实早在12月份，设计审校工作完成之后，失望情绪就已经在迪伦身上蔓延开来了。很少有唱片艺术家对他们的一稿完全满意，但是对迪伦而言，他认为在这部他在短短几天之内完成的唱片中，唱片套上的小段说明文字要比唱片内容更加精彩，他希望以后可以保持这种水平。或者，他说他对这些歌曲的喜爱程度，就像这些歌曲都是他自己写的一样。合同刚刚签完，他的完美主义就浮现出来了。

这些年，迪伦的消极情绪越来越突出。他会在创作、唱歌、录音、表演上投入很大精力，在这之后会有短暂的兴奋感，随之而来的便是无尽的绝望。每次在他刚刚完成一张唱片的时候，他总会觉得这是他有史以来完成得最完美的一次，但过后，他便会觉得"这也就是我做过的一张唱片而已。"（他曾一度觉得他在1968年发行的《约翰·韦斯利·哈丁》这张唱片是他所创作的最为精美的一部，但后来他曾公开说"这张唱片只是满足了当时人们的诉求罢了"。）

第一张唱片是"旧迪伦"最后的遗嘱，同时也预示着一个"崭新迪伦"的诞生。唐·哈斯廷（Don Hunstein）的封面照片是一个稚嫩的小男孩，这显然和他老练的内心不相匹配。一位年长的哥伦比亚看门人，双手抵着扫帚，这样的一幅照片才能更恰当地反映出这种情绪。迪伦的照片细腻中却又带着一丝暧昧，他的歌声里充满着坚定的语气。甚至在迪伦深爱着苏西的时候，他的心头还一直萦绕着关于死亡，关于悲伤的歌曲。死亡和爱情，在这位年轻的浪漫主义者眼中交错缠绕着。迪伦在录音的时候，苏西坚定地坐在那里，投射出赞美的目光，但她妈妈对他们关系的竭力阻挠，难免使他们的关系时而陷入阴霾。迪伦的很多歌曲都可以很明显地看出来是专门为苏西而写的，他在传统歌词上作出的改变也足以显示出他想要展现出他对她的深情的强烈愿望。

如果封面图片不能展现出唱片的内容，那它就一定展现出了迪伦当时的样子，他戴了一顶帽子，显得比他实际年龄要年轻一些。他胖嘟嘟的脸庞，不带一丝微笑，冷漠中却又夹着几分害羞。他那假冒美国西部的服装，是1961年典型的嬉皮士装扮。他几乎不怎么笑，这也变成了他的一个特色，可能当时对于迪伦而言，没有什么值得他高兴的事情吧。

1969年年底，哈蒙德指出鲍勃在吉他、口琴和麦克风使用上的一些不足，即便如此，他当时毫不掩饰他对这张唱片的痴迷。他吹口琴的技巧还不算娴熟，但口琴却给这张唱片赋予了别具一格的韵味。口琴将迪伦的声音和吉他的音质巧妙地编织在了一起，这也使人们重新拾起对20世纪60年代早期布鲁斯口琴的兴趣。迪伦对黑人布鲁斯的理解在这张唱片中仍然占据着主导地位，但是那些弥漫着死亡与伤悲的歌曲又使整张唱片充满诙谐与智慧。（后来，当托尼·格洛弗、约翰·克尔纳和戴夫·瑞在为艾丽卡唱片公司录白色布鲁斯的唱片时，他们以保罗·纳尔逊的口吻问道："谁说我们因为在密西西比河的错误尽头，就唱不出优秀的布鲁斯？"）这张唱片包括以下内容：

《你一无是处》（*You're No Good*）：杰西·福勒曲库里一首轻快活泼的曲子。一个单人乐队，在他唱歌的同时，可以操纵六种乐器，福勒这种富有娱乐性的乡村雷格泰姆音乐总能给人带来很多欢乐。《你一无是处》这首歌是福勒克敌制胜的法宝，到了迪伦手里，这首歌就变成了一个为情所困的男人在不停地数落他生命中伤害了他的女人。《你一无是处》在一些美国发行的和英国发行的原版唱片中，被误写为《这个女人一无是处》。这首歌语言清晰，节奏明快，无不预示着一位年轻唱将的降临。这种声音的声线、冲击力、音质以及穿透力都能够吸引到别人的注意力，能与乐器相媲美。休息期间，迪伦也组建起来了他自己的单人乐队。口琴的声音咆哮而出，与吉他声浑然一体，交相辉映。紧接着，他的声音再次席卷而来，对话体紧随其后。这些表演，迅速点燃了观众们的激情，大家都兴高采烈，激动不已。吉他表演相当干净利落。当迪伦的歌声渐入佳境之时，他那露骨的模仿剧展现出来了，这一表演在几个露骨的连复段中达到高潮，好像在暗示着杰克·艾略特最为狡猾的一面。《你一无是处》是这张唱片中最为璀璨的一颗明星。这位老者的滑稽表演，令人笑声不止。

《说唱纽约》：这首歌展现出了迪伦最为杰出的一个侧面，它绝妙地诠释了迪伦的写作天赋，讽刺音乐产业的独特视角，以及他对幽默和节点的有力把控。究其原因有三点，一是迪伦以伍迪·伽思礼的音乐为典范，创作出了独具特色的歌曲；二是这首歌传递出了独特韵味；三是迪伦在传达信息时增添了不少哲学含义。伽思礼歌曲的整体构架在《说唱地铁》（*Talkin' Subway*）这首歌中体现得淋漓尽致，歌曲选段如下：

> 我在旧纽约奋力拼搏
>
> 想着干出一番事业
>
> 每天行色匆匆
>
> 从一个窟窿钻到地下
>
> 尼德兰隧道，地铁长达三英里
>
> 极速穿过了哈得孙河，散落下朵朵涟漪
>
>
> 突然之间来到了纽约城里
>
> 我上下打量着这座城市
>
> 我发现街上的每个人
>
> 都会匆匆忙忙地从一个窟窿钻到地下
>
> 我尾随着他们，终于看到了他们的去向
>
> 报童喃喃自语，他们想用滚滚浓烟把老鼠熏出洞[18]

伽思礼第二首富有影响力的歌曲是《纽约城》（*New York Town*），正如上文提到的布鲁斯一样，迪伦的作品在结构和把控力上有了显著的提升。迪伦在他的第七首诗中间接引用了伍迪的话，然后他又给伽思礼的《美少年弗洛伊德》作了一个总结：

在这尘世漫步，透过其中的点点滴滴

我看到了太多颇为有趣的人们

有人用左轮手枪去抢劫

而有人用水笔也可以抢劫[19]

说唱布鲁斯是一种非常古老的艺术表现形式，在简单的吉他伴奏下，开始说唱。叙述者讲了一个讽刺意味极强的故事，他面无表情，每首诗都以讽刺性的旁白收尾。自伽思礼开始，大部分说唱布鲁斯都是为民间幽默服务的。它最初的表现形式暂不可考，但是在黑人福音歌曲的布道部分有它的影子。教区领袖将口头布道融入到了歌曲的韵律之中。很多布鲁斯都是以口语的声线方式完成的。莱德贝利经常会把他说的话融入到歌曲当中去。

"说唱布鲁斯之父"南卡罗莱纳州的歌手克里斯·布奇隆（Chris Bouchillon），于20世纪20年代首次以说唱形式录制了一曲《说唱布鲁斯之起源》。罗伯特·伦恩（Robert Lunn），一位更加商业化的30年代到40年代的乡村歌手，也自称是"说唱布鲁斯之父"。布奇隆是由弗兰克·沃克（Frank Walker）给他录音的，沃克是实战录音的先驱，他比较讨厌布奇隆唱的部分，却"很喜欢他说的部分"。一种音乐样式的诞生居然是由于一位歌手唱歌唱得不好！伽思礼和迪伦通常采用卡特家族的吉他风格，他们会用扁截齿，或是拇指或食指。低音音符之后，便向下拨吉他的头三四根弦，接着马上又向上拨。迪伦的《说唱纽约》是G调三和弦。

鲍勃批判了音乐产业、纽约的冷漠、咖啡馆的联号剧场以及音乐监制人，他说："1961年5月，我在尼德兰隧道免费搭车旅行，得到了虚假信息，便朝着佛罗里达州的方向走了，我本来是想去加利福尼亚的。我早上7点出发，这本身就是一个错误的开始。然后我下午5点离开，在公路旁的一个货车站写作。我只是把自己所想写到纸上罢了。我走过了圣路易斯、明尼阿波利斯、麦迪逊和威斯康星。"迪伦肆意地咒骂着咖啡馆，"他们想要看我穿缎子衬衫，弹羊肠线弦做的吉他，可我弹的所有吉他都只是钢丝弦的，你也知道我不穿缎子衬衫"，他这样告诉我。迪伦在录他的第一张唱片的时候，就对音乐产业产生了怀疑，这完全可以体现出这个成熟男人的远见卓识。

《死之将至》（*In My Time of Dyin'*）：这首古老的圣歌可能是最为引人入胜的音乐了。迪伦说他早已记不清第一次是在什么地方听到的这首歌，但这是他第一次演唱这首歌。乔希·怀特曾在20世纪50年代末在《乔希的午夜》（*Josh at Midnight*）中演唱过那首歌，但他早在1933年就以"歌颂基督徒"的艺名录制了这首歌曲。怀特曾把这首歌的名字改为《耶稣将送我入天堂》（*Jesus Gonna Make Up My Dying Bed*），这个版本的名字显然要比迪伦的柔和很多。1963年，在我给乔希听迪伦演唱的这首歌时，他也勉强承认迪伦在结构方面要比他更深入、更协调。当他听这首歌时，他微笑着赞赏道：

"这小子还真知道他在干什么！"

迪伦极致的吉他表演反映了他的确深入研究过罗伯特·约翰逊（Robert Johnson）和亚比特·布朗（Rabbit Brown），从技术层面来讲，他的独创性还是很强的。他通过采用D调，达到了协和统一的效果。他先给低音E弦降到D调，再给高音E弦降到D，最终得到连续三个八度的D。弦驻在吉他的第四品上，迪伦把苏西口红上的金属盖戴到他左手小拇指上，通过瓶颈压弦滑奏法来演奏。在金属管内，弦所发出的声音可以形成内部回声，并能产生清脆响亮的效果，很多三角洲乡村布鲁斯的音乐人会用威士忌的瓶颈来达到这种效果。这种急切的声音可以用来传达感情充沛的自传。对于迪伦这么年轻的歌手来说，能认同圣歌这种充满死亡气息的作品，的确令人十分惊讶。迪伦不会在公众场合去唱这首歌，但这首歌却是他所有唱片中最为精美的作品之一。

《永远悲伤的人》（*Man of Constant Sorrow*）：这是一首美国南部白人山区歌曲，歌曲中充满了种种不幸，这位民谣歌手第一次录这首歌曲的时候大概是在20世纪20年代末，由埃姆里·阿瑟帮他录制，阿瑟是肯塔基人，后来搬到了华盛顿港、威斯康星州，他在那里的椅子厂工作。他一直在创作。30年代，一位肯塔矿工的妻子，名叫萨拉·冈宁，她把这首歌改编成了《我是一个永远悲伤的女孩》（*I am a Girl of Constant Sorrow*）。迪伦后来又重新改写了这一版本，60年代早期这首歌流行于新遨游者失落之城乐队（New Lost City Rambler）、贝兹还有其他一些乐队。这首歌的发源地是科罗拉多。迪伦曾把歌词"你的朋友觉得我是陌生人"改为了"你妈妈觉得我是陌生人"，以此来反映苏西妈妈对于他们交往的阻挠。他又重新用平的扫弦，轻描淡写了很多，不过仍未脱离传统山区风格。这首歌已变成了迪伦的独唱，他自己很喜欢这种形式。[20]

《人终有一死》：迪伦从布克·T.华盛顿·怀特的一张老唱片中了解到了死亡的其他侧面，布克是一位布鲁斯歌手，他曾在密西西比河监狱农场服役。怀特把这首歌当作圣歌一般去演唱，而迪伦的版本将这首的节奏调整得明快了很多。《人终有一死》以滑唱开场，这种手法后来多见于摇滚吉他手的表演之中，迪伦吉他以平的扫弦，D调开场。怀特的很多形象与老一代的圣歌一脉相承，就像《死之将至》。这个歌名是乔·麦克唐纳在1965年取得，他所说的"我感觉我即将要衣衫褴褛地死去了"，是对越战极大的讽刺。

《漂亮的佩吉奥》（*Pretty Peggy-O*）：是一首嬉闹却又露骨的讽刺歌曲。迪伦以贝兹乐队的版本为准，并且已经谈过很多次了。第一次世界大战期间，一位英国民谣收集者，名叫塞西尔·夏普（**Ceil Sharp**），在阿巴拉契亚山脉南麓收集了几个不同版本的《漂亮的佩吉奥》。在苏格兰，这首歌曲歌名为《漂亮的小姑娘奥菲维奥》（*Bonnie Lass O' Fyvie-O*），在英格兰，这首歌的歌名则为《德比的佩吉真漂亮》（*Pretty Peggy of Derby*），都在当地家喻户晓。贝兹乐队的版本中，这首歌被称作"Fennario"，迪伦把他描述成当地的一个陌生人。大部分人在处理这首歌时都倾向于把它看作一个轻松愉快的传说，而迪伦却会把这首歌唱得比较滑稽可笑。在这首歌中，"中尉，消失已久了"[21]，我觉得，他意在嘲讽这个传统复兴难能可贵，他用"牛仔竞技比赛（rodeo）"这个词，是为了和"这个地区最美的少女（fairest maid in the areo）"[22]押韵。

《51号公路》（*Highway 51*）：在迪伦来到格林尼治村的第一年，他一直坚持自己是乡村音乐或山地摇滚歌手，或者干脆就只是一名歌手，但绝不是一名民谣歌手。《51号公路》可能是他的第一首摇滚民谣歌曲，虽然没有使用电吉他，也没有节奏。已过世的汤姆·威尔逊（Tom Wilson），曾是迪伦的制作人，他坦言摇滚民谣起始于1964年动物乐队录制他们配有电吉他演唱的歌曲《旭日之屋》之时。另一起点是，1962年迪伦在哥伦比亚唱片公司发行他的第二张专辑，加入了四把电吉他。第三个起点是1965年飞鸟乐队演唱的迪伦的歌曲《鼓手曼先生》。至此，除了电子化乐器之外的所有摇滚民谣元素都出现了。

美国民谣歌曲和布鲁斯中充满了旅行的意象，象征着自由和改变。对于美国南部黑人而言，火车汽笛声响起寓意逃离，他们期盼着在铁轨的尽头可以看到新生活的曙光，抑或对往日生活的思念。大乔·威廉姆斯（Big Joe Williams）曾唱了《49号公路》。罗伯特·约翰逊对《十字路口》（*Crossroad Blues*）和《气垫车》（*Terraplane Blues*）感情真挚。甚至纳·金·科尔（Nat King Cole）曾演唱过《66号公路》。伽思礼和皮特·西格尔曾共同演唱过《66号公路布鲁斯》，这首歌是关于绝望的尽头和崭新的开始的。

《51号公路》这首歌其实是迪伦另外一首伟大歌曲《重访61号公路》的先兆，《重访61号公路》是为了纪念得克萨斯州一位布鲁斯歌手柯蒂斯·琼斯（Curtis Jones）而创作的。他生于1906年。他在20世纪30年代曾在沃卡莱昂（Vocalion）唱片公司和征服者（Conqueror）唱片公司录制唱片，他的歌曲主要讲述南部黑人他们喜欢的路途。51号公路从新奥尔良起，北上一直到达麦迪逊和威斯康星州。一位芝加哥的布鲁斯歌手汤米·麦克伦南

（Tommy McClennan），他声音沙哑，举止粗鲁，**1940**年曾为柯蒂斯·琼斯录制唱片。艾佛利兄弟（**Everly Brothers**）曾用摇滚唱法演唱过这首歌曲。迪伦的歌词和曲调和琼斯的相差甚远。奇怪的是，迪伦基本上剔除了琼斯所有关于汽车的参考以及麦克伦南关于"灰狗"汽车的参考。

简单的吉他演奏补充了节奏乐器组的单调，其中穿插着象征爵士乐鼓声的重音——这是里奇·海文斯震撼人心的吉他演奏的先导，他创造性地平拨吉他。另一种循环开场的音型用在了艾佛利的《起床吧，小苏西》（*Wake Up Little Susie*）这首歌中。在吉他发出的咔嚓声中，迪伦唱出了强有力的摇滚布鲁斯歌曲。在短短的**2**分**40**秒中，这些韵律、节奏、动感将整首歌迅速地推向高潮。歌词在死亡的笼罩之下，但迪伦的声音和吉他演奏却充满了无限的生机与活力。

《田野福音》（*Gospel Plow*）：这是由一首古老的圣歌改编成的现代流行民谣，它是在快节奏大调中完成的。"不要松开拖着犁的手"是一句流行于美国农田地带的谚语。这句话表达出了坚定的决心，但是迪伦在他那近乎嚎叫的嗓音中，强调动感和冲击力，将吉他演奏推向高潮。这是对于这张专辑最失败的解读，因为他似乎做不到保持整首歌语调的统一。双方开始都以为这首歌不是迪伦演唱的最为优秀的歌曲。《田野福音》预示着后来他成为了基督教徒。

《宝贝，让我陪你走下去》（*Baby, Let Me Follow You Down*）：迪伦弹了一段吉他来缅怀亚比特·布朗之后，逐渐引入了他的歌曲。他所做的口头介绍讽刺了当时民谣的概况，挖苦似的赞誉了剑桥大学的埃里克·冯·施密特。在随笔中，迪伦谈到他深信里克从贺拉斯·斯普罗特（**Horace Sprott**）

那些古老的唱片中汲取了很多元素，贺拉斯是阿拉巴马州的一名佃农，弗雷德里克·拉姆齐（Frederick Ramsey）曾在田地里为民俗风唱片公司给他录音。迪伦的三指弹拨法恰好和悠扬的口琴伴奏互补。口琴、声音和吉他，三者融合成悠扬的和声。这样唱出来的效果给感官以强烈的震撼。"宝贝"这里很明显指的就是苏西，她曾一度认为这首歌是专门写给她的。后来，迪伦将这首歌和受人尊崇的加里·戴维斯的歌曲《宝贝，我想把全世界都给你》（*Baby, Let Me Lay It on You*）联系在了一起。

《旭日之家》：早在1937年，艾伦·洛马克斯就在肯塔基州的米德尔斯堡录制了这首他口中的"当代南方白人歌曲"。洛马克斯认为，这首歌的名字来历可能与某首内容粗秽的英国老民歌有关，而它的旋律来源于民歌经典《小马斯格雷夫和巴纳德女士》（见儿童民歌81）以及它的美国版本《小马蒂·格罗夫斯》。该歌讲述了一位被迫以卖淫为生的女人的故事，当时版本由约什·怀特、辛西娅·古丁、伽思礼、希格尔等人合力录制而成。而在本专辑的版本上，歌手卡洛琳·赫斯特使用了歌剧的唱腔，范·容克则用粗哑、简洁有力的声音予以诠释。迪伦评论道："这首歌我很早就听过，但直到听了范·容克的演唱，我才真正理解了这首歌。" 年轻的迪伦也录制了自己的版本，他缩减了乐句的长度，为的是让情感的表达更具爆发力。就像贾科梅蒂在雕塑时会拼补一些大块材料一样，迪伦在曲中加入一些空白片段，这样歌词就被空白片段分离开来，从而强化了关键部分的演绎，达到无声胜有声的效果。通常而言，男民谣歌手在演唱女歌手的作品时，都会调换一下歌中人物的性别，然而迪伦选择保留歌词的原貌。后来英国的动物乐队也翻唱了此曲，他们大体上沿用了迪伦之前的修改，所以在某种意义上，正是这首歌第一次把迪伦领进了英国摇滚界。

《货车蓝调》：这是首轻松欢快的歌，迪伦自称在创作时受到"乡村音乐之王"罗伊·阿卡夫的一张专辑的极大启发，不过他从艾略特那里学到的可能更多一些。在迪伦精湛的演奏下，美妙的音符从口琴中飘出，营造出轻快、质朴的乡野风情。在演唱中，迪伦运用了真假声交替和咏唱的技法，伴以沉稳有力、韵律十足的吉他，人声、乐器声和谐共融。迪伦吸收了阿卡夫的乡村音乐元素，他在曲中模仿了火车的汽笛声，但开头的声音不够坚决，持续几秒钟后声音还有些发颤，不过哈蒙德最终选择留下了这个小瑕疵。

《献给伍迪的歌》：这首歌创作于1961年2月，据说是在葛里森家那次不愉快的初遇后，迪伦在米尔斯宾馆的酒吧里写成的。这首民谣突出了四分之三拍优雅的特点，旋律婉转低回，曲调借鉴了伽思礼的那首《1913年大屠杀》。迪伦在此曲中运用了类似摇篮曲的安详、沉静的音调，烘托出一种亲密、祥和的氛围，仿佛迪伦就在伍迪的耳畔低声述说。由于迪伦对偶像伽思礼健康状况的恶化倍感心痛和震惊，所以在创作这张专辑时曾设想过将"死亡"作为主基调，而这首歌却截然相反地以伽思礼意气风发的青春岁月作为主要背景。为人声伴奏的是简洁明快的吉他声，因此整首歌就像是一幅简单勾勒的简笔画，在轻描淡写中表达了真挚情感。

1961年初秋，迪伦曾在民谣城的一场歌会上表演了这首《献给伍迪的歌》。当时在场的琼·贝兹向先锋唱片梅纳德·索罗门索要这首歌的录音。后来我跟梅纳德聊天时，问他有没有想过给迪伦录歌，他说他没想过，不过坐在那边的琼倒是很想唱迪伦那首《献给伍迪的歌》。琼最后也没拿到这首歌的带子或副本，后来逐渐就把这件事忘了，直到1963年，她与迪伦在西海岸再次相遇。

在与这首《献给伍迪的歌》有关的故事中，有一段让人感到比较压抑。在1966年4/5月的一版《放声歌唱！》杂志上，来自俄亥俄州扬斯敦的罗伯特·菲里斯用《献给伍迪的歌》的旋律和结构另作了一首歌，歌词表达了他对迪伦走向电气化的失望沮丧之感。菲里斯在杂志上写道："每个人都可以唱我这首歌，以此来唾弃自己那个变得腐朽堕落的偶像。"

《请将我的坟墓打扫干净》：这是一首传统的黑人灵歌，经"盲人"莱蒙·杰弗森的演绎后成为经典。"盲人"莱蒙曾于1927年10月为派拉蒙公司录制过一版，自1928年2月发行起，该曲就成为历史上最著名的种族歌曲之一。"盲人"莱蒙初次听到这首歌的时候，它的名字叫《两匹并排站的白马》（另有同名歌曲收录在卡尔·桑德堡1927年的《美国歌集》中，歌词和旋律完全不同），又名《一种感觉》。无论是"盲人"莱蒙的版本，还是迪伦的版本，里面都包含了丰富的传统美式民谣的意象，如用银铲子掘墓、棺材入土、两只驮着棺材的白马，等等。而在继承传统的同时，迪伦也给此曲打上了自己的烙印。"盲人"莱蒙的版本活泼、欢快且闪烁慈爱的光芒，迪伦的版本则粗犷而阴郁。

得益于迪伦良好的时间规划，好戏才可如期而至。从9月开始一直到专辑录制的环节，迪伦有充足的时间可以对歌曲进行修改，他调整了一些过于夸张的表达，因此就整张专辑而言，或许只有《田野福音》这首歌在表达上有些失控。而像《请将我的坟墓打扫干净》这样的歌，迪伦在表达上也控制得非常到位，听者仿佛可以看到棺材被缓缓放下，听到有人在诵读悼文。许多已成名的歌手都有张不堪回首的首专，但迪伦通过为期五年的精心准备，首张专辑即成精品。

迪伦还额外录了四首歌，没有被收录在专辑里，它们分别是：《木匠》，一首传统南方山区民谣，被贝兹和鲍勃·吉布森演唱后为众人所知；《他曾是我的朋友》，改编自迪伦从一位名为"盲人"阿尔维拉·格蕾的芝加哥街头歌手那里学来的一首歌，后来也被伯兹合唱团翻录在一张向肯尼迪总统致敬的唱片上；《漫游者的蓝调》，又名《漫游四方》，本是伽思礼的作品，曲风欢快；《街上的人》，一首迪伦的原创歌曲，灵感源于迪伦在格林尼治村西四街目睹的一件事——那天他在街上撞见一名警察正用警棍去戳击一位死者的尸体。[23]

为了方便我写内页说明，哈蒙德给我寄来了几个唱片样本。当时我用的笔名是"斯泰西·威廉姆斯"，这名字是我抓阄选出来的。《泰晤士报》当时有个不成文的规定：音乐板块的成员不得参与自己所要评论的唱片的制作工作，但经常有人违反这条规矩，而且几乎每个人都曾匿名或用笔名给唱片写内页说明来赚取外快。我告诉迪伦我偷着写内页说明的事，迪伦开怀大笑。随后我们达成共识，我在写的时候会继续帮迪伦隐瞒他的希宾籍贯，而当有人问起斯泰西·威廉姆斯是谁时，迪伦会帮我"随便编个爵士和布鲁斯乐手的身份，就说在为哥伦比亚唱片写东西，争取糊弄过去"。

由于要在专辑内页说明上介绍歌手的相关信息，迪伦在1961年12月的一个下午来到我的住处帮我一起准备。迪伦语速很快，一直滔滔不绝地讲着，且从未给人以篡改事实的感觉。他反复提及那些给予他灵感和对他影响深刻的音乐家，并赞颂了他们伟大的艺术成就。迪伦说："要论对歌曲节奏的拿捏，没人能比那些老布鲁斯歌手做得更到位了。"谈到这点，他特意举了罗伯特·约翰逊和"大个子"乔·威廉姆斯的例子。此外，迪伦还特意强调，虽然他没有在《请把我的坟墓打扫干净》的录制时选用个人版本，但在演唱中添了一句独创的歌词："就来掘我的坟墓吧/用那把沾满血迹的铲子/最后别忘犒劳掘墓人。"

在谈到自己的人生经历时，迪伦表示目前还不太愿意对外公开自己的早年生活。他说他毕业于希宾的一所高中，"在很远的北方，靠近加拿大边境"。在高中毕业前夕，他曾一度住在南达科他州的苏福尔斯以及新墨西哥州的盖洛普。"后来我拿了奖学金进入明尼苏达大学，但在那里只读了六个月就走了，是因考试不及格而退学的。我实在反感学校的教育方式。我其实很爱读书，但从不读学校要求的那些。我读了许多人文、经济方面的书，比如亚当·斯密的《国富论》，在别人的推荐下我还读了佐拉和卢梭的作品。我曾通宵达旦地读康德的哲学，而科学课要求读的那本《和鸟类一起生活》我一眼没看。为了拿高分，我选了门容易的西班牙语课。我已经达到用西语和人交流的程度，但任课老师还是恨不得把我撕成八块。后来我就搬了出去，在密西西比河畔的华盛顿大道桥下和四个哥们儿一起住。"谈到自己来到东海岸后的经历，迪伦说道："我去格雷斯顿医院看望了伍迪，与他促膝长谈，那次见面让我毕生难忘。现在每当我心情沮丧的时候，都会去布鲁克林找伍迪，一见到他我的心情就会好起来。的确，我拜访过伍迪太多太多次，但是我从未打算成为第二个他。"

那么迪伦有预料到自己会成名吗？我们这位主人公表现得比一个不名一文的流浪汉还谦卑。"我从未想过，自己有朝一日竟能在偌大的娱乐圈有自己的一隅之地。"随后，迪伦细数了那些在他成长道路上产生过重要影响的人："我在10岁那年开始唱歌、弹吉他。我最开始爱上的是乡村音乐，总听吉米·罗杰斯的歌，那大概是汉克·威廉姆斯刚去世不久的时候。后来我又对布鲁斯产生了兴趣，那会儿我比较喜欢杰利·罗尔·莫顿，我还记得莱德贝利，爱听他唱的那首《风流骑士》，不过伍迪·伽思礼的歌我也非常喜欢。我真的说不好自己到底更喜欢乡村音乐还是布鲁斯，所以最后我决定做一名融合汉克·威廉姆斯和伍迪·伽思礼这两种风格的歌手。"

据说迪伦特别喜欢查理·卓别林，那么他本人对此怎么评价呢？"他对我影响很大，甚至是在音乐方面，他的电影作品也总能深入人心。我喜欢到处寻找幽默，虽然我们生活中的幽默实在少得可怜。我觉得我的心里住着一个卓别林演的那个小流浪汉。"那迪伦为什么要写一些死亡主题的歌曲呢？"因为像《请将我的坟墓打扫干净》这样类型的歌会给我一种亲切感，而且我会用自己的方式诠释这些歌，和主流大众的方式不一样。"另外，迪伦一直渴望与范·容克及埃略特这样最优秀的歌手合作，并互相交换曲目来演唱。迪伦还是个狂热的摇滚乐迷，他尤其喜爱猫王、小理查德以及乡村摇滚明星卡尔·帕金斯。

谈到自己的口琴演奏特色，迪伦认为要归功于杰西·福勒、"小沃尔特"·雅各布斯和索尼·泰瑞三人的影响。"不过现在，我已逐渐形成自己的吹奏风格了。"对于未来，迪伦又有什么样的期待呢？"我只想继续唱下去，一直保持自己的风格。生活只要说得过去就好，我可从没奢望过挣什么大钱。"倘若某日挣了大钱，他会怎么花呢？迪伦笑着答道："我要是有钱了，先买上几辆摩托车，再置办一台空调，最后再来上四五套沙发就够了。"后来又聊到民俗、先锋及艾丽卡这三家唱片公司，我们俩拿这三家公司开起了玩笑，因为当初它们都曾轻视或者拒绝过迪伦。"我当时确实去了，唱片公司的人也都听了我的演唱。可现在，我很感激他们当初没有签下我。"

在总结自己的写歌技巧时，迪伦说："写歌应该是件很迅速的事情，不然纵使耗费再长的时间也写不出来。"（但后来迪伦也承认，正是截止日期的压力让他变得"高产"）而在创作有些歌曲之前，迪伦也会做很认真细致的准备工作。"当平时偶然听到某个有意思的词句用法时，我会把它记录下来。"迪伦还提到，电影曾为他的歌曲创作提供灵感。比如在看完那部反映西部私刑状况的《黄牛惨案》后，迪伦写了那首《黄牛惨案民谣》。迪伦说他刚刚看过一部名为《士兵之歌》的苏联反战主题电影，情节沉重、伤感，"我一定要以这部电影为背景写一首歌，"他说。之后，我又试探着询问迪伦为何对"死亡"这一主题格外青睐，结果迪伦一下子就变得不善言辞了。他说三年前他曾得过一场重病（我推测是哮喘），自那以后他就开始频繁思考"死亡"的问题。

1962年3月，迪伦精心制作的首张专辑正式问世。一开始，专辑在业内获得不少好评，但市场表现一直"冷冷清清"。直到大概两年后，这张专辑才算真正打开了销路。那时候，哥伦比亚唱片的人讥讽迪伦为"约翰·哈蒙德的陪衬"，只有极少数人坚信迪伦会有光明的前途，苏西肯定是其中之一，但迪伦对"死亡"话题的痴迷让她从一开始就担忧不已。爱情，在1961年11月以前的迪伦看来，不过是个虚幻缥缈的东西，他与苏西的爱情也不例外。迪伦对爱情持悲观的态度，他认为自己与苏西的爱情终究难逃时间的考验。了解这一点后，也就不难理解，为什么年仅20岁的迪伦会愿意唱老男人的歌曲，会把生命看作是脆弱、转瞬即逝的事物。

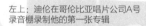

左上：迪伦在哥伦比亚唱片公司A号
录音棚录制他的第一张专辑

右侧：与制作人约翰·哈蒙德，是他
让迪伦与此厂牌签约。

第四章　确实是西四大街 161 号
Positively 161 West Fourth Street

鲍勃没有变，他只是长大了。

——比格 · 乔 · 威廉斯

上：1963年10月，在卡内基音乐厅举办的第二场演唱会，这次演出的海报宣布票已"售罄"。

下：不会看错的外形，即使是从后边观看。演出开始前，迪伦在调试音响设备。

"看不见水中我的倒影，
发不出没有痛苦的声音，
听不到我脚步的回响，
我还记不清自己名字的读音。"

——迪伦[1]

有一个老笑话说，有人在纽约问路："去卡内基音乐厅怎么走？"一位音乐家答曰："练习"。而迪伦在录制完自己的第一张专辑仅仅两周后，就走进了卡内基音乐厅——不是卡内基主厅，而是隔壁的首演大厅，卡内基音乐大厅的分会场大厅。1961年11月4号，星期六，迪伦举行了自己第一次重要的个人演唱会。现场来了53名听众，他们大多是"乡村"同党。迪伦的表演自信满满，而且非常专业。尽管迪伦悲伤的歌足以打动人，但是听众反响最强烈的还是那些常见的喜庆的作品——说唱布鲁斯。

此次音乐会的赞助人是民谣中心的伊西·杨。一张票只收费2美元，伊西，身穿长袖运动衫的索尔·胡洛克（Sol Hurok），又遭遇了一场艺术上的成功和商业上的失败。尽管伊西后来在民谣圈里大张旗鼓地贬低迪伦，我们仍然不能否认起初他对迪伦的鼓励与支持。伊西保留了自己与迪伦以及其他随便走进他商店的音乐家的采访记录。他和迪伦的谈话分别发生在1961年10月20号、23号和1962年3月14号。交谈中，迪伦提出了一些洞见，展示了过人的才智，还讲了一大堆他曾四处传播的故事。

"我的歌没那么容易听，我最喜欢的歌手是范·容克、艾略特、彼得·斯坦福尔、科威斯金和冯·史密特。琼·贝兹呢？她的嗓音能穿透我。她不错。和鲍比·威一起弹过钢琴，要是我没离开他，这会儿可能已经是百万富翁了。我不信什么宗教，也试过一些不同的教派。如今的教堂太分裂了，总作不了决定。我也下不了决心。我从未见过上帝，等我见到的那天，才能相信上帝的存在。我有点喜欢纽约，喜欢四处走走，骑摩托。以前在南、北达科他州和明尼苏达州的时候，我是个赛车手。在丹佛认识杰西·福勒以前，在南达科他州的苏福尔斯，我认识了一个会弹竖琴的雇农。我学会了用威尔伯（**Wilbur**）的方式唱歌，但我从来都记不住他的姓氏。我从真正的牛仔那里学到了牛仔的风格，那些牛仔的名字我已经不记得了。我们在夏延认识的。现在的牛仔看牛仔电影时，坐在那里一边骂，一边从电影中模仿这样那样地戴帽子，怎么走路也是从电影里学来的；曾经和来自芝加哥布朗克斯以及安蒂奥克的女孩们谈恋爱，她们弹着古典吉他唱着《富饶农场》。不涂口红，唱的都是兄弟友爱的歌曲，让我觉得好笑，不是小丑，那些女孩给我打开了一个全新的世界。现在我喜欢纽约的那种女孩，不记得以前喜欢什么样的了；不喜欢古典音乐，不听任何外国音乐，非常喜欢爱尔兰和苏格兰音乐；大学有最好的听众，比夜总会好得多。"

圣诞节前后，迪伦在新泽西州罗格斯大学举办了一场小型演唱会。迪伦的表演非常成功，但是喜剧成分让迪伦作为音乐家的一面黯然失色。演唱会自始至终，迪伦不停地嘲笑挂在自己身后墙上一位大学的老校董的照片："你好，罗格斯先生，很高兴你邀请我来到这里。"

1962年2月，迪伦北上来到一家位于萨拉托加温泉的小咖啡厅，店名叫"莉娜的咖啡厅"。当时迪伦已经是一名优秀的棋手，他也很擅长台球。在抵达一家复兴水疗中心后，迪伦又进入了一个台球厅，就像他后期歌曲里的牛仔们那样。当地的一个骗子向迪伦挑战，迪伦乖乖输给他前两局，这位陌生人就不停地加大赌注。等到第三局比赛，迪伦一下把这个赌徒的钱赢得精光。相比之下，在"莉娜的咖啡厅"的表演，迪伦就没那么幸运了，那场演出是特里·范·容克（**Terri Van Ronk**）安排的。特里尚未成功说服莉娜和比尔·斯宾塞（**Bill Spencer**）。莉娜："你知道的，我从不预约无名小卒。"

特里："我以前给过你各种各样的好处。现在该你帮我个忙了，让这个人唱吧，因为他真的很棒。你不会后悔的。"但莉娜后悔了。

斯基德莫尔学院（Skidmore College）的女生几乎没人听迪伦唱歌。当听众只顾着讲话而对迪伦的歌声充耳不闻时，斯宾塞一度抢过话筒说道："也许你们不明白这个年轻人在唱什么，也许你们太蠢，才不明白他在说什么。如果你们闭嘴认真听，或许你们会明白的！"鲍勃则开始他滑稽的长篇大论，指责那些听众以及店主。如果他有什么不屑的，那就是兄弟会、姐妹会和无礼的观众。1962年，迪伦没参与多少别的登台演出。他在多伦多咖啡馆和曼哈顿城市学院的"种族平等大会"义演音乐会上演唱过。4月24日至5月6日，迪伦回到民谣城，在那里迪伦永远会受到热烈欢迎。为哥伦比亚公司录音后，亨瑞·贝拉方特一直在寻找一位"少数民族"口琴演奏家。黑人口琴演奏家不下一打，贝拉方特为什么没想到他们还是一个谜。但不知何故，在贝拉方特的美国无线电公司活动上，迪伦受邀为"午夜特别"专辑演奏。当时，民谣圈总是各种贬低贝拉方特，但迪伦并不总是感到有损身份。据报道，迪伦1961年对伊西说："批评像贝拉方特和金斯顿三重唱小组这样的大佬很容易。贝拉方特的作品更像通俗歌曲。除非他唱我的歌，我是不会批评他的。但是如果他唱我的歌，他会因此替我赚很多钱的。"

迪伦把这次活动的故事编成了一首台下的说唱布鲁斯。"你看，这个亨瑞·贝拉方特真是个大人物，"迪伦随即告诉我。"他有一个极富战斗精神的小团队为我工作。为什么？他的编曲为了想出新点子都快疯了。我到的时候，工作室的人正在鼓捣一支特别的曲子。第一个弹吉他的人这样做，第二弹吉他的人那样做。一个家伙凑齐了两根鼓槌，又一个家伙跺着脚。他们排练了一遍又一遍直到完全满意,看上去不坏。然后贝拉方特走了进来。贝拉方特看起来很友善可亲,每个人都欢迎他,好像他是上帝本人。接着贝拉方特走近工作室人员排练的地方,这些人为了那段短短的重复乐节如此辛苦地排练。'亨瑞,'编曲说,'我们创作了很棒的一个片段,用在那首改编曲上。''很好,'亨瑞说,'我们来听听吧。'于是,"迪伦一边说,一边笑,"第一个弹吉他的人这样做,第二弹吉他的人那样做。一个家伙凑齐了两根鼓槌,又一个家伙跺着脚。完成后,所有人的目光都转向贝拉方特。'我没觉得好,'亨瑞说完就走开了,那些可怜的家伙脸上的笑容一下子就僵在那儿了,就那么僵住了!"

贝拉方特的专辑发行后,一些电台主持人,比如纽约电台WBAI的鲍勃·法斯,在播放这张专辑时,不是说:"这是亨瑞·贝拉方特在演唱'午夜特别',"而是说:"这是鲍勃·迪伦在演奏口琴。"(贝拉方特和某些人在一些场合取笑迪伦:为了保持节奏,鲍勃用自己穿着靴子的右脚打节拍,但振动声总是被录进磁带。于是一位录音师在迪伦蹬蹬的脚下塞了一个枕头。)

从1961年末到1962年,迪伦作为一名艺术家的生活主要是结交那些成名的音乐家,创作歌曲,与《小字报》和民权运动接触,以及与管理层联系。最重要的是,迪伦和苏西·罗托洛长久的热烈爱情对他1962年整年的创作产生了不小的影响。

"我的灵魂是真正占卜师"

1961年初夏,从明尼阿波利斯市回来以后,迪伦确信邦妮和自己没有未来，于是把自己膨胀的希望寄托在苏西·罗托洛的身上。苏西有一种神奇的魔力，甚至那些没有爱上她的人也能感受到。苏西浅棕色的头发散落在肩头，甜蜜的微笑足以温暖整个房间。她很害羞、踟蹰和温和。苏西的眼睛和耳朵能看到一切，听到一切，虽然她常常拙于表达。无论是素描、绘画，还是舞台制作规划或者是帮别人经营那份规模不大的杂志《街道》，苏西都显得富有创造力。

　　从1961年年中至1964年春，无论是否在迪伦身边，无论是在格林尼治村、伍德斯托克还是意大利，无论与鲍勃达成妥协还是争吵，无论是试图接近迪伦，比他容许的更近，还是远离迪伦，比他希望的更远，苏西都是迪伦迅速上升时期最核心的人物，无论是从个人还是职业方面讲。迪伦大概给苏西写了十多首歌曲，歌的灵感也多源自于她。他们认识时，苏西只有17岁。苏西是纽约人，来自一个都市化的美籍意大利裔家庭，家人都热衷于阅读，参与政治活动，并关心文化和社会。苏西说话、行事、思考就像一个女人，而不是小女孩。鲍勃在《简要墓志铭》（*Outlined Epitaph*）中最直接地刻画了苏西：

　　我常常想起苏

　　美丽的苏

　　她的线条如同

　　一只天鹅

　　容易担惊受怕

　　像森林里的一头小鹿

我想爱情

诗歌

如此孤独的我

带着伤病的我明白自己

能够

摧毁

途中善良的灵魂

它们没有疾病

饱含善意啊但是

苏

她理解我

或许

她太了解我

她就是

我灵魂真正的占卜师

我想或许

她是唯一的一个[2]

"受惊的小鹿"一语晦涩难懂。虽然我和苏西还有鲍勃共度过无数夜晚，我依然很难理解苏西的内心。和迪伦在一起时，苏西的光芒常常被迪伦掩盖。虽然我感觉到了她敏锐的艺术感知力，但是苏西在早年常常缺乏自信。我容易站在迪伦的角度，通过迪伦的眼睛看待身边的一切而非苏西。和迪伦一起生活一定很不容易，对于历经沧桑的女人尚且是一个巨大的挑战，更别说一个18岁的女孩了。我仅仅知道苏西对鲍勃有一种魔力。然而，在女权主义运动尚未兴起的年代，让苏西懊恼的是，我经常劝告苏西把鲍勃的需要放在首位。我不懂得苏西也是对的，身处迪伦迫切需要的漩涡之中，苏西也在努力寻找自己的身份认同。1961年末，迪伦开始谈婚论嫁，时而只轻率地说起，时而又郑重其事，详细地规划婚礼。一个冬天的晚上，在白马酒吧，迪伦告诉苏西和我，婚礼要这样办："我们会邀请尊敬的加里·戴维斯（盲人街头歌手，牧师歌手）主持仪式。加里可以一路唱下来。我们还将邀请各种歌手出席婚礼。"迪伦说着开始列出各种有可能与不可能来参加婚礼的嘉宾。苏西笑了笑，投以肯定的目光，但是她并没有说好，也没有拒绝。[3]

苏西的母亲有其他的想法。玛丽·罗托洛四十出头，性格善变，强势又聪明，丈夫曾是一位工厂工人，刚刚去世。玛丽是一名医学杂志的翻译，正准备嫁给一位新泽西州的老师。玛丽觉得苏西太小了，还没到和男人交往的年龄，更别说那个邋遢的"垮掉派"另类。玛丽一点也不接受鲍勃，虽然自己的两个女儿，苏西和20岁的卡拉，都对鲍勃予以很高的评价。"那个时候，我母亲是唯一一个真心不喜欢迪伦的人，"卡拉说（迪伦叫她"卡拉妹妹"）。"但是，鲍勃生病的时候，我母亲让他住在自己的公寓里。"苏西对于鲍勃的背景知之甚少。一些朋友说，苏西一直以为迪伦是个意大利孤儿，直到1963年，《新闻周刊》爆料了迪伦父母和希宾镇的故事。卡拉说："我母亲莫名其妙地发现，迪伦的名字是齐默尔曼，也许是迪伦告诉她的。我也不知道怎么回事，但我母亲总有自己收集信息的方式。**1961**年秋天，我母亲知道迪伦的身份了。她认为迪伦利用身边的每一个人来出人头地，并且当着迪伦的面叫他偷师学艺的'海绵'。迪伦敢和任何一位母亲争吵，但是从来没有人能像我母亲一样看穿他，这让迪伦感到恐惧。迪伦尊重我母亲的人格，但他一直很讨厌她。他向我母亲献殷勤，竭尽全力赢得她的心，但却从未成功。最终，迪伦在《D调民谣》（*Ballad in Plain D*）一曲中发泄了自己心中的怒火。"

多年后，鲍勃对苏西的保护欲依然很强，依然相信她绝佳的判断力。苏西是迪伦的见证者："苏西能告诉你的是，"迪伦告诉我，"她比任何人知道的都多，**1961**年到**1962**年，没有人在我身边的时候，只有她知道我在演奏那些埃尔维斯·普雷斯利的老唱片。苏西会告诉你那些往事。说实话，我告诉她不要跟任何人讲话。我告诉她不要理任何打来的电话。如果有任何人想找她麻烦，我会好好修理他们。但是如果你想和她聊天，是没问题的。可不要纠缠她，好吗？每个人都缠着她不放。不要不停地问她我过去是什么样的人，你可以问她我做了什么。苏西会告诉你的。她会告诉你有多少个夜晚我熬夜写歌给她看，并问她：'你觉得怎么样？'因为她父母和工会有很多接触，她也比我更早地关注到平等、自由这些话题。所以我和她一起修改歌曲。她喜欢我所有的歌。苏西真的是一个非常有才华的女孩，但她总是很胆小。"

母亲对迪伦的反感让**17**岁的苏西不堪其扰。卡拉对苏西和迪伦恋情的态度也越来越消极。迪伦紧张、烦躁、阴郁的情绪，也吓坏了苏西。一切都发生得太快。虽然苏西多次试图离开迪伦，但她总是难以自控地被迪伦吸引。尤其他俩刚谈恋爱那阵子，在我们外人看来，鲍勃和苏西的坚贞不渝就好像这个充满恶意的世界里的一对奇迹。就拿我来说，他们第一次分手时，包括我在内，都非常惊讶，但我是站在鲍勃而不是苏西的角度思考的。

1961年夏，玛丽·罗托洛住在谢里登广场的顶层公寓，以前的闹市咖啡公社就在楼下的地下室。四楼住着米奇·萨克森（Miki Isaacson），她照顾着几位民谣歌手，给这些流浪者提供了一个家。米奇不喜欢独处，只有被人围着，她才觉得自己的价值得到了实现。起初，米奇宽敞的三角形客厅里，围坐着杰克·艾略特、格雷格·莱维塞尔（Greg Levasseur）、约翰·赫勒尔德等人，很快迪伦也加入了他们。夏天快结束的时候，苏格兰歌手让·雷德帕思（Jean Redpath）也加入了这个家庭式公社。让不拘小节，但绝非嬉皮士。几乎每晚大家都欢歌到凌晨三点，然后在沙发上躺下睡觉。雷德帕斯回忆说，"给那么多橡胶床垫充气，几乎整得我暴跳如雷。"迪伦融入了这个宽容的家庭，能和苏西在同一屋檐下睡觉也让他心满意足。

从皇后区的布赖恩特高中毕业后，1961年，苏西一部分是在"新学校"大学[1]进修度过的，她还做了一些兼职的办公室工作。苏西对绘画、戏剧、设计和诗歌非常感兴趣，她还曾在一些百老汇剧院担任引座员，比如谢里登广场1号的剧场。1966年，苏西脸上挂着灿烂的笑容，跟我说，她在河边电台第一次见到迪伦，看着迪伦嘶吼了一整天，苏西觉得他是个笑话。

"一个不错的笑话，但还是个笑话。我觉得他那一整天就没清醒过，这有一半的是因为他沉迷于酒精。我想我始终知道迪伦总有一天会成名，尤其是当你写道迪伦就是一块海绵，能吸收一切。我认识迪伦以后，就知道他有这方

---

[1]　纽约市的一所设计大学。——译者注

面的潜质。我很快发现他根本不是个笑话。当你和迪伦单独相处时，你就知道他的尖锐有多么可怕了。甚至早在1961年，坐在挤满了人的房间，迪伦就能吸引来自每个人、来自每个角落的目光。"

和天才一起生活难吗？"我想是的，"苏西说。"他们的大脑一刻不停地运转。但是你不能把他们当作天才。你不能时时刻刻像对待一件珍贵的瓷器一样对待他们。天才也是人。"

迪伦和苏西的沟通顺畅吗？"当然。但是迪伦写出来总要比说出来的表达得更好。在格迪斯民谣城演出的最初几个月以及第一次录音时，我惊呆了，真是高山仰止。我还没完全明白什么情况。我没意识到他的出现是前无古人的，直到现在我也不觉得。可是当我看到到处都是迪伦的照片，看到人们引用他的话，我仍然觉得这是一个笑话。你看，对我来说，鲍勃仍然是以前的那个鲍勃。"

1962年5月到12月，苏西在意大利。"我回来的时候，迪伦的名气达到了巅峰。那个时候的他真的很火。一切进展得很快，我也逐渐了解到迪伦的公众形象。尽管在意大利的时候，迪伦经常给我写信、打电话，但他只会谈论我们之间的事，从来不会聊他自己在做的事情。"苏西于1962年底回到美国，当时迪伦在英格兰，迎接苏西的不是迪伦本人，而是珍妮特·雷诺（Janet Reynolds）和别人翻唱的迪伦的歌曲。在点唱机上听到那些写给她的信"是一件非常奇怪的事情。我喜忧参半。坐下来，在收音机上听到《莫要三思》和《明天太遥远》（*Tomorrow Is a Long Time*），我感到受宠若惊。听别人翻唱这些歌，我感觉尤为奇怪。"

苏西回忆起鲍勃在1962年初的工作状态："他只会淡淡地跟我说：

'我今晚要写点东西',然后便坐在打字机前,弹奏自己的吉他。而我对此从不介意。我们位于第四街的公寓非常小,以致迪伦没法一遍一遍地在屋里演奏。迪伦写起歌来很快。他也喜欢到外边去写,去一些简单的便餐店,找一张桌子坐下来创作。他会一边喝咖啡,一边在自己的笔记本上写。迪伦以前常常带着那本小笔记本去像'肥肥的小黑猫'这样的地方写作。"如果说亨利·米勒的布拉塞是"巴黎的眼睛",那么迪伦就如同"格林尼治村的眼睛"。不过,相比于像罗姆尼、斯图基、艾略特这样能说会道的流浪汉,迪伦却更像一个"间谍",人们常常注意不到他的存在。在外面,迪伦不是在闲逛,而是在思考和认真倾听别人的谈话。虽然迪伦常常对人们讲的笑话不屑一顾,但更可能的是,他会把听到的东西记录在那本**10**美分的笔记本上。

苏西和我谈起公众对迪伦的诸多困惑。人们向苏西问起过迪伦真正的样子吗?"是的,经常会。迪伦极为神秘。很多东西是他创造出来的,然后又把自身经历添加在里面。我想迪伦一定非常享受这一过程。但是大家都变得不敢问他了,因为他身边像是环绕着一团迷雾。有人说他们越来越害怕迪伦。最了解他的那些人都不敢问迪伦问题,因为他们担心如果迪伦给出答案,他们自己都不知道拿什么理由为自己辩护。"(《逃犯布鲁斯》:"不要问我无中生有的事/我可能会告诉你真相。")4

"这就是为什么,"苏西接着说,"迪伦的真名公布后让人感到恐怖的原因。迪伦总有妄想症。我记得,一想到要出去散步,迪伦的膝盖就开始抽搐。他会想象:出门会碰到谁?这一度影响到我,因为我觉得这事有些蹊跷,我就是没法弄清迪伦为什么如此害怕人群,害怕陌生人。"尽管和迪伦近距离相处了三年，苏西仍然觉得迪伦是难以捉摸的，就像迪伦也摸不透她一样。苏西告诉我："我可能不会比随便一个纽约人知道更多迪伦的事。"

1962年春，苏西去往意大利前，"迪伦变得特别寡言少语。有趣的是，我和迪伦的关系一开始微不足道，后来却越来越重要。让我吃惊的是鲍勃的绝望，是他身上那种对死亡眷恋的特质。我们分开很久以后，我才感觉到鲍勃对于生活缺乏兴奋和期望。在我看来，绿树和鲜花为人们带来生活的希望，但迪伦似乎没有那种简单的希望，至少从1964年到1966年他没有。……可以说这是一种绝望的哲学。"我告诉苏西，鲍勃曾经详细地对我讲了自己对自杀的看法，但是第二天又告诉我，如果我认为他很悲观，就说明我一点也不理解他。"迪伦不会接受任何人对他的看法。这就是迪伦行为处世的方式。迪伦身上有一些特质我就是不喜欢。也许他自己都不喜欢。这种特质让他太消极、太悲观。但在另一个层面上，迪伦又非常活跃，充满着生气，这让人感到可怕。而且迪伦身上还有些十分滑稽的东西，这使得我选择离开迪伦。在意大利的时候，18岁的我刚开始意识到一些事情，这些考虑让我离他而去。对于当时的我来说，发生在我们之间的事逐渐成形。现在我22岁了，也许并没有变得更成熟或者睿智。鲍勃的身上一直有一种可怕的特质，一开始微不足道，但它似乎变得越来越大。这是有趣的，但与他共处，并容忍这一切太难了。关于这些，我能说的就是，鲍勃的身上有一种如死亡般的特质。"

苏西的姐姐对这段关系越来越反对。卡拉过去曾对迪伦非常热情，但却常常嫉妒自己的妹妹，和妹妹较劲。作为"大姐姐"，卡拉似乎永远知道什么是最好的，但是迪伦有时不属于这最好之列。起初，卡拉像姐姐一样照顾着迪伦。1961年秋天，卡拉住在佩里街129号，那时鲍勃暂住在卡拉家。卡拉说："鲍勃那时依旧看起来脏脏的。但他对自己的衣服非常挑剔。就是从那阵子开始，鲍勃开始逐渐关注自己的形象。鲍勃总会问（我）他的穿戴是否得体，一边抖动着自己的工作服一边问：'这件我穿着够紧身吗？衬衫还好吗？'白天我一般去上班，鲍勃就在客厅的沙发上睡了。大部分时间，他都在听我的唱片，没日没夜地听。"鲍勃研究了《美国民间音乐选集》（*Anthology of American Folk Music*）、伊万·麦科尔（Ewan MacColl）和A.L.劳埃德（A L Lloyd）的唱法、棕色兔子的吉他、伽思礼，当然还有蓝调。鲍勃如饥似渴地阅读。"我个人的藏书很杂，"卡拉回忆说，"能找到什么鲍勃就读什么。他从诗歌读起。我觉得鲍勃就是通过我们才了解到弗朗索瓦·维庸。他向任何有丰富藏书的人借书。"虽然迪伦在公众视野中既不像读者也不像学生，但他一头扎进了最棒的民谣集里，那些洛麦克斯家族（Lomaxes）、夏普（Sharp）和柴尔德（Child）撰写的书，并尽可能吸收和学习更多诗歌。鲍勃阅读了苏西的欧美诗歌集，又为苏西买了更多书，之后他们一起阅读。鲍勃阅读的时候，总会潦草地作一些笔记。他在大学里积蓄的能量在格林尼治村终于爆发了。

卡拉感到这个她一直照料的孩子其实不需要保护。"鲍勃还是住在我的公寓，他的专辑也在策划中。我不记得是什么时候让他搬出去的。本来鲍勃预计在我那儿只待两周，最后他却从9月一直住到了11月。我们都很关心迪伦打算创作什么歌。我清楚地记得我们谈到这些。突然间，我意识到鲍勃原来知道自己要做什么，而且也完全明白如何去做。他非常确切地知道自己要往哪个方向发展，知道自己未来会功成名就。这是非常重要的一个节点。

在那之前，鲍勃一直装作孩子一样，身边每个人都在给他帮忙，给他钱、衣服还有需要的一切。然后，突然之间，我感觉鲍勃不是一个孩子了！虽然我俩同岁，但我一直觉得他比我小得多，特别是在感情的成熟度方面。"

"鲍勃肯定是典型的双子座，"卡拉继续说道。"我在意大利认识的其他双子座的人和他一样分裂。双子座的典型特征在鲍勃身上得到了一一印证：精神分裂，矛盾，时不时冒出新点子，并且不能固定待在一个地方。我是双鱼座，苏西是天蝎座。双子座和双鱼座更相似，却很难相处。双子座被认为会吞食天蝎座，把天蝎座吃掉，而这就在鲍勃和苏西身上发生了。我永远不会忘记那一天，我感觉到，鲍勃并不需要我或者任何人。我们谁也没有发现这一点，因为鲍勃很善于掩盖这一点，用他的天真、云淡风轻和无所欲求的态度。即使在音乐方面，鲍勃也知道自己每一步是在做什么。他一度用很慢的语速吟唱《51号公路》，像'棕色兔子'乐队一样慢慢吞吞，然而等他进了录音棚，他却唱得飞快。鲍勃之前绝对没有用如此的精力和节奏演绎过这首歌。他是一个凭借本能就知道要朝哪个方向走的人。鲍勃唯一犯过的错误就是陷入成为'救世主'的漩涡中。"

卡拉是否觉得自己对迪伦的关心徒劳无功？"与其说我觉得枉费一番苦功，倒不如说我意识到自己以前有多么愚蠢。迪伦可能一直在嘲笑我，我们大家都一直婆婆妈妈地关心和谈论着他。是他置我们于这样的境地，我们都被他利用了，但对他的作用却不一定那么大，就像一块隔音板。鲍勃的确需要我们所有人，但是当他抿着嘴嘲笑我们的时候，我们一直是多么愚蠢啊，不过鲍勃依然需要我们。表面上他依然伪装得摇摇晃晃，装模作样，天使一般，还戴着一顶帽子，但在我看来，他是藏而不露。是摘下面具的时候了，装模作样的孩子掩藏起自己雄心和深思熟虑的计划。事实上，他不需要任何人的帮助或者建议。从那以后，我不再对他的唱片作评价，也不评论他该怎么做了。我母亲是唯一不喜欢迪伦的人。但我还是很喜欢迪伦，在我意识到他有多聪明以后，我甚至更欣赏他了。"

在格林尼治村别人家的沙发上借宿了这么久以后，鲍勃决定租一个自己的"沙发"（房子）。1962年初，鲍勃在西四街161号找到了一套两居室的公寓。这栋建筑位于布鲁诺的意大利面馆上面，有四层高，迪伦租下了一层后面的单元，一个月租金60美元。单元里有一个小卧室和一个厨房/餐厅/起居室。迪伦买了一台二手的小型摩托罗拉电视，但是这台电视很快就坏掉了。迪伦自己着手修理电视，用一个金色木匣子把它包裹起来。迪伦还自制了一张桌子，既能在上面吃饭，还在中间摆上电视，还把自己的打字机安置在桌上的壁龛里。便携式打字机几乎随时处于备用状态，里面插着一张黄色的复印纸，向外伸出的部分上写着几行进展中的歌词。迪伦的公寓里满是灰尘，公寓配备有硬木椅、各种用具、几条墨西哥皮带、吉他背带和陶制公牛装饰品。房间狭小到只能挤下一个人。等苏西搬进去以后，几乎就容不下任何人了。

短短几个月内，苏西似乎不忍去意大利，为此她承受着巨大的压力。苏西的母亲和继父要求她去读书，苏西自己也需要长长见识。她决定在佩鲁贾大学上一档暑期课程，然后去艺术学院读艺术。整个春天，迪伦苦不堪言，而苏西犹豫不决，她既想留下来，也想能够生活独立。苏西认真地考虑过嫁给迪伦。"也许你应该嫁给他，"卡拉告诉苏西，暗示她如果她和鲍勃的关系很好，那么六个月以后也会一样好。五月底，苏西准备从霍博肯出发去意大利。在船上分别时，鲍勃和苏西两人悲痛欲绝。分别的9个月期间，虽然鲍勃忍受着与情人分离的折磨，但却在艺术上收获了巨大的成功。极度的孤独使得迪伦开始转向纽约的朋友，包括麦克督格尔街头的嬉皮士、我、西比尔·温伯格、吉尔·特纳（**Gil Turner**），以及多位南方民权活动家。

苏西离开后，迪伦总为自己的健康状态焦虑。迪伦告诉一位朋友，他担心自己会失明，因为一位医生曾经这么告诉他。就算如此，迪伦仍决心"买一辆摩托车去意大利"。鲍勃经常给苏西打电话，每通电话往往花费高达100美元，但苏西依然没有提前回国。饱受思念之苦的鲍勃转而向村里的其他女孩念叨苏西。其中一位女孩说："我记得帮迪伦熨烫他的衬衫，感觉自己就像一个犹太妈妈。然而，我被他吓坏了。我们之间没有真正的沟通。"

西比尔·温伯格说："迪伦是一个邋遢，不拘小节、极不寻常的年轻人；不成熟，也不负责任。迪伦对自己之外的事总是富有同情心，如黑人的境况。而鸡毛蒜皮的小事、嫉妒和当时普遍的职业竞争，迪伦并不在意。因为这一点，我很尊敬迪伦。但是我也讨厌他，因为那时的每个人都是评论家，每个人都忙于评论和定义每个想要成功的人。而鲍勃超越了这一切，当我们走在街上，迪伦就好像能看到别人绝对看不到的东西。无论在什么情况下，迪伦对身边的环境都有强烈的感知力，以致他书写的速度似乎远远跟不上。那时，迪伦常常会有一些想法和反应，会停在街角，记下一些东西，这让我感到十分可怕。无论是天气、人、车，还是建筑物或其他什么形状的物体，他对这些事物的反应让我吃惊，我总觉得他的评价很客观中立。迪伦会拿出那本小小的螺旋笔记本，写下关于街上动物或是报纸头条的想法。"

罗托洛家族有位朋友来自路易斯安那州，是一名慢性子的演员：昆顿·雷恩斯（Quinton Raines）。昆顿那时正忙着拍一部音乐剧《布莱希特谈布莱希特》（*Brecht on Brecht*）。苏西想把鲍勃领进自己的戏剧世界，而昆顿似乎是一座理想的桥梁。在杰克·德莱尼的餐厅，鲍勃和昆顿有了第一次试验性的会面，历时5个小时。卡拉说，他们"试图让鲍勃观看布莱希特的表演。"（昆顿说，鲍勃称自己以前从来没有看过舞台剧，这有些可疑，因为邦妮·比彻经常在明尼苏达大学的戏剧作品中出现。）《布莱希特谈布莱希特》为迪伦打开一扇新的感知的大门。布莱希特是一位多产的剧作家、诗人、歌词和剧本作者[尤其是与库尔特·威尔（Kurt Weill）合作的《三文钱的歌剧》（*The Three Penny Opera*）和《马哈哥尼》（*Mahagonny*）]以及马克思主义理论家。布莱希特是一名来自德国的难民，战争期间生活在美国，战后返回了民主德国，担任柏林剧社的领导人，直到1956年去世。布莱希特的思想、语言和风格深深影响了迪伦1962年至1963年期间的政治歌曲。布莱希特认为人们对领袖懦弱的信任和追随导致了希特勒的上台，而这一主题也在迪伦的一项基本信条中得到了印证："不要跟随领袖。"[5]《海盗珍妮》（*Pirate Jenny*）可能启发了《大船驶入之时》（*When the Ship Come in*）这首歌。20世纪70年代，一位出生在南斯拉夫而活跃在伦敦的天才歌手——贝蒂娜·乔尼克（Bettina Jonic），演唱和录制了22首布莱希特和迪伦的作品。[6]乔尼克认为这两位作词家分别反映了20世纪20年代的德国和20世纪60年代的美国："人们很自然地拿布莱希特和迪伦相提并论。他们的风格以及语言的简洁性是如此的相似；但是布莱希特和迪伦又分别是两个独特的声音，蕴含着巨大的能量，充满了直白的表达：因为偏见而被杀死的黑人男孩（迪伦）

和因为与犹太人睡觉而被杀死的女孩（布莱希特），成了最永恒的反对暴行的呼声。按照这种类比进行思考，听众会产生一种诗人般的愤怒、绝望、表达欲，并会"使他们学会使用一面镜子映照痛苦的人生。"

昆顿说，他曾试图说服迪伦为一部戏剧写歌。"大概有三到四个月的时间，我们谈论起迪伦可以为话剧所作的歌。有几次，我们喝了很多酒后，迪伦起身说：'我感觉我得回家了，我要写一大堆歌曲。我感觉很多歌曲的灵感来了。'果然，三四天后，迪伦拿出了那些他说灵感来了的歌。但是迪伦从来没有专门为哪部戏剧创作任何一首歌曲。"昆顿注意到迪伦"似乎会管控自己的暴风骤雨般的情绪，并找到创作的灵感。当事情变得比较确定的时候，迪伦的创造力反而最低。很奇怪，不是吗？"

《小字报》民谣

1962年席卷全美的风暴给迪伦带来了创作灵感，当年，刚刚开始的抗议运动即将演变为规模巨大的群众运动，运动主题无所不包，那时甚至像肯特州立大学这样一个暮气沉沉的学校也被裹挟其中。1961年12月，首名美国军人在越南阵亡，这一事件意义重大。但是60年代的抗议根植于50年代保守主义与利己主义的土壤，两种思潮主宰了美国青年的社会生活。

批评那个年代美国人的生活方式不仅不合时宜，而且非常危险。当时，艾森豪威尔在白宫当政，整个美国的性情苍白无力。审查无所不在，正统观念大行其道。参议员约瑟夫·麦卡锡控制了国家的政治生活，尽管他荒唐地认为每张床下都藏着一名共产党员。约翰·伯奇协会利用鼓动性的宣传打击左派。极右派的"民兵组织"成员在秘密地进行步枪训练，目标是组成武装民兵，以"防止共产党可能对华盛顿的占领"。20世纪50年代，任何持反对意见的人，都很有可能被拉到国会众议院非美活动调查委员会接受审问，比如皮特·西格尔；或是到参议院内部安全小组委员会接受讯问，比如我。

一场针对左派、持不同政见者，甚至还有独立自由派艺术家的冷战逐渐把国家笼罩在阴霾中。第二次世界大战的胜利，暴政的溃败，并没有带来一个自由解放的年代，战后灰暗的15年间，政治迫害盛行。每一个激进的美国人都被视为苏联间谍。政治压迫像压路机一样，成片的碾压毁坏了成百上千人的职业。20世纪40年代末，审查者开始调查好莱坞，电影从业者中的左派几乎无一不被列入黑名单或者被取消工作资格。一群著名的剧作家，史称"好莱坞十君子"，因为拒绝和非美活动调查委员会合作竟被投入监狱，刑期长达一年之久。

在民谣界，"人民艺术家和人民之歌"等组织遭到越来越多的污蔑，这些组织诞生于第二次世界大战期间激进的民谣运动。在20世纪50年代初曾轰动一时的"织工乐队"由于政治迫害一度销声匿迹。不管有没有一把吉他，持不同政见都是冒险的举动。越来越多的社会学专家发现战后美国人更感兴趣的是安全而非理智，更努力维持现状，而非揭露社会问题。不管时代的基调如何，艺术家们总能保持自身的独立。伴随着英国戏剧《愤怒的年轻人》（*Angry Young Man*）的上演，20世纪50年代抗议艺术的风暴拉开了序幕。编剧约翰·奥斯本带着愤怒回顾20世纪50年代，他的思考是：战争除了带来胜利，便是令人不寒而栗、漫无目的的因循守旧。在美国，异议来自于新一代喜剧演员，包括莱尼·布鲁斯、洛德·巴克利、莫特·塞赫勒和迪克·格雷戈里，他们认为20世纪50年代的政治迫害行径十分可耻。塞赫勒建议选民让"不理朝政的"艾森豪威尔连任总统，以便使"白宫再空四年"。毕竟，"我们必须有所行动，以防止东方的共产主义'挥戈'西进，把我们的超市抢走。"

"垮掉派"诗人和作家发出了另一种异议，艾伦·金斯伯格、劳伦斯·弗林盖蒂、杰克·凯鲁亚克、格雷戈里·科尔索和其他艺术家们对美国的未来有不同看法。"垮掉的一代"主动退出美国的主流生活，让"辍学"（隐退）成为一种政治时尚的选择。他们崇拜非美国文化中的诸神。本书的主题之一就是探讨迪伦是如何让"垮掉派"与伍迪·伽思礼共同踏上他自己的高速公路。20世纪50年代，在"麦迪逊大道"的鼎盛时期，只有少数人开始跋涉在"凯鲁亚克的大路"上。这10年间，摇曳闪烁的抗议之光能够保持不灭，全靠西格尔、"人民艺术家与人民之歌"，他们大多通过《放声歌唱！》这本杂志发出自己的声音。所有反对西格尔的言论或者行为都没能阻止他为一个更加美好的世界而歌唱，皮特启发了新的一代人，对20世纪60年代产生了巨大的影响。西格尔有如民谣界的约翰尼·艾坡熙德（Johnny Appleseed），而盖伊·卡拉万（Guy Carawan）吸取了西格尔的风格，并帮助推动南方种族融合支持者的"自由之歌"运动。彼得·亚罗（Peter Yarrow）和玛丽·特拉弗斯也是西格尔的信徒。

来自康乃迪克州布里奇波特市的吉尔·特纳也是西格尔忠实的信徒。吉尔大腹便便，样貌老实、健壮，他是一名前歌剧演唱家的儿子，曾担任浸礼会牧师，发现西格尔的牧师团更为庞大以后离开了教堂。吉尔对皮特的依恋，就像迪伦和艾略特对伽思礼的依恋。他的声音是温暖的男中音，弹吉他和班卓琴，还是一位聪明的合唱大师。1961年秋，吉尔成为"民俗城"的一名司仪，会见了所有经过的歌手作曲家。而迪伦最为打动他的心。

每周几次，热尔德的午夜之后，吉尔、鲍勃和我走到西村，去码头附近的白马酒吧，或者去格林尼治大道上的吉姆和伯莎·麦高恩（Bertha McGowan）的外百老汇酒吧。白马酒吧是一家有名的英式酒吧，迪伦·托马斯在自己的下滑期经常去那里聚会。理查德·伯顿常去那里坐坐，20世纪50年代末期，爱尔兰民谣歌手克兰西兄弟都是常客。迪伦·托马斯和鲍勃·迪伦都爱那里不变的聚会氛围。作家常客（像迈克·哈林顿和吉米·鲍德温）、带着海的咸味的码头工人、画家、健谈家、酒鬼和午夜的精灵让白马酒吧策马奔腾。麦高恩的酒吧更为安静，但是一直开放到凌晨4点。麦高恩的酒吧装饰着剧院节目单和舞台图片。肖恩·奥卡西（Sean O'Casey）给麦高恩的一封信挂在墙上的框架里。麦高恩夫妇很喜欢迪伦，经常给迪伦免费的三明治和饮料。一天晚上，吉尔给鲍勃讲述一个有关杂志的新概念，并招募他加入《小字报》实验。

1961年西格尔游览英国后回到美国，兴奋地谈起英国时政评论歌曲创作的蓬勃发展。西格尔希望美国也能涌现类似的潮流，他渴望培养一些年轻的作家，来继续自己和马尔维娜·雷诺兹（Malivina Reynolds）、韦恩·帕特洛（Vern Partlow）、厄尼·马尔斯（Ernie Marrs）等人所做的工作。彼得的老朋友西丝·坎宁安（Sis Cunningham）加入了他的队伍。坎宁安是南方工人运动的资深参与者，也是伍迪的朋友。他来自俄克拉荷马州，是年历歌手的一员。橡树出版的《小字报歌曲》（*Broadside Songs*）第1卷中，坎宁安的丈夫戈登·弗里森（Gordon Friesen）描述了他们的想法：

我们怎么知道，美国的年轻人没有在写时政评论歌曲呢？可能只是我们还没有听到这些歌曲。大型商业音乐出版商和唱片公司对这种类型的歌并不感兴趣。所以我们可能只是误以为时政评论歌曲没有人写，没有人唱。上帝知道，这些歌曲没有流通的渠道。

第一次会议上，皮特、西丝和戈登推出了《小字报》，一本关于时政评论歌曲的油印小册子，《小字报》模仿伊丽莎白时代的歌曲或小报的形式，以便快速印刷传播。皮特和《放声歌唱！》杂志维持着密切的联系，但是《放声歌唱！》杂志出版周期长达好几个月，并且该杂志重点在传统民歌上。《小字报》则旨在小、易于出版。皮特和西丝需要一个"火花塞"，吉尔·特纳就成了这个"火花塞"。除了招募迪伦，吉尔还邀请一些有活力的年轻作曲家参加月度会议。两位年轻的音乐记者，乔什·邓森和朱利叶斯·莱斯特就在那里开始了他们的见习。后来，独创一格的迪伦研究家A.J.韦博曼在那里磨炼自己的分析能力。[7]

迪伦一开始就对《小字报》产生了极大的兴趣。《小字报》出版迪伦的新歌，使迪伦成为运动的一份子。迪伦听了来自全国各地的歌曲录音带，甚至想要改进其中一些作品。他听从西格的意见，以及西丝和戈登关于"伍迪会怎么想"的权威解读。毫无疑问，《小字报》刺激发了迪伦在1962年、1963年的创作。乔什·邓森在《小字报》第20期中描述了一次典型的轻松愉快的会议："《小字报》的家是一个小小的房间……吉尔·特纳掏出12弦吉他，借来一个拨子。西丝拿出录音机的扩音器，里面响起吉尔刚刚写的一首报业罢工主题的布鲁斯，我们都悄悄笑了。"特纳的歌曲《纽约报业大罢工》（*The Great New York Newspaper Strike*）这样唱道：

我站在

这座没有新闻的城市

出版商不在乎

他们毫无怜悯

当我找不到工作和安身之地

罢工让报刊停刊了

我花掉最后的钱

一张两美元钞票

听一场民谣音乐会

在卡内基音乐厅

那里一些歌手唱着老歌

还有弹奏布鲁斯的人

一个牛仔

皮特·西格尔唱了一两首歌

可能不错

或许超棒

但是如果我说出来

我就完蛋了

谣言称

一个血淋淋的谣言

我将告诉大家

把我的故事作了个了结

谣言说第三次世界大战

上周日爆发了

到周一中午，世界遍地被轰炸

地球被蘑菇云笼罩

但是纽约人什么也不知道

有一天，这场罢工会结束

这将是结局

而我，我可等不到那时候

现在就需要一些新闻

所以我要和朋友去喝咖啡

鲍勃

迪伦，在纽约

唯一一家没有停业的报纸[8]

"接下来，"邓森继续说，"吉尔拿出六弦吉布森，递给鲍勃·迪伦，夸鲍勃的新歌《战争狂人》（*Masters of War*）是他的最佳曲目之一。我在想，迪伦写过……一些抒情诗般的歌，像《随风飘荡》和《大雨将至》，这些歌会让你立刻想到费德里科·加西亚洛尔卡，我等待着下雨、打雷和闪电的壮观画面。但是，《战争狂人》这首歌有别样的诗意，充满愤怒、指控的诗意，迪伦只是指出谁是战争狂人，直截了当，锋芒毕露，毫不妥协。……紧接着，没有等待间隙……稍作调整，鲍勃唱起了《花花公子和花花女孩》（*Playboys and Playgirls*），彼得说这组歌'明年会被上百万人传唱'。这组歌的调调所有人都能轻松跟上，而歌词完全是有感而发。"

菲尔·奥克斯，特纳小组的成员哈皮·特劳姆（Happy Traum），和新世界歌手走了进来。彼得说："你知道，过去五个月我听到的好歌，都没有今晚我在这儿听到的多。1962年的《小字报》会议中，迪伦只是六名常客之一，但皮特知道，而且几乎所有其他人也知道，鲍勃创作的政治评论歌曲的质量，从伽思礼以来可以说是闻所未闻的。伴随着保罗·柯拉斯纳的《现实主义者》（*Realist*）和《村声》，《小字报》很可能开创了20世纪60年代的地下印刷业风潮。

1970年，弗里森谈起1962年的那些会议："我们没有取得商业成功的压力。我们意识到，《小字报》的优势在于抗议歌曲，而音乐界的当权者不喜欢这类歌，所以我们在商业上不可能成功。我愿意用一切打赌，哥伦比亚唱片公司永远不会录制迪伦的《战争狂人》和《上帝在我们一边》（*With God on Our Side*）。但是事实上，哥伦比亚后来成了第一家认可抗议音乐的大唱片公司。皮特通过约翰·哈蒙德和哥伦比亚签署合约，社会评论音乐从此把触角伸向更广泛的听众。

西格尔是第一位受到迪伦影响而成名的演唱家。到1962年底，西格尔演唱着迪伦的歌曲，并将他视为当时最重要的词曲作者。迪伦在《小字报》上发表的第一首歌曲是《约翰·伯奇偏执布鲁斯》（*Talkin' John Birch*

Paranoid Blues），发表在1962年2月《小字报》第一期。《随风飘荡》出现在 1962年5月《小字报》第六期的封面上。18个月期间，人们总是在小字报上第一时间看到迪伦的歌曲，甚至在演出之前。《小字报》将鲍勃列为特约编辑，他还热衷于评论其他创作者的歌曲。

最早出现的年轻歌手作曲家之一是伦·钱德勒。彼得·拉法尔热（Peter La Farge）、奥克斯、帕克斯顿、加拿大歌手邦妮·多布森（Bonnie Dobson）和斯波尔斯特拉（Spoelstra）后来才露面。马尔维娜·雷诺兹，《小盒子》（*Little Boxes*）的作者，在市区的时候总会来《小字报》做客。戈登说："我们试图对他们一视同仁，把他们视为一派新政治评论作曲家，而不是一个个明星。鲍勃有些特别，但这还不足以让他超出菲尔、莱恩或其他人的地位。（否则，我们会制作更多迪伦的磁带，并让他在我们的第一张专辑演唱更多歌。）鲍勃似乎只是个孩子，没有唱歌和演奏的时候，鲍勃不知何故，总显得很紧张，甚至坐着，脚趾也不停蹦跶着。鲍勃在我的印象中是一个口齿不清的人，当他试图说话的时候，他的句子越来越弱。但是当鲍勃开始演奏和演唱的时候，情况就大为不同。当你看到一个还没有开始长胡子的孩子猛弹着吉他，听到他有力的歌声，你会惊讶无比。坦率地说，我一度对迪伦的这种两面性感到困惑，怀疑他可能在伪装自己而欺骗我们。我感觉迪伦的某些歌曲，是对民谣的故意讽刺和恶作剧。《我不会走到地底下》这首歌尤其让我感觉如此。我想：迪伦在嘲弄谁？但迪伦有一张扑克脸，他弹奏的时候，不看着听众而专注于自己的吉他和手。我认为《花花公子和花花女孩》这首歌也是迪伦挖空心思，笼统地讽刺民谣的表现。但是，当迪伦创作出《战争狂人》和《上帝在我们一边》，我的怀疑就消失殆尽了。我认为这两首歌表达了深刻的控诉，比伍迪的所有作品都好。"

西丝、戈登以及那些在其位于曼哈顿西90号南的公寓里聚会的人，带有强烈的政治倾向，但又没有《放声歌唱！》杂志的左翼政客的那种古板。《放声歌唱！》和《小字报》互相视为姐妹刊物，《小字报》更为私密和人性化，为迪伦式的笑话提供了良好的平台。因为迪伦和哥伦比亚公司签了合约，所以在《小字报》的第一张专辑中，迪伦演唱的歌曲使用了笔名"盲人男孩格兰特"。弗里森："你可能会猜测，鲍勃把自己出现在《小字报》专辑视为一个快乐的小恶作剧。毕竟，那张专辑不涉及钱，对《小字报》来说，整件事情是个好事。专辑1963年春天发行，特纳把天才都汇集在一家民谣工作室。穆厄·阿希为之出资100美元，该专辑在《小字报》四张专辑中名列第一（阿希主要唱片公司的子公司）。《小字报》杂志一周年，1963年2月出版的第20期，《战争狂人》出现在第一页，配有苏西绘制的插图，《花花公子和花花女孩》在第二页，第20期还纳入了《莫要三思》的早期版本。"（最后一首既不带政治性，也非评论歌曲，体现了《小字报》的灵活性。）1963出版的《小字报》，几乎每隔一期就有迪伦的新歌曲或是对迪伦作品的分析。整个20世纪60年代都是如此，虽然迪伦从1964年开始与《小字报》已经渐行渐远。

后来，迪伦虽然赞扬《小字报》，但却尽量减少参加相关活动。这显示出迪伦对帮助和启发自己的人态度总是模糊不定，迪伦对"道德债务"的蔑视让他和这些人变成敌对关系。《小字报》的实验是开创性的，通过强调歌曲与现实世界的相关性，通过鼓励年轻词曲作家培养一种新的关注社会的音乐表达风格。《小字报》成功了，它的成功与其小规模的开本和仅仅几百人的读者群不成比例。在《小字报》的鼓励下，迪伦在被大众接受前绽放了自己的才华，并磨炼自己的技巧。迪伦领导的流行音乐革命，部分就来源于《小字报》的月度会议和简陋的油印页面。

熊来了

阿尔伯特·B.格罗斯曼，绰号"熊"，他的身材和举止犹如一头熊，脸庞又像被曝光的猫头鹰。格罗斯曼身宽体胖，未老先衰，头发灰白，当他不再用电吉他演奏的时候，眼镜稍微遮挡住的大眼睛有本杰明·富兰克林的风采。1965年迪伦第三次用电吉他演奏时，阿尔伯特在脖子后面把自己的长发打了个结——就像一名印第安勇士。

"我第一次见到阿尔伯特的时候，觉得他像街道上的一头熊，"迪伦曾经跟我这样描述自己从1962年到1971年的个人经纪人，他们的法律关系到1971年六月才最终解除。迪伦发生事故后，和他"亲爱的房东"的往来就发生了改变。格罗斯曼住在伍德斯托克外面的熊村，你可以把他看成是一头泰迪熊或者一头灰熊。

与阿尔伯特见面时，迪伦很谨慎。鲍勃知道一名合适的经纪人对自己有多重要，一旦签了唱片合约，多少人会在他面前挥动钢笔。在与特里·范·容克的合作中，鲍勃还是自己说了算，不用打理和市郊商业圈的关系，因为鲍勃在商业圈是格格不入的。相反，阿尔伯特总在格林尼治村附近，和音乐家聊天，像一座佛像一样坐着思考（他们希望的）他们的未来。

鲍勃和阿尔伯特暴风雨般的关系在某些方面是思想和气质的真正融合，每个人都迅速地沾染上对方的缺点。明显的区别是鲍勃相对开放，有极强的同情心，而阿尔伯特则像一名棋手。格罗斯曼最糟糕的时候，性格狂妄自大；而最好的时候，是一位有品位的艺人经纪人，很少用商业词汇，并且毫不庸俗。格罗斯曼最糟糕的时候，兴趣主要在金钱上；而最好的时候，只通过有品位和风格的艺术家赚钱。

一旦迪伦和哥伦比亚公司签了合同，商业鲨鱼就如同嗅到了血一样，鲍勃却玩起了等待的游戏。哈蒙德给迪伦推荐了哈罗德·利文撒尔（Harold Leventhal），哈罗德曾担任西格、朱蒂·考林斯、织工乐队的经纪人，最重要的是他曾是伽思礼的经纪人。但是迪伦和利文撒尔的关系从来没有确定下来。鲍勃开始结交罗伊·西尔弗（Roy Silver），西尔弗和鲍勃·吉布森（Bob Gibson）（一位有影响力的音乐家）曾推出了一个学校天才演出契约小组，名为校园概念。西尔弗（后来成为比尔·考斯比的经纪人）很早就是迪伦的狂热乐迷了，他后来还告诉我，他的第一次婚姻甚至也因为痴迷迪伦而破裂了。"晚上我不回家，反而在格林尼治村游荡，听鲍勃的演奏或是和他闲逛。"1961年底，西尔弗、吉布森邀请迪伦在加拿大演出，酬金是一周250美元。"当我们用150美元，请到迪伦周末在雪域（Syracuse）表演，我尖叫着说我们。"西尔弗那时和格罗斯曼共事，但是1962年西尔弗出卖了格罗斯曼，因为一万美元舍弃了对迪伦和其他人的兴趣。

保罗·斯图基（Paul Stookey）认为自己是第一个向阿尔伯特兜售迪伦的人。1961年的某天晚上，在煤气灯咖啡厅，保罗要么给了鲍勃一条有关哈德森游船骚乱的新闻剪报，要么仅仅提到了这个事件。第二天晚上，迪伦走进煤气灯咖啡厅，给保罗唱了一首"熊山野餐大屠杀说唱布鲁斯"。斯图基目瞪口呆，对格罗斯曼说迪伦是一个天才，阿尔伯特在一旁看着。差不多鲍勃的密纹大碟发行的时候，精心培育了迪伦好几个月信任的格罗斯曼直接向迪伦抛出了橄榄枝。鲍勃告诉我，阿尔伯特当时说他没有兴趣和一年不能挣到五万美元的任何艺术家合作，这个数字让迪伦震惊。迪伦说，阿尔伯特不只是把他当作咖啡馆的表演者来看，而把他当作能开音乐会和录制唱片的艺术家。阿尔伯特因为担任奥黛塔的代理人而出名，从《小城镇》开始鲍勃就很喜欢奥黛塔。彼得、保罗和玛丽的声望逐渐提高，这也给迪伦留下了深刻的印象。我建议鲍勃认真考虑格罗斯曼的出价。我想起格罗斯曼曾经发现了贝兹，并且筹划了贝兹1959年的新港处女秀，尽管琼最终选择了一位更加温和的经纪人——来自波士顿的曼尼·格林希尔（Manny Greenhill）。[9]对许多人来说，格罗斯曼阴险狡诈，总是无情地说不。"他认为自己就是上帝，"汤姆·克兰西（Tom Clancy）说道。对其他人来说，格罗斯曼是一只"美丽的猫"，他执着于表演的最高标准，不是天才的叫卖小贩，而是一股创造性的力量。即使是格罗斯曼代理过的明星也对他有不一样的看法。从1960年起，阿尔伯特改变了很多。

刚到格林尼治村时，阿尔伯特经常用低沉浑厚的嗓音唱船夫曲和保加利亚民间音乐。格罗斯曼有时选择做一个欢乐的健谈者，但是多数情况下，他难以捉摸。他出生于芝加哥西区，父母很重视教育和安全。从莱恩技术高中毕业后，格罗斯曼去了芝加哥大学攻读经济理论的硕士学位。他的兴趣点主要在表演、政治和音乐上。格罗斯曼有一名教授叫布鲁诺·贝特尔海姆（Bruno Bettelheim），他是一位儿童心理学家。所以，阿尔伯特成了一名训练有素的经济理论家和半专业的儿童心理学家，这些资质帮助他成为20世纪60年代演艺圈中最有影响力的经纪人之一。

阿尔伯特更喜欢在幕后工作，既不寻求赞扬也不渴望关注，但是当人们越来越把他看作举足轻重的关键人物的时候，阿尔伯特如获至宝。阿尔伯特能够忍受艺人们的个人癖好，还扮演着他们的倾诉对象和心理医生。他得到的最大的回报就是金钱，非常多的钱。另外是权力，一开始阿尔伯特明智地使用自己的权力，后来就逐渐沉迷其中。某位最欣赏阿尔伯特的歌手与客户说阿尔伯特保护了艺人免于陷入音乐商业的阴谋。1970年，彼得·亚罗告诉我："阿尔伯特非常有创造力。他的耳朵很赞。没有阿尔伯特，就没有贝兹、迪伦以及彼得、保罗和玛丽（三人组合）。他让我们和影视业中贩卖肉体的现象隔绝起来。和阿尔伯特相比，迪伦在击败别人方面只是一个业余者。阿尔伯特是摧毁别人自我意识的专家。他自己也爽快地承认了这一点。只有别人在扮演角色的时候，阿尔伯特才会攻击他们。阿尔伯特基本不信任媒体。他也很害羞、玩世不恭，因为他曾看到自己的朋友堕落。阿尔伯特也是一位理想主义者。鲍勃每个阶段都在模仿别人，所以鲍勃很自然地就开始模仿和学习阿尔伯特的很多技巧。我认为，阿尔伯特给了鲍勃很大的启发。"

保罗·斯图基用一个问题回答我："如果一个水暖工来到你家，疏通你家的排水管，你会觉得他是在创造性地帮助你的生活吗？阿尔伯特就是这样的水暖工，他会指出我们正在说的或做的事是不必要的。当阿尔伯特说你要做些什么时，他总是对的。但当他说，他认为你不应该做某些事时，他未必是正确的。"保罗认为阿尔伯特普遍被大家误解了，"因为阿尔伯特敢于说真话，他像是有某种废话检测预警设备，能毫不掩藏地表达自己的不快。"

和迪伦一样，玛丽·特拉弗斯也曾是阿尔伯特的崇拜者。 1970年至1971年间，我在伦敦经常见到玛丽，那时她明显感觉自己被格罗斯曼利用了。当玛丽发现格罗斯曼的收入比自己的、彼得的还有保罗的都多，她把自己的经纪人换成了利文撒尔。在感觉自己被利用以后，玛丽用辱骂的语言形容这位自己曾经尊敬的经纪人。

经纪人是专业的恶棍，注定要代表客户消极的一面。当迪伦想拒绝别人却又觉得不礼貌时，他会说："我得跟阿尔伯特商量一下。"然后阿尔伯特就成了那个讨人嫌说"不"的人，而鲍勃就像被老练的经纪人操纵的一位可爱的年轻人。即使像西格尔一样圣洁的明星，常说："我讨厌说不，"却也会让利文撒尔去说："哦，不，不能再来一场慈善音乐会！"阿尔伯特熟练巧妙地处理经纪人的肮脏工作。他似乎很喜欢说不，就像有些律师很享受威胁别人。格罗斯曼像壁垒和缓冲带一样，担负起所有的指责。 1964年，迪伦让塔夫茨大学的听众为演唱会等待了一个晚上时，格罗斯曼的助手查理·罗斯柴尔德解释说："办公室的工作人员把日程安排错了。"无论是迪伦喝醉了还是演唱会的确安排错了，格罗斯曼的办公室都承担起了所有责任。有人认为格罗斯曼为了赚更多钱，让迪伦开始用电吉他演奏，但事实上阿尔伯特可能是了解到迪伦这一改变的最后几个人之一。

利文撒尔成功地让自己看起来平易近人、风度翩翩。披头士乐队的经纪人布莱恩·爱泼斯坦（Brian Epstein），礼貌得无可挑剔，在贝尔格莱维亚区自己的家中热情地招待了我和其他许多记者。莫特·刘易斯、西蒙和加芬克尔的经纪人，常常以"男孩的需求和利益"为挡箭牌。格林希尔常常假装对一些决定一无所知。赫比·科恩、现代民谣四重唱、朱迪·汉斯克和弗兰克·泽帕的经纪人，常常用生意艰难之类的玩笑话回避提问。格罗斯曼却什么也不说。他喜欢跟迪伦一样，"让自己不被看见。"

认识格罗斯曼很多年了，在我眼中，他并非像其展示的那样一贯正确。他曾对杜达姆（一个以色列二重奏团体）十分着迷。杜达姆艺术团很有才，但却从未成名。被贝兹拒绝后，格罗斯曼发现并试图捧红一位黑头发的女高音林恩·戈尔德，但这位艺人后来默默无闻。格罗斯曼早期要开放得多，常常无意中谈起对自己明星的看法。慢慢地，他变得越来越强硬、冷淡、厚脸皮。格罗斯曼的明星变成了"他的子民"，在问到有关其明星的问题时，没有人受到格罗斯曼的欢迎。1965年，当我问格罗斯曼迪伦说的某句话是什么意思时，阿尔伯特面带微笑地说，"我只是一名犹太商人。"

迪伦和格罗斯曼发现了彼此并不是一件令人意外的事情。他俩在性情上一度惊人地相似。虽然格罗斯曼比迪伦大了十好几岁，但是没有一位表演家像迪伦一样对他影响至深。在迪伦品位的影响下，格罗斯曼签了保罗·巴特菲尔德、约翰·李·胡克、奎斯金尤格乐队和乐队。彼得·亚罗认为迪伦在格罗斯曼身上发现了那个他一直在寻找的"父亲"，而1965年到1971年，他们的关系恶化后，迪伦在某种意义上毁灭了这位"父亲"，这位权威人物。尽管迪伦从格罗斯曼那里获得了很多恩惠，格罗斯曼在迪伦身上发现了一个叛逆的儿子。鲍勃很少提及他们的家庭的裂缝，而阿尔伯特则干脆假装没有裂缝。

格罗斯曼的客户往往很喜欢他的行事方法，因为艺人们知道，阿尔伯特对付的敌人也同样残酷。阿尔伯特敢于提出其他经纪人很少敢提的要求，他也忍受着常人难以接受的来自其艺人的辱骂。从1964年到1966年间，阿尔伯特忍受了迪伦的很多辱骂。当我告诉阿尔伯特，一些人认为没有他迪伦决不会成功时，格罗斯曼假装谦虚地回答道："这太可笑了！没有任何人，迪伦一样能成功。"

阿蒂·莫古尔（Artie Mogull），前汤米·多尔西乐队巡回演出经理人，是格罗斯曼的合作对象。莫古尔是一位聪明、积极的执行总监，隶属于音乐出版商控股公司旗下的M.维特玛克父子公司，即后来的华纳兄弟音乐出版社。

1962年初夏，格罗斯曼和西尔弗把迪伦引见给了莫古尔，鲍勃几乎演唱了自己的所有歌曲。莫古尔想以维特玛克的名义签下迪伦，但他发现哈蒙德已经安排了迪伦和利兹/公爵夫人音乐出版社签约。就像俄罗斯出售阿拉斯加那样，莫古尔出了一招，让迪伦分文不花解除了合约。接着，迪伦和维特玛克于1962年7月13日签了三年的出版合同。

"为了让他和维特玛克签约，我给了迪伦1000美元，"莫古尔告诉我。"我必须争取那1000美元，迪伦的歌曲现在轻轻松松就能赚到100万美元，还将继续赚更多钱，"阿蒂说他打了一个预支借条，借的钱在10周内从自己的薪水中扣除。"迪伦在维特玛克的三年间，给公司贡献了237首歌曲的著作权。这是闻所未闻的！迪伦多产得惊人。通常情况下，出版社在三年内从一个作家那里能收获25首歌已经是幸运的了。"（在自传《约翰·哈蒙德谈唱片》（John Hammond on Record）中，这位制片人指出，迪伦用阿蒂的1000美元中的500美元，解除了和利兹/公爵夫人公司的出版合同。）

莫古尔号称"世界上最伟大的星探"，他很可能帮助了格罗斯曼在经济上取得巨大的成功。签约彼得、保罗和玛丽三人组合时，华纳兄弟花了

30000美元，而后格罗斯曼把这笔钱增值为百万美金。尽管莫古尔不依附于格罗斯曼，但他是格罗斯曼的主要负责人之一。1967年米高梅唱片公司考虑签下迪伦时，莫古尔负责这件事的协商。虽然这笔交易没有达成，但是莫古尔和格罗斯曼却倚靠运气、时机和专业知识成功地宣传了迪伦的歌曲。通过米尔特·奥肯，彼得、保罗和玛丽三人组合的音乐总监，莫古尔和格罗斯曼让迪伦的歌曲得以被三家集团录制。伊西·杨曾经告诉我，莫古尔曾给他10000美元，让他在民谣社区内兜售迪伦的歌曲，但是伊西拒绝了。1963年秋天之后，迪伦的歌曲几乎不再需要任何推销了。朱蒂·考林斯、曼弗雷德·曼，以及歌手演员汉密尔顿·坎普都争相录制迪伦的新歌，更不用说格罗斯曼自己的艺人，包括奥黛塔，彼得、保罗和玛丽。直到1965年，迪伦和维特玛克的合同到期为止，莫古尔和格罗斯曼都主导着迪伦的新歌的命运。后来迪伦和格罗斯曼成立了自己的音乐出版公司。阿蒂·莫古尔被聘为该公司的经纪人。

1965年末，我和格罗斯曼的关系达到了冰点，因为有天晚上在格林尼治村的焦点咖啡店，我告诉格罗斯曼，一些出版商想找我写一本关于迪伦的书。"如果你这样做，我会起诉你，不管在这本书出来之前，还是在出来之后，抑或兼而有之，"阿尔伯特竟然大发雷霆。玛丽·特拉弗斯、加拿大歌手伊恩和西尔维亚那天和我们坐在一桌，他们都显得很惊讶。"阿尔伯特，"我说，"总有一天，我们必须谈到权力和权力的滥用。"阿尔伯特的情绪平静下来，一个星期后，当我在他的办公室见到他时，他不再提起诉讼，但仍然怒气冲冲："这是机会主义，这是不成熟的。你不能把没有发表过专门声明的东西就这么写出来出版。" 我问阿尔伯特，他只利用媒体宣传，却不通过媒体记载当下演艺界正在发生的现实，他这样又是多么的机会主义？"你这样做甚至有点像意大利黑手党了，"阿尔伯特说。"嗯，"我结束了我们之间冰冷的对抗，"等鲍勃从西海岸回来以后，让我们听听他怎么说吧。"而迪伦一听到我的计划后就表示出兴趣，并告诉阿尔伯特不要再横加阻挠。

随着时间的推移，格罗斯曼开始用委婉的语言拒绝我。1968年1月，阿尔伯特有次告诉我："如果可以的话，我会帮助你的，但是有时候我觉得我对鲍勃·迪伦一无所知。" 1971年5月，格罗斯曼最后一次跟我说："这个办公室有一位姑娘（米拉·弗里德曼）在写一本有关贾尼斯·乔普林（Janis Joplin）的严肃的书，但即使贾尼斯已经去世了，我还是不得不告诉米拉，我没法帮助她。公开的就是公开的，私人的就是私人的。"那一周，迪伦告诉我："阿尔伯特永远不会帮你。" 格罗斯曼感兴趣的是秘密，而非事实。当记者误解他时，阿尔伯特会勃然大怒，虽然一场礼貌的访谈就能够消除误解。也许格罗斯曼隐藏的商业交易秘密比我们怀疑的还要多—— 甚至超级嬉皮士的汤姆·沃尔夫（Vom Wolfe）也无法使他参加访谈。"我觉得他还没找到感觉呢。"阿尔伯特告诉我。

哈蒙德的愚蠢

无论后来鲍勃与其唱片制作人有什么分歧，最初几个月，约翰·哈蒙德给了迪伦极大的鼓励。即使首张专辑的版权费几乎还不能支付鲍勃的电费，哈蒙德仍然相信，迪伦是一个重要的艺人。哥伦比亚的愤青还是称迪伦为"哈蒙德的愚蠢"。哈蒙德安排了迪伦和美国人才代理机构音乐公司的负责人见面。他们谈起让迪伦在J.D.塞林格的电影《麦田里的守望者》中扮演霍尔顿·考菲尔德这个角色。后来这个项目泡汤了。

哥伦比亚公司中另一位主要的迪伦支持者比利·詹姆斯（Billy James），是一位极其聪明的宣发人员。尽管詹姆斯正在负责好几十个演员的宣传工作，但比利只有一次特别费心地让我关注哥伦比亚组合飞鸟乐队，记者们往往相信比利的品位和人格。比利回忆说："哈蒙德有次打电话对我说：'比利，现在我的工作室里有一个了不起的男孩。你有时间来谈谈吗？我知道事情就这么发生了——就在那里！哈蒙德把各种影响力不可思议地组合起来，并且自信地呈现出来，以至于我第一反应非常感动。鲍勃来了，我们花了三个小时谈论各种事情，但他不太愿意谈论自己的过去。以前我也经常遇到类似的事情。听到鲍勃去过的各种地方，我非常惊讶。他谈论的是了解到的这些地方的知识，而不像旅行推销员一样只知道酒店房间的内部装潢。"迪伦问比利想不想成为他的经理。"我告诉他不，这不属于我的业务范围。"哈蒙德建议鲍勃通过利兹的附属公司公爵夫人音乐公司出版自己的歌曲。迪伦后来告诉比利："那儿有很多小房间，打开门后，就能看到很多歌曲作者坐在那里写歌！"这个写歌团体让迪伦感到震惊。迪伦告诉比利，他觉得哥伦比亚的很多人没有真诚地对待自己，他担心如果在街上遇到他们，那些人可能不会对他那么友好。但比利和那些人不一样。经历了1963—1965年的短暂中断后，鲍勃和比利恢复了他们的友谊。1962年，比利安排迪伦参加了第一次杂志采访，采访者是《十七岁》（Seventeen）杂志的埃德温·米勒：

那时一股暴力的、愤怒的情绪穿过了我，我不知道为什么……（哈蒙德）问我是否想重唱一首歌，但我说不。我无法做到连续两次唱同一首歌……我的工作没有规律。我不想赚很多钱，真的。我经常在城市周围漫步，我会乘渡轮去斯塔滕岛或在河边散步。又或者我会和一位认识的画家在一起坐一整天……我不想跟着别人的后面走出门。如果别人想得到我所有的东西，他们必须来到我这里，伸出双手从我这里取走他们要的东西。

我就是这样的人。

即使在21岁，迪伦的话也常常被大家引用。迪伦告诉《16》杂志，"人们应该形成自己的想法和感觉，而非人云亦云。每个人都有自己的天赋，并且应当为之自豪 ——无论是清洗街道，缝补衣服还是唱歌。"调频立体声指南的蕾切尔·普赖斯于1962年秋季写了一篇饱含深意的作品：

有些人认为我是诗人，但我却不这么想。世界上有太多的诗人。……我刚从西部旅行回来，我忘记了那里的生活有多么安静，多么愉快。你不必提前计划事情，他们只是自然地发生。现在我在等待……等待我的女友结束旅行回到家来……我想给予，但是要以我的方式。

夜总会不是我的方式。人们去那儿是为了看角斗士搏斗，我不想成为那个场面的一部分……有那么多东西瞄准着青少年，因为他们购买力很强，并且容易上钩。我不想成为瞄准青少年枪里的另一发子弹。

詹姆斯不把教鲍勃如何面对媒体的功劳归在自己身上。面对采访，迪伦有一种本能的精明，而这是宣传人员梦寐以求的。很快，比利只需要负责安排事宜，甚至开始竭力拒绝采访要求。

艺术家的画像

整个1962年，苏西在意大利的时候，迪伦继续在纽约结交朋友。因为苏西的离开，迪伦需要填补内心巨大的空虚。迪伦常常去逛吉米·里士满经营的音乐旅店唱片商店，这家商店就在第四街的西边。迪伦不买藏品，只是每周几次他会来听听新歌。街上有一家布里尼奥莱姐妹经营的小杂货店，从德·西卡电影院走几步路就到了。鲍勃是布里尼奥莱姐妹最喜欢的顾客，即使他似乎吃得很少。布里尼奥莱姐妹总可以每天指望迪伦买几包香烟、咖啡和牛奶。当鲍勃缺钱的时候（这是经常发生的），布里尼奥莱姐妹会允许他赊账，因为两姐妹相信"这样一个好男孩"肯定会把钱还给她们。

还有亨瑞·杰克逊（Harry Jackson），一位喧闹的、留胡子的画家，杰克逊非常崇拜牛仔的生活。他也是一位来自芝加哥的乡村音乐家，为了寻找一种浪漫的生活，亨瑞开始流浪。他在怀俄明州度过了青春期，对于西部的消失有真切的体验。亨瑞把那种马蹄的精神保留在了自己的歌曲中，并把其巨幅画作储藏在休斯敦街上的巨大阁楼中。脾气暴躁的特立独行的哈利被舞台上的迪伦迷住了："他使我想起我在意大利的工作室附近看到的一些街头音乐家，他们只是一些流浪儿，但却有一种魔法吸引你的注意力，让你掏出一些里拉，尽管你并不想这么做。"亨瑞告诉我以及每个人："迪伦如此真实——简直令人难以置信。"亨瑞让鲍勃坐下来画一张肖像，因为它也许有一天会成为一张专辑的封面。迪伦试了三次，但总是没法静静地坐着。画肖像的时候，亨瑞讲了一堆关于怀俄明州牧场的故事。鲍勃对画画很感兴趣，对别人给自己画像也很感兴趣。1962年春天，迪伦告诉杰克·埃利奥特自己将放弃音乐，成为一名艺术家。就在1963年的"新闻周刊"故事后，迪伦又一次提到这一想法。1966年，迪伦发生事故后，终于在绘画上投入了更多时间。最终，迪伦的肖像还是完成了，尽管他本人并不在场。这张画像不是杰克逊最伟大的作品，但画中迪伦的创造力却给人留下一种强烈的印象。[10]

在纽约，迪伦对电影的热情依然保持不灭。迪伦经常去位于第六大道的韦弗利剧院，那离他的住所只有几分钟路程。迪伦告诉我，那一年有两部电影给他留下了深刻的印象。一部是《自古英雄多寂寞》（*Lonely Are the Brave*），电影中柯克·道格拉斯（Kirk Douglas）主演了一位身处现代西部的个人主义者，主人公正在被超市和高速公路侵蚀。英雄失败了，他追求的理想被"进步"摧毁。另一部电影是《登龙一梦》（*A Face In the Crowd*），改编自布德·舒尔伯格（Budd Schullberg）的故事。安迪·格里菲思扮演了一个拿吉他的"乡村男孩"，这位男孩后来成了名人，开始影响到广告业、电视业，最终对国家政治产生影响。剧中人"孤独的罗滋"是没有良心的伽思礼，是有权力欲的威尔·罗杰斯。《登龙一梦》足以和《公民凯恩》匹敌，两部电影都犀利地讲述了被权力毁灭的美国暴发户。《登龙一梦》是《无因的反叛》和《飞车党》之后最为打动迪伦的一部电影。在这部电影中，迪伦看到一个国家骗子是如何利用乡下人的魅力和天真作为掩盖来操纵国家的。"孤独的罗滋"展示了如何能成为人上人，以及在实现成功的路上要避免哪些东西。

迪伦巩固了自己与音乐家朋友们的友谊，他们互相学习和教学，吸收和分享，影响和被影响。音乐现场就是一座没有墙壁的校园。迪伦最喜欢的新朋友之一是保罗·克莱顿（Paul Clayton），一位温柔、专注和真诚的民谣歌手，对民谣的了解很广。绿石楠男孩组合的约翰·赫勒尔德（John

Herald）成了鲍勃联系最为频繁的伙伴。赫勒尔德对于民间乡村音乐和舞台上的外在表现具有充分的把握力，对技术表现出一丝不苟的关注。通过"绅士吉姆"奎斯金，鲍勃接触到那种无论在舞台上还是舞台下的从容和火花，而这在民谣歌手中非常罕见。在我真正关注克莱顿或奎斯金的音乐之前，迪伦就鼓励我给他们写乐评。"他们不为大众所知是不公平的，"迪伦说。

1962年，迪伦结交了一些"自由之歌"民权运动的领导人。那年夏天，在《纽约时报》的一项调查中，我发现了南方组织运动中自由歌曲的覆盖面之广。我在亚特兰大遇到了善辩而好战的詹姆斯·福尔曼，学生非暴力协调委员会的一位领导者。虽然学生非暴力协调委员会和马丁·路德·金领导的南方基督教领袖委员会有密切联系，但是这个学生团体找到了自己的方向。音乐是他们的一个主要表达渠道。两位年轻的活动家，柏妮丝·约翰逊（Bernice Johnson）和科德尔·里根（Cordell Reagon），领导了佐治亚州奥尔巴尼市反种族隔离的长期运动。约翰逊、雷恩和福曼在监狱里待过，他们向北行进来到北方，民谣歌手成了他们的工作盟友和朋友。[12]迪伦很喜欢学生非暴力协调委员会的活动家，而他们也很喜欢迪伦。迪伦逐渐认为相比《小字报》，这些活动家的抗议歌曲与时代更为相关。"就在他们的后院。他们不歌唱明天或昨天。他们在为自己和自己所过的生活而歌唱，"迪伦说。纽约人把约翰逊看作年轻的奥黛塔。18岁的奥黛塔举止温柔，却有嘹亮、美丽的嗓音。萨拉托加的莉娜把柏妮丝介绍给了迪伦，柏妮丝第一次听到迪伦歌声的时候，他正在唱《霍利丝·布朗》和《大雨将至》。为表敬意，柏妮丝掌握了《大雨将至》一歌复杂的歌词，并很快开始唱这首歌。1962年末，柏妮丝的钱包被偷了，因为在纽约没什么朋友，柏妮丝就给迪伦打了电话。迪伦邀请柏妮丝留在自己的公寓，演奏她的罗伯特·约翰逊唱片，和她聊音乐和黑人争取民权的斗争。鲍勃也跟她讲了自己在欧洲的那个"特别的女孩"——苏西的事。

"我想那时他对自己的嗓音感到很尴尬，"柏妮丝后来告诉我，"他似乎觉得自己的嗓音真的很糟糕。当迪伦写出一首新歌后，他总是说我或者吉尔·特纳应该唱这首歌，因为我们的嗓音更好听。包括参与运动的人和自由歌手合唱团的人在内，我们都认为，迪伦是一个很棒的歌曲作者和一个很棒的人。"接下来几年，柏妮丝（后来嫁给了科德尔）与迪伦有很多职业上的接触。作为一名激进分子，柏妮丝可以感受到迪伦的变化。到1964年，迪伦开始走自己的路，以致许多活动家说迪伦把自己出售给了娱乐界。柏妮丝不同意："我觉得他正在经历一些感情上的奇妙的变化，而我不想作任何评价。我知道迪伦对哥伦比亚的合同不满意，1962年12月，他并不太想去欧洲。但我得知迪伦的经理有委托书，即使他不想去欧洲，经理也把他送到了那里。有一段时间，我担心迪伦可能在毁灭自己。不过，我依然觉得只要迪伦活着，他会没事的。一些白人和我们一起摆脱了对黑人的某种特殊的爱，而另一些人心怀内疚。迪伦不一样。当迪伦与运动渐行渐远的时候，愤怒的是学生非暴力协调委员会的那些白人。学生非暴力协调委员会的黑人没有这么想，或这么说出来。我们只从白人那里听到"背叛"一词，而非黑人。我一直把鲍勃当作朋友。在我心中，他从来不是一位明星，而只是一个朋友。

迪伦也深深地迷上了一位60岁的蓝调歌手，比格·乔·威廉姆斯（Big Joe Williams）。不要把这个乔和贝西伯爵的同名歌手所混淆，这个乔于1903年出生在密西西比州的奥克蒂比哈县。乔的家人太穷了，家里没有收音机或留声机，但乔能听到房子周围的音乐。乔的祖父是一位唱赞美歌的手风琴演奏家，乔的一个哥哥是福音歌手，还有三个表兄弟唱圣歌，弹吉他。维特玛克唱片公司的鲍勃·凯斯特说，乔很早就确定自己"不想犁地，不想砍棉花"，所以他自己制作了一把原始的吉他。当埃塞尔·沃特斯的吟游表演团来到乔的县城时，乔跟着剧团离开了。20世纪30年代，乔在孟菲斯为一家叫作沃克联恩的工厂录制唱片，后来他以"所罗门王山"的名字为派拉蒙录音。1935年后的10年间，乔为蓝鸟、哥伦比亚和其他唱片公司录制了很多歌曲。乔录制了三次《宝贝，请不要走》（*Baby' Please Don't Go*），这是他最为成功的歌曲。这首歌也曾被比格·比尔·布伦齐、莱克林·霍普金斯和莫斯·艾利森等人翻唱。

1962年初，迈克·波尔科考虑在民谣城预约比格·乔的演出时，迪伦为乔大做广告："他是一位最棒的老蓝调歌手。你得让他在这儿停留一下。"迈克预约了乔，演出在2月份持续了三个星期。迪伦几乎每晚都出现，和乔在舞台上挤在一起。对于曾在街上工作的乔来说，纽约的第一份工作令人兴奋。这次演出促进了早期蓝调的复兴，乔随后在好几家唱片公司录制了密纹唱片。大乔和小鲍勃之间的化学反应如此绝妙，以致乔邀请鲍勃参加一张密纹唱片的录制活动，而他原本计划于1962年3月2日和维多利亚·斯皮维一起录制，斯皮维是一位老牌蓝调女歌手，这张唱片出版于斯皮维自家的唱片公司。鲍勃确信哥伦比亚公司不会允许他参加该活动，所以鲍勃以"比格·乔的兄弟"的名字参与了录制。那张专辑《三个国王和一个王后》（*Three Kings and a Queen*）于1964年10月发行，里面收录了两首比格·乔和迪伦合唱的歌，《坐在世界之巅》（*Sitting on top of the World*）和《威奇托》（*Wichita*）。在《坐在世界之巅》一曲中，迪伦负责弹奏吉他和口琴，并在乔的领唱下做男主音和声部。

几年后，比格·乔和我进行了一场带着父亲般怀旧气息的采访，期间乔说自己在芝加哥遇到了迪伦，当时鲍勃只有六岁！（鲍勃很可能是1960年去东海岸的路途中在芝加哥遇到了乔）。这件事后来更加混淆不清了，因为迪伦于1962年说，自己十几岁时跑到了芝加哥："我看到一位黑人音乐家在街上弹吉他，我走到他跟前，开始用勺子为他伴奏。我小时候常常把勺子当作玩具。"似乎是为了补充迪伦的故事，比格·乔重构了那次旅行的经历："我第一次见到鲍勃，是在芝加哥，大约在1946年或1947年。我不记得确切的年份了，但鲍勃当时非常小，可能还不到六岁。他看起来和现在一样。我觉得鲍勃天生就有才华。他那时常常踮着脚尖走，说一些俏皮话，就像现在一样。那时，我在芝加哥街头工作，从1927年起我就开始了这样的生活。不知何故，鲍勃听过我唱片里的歌曲，如《宝贝，请不要走》和《49号高速公路》。鲍勃在北区见到了我，在斯泰德与格兰特街附近，我们慢慢走到斯泰德和第35大街。一路走来，我都在唱歌。当我们走到一些卡巴莱歌舞表演厅时，迪伦因为太小不能进去，我就让他在外面路边等着。那趟旅程花了我们大约三个小时。鲍勃问了我各种各样的问题。鲍勃说他以后也要干这样的事情，我说他一定会的，因为他有很高的天赋。

"我们终于抵达了第35大街和斯泰德的那家俱乐部，泰姆坡·雷德和我待在一起。我和雷德曾经在我们的房子里度过一段美好的时光。鲍勃真的很享受唱歌和演奏。大约六七年后，我在明尼阿波里斯市见到鲍勃时，他正在和托尼·格洛弗一起演奏。我熟知的那同一条密西西比河，但却在它的另一端，"乔说，"然后有一次，鲍勃试图在芝加哥拜访我，但我那时在奥克兰工作。鲍勃找到了我的地址，并给我写信感谢我在音乐方面给他的建议。他得到了什么，做了什么，都是老老实实赚来的。他们问我：'鲍勃是真的吗？'我回答，'他们应该让鲍勃过自己的生活'。"

1962年，我在兰德尔岛报导一场福音节目时，迪伦也来了。我在后台把他介绍给了美国音乐界最温暖、最有才华的家庭之一——斯特普尔歌手（Staple Singers）一家。女儿梅维斯被鲍勃深深地吸引，并向他示好，全家人都很喜欢鲍勃，不到一年后，斯特普尔一家和鲍勃都被邀约参加一档威斯汀豪斯特别电视节目，全家人都很高兴。罗巴克·"老爹"·斯特普尔斯（Roebuck"Pop"Staples）后来说鲍勃于1962年为他写了《约翰·布朗》这首歌。

兰德尔岛那场演出的主要明星是马哈丽亚·杰克逊，一位福音女王。迪伦很欣赏马哈丽亚的音乐，但当迪伦看到她坐着一辆豪华轿车来到现场，助手们托起她的长裙，就像她是皇室一样，迪伦非常吃惊。马哈丽亚招摇卖弄因为人们的虔诚而赚到的财富，这个场景激起了迪伦的思考。迪伦总把黑人看作各种人——好的、坏的、无动于衷的、成功的或挣扎的，美丽的或贪婪的。从马哈丽亚身上，迪伦学到一个教训，即明星不应该公开展示自己的财富，不应该成为暴发户，无论他们的身世多么卑微。

尽管苏西在意大利时迪伦非常抑郁，但他仍然让自己忙碌起来，虽然其忙碌程度尚未达到格罗斯曼的期望。1962年夏天的一个晚上，演员歌手西奥多·比克尔在华盛顿广场格林尼治村自己的公寓里举办了一场聚会。迪伦、我们的朋友休·史密斯和我一起去了。鲍勃醉得不省人事，他不知道在什么地方拿起了一顶闪亮的灰色丝绸帽子，这顶帽子和他的牛仔布、麂皮和靴子搭配在一起非常滑稽可笑。迪伦在房间里四处猛冲的时候，许多人对这个怪胎感到震惊。作为一名音乐家，石灰石的卢·戈特利布，对迪伦现象和他那晚的滑稽表现感到十分困惑。西奥对这位不请自来的客人感到茫然。六个月后，西奥开始满怀热情地演唱迪伦的歌。

比克尔聚会上的另一位客人是约翰·亨利·福克，一名出生在得克萨斯州的广播员，迷人的轶事收集家，广播电视黑名单的最大受害者之一。福克挑战了表演者工会美国电视与广播演员联合会中的麦卡锡主义者派别，从而招致反左派联防黑名单团体"AWARE"公司的愤怒。福克于1956年被哥伦比亚广播公司解雇，成为"不可重用之人"。经过多年的争斗，福克决定反击"AWARE"。福克雇佣了律师路易斯·乃塞尔，起诉AWARE公司诽谤其为共产主义者。（评论员爱德华·R.默罗承担了最初的7000美元的法律费用。）在这场针对黑名单人的案件中，福克胜诉了，获得了350万美元的损害赔偿，尽管他最后只得到了其中的一小部分。遇见迪伦的时候，福克正在写《恐惧审判》一书。迪伦对这位后来的德州英雄、民俗学家艾伦·洛麦克斯的朋友十分着迷。

1962年秋天，两场重要的音乐会为迪伦做了宣传。9月22号，一个星期六，《放声歌唱！》在卡内基音乐厅举办了其年度民谣合唱会。节目单上有西格尔、莉莉兄弟、苏格兰的马特·麦吉恩、便士笛、新世界歌手以及柏妮丝。迪伦的状态不太好。西格尔介绍迪伦时称他为一名特别重要的作家。鲍勃只唱了三首歌，就离开了舞台。他对自己的表现很失望，然而听众却并非如此。

两个星期后的 10 月 5 日，在一场市政厅音乐会中，迪伦和伊恩、西尔维亚、约翰·李·胡克、朱蒂·科林斯、林恩·戈尔德以及乐器演奏家桑迪·布尔同场演出，迪伦位列节目单首位。在这场由"民俗中心"赞助的音乐会上，格罗斯曼的几乎所有客户或挑选的人都出席了。这场演出把专业人士和观众中的业余志愿者结合在一起，是一个实验。"带上你的吉他和班卓琴"，这场计划去各大校园的演出的简介里这么说。迪伦这次的状态好多了，他在演出中受到了听众最热烈的欢迎。迪伦演唱了自己的《说唱纽约》《约翰·伯奇》《霍利丝·布朗》，并以《大雨将至》作为收尾歌曲。那些怀疑迪伦的诗歌天赋的人开始明白其他人在大惊小怪什么。

那时，有迪伦特写的一期《放声歌唱！》已经出版。封面上迪伦大口地吸烟，眼睛半闭着，很有伽思礼的韵味。吉尔·特纳的故事称迪伦为"今天美国最多产的年轻歌曲作者"，还说迪伦只有几个月大的时候，就开始"漫步"。迪伦魅力的一部分在于他压根不害怕失败。如果迪伦产生了一首歌或一个故事的想法，他会立刻在现场写出来，完全不担心这首歌或这个故事是否完美无瑕和百分之百恰当。

……迪伦常常用现实和真理这两个词……现实和真理是迪伦评估周围世界的标准。特纳引用迪伦的话："歌曲就在那里存在着。它们独自存在，等待着有个人把它们写下来。我只是以书面形式记下这些歌曲。如果我没有写，别人也会写出来。"

《放声歌唱！》对迪伦的产出表示惊讶："歌曲一进入迪伦的脑袋，

他就能快速地把它们记下来。迪伦现有的纪录是一个晚上写了五首歌。其最新歌曲的主题是黑名单，灵感来源于约翰·亨利·福克的案例。"这篇文章还包含了迪伦另外两张照片，《随风飘荡》《致伍迪的家书》《唐纳德·怀特民谣》的乐谱和歌词，以及迪伦其他歌曲的节选。[13]《放声歌唱！》从来没有如此地重磅推出一名新的词曲作者。到1962年，格罗斯曼早已打好了主意。

自由驰骋《小字报》

1962年，迪伦只发行了三首新歌：在贝拉方特作品中的口琴演奏片段、一首圣诞节发行的单曲《混淆不清》（*Mixed Up Confusion*）和《卡琳娜，卡琳娜》。为了评估迪伦的进步程度，第二张哥伦比亚专辑《放任自流的鲍勃·迪伦》（*Free Wheelin'*）和第一张《小字报》唱片必须放在一起考虑，虽然专辑直到1963年才发行。1962年3月《鲍勃·迪伦》发行时，迪伦已经远远走在了前面。《村声》《放声歌唱！》和《小沙评论》对此专辑的评价很高，然而前几个月这张唱片却卖出了不到5000张，对于哥伦比亚这样的巨头和获得了众多好评的迪伦来说显然是非常失望的。鲍勃想要放弃音乐。但是《小字报》、哈蒙德、格罗斯曼和格林尼治村的朋友给了迪伦那些消费者没能给他的支持。

同样在1962年5月发行的贝拉方特的专辑也未能造成太大的影响。迪伦开始为哥伦比亚录制更多歌曲。《放任自流的鲍勃·迪伦》的最终版本直到1963年7月才发行，而此时首个版本已发布一个月了。这张专辑发布前，哈蒙德、迪伦、格罗斯曼和格罗斯曼的合伙人约翰·考特之间志不相投的交易已经持续了一年。考特是芝加哥花花公子俱乐部前经理，也曾当过爵士鼓手。

格罗斯曼迈出的管理第一步是试图让鲍勃退出其哥伦比亚合同。格罗斯曼看到了该合同从佣金到"特殊出版费用"的所有缺陷，因为这项费用，迪伦的作品被其他歌手录制会比他自己录制赚得更多。哈蒙德关于此次纷争的说法："到此，鲍勃已经创作了《随风飘荡》。彼得、保罗和玛丽认为《随风飘荡》是一部杰作，我也这么认为。但是，鲍勃却去了华纳兄弟公司（维特玛克后来被华纳兄弟收购）。格罗斯曼试图让迪伦离开哥伦比亚，因为迪伦的父母尚未签署其合同。鲍勃告诉我他没有父母。律师的来信并不代表什么，因为当时鲍勃已经21岁了。从21岁以来，鲍勃已经来工作室四次了。我让鲍勃拒绝了律师的那封信，而这让格罗斯曼非常紧张不安。因为汤姆·威尔逊很喜爱鲍勃，我们断定这将是一次很棒的结合。"

威尔逊高大、英俊又亲切，是哥伦比亚第一位黑人制作人。虽然哈蒙德被列为鲍勃第二张专辑的制作人，威尔逊实际上是鲍勃一些歌曲的制作人，包括《北乡姑娘》（*Girl from the North Country*）、《第三次世界大战说唱布鲁斯》（*Talkin' World War III Blues*）、《鲍勃·迪伦的梦想》（*Bob Dylan's Dream*）和《战争狂人》。迪伦的第一支单曲《混淆不清》和《卡琳娜，卡琳娜》于1962年12月24日发行。《混淆不清》很快就售完了，但这首歌是历史性的。如果《混淆不清》更为出名，它很可能会引起人们的误解，以为迪伦只是一名原声吉他抗议民谣的演奏者。《混淆不清》录制于1962年11月14日。1965年，当迪伦转而演唱电声音乐并因此受到听众严厉的抨击时，迪伦急切地想让大家注意到自己的第一支单曲和《放任自流的鲍勃·迪伦》中删除的曲目。这些歌证明迪伦很早就开始制作电子音乐了。早在披头士问世之前，在大家指控迪伦为商业出卖自己的时候，迪伦就已经开始创作摇滚民谣了。

"没有人让我去玩电声音乐。我也没有问任何人。我一个人也没有问，相信我，我没有问任何人，"迪伦后来强调。鲍勃称，《放任自流的鲍勃·迪伦》中的电吉他伴奏的歌曲包括《岩石和砂砾》，被删掉的原因是为《随风飘荡》《战争狂人》和《北乡姑娘》腾出空间。

《混淆不清》的歌词，"有太多的人/他们都太难取悦"是迪伦关于身边争吵的私语。关于是否删除《约翰·伯奇》，也发生了很多争论。哥伦比亚广播系统审查员拒绝让《混淆不清》出现在埃德·沙利文秀上以后，哥伦比亚唱片公司感到惊慌失措。哈蒙德说道："哥伦比亚广播公司的律师，而非哥伦比亚唱片公司，认为这首歌中谈论希特勒的部分涉及约翰·伯奇协会的每一位成员，所以它涉嫌诽谤或类似的废话。相比迪伦的专辑，西格尔的作品含有更多的敏感内容，我却能让它们过审。"没有删掉《约翰·伯奇》和其他三首歌曲的专辑版本卖出去还不到300张。这些收藏级别的专辑大多流向了西海岸。[15]最终，《放任自流的鲍勃·迪伦》专辑里并未收录《约翰·伯奇》《岩石和砂砾》《散漫的赌徒威利》和《让我死在自己的脚步中》等歌。

在彼得、保罗和玛丽取得了巨大成功后，《放任自流的鲍勃·迪伦》得以发行了。尽管有各种问题，这张专辑却非常成功。专辑封面上苏西和鲍勃冻得发抖，他们在格林尼治村一条泥泞的街道上重聚，迪伦穿着麂皮和牛仔，苏西微笑着挽着迪伦的手臂。到1963年的新港民谣音乐节时，许多年轻女孩就模仿着苏西的长发和靴子。鲍勃让我再次撰写唱片套上的说明文字，但是我说纳特·亨托夫可以做得更好。《放任自流的鲍勃·迪伦》专辑，曲目如下：

《随风飘荡》：这首歌在发行前，已经是一首被彼得、保罗和玛丽唱红的主打金曲。当时民权运动正达巅峰，这首低调的作品正好概括出那个时代人们的激情与疑问。一些左派人士认为这首歌很无力，因为作品中只是抛出问题，却并没有给出答案。迪伦对此的回应是："回答这些问题的第一种方式正是提出问题。但大多数人们需要首先找到风的所在。"戈登·弗瑞森认为可以将美国国旗作为一种隐晦的参考。他借用艾默生的那句"一块在风中飘荡的旧旗布"，来表达国旗象征着毋庸置疑的爱国主义。这首歌成为了一首民权颂歌，但同时也引起了一些不公正的剽窃指控，这些指控直到20世纪70年代中期才得到完全驳斥。人们也可能将这首歌的主题隐喻与核浩劫电影《海滨》（*On the Beach*）联系到一起。迪伦说："我是在煤气灯咖啡厅对面的一家咖啡馆里写的这首歌。"

《北乡姑娘》：一首对怀旧充满渴望的温柔情歌。在歌曲集和随后的创作中，"from"被改成了"of"。许多人指出这首歌与保罗·西蒙和阿特·加芬克尔直接借鉴的英国民谣歌曲《斯卡布罗集市》（*Scarborough Fair*）有关联。西蒙和迪伦很可能都是从马丁·卡西那里学来的，从而创作了自己的版本。迪伦说他在1962年底写出这首歌的歌词前，这首歌已经在他脑海里存在好几年了。当艾科·海尔斯托勒姆被众人所知时，有人用这首歌的歌名来形容她，但我们更有理由相信这首歌的灵感是来自邦妮·比彻尔。因为这首歌根本不符合对艾科的描述。1969年，迪伦与约翰尼·卡什一起重新录制了一个二重唱的版本。（另一个很感人的版本则为于格·欧弗雷在

《欧弗雷唱迪伦》中所唱的法语版本《北乡姑娘》。）

《战争狂人》：对战争奸商愤怒的指控，迪伦的指控带有《傻瓜喜事》《埋葬死者》等20世纪30年代戏剧的风格。后来对"军事——工业复合体"的调查证实了迪伦指控的正义性。朱迪·科林斯录制《战争》一曲时，把最后几句复仇的歌词删掉了，但是鲍勃说这一版本减弱了自己的意图。西格尔的巡演录音要强烈得多，每一行歌词都插入了日语翻译，达到了有趣的轮流吟唱效果。这首古老的调式歌曲中令人毛骨悚然的旋律被认为源自英国哑剧中一首古老而有魔力的歌，让·里奇的《诺塔芒城》（*Nottamun*）使其流传下来。1964年，里奇将自己的泰恩赛德音乐出版公司的版权署名为"诺塔芒"。因为迪伦使用了《诺塔芒城》的旋律，泰恩赛德公司向迪伦提出索赔，但迪伦成功地辩护称自己的改编版本和原创歌词创造了一首新歌。

《沿着公路直行》和《鲍勃·迪伦的梦想》：布鲁斯的两面———面深刻，另一面肤浅。《沿着公路直行》的调式短诗独具一格，令人惊叹的吉他音调营造出令人颤抖的悲戚感，也将整首歌统一起来。《沿着公路直行》展示出迪伦所说的他把经典蓝调看作一种精神发泄。苏西的离去是反复出现的一个主题。"蓝调"是一首艾略特式的轻松活泼、胡说八道的歌，"蓝调"先在序曲中批评流行歌曲出版界，接着建立起歌手和竖琴之间轻快的对话。两首蓝调把悲剧和荒谬剧并列起来，它们像是对我说：生活中哪里都有绝望，所以让我们笑着度过。

《大雨将至》：充满着怪诞的末日启示录，这首歌也成为1962年古巴导弹危机的前兆。歌曲以经典民谣《兰德尔王》（*Lord Randall*）的改写开场，但是儿子的回答却如同按钮启动的战争一样现代化了。尖刻的文字描绘了战争的残骸。西班牙内战中战斗场景出现在我的脑海，加西亚·洛尔卡的诗歌，从毕加索受折磨的《格尔尼卡》（*Guernica*），以及戈雅的尖锐反战素描。尽管歌曲标题是现代隐语，歌词的措辞却带有富含想象的推动力，可以说得益于洛尔卡和兰波。兰波是第一位在20岁左右创造了一个诗的宇宙的诗人，里面极端的恐怖和失落的温柔在某种程度上可以匹配现代现实的地狱和天堂。迪伦说，自己的想象来得如此快，以致"每一行歌词实际上是一首完整歌曲的开头。我觉得我活着的时间不足以把这所有的歌曲写完，所以我尽量把它们放在这一首歌中。"《大雨将至》启发加拿大诗人伦纳德·科恩（Leonard Cohen）开始写歌。《大雨将至》是一首标志性的抗议民谣，标志着20世纪50年代诗歌和爵士的融合，金斯伯格、弗林盖蒂和雷克斯罗特的融合，终于绽放出成功的花朵。

《多思无用》：这首歌的工作室乐队和为迪伦的《混淆不清》《卡琳娜，卡琳娜》单曲伴奏的乐队基本相同，除了新增了一名成员布鲁斯·朗霍恩，奥黛塔的吉他手。一首早期商业主打曲，被广为录制，这首歌的主题显然是苏西。迪伦录音中的讽刺与其他大多数录音形成鲜明对比，其他歌手更强调迪伦和苏西的甜蜜，而淡化了苦涩。就在迪伦这首歌完成的几天前，我一直在和鲍勃谈论苏西的欧洲之行。为了鼓励迪伦，我说苏西还是一个孩子，这句话被写进了歌词中。这首曲子改编自保罗·克莱顿的一首民谣曲调《她扎头发用的红丝带》（*Scarlet Ribbons for Her Hair*）。克莱顿和迪伦之间进行过一次友善的法律诉讼，后来他们在庭外愉快和解了。约翰尼·卡什撰写了自己的版本《理解你的男人》（*Understand Your Man*）。

《鲍勃·迪伦的梦想》：一首重要的作品，但还不够广为人知。我认为这张专辑中有两首包含迪伦名字的歌是出于迪伦的贪婪。对于这首歌的旋律，迪伦把它归功于自己的英国朋友马丁·卡西在《王者富兰克林》（*Lord Franklin*）的传统唱法。这首歌充满了怀旧感、21岁时对世界的疲惫，还有一种逝去了年少纯真的感觉。随着生活变得越来越复杂，迪伦开始思考返回明尼苏达，青春期一切答案似乎都很简单。约翰·巴克伦认为这首歌和自己还有鲍勃、艾科、约翰的妹妹在希宾度过的时光有直接关系。同样，这首歌也容易让人联想到和托尼·格洛弗、邦妮在明尼阿波利斯市度过的时光。

《**牛津镇**》：属于一种能让《小字报》兴奋起来的抗议声明。詹姆斯·梅雷迪斯是牛津镇密西西比大学第一位黑人学生。这首歌的旋律和节奏充满乐观，歌词却非如此。

《**第三次世界大战说唱布鲁斯**》：带有伽思礼的风格，生硬的机智的幻想，迪伦在工作室里完成此歌的一半。无比的讽刺，从医生到亚伯拉罕·林肯到战争再到作者本人都被讽刺了。尖刻的机智，曲中乏善可陈。

《**卡琳娜，卡琳娜**》：尽管摇滚民谣的节拍不那么刺耳了，但是迪伦和伴奏乐队一起用欢快的节奏美妙地吟唱。这是和单曲稍有不同的一首歌。盲人莱蒙在"卡琳娜蓝调"中加入了自己对《C.C.骑手》（*C C Rider*）传统的改变版本，《卡琳娜蓝调》最后一段和《卡琳娜，卡琳娜》很相似。在盲人莱蒙·杰弗森和迪伦中间有一首古老的《卡琳娜》，由乔·特纳录制，致谢名单上有杰伊·M.威廉姆斯、博·查特曼和米切尔·帕里什。迪伦把这首歌演绎得既温柔又带有一种忧郁的嫉妒。迪伦说蓝调歌手朗尼·约翰逊对这首歌的影响很大。

《**亲爱的，再给我一次机会**》：轻松得几乎无关紧要。虽然鲍勃声称这首歌是从一张无名的德克萨斯蓝调唱片中学到的，他的演奏实际上受杰西·富勒的影响很大，富勒经常对悲伤予以嘲弄。

《我将会自由》：这首歌显然是虎头蛇尾。虽然这张专辑至少有六首主打歌，但两首最弱的歌就像衬衣下摆一样塞在专辑最后，这估计是哈蒙德和格罗斯曼之间争斗的结果，以及选歌决定的结果。

1962年发行的另一张描绘迪伦的密纹唱片：《小字报民谣（第一卷）》，这张专辑投入不大，属于那种低预算民谣常见的一次性特别专辑。《小字报民谣（第一卷）》显示了第一年出版的内容。从1963年春天开始，《小字报民谣（第一卷）》可能卖的还不到一万份，但《小字报》是抗议歌曲运动的重要记载。在本期的前言中，戈登·弗里森回顾了抗议歌曲的历史，从史前到英国的平面印刷品再到当代美国。研究迪伦的学者会被这张专辑迷住，因为它清楚地显示迪伦正成为《小字报》大红人。这张专辑以新世界歌手演唱的《随风飘荡》开头，这个版本规模较小但是充满深情。注释中引用了《放声歌唱！》1962年10—11月一期中迪伦的话，在这个"解释"中，迪伦仍然在使用伽思礼式语言，使用双重否定和仅仅用来取笑的脱口而出的词句韵律。

关于这首歌，我没有太多要说的，除了答案在风中飘荡。答案不在书、电影、电视节目或讨论组之中。兄弟，答案在风中——在风中飘荡。太多的名人达人告诉我答案在哪里，但是，我不会相信。我还是说，答案在风中，就像一张不安定的纸，总有一天它会落下来……但唯一的麻烦是当答案坠落的时候，没有人捡起它，所以没有太多的人看到和知道答案……然后答案再次飞走……我仍然说，一些最重大的罪犯是那些看到错误，也知道是错的时，不管不问的人。我只有21岁，但我知道世界上有太多的战争……你们这些21岁以上的人应该比我更了解……因为毕竟，你们年纪更大，更睿智。

《约翰·布朗》是盲人男孩格兰特的首次亮相，是对传统旋律《900英里》（*900 Miles*）的自由改变。[16]这首歌抨击了战争英雄这一概念，讲述了现代的约翰·布朗，他在海外为了不明的原因充当炮灰。他离开时，父母非常自豪，儿子获得勋章后父母更为自豪，但是当他回到家变成一个瞎眼的跛子时，父母却感到十分沮丧。虽然对战争英雄主义的讽刺已经老掉牙了，但是这个故事给人以深刻印象。这首歌很少有人演唱，但是与布莱希特的反战言论相比，贝蒂娜·乔尼克的演唱已经是相当不错了。

《我不会躲到地下》[17]由哈皮·特劳姆演唱，时任新世界歌手的一员，后来成为《放声歌唱！》的编辑，从1967年开始在伍德斯托克和迪伦重新成为朋友。从20世纪50年代开始，因为古巴导弹危机，炸弹和放射性尘埃躲避所装置畅销全国。这首歌拒绝进入（举国修建）避难所的盲动之中，宣扬了站在地面与战争威胁作斗争的骄傲。迪伦在反击逃避的希望，他说我们正在学着如何去死，而非学习如何生活。这首歌实际上肯定了我们必须停止战争，因为保护人们免于战争的伤害是虚无缥缈的。被弗里森怀疑是添上去的最后两段歌词，实际上是对美国政治图景的伽思礼式的重现。

《只是一个流浪汉》（*Only a Ho bo*）和《魔鬼说唱》（*Talkin' Devil*）：分别是迪伦的一首歌曲和一个片段，也是由盲人男孩格兰特演唱。《流浪汉》延续了迪伦对遭遇主流排斥的局外人的长期迷恋。《魔鬼说唱》只有两段歌词，是一首未完成的作品，提出了关于地球隐藏着魔鬼的初步想法。[18]

《小字报》唱片上还有10首由别人演唱的歌曲。但是15首曲目中有5首由迪伦创作。1965年，公众、新闻界以及迪伦自己的不耐烦使得迪伦公开开始否认自己与《小字报》的密切合作。1965年10月17日，长岛日报（*Long Island Press*）的大标题是"迪伦否认其抗议歌曲"。在一场无聊的采访中，迪伦称《随风飘荡》和《上帝在我们一边》是"别人代写的"，并坚称《荒凉街区》（*Desolation Row*）比他以前所有政治抗议歌曲都更重要。之后，迪伦不再需要为引起人们对自己新近创作的作品的兴趣而贬低原来的作品。20世纪70年代，迪伦的写作和表演仍然伴随着《小字报》时代的回响，他的耳朵仍然可以听到"夜间咖啡馆的音乐/和空中的革命"。[19]

1963年，与苏西·罗托洛漫步格林尼治村，
拍摄《放任自流的鲍勃·迪伦》专辑的封面照片。

上：《我们必胜》——1963年新港民谣音乐节的终曲。

小图：与琼·贝兹共同参加1963年8月28日的华盛顿大进军游行。

第五章　不再是傀儡桂冠诗人
Not a Puppet Laureate

迪伦是当今美国最重要的词曲作者……他的指尖能感受到美国年轻人的脉搏。

—— **彼得、保罗与玛丽三人组合，1963**

我能感受到它，但是迪伦却能用语言表达出来，他是前无古人，后无来者。他的歌曲如同诗歌与音乐般有力。鲍勃所表达的正是所有这些年轻人想说的。他为我代言。

—— **琼·贝兹，1963**

他是被压迫者的代言人……小人物的领头人。

—— **新港每日新闻，1963**

"进入大熊"，1965年，迪伦与他的经纪人阿尔伯特·格罗斯曼在新港民谣音乐节后台。

我的想法是，没有人听到我的声音，然而最重要的是，在所有的低声咕哝与热烈赞美之中……除了自己的感官，根本没有任何引导。

—— **迪伦，1963**[1]

对于所有的明星来说，时机是他们成功的关键。格罗斯曼给人的感觉是不慌不急、毫无条理，但是他的脑子里却如同安装了一只瑞士手表般精准。他启用迪伦的时间表，安排得既有战略性又井井有条。迪伦与格罗斯曼并没有关注彼此的动向，但在1963年，这两人的时间表开始重叠，如同一列南太平洋机车并入通往圣塔菲市的轨道。阿尔伯特的蓝图如果要得以实施，便需要一首畅销歌曲，一位口碑良好的明星，最重要的是，需要一个譬如新港民谣音乐节类似的大型宣传场合。如果1959年新港能捧红贝兹，那么1963年就能捧红迪伦。

阿尔伯特所做的一件事情，鲍勃并不知晓，因为对年轻音乐人来说，最脆弱的莫过于自尊心了。格罗斯曼将经济理论用于实际，利用他人钱财，买下了罗伊·锡尔弗博所持有的股份。格罗斯曼并非不满意1962年的收获：奥黛塔颇受欢迎，保罗和玛丽的第一张专辑销量不错。然而，之所以动用他人钱财，是为了降低风险，保持自己资金流动。因此，阿尔伯特向锡尔弗博所支付的以便将迪伦纳入麾下的1万美元，一半都是来自彼得、保罗和玛丽。这笔交易之所以并未公开，是为了让迪伦以为，所有一切都是他自己努力所得。演艺圈很多有才华的人，穷困潦倒，只因缺乏时机与支持。即便到了1970年，彼得和保罗也并不知道这笔交易；而玛丽当时已与格罗斯曼闹翻，尽管知情，但是非常谨慎。

1962年起，便有传言说，彼得、保罗和玛丽投资了迪伦的星途，但是他们三人坚决否认，更让此事难以揣测。这只能意味着，他们三人私下支持其公开的立场：他们相信迪伦具有巨大的潜力。迪伦并不知道他们三人这一小部分资金的用途，直到《随风飘荡》令彼得、保罗、玛丽三人获得成功。

等到迪伦知晓此事后，1963年活动后的一段时期，他经常说的话是："阿尔伯特是个天才，真正的天才。"

迪伦与惠特马克签约之后，格罗斯曼与莫格尔（Mogull）随即开始为迪伦的歌曲展开宣传活动。鲍勃的音乐创作本身无可挑剔，如今，一个异常强大的宣传团队开始接手。硬性推销专家阿尔蒂将磁带、小样、铅片拿给行业内大佬试听。软性推销行家阿尔伯特则重点攻克雅罗和米尔特·奥肯，后者不仅仅是彼得、保罗和玛丽的音乐总监，还是查德·米歇尔三重唱、四兄弟演唱组的音乐总监。奥肯早期与贝拉方特合作过，随后成为约翰·丹佛的发行人和制作人。

"阿尔伯特给我带来一张迪伦《随风飘荡》和《来日方长》的磁带，"奥肯告诉我，"他手拿磁带摆弄着，想让我感兴趣。"格罗斯曼是"彼得、保罗和玛丽三人组合"的伯乐，但奥肯在整合音乐界各方势力方面所扮演的角色不可高估。"阿尔伯特并没有明确说明《随风飘荡》，是为彼得、保罗和玛丽准备的。我首先想到的是，米歇尔三重唱会喜欢。"奥肯继续说。在他眼中，歌曲并非仅仅是优美的旋律，而是要传达某种信息。奥肯将磁带带给当时正在华盛顿哥伦比亚特区演出的米歇尔三重唱试听；一天之后，这首歌便在这个组合的演出里亮相；两周之后，米歇尔三重唱想把《随风飘荡》当作单曲发行。这一年，米歇尔三重唱还是贝拉方特旗下艺人，他们的唱片是由已过世的鲍勃·博拉尔德制作的。《随风飘荡》这首曲子随后成为了米歇尔三重唱与博拉尔德之间一系列"战争"的导火索，博拉尔德认为，"你们不能在一首流行单曲中谈论如此重大、具有争议的话题。"博拉尔德并非赞成贝拉方特的所有立场，此前博拉尔德曾对米歇尔三重唱具有争议的单曲《圣诞节的十二天》（*The Twelve Days of Christmas*）颇有偏见，这已经让他们感到恼怒，此次他的态度更加火上浇油。当热情的观众要求他们在演出《圣诞节》之后再来一首时，他们演唱了《随风飘荡》。此外，他们还在1962年录制的专辑《在行动》（*In Action*）加上了《随风飘荡》这首曲子。这张唱片销量不错，但并没有爆红。

与此同时，在1962年底美国芝加哥民谣音乐圣地"号角之门"酒吧，格罗斯曼为彼得、保罗和玛丽播放了另外一个迪伦磁带版本的《随风飘荡》。彼得听后按捺不住内心欣喜，但保罗和玛丽并没有如此入迷。"我记得歌曲是曲调一般，"保罗回忆道，"但那个时候我基本属于鸵鸟类型。"但是，很快他们便作出了自己的修改，修改了几处和声。彼得坚信，《随风飘荡》是西格尔-李·海斯（Seeger-Lee Hays）爆红歌曲《如果我有一个榔头》（*If I Had a Hammer*）的最佳续曲。1963年6月18日，华纳兄弟发布了这首单曲。短短8个工作日里，《随风飘荡》便销售了32万张唱片。莫格尔认为，这首歌是华纳史上销售最快的单曲。两位重要的广播时尚达人比尔·兰德尔与比尔·加文赞赏这首歌曲为"年度唱片"。克利夫兰、华盛顿、费城地区的一些车站每小时都在播放这首单曲。在美国南方腹地，不论是唱片播放量还是销量，成绩都出奇的可观，原因也许是由于彼得、保罗和玛丽乃音乐排行榜的常客。《如果我有一个榔头》和《失却的童真》（*Puff*）销量分别为70万张。当《随风飘荡》发行量超过100万张时，美国的流行音乐金曲内容就获得了重新定义。

《随风飘荡》为大批北方自由歌曲提供了灵感。截至1962年，歌曲成为了"取消种族隔离运动"的重要组成部分，如今却成为了民谣和流行歌

手的热门话题。《综艺》杂志发表了一篇关于时政歌曲的头条新闻，强调
《随风飘荡》创造了一股新的潮流。查德·米歇尔三重唱当时甚至在南部校
园凭一首借讽刺性的大学种族隔离歌曲，即《母校》（或《老姑娘》）获
得成功。汤姆·帕克斯顿在夜店里唱了他的《阿拉巴马州的狗》（*Dogs of
Alabama*）。许多人对于取消种族隔离的歌曲都大为不满，1963年中期，我
甚至在缅因州奥甘奎特地区的一家咖啡馆里，听到一个女孩大喊："来唱点
支持种族隔离的歌曲！"

　　攻击《随风飘荡》这首歌曲最离奇的方式，竟是有谣言称迪伦窃取了
这首歌。在我调查北部自由歌曲的文章刊登于《纽约时报》后的一天，我接
到来自罗格斯大学的经济学教师亨利·莱文打来的一通电话。莱文坚称迪伦
是从一名来自新泽西米尔本，名叫洛尔·怀厄特的男孩那里买来《随风飘
荡》的，这个男孩15岁就创作了这首歌，迪伦在格林尼洛村附近听说这件事
后，"买下了"这首歌词。既然如此，这笔不同寻常的交易价格是多少？
"迪伦捐赠了1 000美元'照顾'这个男孩，换来了这首歌词。"这位来自
罗格斯的"侦探"说道，为了回报迪伦的善举，怀厄特将这首歌以迪伦的名
义，交给了出版商惠特马克。莱文告诉我说，怀厄特的父亲雇佣了一名律
师，正努力争取这首歌曲所带来的收益。

　　莫格尔斥责莱文的故事简直是胡说八道。当晚，迪伦告诉我说，如
果我轻信了传言，那么我什么都会相信。他完全否认这个谣言，他说他从
来没听说过怀厄特，猜想谣言是新泽西"某个女孩"出于嫉妒而散播的。
吉尔·特纳公开坚称，歌曲旋律或许参考了民谣圣歌《我不再去拍卖台》
（*No more Auction Block for Me*），但歌词完全是迪伦所作。[2]这起谣言继续

扩散，甚至出现在当年秋季《新闻周刊》抹黑迪伦的文章中。与此同时，怀厄特1963年6月5号写信给《小字报》，否认了莱文的谣言。

去年，我写了一首名叫《自由正在风中飘荡》的歌曲，时间远早于我第一次收听迪伦的《随风飘荡》。两首歌歌词迥异，旋律也完全不同，只是歌名有点像……有些人误以为我写的歌就是迪伦那首，因此当他们以为迪伦"偷"了这首我甚至懒得申请版权的歌曲时非常气愤……我耐心地……向他们解释说这两首歌只是歌名有点像，其他没什么。我最终决定更改我的歌名为《自由在空中》或者《自由无处不在》，以便消除误会。我已经将许多愤愤不平的人转成了迪伦粉丝……我希望，现在一切都好。

然而事实却恰恰相反。1974年2月，怀厄特给《新时代》（*New Times*）撰写了一篇名为《随风飘荡背后的故事》的文章。他在文中坦白说，他此前曾坚称自己创作的歌曲与迪伦的歌曲内容有点相似，这点撒了谎。"在我写这首歌前几个月，迪伦就获得了版权。" 怀厄特在文中承认自己编造了《小字报》的信件内容。

几年前我编织的伪民俗外套如今已经破烂不堪——它从来都没有非常适合我……现在是承担后果的时候了。近来当许多人看到迪伦从"诗歌先知"变成了"利益先知"时，他们深感愤怒，谣言再次传开。重要的是，对迪伦报道编写的阴险脚注还残留在许多人脑中，是时候抹去了。而抹去脚注的最负责人的方式就是，用我的话把整个故事讲述出来……遗憾的是11年后我才说"对不起"。

迪伦经常基于民间传统创作歌曲,他因此被冠名为"歌曲小偷"。迪伦似乎无法为自己辩解,他在这方面确实很不在行。批评者抨击称,迪伦谱写、朱迪·柯林斯所录制的《告别》(*Farewell*)不过是给传统安格鲁——爱尔兰风格的歌曲《告别利物浦》(*The Leaving of Liverpool*)重新填词罢了。迪伦的两首音乐作品《我怜悯可怜的移民》(*I Pity the Poor Immigrant*)和《唐纳德·怀特民谣》中的旋律与传统民歌《所有流浪汉和小贩都来吧》(*Come All Ye Tramps and Hawkers*)以及《彼得·安伯》(*Peter Amber*)有几分相似。他们也可以在迪伦《玛吉的农场》找到传统民歌、西格尔的第一张单人唱片《彭尼的农场》的影子。我们都知道,《献给伍迪的歌》的歌曲旋律是以伍迪·伽思礼的《1913年大屠杀》(*1913 Massacre*)为基础的,而伍迪本人也借鉴了一首民谣曲调。随后,美国水星唱片公司发布的一则宣传稿称,《爱斯基摩人奎恩》(*Quinn, the Eskimo*)是从爱尔兰民谣当中"获得灵感"的。《躁动的告别》(*Restless Farewell*)与民谣《离别酒》(*The Parting Glass*)神似,而《赌徒威利》(*Willie the Gambler*)[3]则是受到了克兰西兄弟的《布伦南在荒野》(*Brennan on Moor*)的影响。

截至1963年,民谣界就迪伦是剽窃还是践行广为认可的借鉴民谣来创作新曲而出现巨大的分裂。尽管伊恩·泰森和西尔维娅是格罗斯曼的老客户,却和"格林布瑞尔男孩"组合的鲍勃·耶林一道,成了批评迪伦的"最强音"。有声望的音乐人对迪伦的批评并没有那么尖锐,但更多的失败者却抓住这个机会趁机诽谤迪伦。到1963年秋,当《莫要三思》的旋律再遭质疑时，格罗斯曼都开始不由担忧起来。我向格罗斯曼提议，迪伦可以在他的唱片以及页码处标明歌曲的民谣参考列表。我暗示说也许迪伦有可能自己也不清楚他歌曲中的短语或者旋律来源，但格罗斯曼严肃回应道："他都知道。"

"我到底剽窃了什么？"鲍勃问我，"我是剽窃了'这个'，还是'一个'，还是'所有'？每个人所写的单词都是从别处借来的。伍迪都没有原创10个旋律，为什么从来没有人称他为窃贼？"《新闻周刊》的报道已经够糟糕的了，但接着《小沙评论》又令人颇为不悦：

近来民谣圈里一个重大的问题是：谁创作了《随风飘荡》，是迪伦还是某个……学生？迪伦既没有承认也没有否则这些指责……事实真相不得而知……如果他有欺诈行为，就应该接受批评；有责任心的民谣评论家不应闭上眼睛嘟囔"又是一个叶夫图申科"。

因为拥有《小沙评论》这样的伙伴，迪伦几乎不需要敌人，但他早已是四面楚歌了。民谣歌手托尼·赫伯特创作了自己的歌词《时光变迁》，对迪伦风格、理念和成功指手画脚。迪伦的《简要墓志铭11首》便是对来自四面八方的谣言的一种辩驳。

是的，我是思想的窃贼
而非，我祈祷，灵魂的窃贼
我建造并且重建于等待之上

因为

在我所处时代之前

所打开的东西上面

海滩上的沙子

雕刻出许多城堡

一个词，一个旋律，一个故事，一行歌词

风中的钥匙打开我的思想

并通过后院的空气赋予我最隐蔽的思想[4]

和许多词曲作者一样，迪伦的歌词借鉴了很多民谣元素，但是其他词曲作者却没有被批成"窃贼"。保罗·西蒙的《斯卡布罗集市》改编自传统的英格兰歌曲，《忧愁河上的桥梁》（*Bridge Over Troubled Water*）则改编自黑人福音歌曲、阿雷莎·富兰克林和罗伯塔·弗拉克都曾在校时演唱过的《不要干涉这淌水》（*Don't Trouble the Water*）。我曾经告诉汤姆·帕克斯顿，他的《每日新闻》中的一个旋律与老强尼·霍顿的乡村曲调神似。帕克斯顿则表示自己对此并不知晓。约翰·塞巴斯蒂安自由地在传统陶罐乐队音乐中挑选中意的曲调，然后再将其融入他的乐队"满匙爱"——这个乐队名取自密西西比约翰·赫特的一句歌词。甚至连《扬基歌》都是美国殖民者基于英国饮酒歌改编而来的。莎士比亚、斯特拉温斯基、毕加索都是借鉴传统的大师。自音乐和诗歌诞生之日起，就有了改编原有素材的技巧。莫扎特、巴赫，甚至马勒音乐中的民谣旋律元素会令许多传统假内行惊讶不已。彼得的父亲、民族音乐学家查尔斯·西格尔对民谣的创作过程给予了解释："有意识地并且无意识地挪用、借用、改编、剽窃或者简单盗用……一直是艺术创作的一个重要部分。企图搬来版权法，就是限制民谣的创作，因为民谣本身就是一种典型的'剽窃'。据我们所知，从定义上来看，民谣就是'剽窃'的产物。"

《随风飘荡》既符合流行音乐的标准，也是民权主题的代表作。彼得、保罗和玛丽演唱获得成功后不到一年，诸如杜克·埃林顿[5]、莱娜·霍恩、马琳·迪特里希、斯派克·琼斯、珀西·费丝、特里尼·洛佩斯、格伦·坎贝尔、博比·巴林等人录制了将近60个其他版本。而大多数人仅仅是唱这首歌，并没有录制。直至1968年，史蒂维·旺德的版本走红。第二年，来自四面八方的谣言和猜疑，给迪伦所取得的成功蒙上了一层阴影。他的歌一首接着一首走红，吹毛求疵的声音也逐渐安静了下来。许多人认为，迪伦善于应付各种猜疑，其实他在《墓志铭》中那隐喻性的回击真正有助于彻底打垮那些无端的造谣与中伤。在"彼得、保罗和玛丽三人组合"进行巡回演出的时候，彼得曾多次强调他相信迪伦的曲风自成一派："鲍勃·迪伦是美国当今最重要的词曲作者……他的指尖能够感受到美国青年的脉搏。" 彼得、保罗和玛丽这三人正在为迪伦盛大的入场仪式铺垫红毯。

1963年4月13日，星期五，迪伦在市政厅举办个人演出，这是个转折点。利文撒尔是本次演唱会的制作人，他与格罗斯曼达成了一项音乐会制作人几乎不会有损失的条款。利文撒尔与格罗斯曼都将1961年的活动抛在脑后，标榜在市政厅的这场演出才是迪伦的首场个人音乐会，并宣称共售出门票1.2万张。当时，还没有现在人们习以为常、花钱买人"当托"的做法，迪伦的这场演出实际大约有900名观众。可以理解，迪伦当时非常紧张，出发前往市政厅之前他与苏西小吵了一架，这也不能缓解他的情绪。一旦走到台前，迪伦便呈现了一台精彩纷呈的演出。此时，他具备了成为一名真正歌手的能力、经验，他还是一名机智的歌手。坐在看台上的西格尔和他的妻子利丸（Toshi）欣赏得津津有味。两篇充溢着赞美之词的评论文章（一篇是我刊登于《泰晤士报》上的，一篇是巴里·凯拓森刊登于《排行榜》上的）给了格罗斯曼很大信心。一份依靠唱片公司广告作为收入来源，很少刊登可引用批评言论的报纸，但凯蒂森是一位不同寻常的专业性报纸评论家。以《正在建构的传奇：民谣诗人迪伦魅力不可抵挡》作为标题，凯拓森写道，迪伦是"创造传奇的化身……一名独特……渊博的……诗人，他生来就带有一种感知当代人生活悲剧能力……他言论的首要目的，不是娱乐大众……可以预言，他的才能将会延续很长很长一段时间"。

市政厅这场或许算是最后一场提醒观众迪伦影响力的音乐会了，从此以后，他的影响力便无可匹敌。当晚，迪伦的流浪汉装扮让人不由想起伽思礼，他身穿牛仔衣，头发像是很久没有修剪，他看起来就像迷失在沙尘暴中的霍顿·考菲尔德。迪伦的脆弱、他与其歌词内容的统一，呈现出一名年轻的"西纳特拉"。然而，迪伦打破了所有谱曲和演出的常规——除了那些必须要表达以及要表达清楚的规定。并非所有的台词都是完整的，或者是字斟句酌的，但是它们却有一种结构存在。随着一阵阵掌声响起，迪伦亦越发坚定。演唱《霍利丝·布朗》的一幕就像电影一般清晰；《大雨将至》仿佛随着噩梦一同翻腾。随后，出现了令人放松的喜剧效应。迪伦表演了各式讽刺性的说唱蓝调，尽管他其间介绍了"我上周创作的1930年雷格泰姆曲调"，但他的演出并非出于博得观众一笑的目的。在当晚演出结束前，他向伽思礼朗诵了诗歌，此举赢得全场喝彩。⁶

演出结束后，大家临时决定为迪伦举办了一场聚会。雅罗自告奋勇，将他母亲位于上西区的公寓拿来当聚会场地。格罗斯曼的合伙人约翰·考特轻声地婉拒了祝福者，将迪伦护送到了一辆正在等待的出租车里。大概25人到场。雅罗夫人热心、情绪多变，她并没有意识到迪伦是嘉宾，便问道："亲爱的，你能为我们的客人们准备一些冰块吗？"她以为迪伦是他儿子（民谣歌手）的普通仰慕者。迪伦并没有拒绝，喝了几杯酒后，他问她："你愿不愿意嫁给我？我是认真的，你真的是一位很时尚的小妞。"雅罗夫人很早前便离异了，此时她罕见地无言以对。

　　1963年初夏，通过认识雅罗，迪伦第一次参观了美国纽约艺术集散地伍德斯托克。风景雅致的伍德斯托克远离大城市，一直是彼得的休憩之地。彼得的叔叔拥有一间有**40**年历史的小屋，彼得随后将小屋买下，这里距离村庄中心大概几分钟路程，小屋占地面积达数英亩之多。第一个夏季，迪伦和苏西也住进了这间小屋里，苏西作画，迪伦写作。他们三人一起分担家务活。由于迪伦厨艺不精，大部分的饭菜都是彼得和苏西准备的。"在伍德斯托克度过的第一个夏季，鲍勃从未如此内心平静，"雅罗回忆道。午后，他们三人在"大深洞"或汽车旅馆的泳池游泳。

　　1970年，雅罗回忆道："鲍勃和我，我们在一起度过了很多时光，但是我们很少聊天。他当时不善言辞，我并不感到惊讶。我只是喜欢他。他有一点胆小、内向。他工作很努力，我们互相照应。那个夏季有点像他的歌《鲍勃·迪伦的梦想》，尽管这首歌与此无关……我们的生活并非那样简单。我们的星辰开始升起，对此我们不能视而不见。当鲍勃和苏西回到格林尼治村时，他们的星辰落下。当他们再度回到伍德斯托克时，他们的精神不由得又振作起来。阿尔伯特当时并不在伍德斯托克附近，《纽约》杂志设计师米尔特·格拉泽尔将他带过来，而不是我。如今，阿尔伯特在那里建造了一个帝国——一间录音室，一家餐厅，以及120英亩土地。事实上，1965年左右当此处重新被发现的时候，我曾经造访过那里；现在所有人都趋之若鹜。这里再也不是我小时候所看到的样貌了，也看不到鲍勃、苏西和我曾经生活过的痕迹。"

1963年夏季，我看到迪伦从伍德斯托克回到格林尼治村时，神采奕奕。纽约的夏季让他感到疲惫不堪。他告诉我应该去一个地方，在那里"我们采集云彩，让时间完全倒流，让太阳时而显现时而藏匿。哥们儿，这就是最棒、最棒的地方"。

走进西部荒原

1963年5月12日周日晚，格罗斯曼安排迪伦上大名鼎鼎的电视节目《奥沙利文秀》（*Ed Sullivan Show*）。对于一位能与示威游行联系在一起的歌手来说，《奥沙利文秀》看似一座高不可攀的山峰，然而该节目主要是迎合大众口味。此外，美国广播公司（ABC）电视节目"民歌会"不久前才允许查德·米歇尔三重唱表演了反对伯奇Anti-Birch讽刺作品。沙利文节目的安排完全在迪伦意料之外，后来他被迫离开，此事登上了全国新闻。

演出彩排时，迪伦一般都是衣着朴素。一周前迪伦向沙利文以及其制作人鲍勃·普雷希特演唱了《说唱约翰·伯奇妄想狂布鲁斯》，他们对这首歌都很满意。但是就在彩排过后，哥伦比亚广播公司（CBS）电视节目编辑——对于审查员来说是个光鲜的头衔——斯托·费尔普斯提出异议，认为不能启用这首歌，原因是他担心观众有可能对这首歌将伯奇比作希特勒的歌曲进行诽谤。沙利文和普雷希对此很无奈，格罗斯曼很恼火，迪伦则是怒不可遏。沙利文询问迪伦他是否可以替换另一首歌，迪伦毫不犹豫，气呼呼地回答："如果我不能唱那首歌，那我就不唱了。"他跺着脚大步走出录音间，当晚在格林尼治村火冒三丈地乱走，诅咒"那群混蛋"。我告诉他："这可是个好故事。"确实如此。

《纽约时报》广播电视记者瓦尔·亚当斯追踪采访了哥伦比亚广播公司管理层。他们是否支持这种审查制度？"无可奉告。"5月14日周二，来自《纽约邮报》的鲍勃·威廉向沙利文表达了自己的观点："我告诉哥伦比亚广播公司'这是你们的电视台，但是……这项决定是错误的，这项政策是错的。'"沙利文说，肯尼迪总统和洛克菲尔州长经常被电视喜剧栏目拿来开玩笑。"但约翰·伯奇协会——我说过我不能理解为什么他们就被给予了如此大的保护。"哈莉特·范·霍恩在他全国性的专栏上抨击了这家电视台："哥伦比亚广播公司高层顽固不化、目光短浅，对我们当代的严肃道德问题视而不见……迪伦……将要唱的、经过审查的歌曲既没有淫秽内容，也没有诽谤他人。这首歌仅仅是将当今社会政坛无知者的恶意行为拿来调侃，而这些无知者他们已经威胁到我们校园里自由探究问题的精神，中伤我们的牧师，而更让人无法容忍的是，他们颠覆了许多年轻人的思想。"

迪伦在一封正式信件中，要求联邦通信委员会进行公开调查，但是那封信却石沉大海，迪伦经常在后来的音乐会中反复讲述这个事件这个故事。在出现沙利文这场闹剧前，迪伦曾参加并录制了一个电视节目，但直到5月底才播出。这是由西屋广播公司制作、第二部两小时时长、通过民谣追溯美国历史的节目，主持人是重新回归的约翰·亨利·福克。除了迪伦，参加的还有四兄弟合唱团、卡罗琳·赫斯特、芭芭拉·达内，以及斯特普尔歌手。迪伦在前一年的**12**月份曾接受英国广播公司（**BBC**）要求，第一次参加电视节目。他当时表现镇定，演唱了《随风飘荡》《成功的道路》以及《霍利丝·布朗》，毫无矫揉造作，也几乎没有笑容。当演唱最后一首歌曲时，摄影机从远处拉近，从低角度拍摄迪伦，使得他整个人看起来非常高大。

迪伦后来参加了纽约第五电视台（**WNEW-TV**）的自由之歌节目。制作人亚瑟·巴伦为哥伦比亚电视台录制了纪录片以及迪伦参予其中的约翰尼·卡什传记。巴伦雇我当顾问，我叫上鲍勃，描述了演出民权方面的内容，他立刻答应，连演出费都不看，并让我"叫上阿尔伯特"。奥黛塔和"自由歌手（**Freedom Singers**）"随后也加入了这个团队。当巴伦听到迪伦的磁性嗓音，他有所动摇："我只是不知道那种嗓音能否获得成功。"可当他听到成品磁带时，已经完全被征服了。**1963**年**7**月录音期间，格罗斯曼大发雷霆，原因是他并不确定迪伦和奥黛塔是否得到应有的款待。另一件恼人的事儿是，迪伦叫上了琼·贝兹一同去录音。很意外，琼竟然受邀一同参加电视节目，换成往常，她一般都是拒绝的。这令制片人很是不安，因为他已经安排好了所有时间点，他只能与导演单独商量。"如果让她（琼）上节目，效果肯定很赞，但是我的直觉告诉我，临时更换安排，是错误的。"制片人对我如是说。格罗斯曼坚称，奥黛塔是一个节目中可以让整个星系黯然无光的"明星"，他不情愿地同意了琼参加录音。节目里，琼坐在了观众席。

摄影机与灯光调试之时，迪伦和琼一起坐在角落。迪伦为琼演奏了一段繁音拍子舞蹈旋律，琼则是临时兴起，跳了一段木屐舞。他俩自己开起了聚会，只不过周围观众与技术人员是各忙各的。格罗斯曼对周围事物的感知能力与他的前瞻能力一样敏锐，他把这一幕看在眼里。"你能想象他们俩的组合会有后代吗？"他问我。从审美角度看，自由之歌节目没有优势，但沙利文节目两个月前通过了审查，迪伦欣喜自己能够演唱涉及种族问题的《随风飘荡》与《只是游戏中的一颗棋子》。

此后，尽管有许多邀约，但迪伦很少参加电视节目，他只在最恰当的时机挑选最佳的节目。1964年初，迪伦在西海岸参加了《史蒂夫·艾伦秀》（*The Steve Allen Show*）。1970年艾伦写信告诉我："迪伦上我们节目前，我从来没听说过他。我不得不坦白，当时我没发现迪伦如此有才华。我只是觉得，他并不是十分适合上电视，而且他的观众群将一直仅限于年轻人。他歌声轻柔，整个人云淡风轻，与专业歌手大相径庭。对于演播厅观众来说，他更像是一个谜团，而不是后起新秀。迪伦无拘无束的态度，一成不变的嗓音与一成不变的歌曲，在我看来，是一种完全不同的艺术形式。"

迪伦没有在艾伦脑中里留下很深的印象，却吸引了主持美国广播电视台前卫节目的莱斯·克兰。1965年2月17日，当迪伦出现在克兰节目中时，他完全成了第一男主角。他的音乐高潮是《没事，妈妈》，这句歌词伴随着许多细节。他时不时地调侃一下克兰，不论是关于他的穿着，下一步计划，还是下一部迪伦说自己将要"扮演他的母亲"的电影，还是与另一位嘉宾艾伦·金斯伯格的互动。迄今为止，迪伦在克兰德节目里显得最为老练。迪伦非常不配合但是非常的高效率给观众们留下了一个大大的疑问："到底他为什么如此？"

民歌歌会热

周日夜晚当迈克·波尔科开启"民歌歌会"节目时,他未曾预想这个节目1963年会家喻户晓。民歌歌会热始于美国广播公司的一部电视剧,迪伦从未露面,但这部电视剧对大众的影响使得迪伦和其他从未露面的歌手最终获益。

民歌歌会,或直译"胡弹蓝尼"——这个词本身毫无意义。1940年7月,根据西海岸单词专家彼得·塔莫尼的说法,一些西雅图民主党人以民谣为媒介,开展筹募基金活动,某些人提议把这些活动起名叫"胡弹蓝尼"。原因是这个名字很早前便在印第安纳州流传,而且还很响亮。其中两名参加西雅图活动的歌手分别为西格尔和伽思礼,他们将这个单词和这种概念带到了东部。《放声歌唱!》活动和老左派使得这个单词得以流传。时任美国广播公司制作人的理查德·卢因纳及其天才协调人弗莱德·温特劳布把这个词安到了一个主要观众为大学生的电视节目上。他们最大的错误是封杀希格尔和"织工"乐队,最终观众反响强烈,使得这个节目成为美国历史上最有争议的栏目之一。

每周收看"民歌歌会"的观众数量可达1100万,很快这个栏目名字开始描述并且拉动了衬衫、弹球机、短靴和假期的演变。("巴尔莫勒尔出现了很棒的改变,其中之一是那里拥有一个长达12天的'民歌歌会'假期。")福特汽车交易商进行"胡弹蓝尼"销售活动;许多鞋店店主推出"胡弹蓝尼"短靴;新泽西的帕利塞兹州际公园举行了"民歌歌会小姐"评选比赛。音乐界的商业反应也能有所预见:带有"胡弹蓝尼"字眼的节目俯拾皆是，比如一档名叫《民歌歌会的胡弹》电影专题节目，一种名叫"胡弹"的舞步，以及名叫《管弦乐曲的胡弹蓝尼》、《热-棒胡弹蓝尼》（Hot- Rod Hootenanny）和《冲浪胡弹蓝尼》（Surfing-Hootenanny）的唱片。另外，还有两本杂志名叫《胡弹蓝尼》，包括我编辑过的已过气的、无人同情的野兽也叫这个名字。

长久以来，电视系列剧、时尚与保守派、坚信民谣音乐与商业化毫不相容的民谣粉丝便水火不容。最初由卡罗琳·赫斯特与朱迪·柯林斯引发的、封杀民谣歌手西格尔参加节目一事，激起了歌手圈子联合抵制。西格尔倍感尴尬，决定开启世界巡演。民谣界一分为二，一方完全抵制；另一方则继续工作，他们坚持认为，参与抵制就是背叛观众，这会使得节目上出现无能之人。电视系列剧中最激烈的批判者从未受邀参加。其他诸如彼得、保罗和玛丽三人组合的歌手则在政治上进行抵抗，但格罗斯曼还是拒绝了一项价值2.5万美元的邀约，原因是他知道电视上的曝光率会影响大学生演唱会。"胡弹蓝尼"活动为一些优秀的乡村歌手，比如"美白琳·卡特妈妈乐队（Mother Maybelle Carter）"和"花生医生（Doc Watson）"提供了更多的表演机会。查德·米歇尔三重唱则表演了他们的经典歌曲，但是大部分优秀歌手避开了各种演出。

1963年，美国几乎一夜间变得成熟，但仍能看到马唐（一种杂草）。安迪·沃霍尔后来说道，20世纪70年代百无聊赖，而60年代让人目不暇接。对"民歌歌会"活动的狂热追捧最终导致他的自生自灭。迪伦、贝兹和其他人开始在他们的演唱会上戏弄这个主题。许多听众误以为，民谣就是要疯狂鼓掌跟唱。"民歌歌会"活动热潮让顶级民谣歌手更为相信，大众文化代表着一种陷阱和假象，但一些优秀歌手却能够继续前行；许多名不见经传的歌手开始崭露头角。电视系列剧或许推动了数百万观众更为熟知高品质音乐。至少其中观众开始提出疑问，为何诸如西格尔、迪伦和贝兹这种优秀歌手此前并不为人所知。

音乐界热潮

1963年7月的新港音乐节之前，民俗音乐热潮达到了高潮，迪伦举办了四场类似音乐节的演唱会，听众各不相同——东部大学生主题、西海岸大众主题、密西西比政治主题，以及波多黎各商业主题。当时的迪伦仅是个后起之秀，他对于自己的星途处之淡然。1963年春季和夏季之后，他经历了三年高强度的演出生涯。尽管每次出外演出都意味着一次分离，但是他渐长的人气令苏西印象深刻。迪伦几乎哪里的活动都会参加，他本人或者阿尔伯特都不愿意拒绝合理的邀请。

5月10日，波士顿附近的布兰代斯大学有一场民谣音乐节，格罗斯曼为迪伦争取了两个最佳演出时间点——分别位于中场休息和压轴。布兰代斯大学热烈欢迎迪伦的到来。（格罗斯曼对音乐节的制作人表示不满，大吼这是"我在500多场校园演唱会中见到的最糟糕的音响设备"。）随后，埃里克·冯·施密特将迪伦、苏西和我带到了一个异常安静的聚会上，这个聚会的客人主要是波士顿的时尚人士，其中包括科威斯金、杰夫、玛丽亚·马尔道尔、贝齐、来自《波士顿小字报》（*Boston Broadside*）的鲍勃·西金斯以及47酒吧的歌手们，迪伦被正式引荐给了这些波士顿查尔斯河畔的精英们。阿尔伯特则对波士顿人阴冷的态度感到失望，但是他随即又改口了，原因是我告诉他其中一位客人表示，他们对于迪伦的到来倍感敬畏，以至于不知道该说什么。

布兰代斯大学为迪伦在波士顿东北部地区提供了庞大的粉丝群，迪伦将出发前往西海岸。迪伦经过经纪人本·夏皮罗（Ben Shapiro）的推荐，于5月18日参加了第一届蒙特雷民谣音乐节；同时参加活动的还有"织工"乐队以及民歌歌手曼斯·利普斯科姆。迪伦很开心自己能在斯坦贝克的家乡演出。"我几乎是硬逼着蒙特雷民谣音乐节制作人启用迪伦的。"本后来告诉我说。他为迪伦争取了周六晚上1500美元的演出费。

蒙特雷民谣音乐节观众的反响热烈。来自《旧金山纪事报》（*San Francisco Chronicle*）的拉尔夫·格利森却发出指责声。"这是老式迪伦音乐会"，在他成为迪伦的粉丝后，他回忆道："我没有深入了解。说唱蓝调之类的东西就是简单模仿伽思礼音乐。迪伦当时就是不招我喜欢，我不喜欢他的嗓音。尽管我当时不喜欢《大雨将至》，却久久不能忘掉这首歌。天啊，这太令人不安了。"格利森攻击迪伦，但西格尔立即挺身而出保护迪伦，与歌手兼演员西奥多·比凯尔等人联合签名提出抗议。格利森重新进行了考量，大方地重新在报纸上更改了措辞。"我当时聋了。"格利森后来写道。迪伦第一次正式认识琼·贝兹就是在蒙特雷民谣音乐上，琼当时就居住在卡梅尔地区。1962年迪伦在一个聚会上与琼有过一面之缘，那年冬季她第一次听到迪伦的《献给伍迪的歌》。蒙特雷民谣音乐节上，他俩有机会深入了解，她开始询问迪伦近来创作和演唱的歌曲。不论从艺术角度，还是从个人角度来说，蒙特雷民谣音乐节影响了琼和迪伦的生活。

1963年7月初，"学生非暴力行动协调委员会"（SNICK）计划在密西西比格林伍德举行一场大型选民登记集会，具体地点是位于亚祖河、82号公路盘旋通往三角洲地区的一个棉花集散中心。当地组织者一直劝说黑人也参加登记投票。自1962年8月起，这场运动规模逐渐扩大，但"学生非暴力行动协调委员会"不得不面对入狱、威胁、谋杀甚至失踪等种种危险。有迹象显示，危险正在减少，"学生非暴力行动协调委员会"向北方请求支援一些歌手。西格尔、比凯尔和迪伦不顾自身安危，飞往运动地点，为数百名黑人农民提供演出。这些歌手的出现，为这场运动赢得了全国性的宣传效应。（南部地区从事多年歌曲宣传工作的盖伊·卡拉万，在得知迪伦能够在短短南部行程中就被电视、《纽约时报》媒体报道，倍感惊讶。）此时的迪伦不但是明星还是发言人。比凯尔告诉我他已为迪伦支付了机票费用，他对迪伦流露出敬佩之情："我感觉，迪伦应该获得南部运动的一手资料。我们通宵都在赶飞机，在亚特兰大等了两个小时，换机。大部分旅程途中，鲍勃都在信封上写写画画；他几乎没怎么说话。我并不想改变他什么，因为我能感觉出来他的内心敏感。我认为我对他有点怀有崇敬之情。他心底一直在挣扎。他的政治态度并没有我们许多人那般坚定。深入南方腹地，对他而言，可以说是更为个人的缘故。他将事关全局的事情当作个人的事来看待，不像许多艺术家或者作家，经常将个人的事当作大事来看待。"

抵达密西西比州杰克逊机场后，迪伦看到，此处的饮水器或者洗手间上都标示着"白人专用"以及"有色人种"的字样。他询问西奥多，如果自己要从标识"有色人"的泉水饮水，他认为将会发生什么。他们忍着口渴，到达了格林伍德，受到了吉姆·福曼、柏妮丝、科德尔、"自由歌手"、朱利安·邦德、希格尔和钱德勒的迎接。两天半来，他们与农民和北方大学生一起积极地为新的废奴运动作出贡献。

7月6日，在距离格林伍德两公里外的地方，彼得、鲍勃和西奥多在一片棉花地旁边进行演出。大约有300名观众，其中大部分都是当地的黑人，只有数十位年轻的白人支持者、记者，以及来自纽约的四位电视台工作人员。[7]当地人反响最强烈的是《我们必胜》（*We Shall Overcome*）这首歌，即民权运动的《马赛曲》。迪伦数周前所写的《只是游戏中的一颗棋子》，是关于全国有色人种协进会密西西比州负责人梅德加·埃弗斯遭谋杀一事，切中要害。迪伦《随风飘荡》的歌词更多地影响了学生非暴力行动协调委员会，而非当地人。在当地人看来，这首歌的歌词与他们身处的苦难实际上并没有很大关联。

"我看到鲍勃在那里观察着一切，"比凯尔回忆道，"他同样在观察别人对他的反应。他对待当地人非常谦恭，因为他认为他的出生并不重要。鲍勃说，他9岁前从来没有见过一个黑人，他对于自己的微薄力量感到抱歉。"伯尼丝表示自己从未感到与迪伦如此亲近。"《只是游戏中的一颗棋子》是第一首展示贫困白人与贫困黑人一样遭受歧视的歌曲。格林伍德黑人群众并不知道，彼得、西奥多和鲍勃如此有名。他们只是对于能够获得支持感到高兴。但是在这个棉花地区他们确实是非常爱戴迪伦的。"

1963年夏季，甚至连哥伦比亚唱片公司都开始意识到迪伦的潜力。7月于波多黎各举行的哥伦比亚年度销售大会上，除了阿雷莎·富兰克林和托尼·贝内特，迪伦也获邀成为荣誉嘉宾。迪伦与阿尔伯特、苏西、卡拉一同飞往位于圣胡安的美洲酒店（Hotel Americana）。阿尔伯特忙着打理一切；迪伦与罗托洛姐妹晒太阳、游泳、用餐、喝饮料，有人开玩笑，分别把她们介绍给迪伦妻子和小姨子。迪伦仅仅在一次晚宴上演出过一次，但是他不得不与那些面无表情的当地分销商、销售经理、地区代表握手和相互调侃。除了在海滩个别独处的时光，迪伦在这里感到颇不自在。

迪伦在销售人员晚宴上的演唱，获得了热烈的掌声。但私底下，除了来自南方的销售人员，其他人都背后议论着迪伦的歌曲。他们嘀咕说，"《上帝在我们一边》在他们这里会很难推销"。然而，哥伦比亚唱片公司对待迪伦十分友好。一周将近结束的时候，这家公司的总裁邀请戈达德·利伯森邀请迪伦和罗托洛姐妹来到他的套房。1962年迪伦第一次录音期间，利伯森在察觉到迪伦在蓝调和民谣方面的兴趣后，曾向他提起过自己20世纪30年代前往南方的实地录音经历。如今，利伯森意识到迪伦对非百老汇戏剧界显示出的兴趣，彬彬有礼地与他谈论起布莱希特和洛特·莱尼亚，并播放了他们公司的唱片《不法之徒》（*The Badmen*），希望能够引起迪伦的兴趣。迪伦则不时地瞅着楼下的跳水板，嘟囔着："我必须这么做，必须跳下这个高板。"利伯森最后放他们走了，还赠送了一张《不法之徒》。

当晚，利伯森邀请迪伦、阿尔伯特和卡拉一起吃晚餐。迪伦并不大感兴趣，但是他8点钟在大厅见到了利伯森，当时他身着粗布工作服、工作衫、短靴，头发乱糟糟。利伯森和卡拉建议迪伦妥协，至少为了一顿精美晚餐，也要打上领带。"我永远都不会妥协，"迪伦生气地告诉他们，如果你们找不到一个我不打领结就能吃饭的地方，我就不去了。你们真不走运。"阿尔伯特悄悄地躲进了窗帘里。利伯森只好单独约上卡拉去吃晚餐了。后来，卡拉告诉我，迪伦决定在圣胡安赌场玩扑克牌的二十一点。看到没打领结果真不能进入餐厅时，迪伦到阿尔伯特的房间借了一个领结。那个时候，迪伦第一次与卡拉吵架，原因是卡拉不应该告诉自己怎么做才是对的。利伯森离开圣胡安德时候，分别给他们三人赠送了酒和唱片，并附上一张小纸条："亲爱的鲍勃、苏西和卡拉——只有带上领结才能喝醉。假期愉快！大叔的祝福。"

新港：第一届伍德斯托克音乐节

迪伦参加7月26日至28日举行的新港民谣音乐节之前，还只是一位名不见经传的地下歌手，音乐节结束后，却成为一名家喻户晓的明星。1963年举行的新港民谣音乐节可以说是一场伍德斯托克全国性音乐节的彩排。新港音乐节的观众仅为4.7万，不到1969年德斯托克音乐节观众人数的十分之一。1963年的新港是另一种文化的起源地，70名歌手及其观众对待音乐热情高涨，对待"他们的"民权革命亦如此。歌手和观众都感觉自己在向全美国宣传另一种生活和思考方式。"民歌歌会"热与音乐的商业只不过为社会功能性的大众表达提供了一种工具。

1963年新港民谣音乐节是民谣作为一种新的流行音乐的转折点，也是迪伦音乐生涯的转折点。迪伦身着破旧衣服、演唱着讽刺性歌曲、展现出反商业模式、深切同情黑人权利和和平、打破了历史固有的《上帝在我们一边》的虚假历史，这一切使得他成为了整个音乐节的灵魂人物。到处都挂着迪伦的照片——瘦弱、脸庞憔悴、肩膀纤瘦、身着一件肩章耷拉的褪色卡其色军用衬衫以及褪色的牛仔裤。大部分周末，他手持一条紧紧地缠绕在肩膀的长皮鞭四处散步，记者则尾随其后。这一切看似与新港本身的集体精神一样，属于自发的。但阿尔伯特与迪伦却已经做好了充分的准备工作。阿尔伯特坚持迪伦在第一场主要音乐会上压轴。他们俩选择的时机也非常有利：新港正需要一位新的领导人，而迪伦在喝彩声中获选。

新港民谣音乐节最早起源于1959年，从爵士音乐节派生而来。身材魁梧的和蔼可亲的发起人、钢琴演奏家、经理乔治·威宁于20世纪50年代开始组织爵士音乐活动。1959年，威宁开始与格罗斯曼一道组织举办民谣节，但最初遭到许多城市有势力之人的反对。1960年，爵士音乐会期间发生暴乱，所有新港音乐节暂时停办。1962年末，威宁、西格尔、比凯尔出谋划策，组织了非盈利的"音乐会基金会"，该基金会的董事会由7名歌手兼导演组成，主要负责挑选优秀人才，同时帮助威宁组织音乐节。

明星们并不张扬，本土民谣歌手与明星歌手一同进行海报宣传。每个人的出场费都是相同的——50美元，外加餐费、住宿费和其他开支。第一天门票销量猛增，我和格罗斯曼在人山人海的弗里博迪公园溜达。他当时已经不属于音乐节的领导层了，并且与威宁的管理层合伙关系已经破裂。"这个观众数量是不是很棒？"我问道。阿尔伯特同意："这对我来说意味着更多的空闲。我很开心，很自然。尽管威宁不得不按照这种方式来处理董事会的事情，确实有失妥当。"从技术方面来说，威宁依然是民谣音乐节的制作人，而他和蔼的妻子乔伊斯和西格尔成为了数千名涌入新港的年轻歌手们的保姆。资深歌手陆续从南部地区抵达新港，黑人与白人歌手同台演出。

尽管董事会并不满意演员阵容，但西格尔与其他有名歌手依然成为了音乐节主角。音乐节第一场演出是在周五下午新港赌场网球俱乐部举办的，现场鸦雀无声，坐着大约100名赤脚或穿着运动鞋的年轻人。比凯尔在一个小组讨论上表示，对于民谣音乐的高涨热情，不仅仅是一时狂热：

民谣代表着一种对录制娱乐节目的反抗，一种"自己动手做"文化的回归。西格尔认为，电视及其力量必须得以密切关注，以便电视能够"让少数口味在大众媒体上出现。我们都知道民谣音乐正在兴起，而现在我们开始担心的是它的衰退"。

一些歌手则用优美的旋律发表了自己的意见。琼·贝兹就是第一个。她那柔软的嗓音与迪伦粗犷、磁性的嗓音相互交映。当他俩一起演唱《上帝在我们一边》时，观众们涌向前看到的是贝兹和这个陌生人在一起合唱。蒙特雷之行过后数周，贝兹已经学会了迪伦的很多歌曲。这次她对来自《立体声评论》（*HiFi Istereo Review*）杂志的纳特·亨托夫如此说道：

> 大部分的"抗议"歌曲都挺傻的。它们缺乏美感。但很不一样的是，鲍勃·迪伦的歌……如同诗歌一般有力，而且……作为音乐……鲍勃在表达这些孩子们想要说出来的话。我喜欢他的歌！哦，天啊，他自己还能唱！他的动作可能不太好看。我从来没有见过他这样的人。当他开始唱《大雨将至》的时候，我哭了出来，不得不离开现场。

贝兹和迪伦第一次公开一起演出就是在那场表演上。接下来的两年里，断断续续直到1984年，他们两人又在对方的演出活动中合作了数十次。拉尔夫·格利森透露："根据我对琼的了解，她和迪伦合作的时候，比独自一人演唱发挥得更好。她和迪伦在化妆间共同演唱，是发挥最好的时候。她不能唱摇摆乐，但他能。他能够帮助她想唱摇摆乐的时候就唱出来。他们在一起合唱的时候，他能够让她不眨眼地盯着他，他们两人在一起的演出简直就是神了。不管他们唱什么，他们都会带动作，他们俩的动作都不好看。在台上的时候，他们俩都不得不面对观众，而不是盯着对方看。"几年过后，琼自己学会了唱摇摆乐。

7月26日周五晚上新港音乐节开幕演唱会上，超过1.3万名观众到场，几乎与1959年音乐节所有观众数量一样。新港警方将这些观众称为城市数量最多的人群。民谣音乐节是从爵士音乐节演变而来的。《新港每日新闻》报道称，除了雅罗模仿迪伦演唱，彼得、保罗和玛丽演唱的《随风飘荡》版本最佳。观众对于他们三人的演出恋恋不舍。

下一环节迪伦个人演唱的部分，《新港每日新闻》称他代表着"美国受压迫人民的声音，小人物的代言人"。迪伦演唱了《鲍勃·迪伦的梦想》《上帝在我们一边》《说唱约翰·伯奇妄想狂布鲁斯》和《大雨将至》四首歌曲。观众鸦雀无声、听得入神，最后给出了雷鸣般的掌声。他的部分演唱完后，迪伦第一次没有手持那条牛皮鞭，在后台草地上与我以及我的女朋友谢尔登·奥格尔维一起放松。他签了几个名，拒绝了一些记者的采访邀约，还向一名记者发了火："我没有时间，没空给你时间。你没看见我正和我的朋友聊天吗？"总体来说，他挺友好。"演出后我们给你准备了一个小惊喜。"迪伦开玩笑地对我说道。彼得、保罗和玛丽回去后又演唱了一遍《随风飘荡》，最终叫上迪伦、贝兹、"自由歌手"、西格尔和比凯尔一起压轴演唱了一曲《我们必胜》。迪伦站在贝兹和伯尼丝之间，脖子上挂着吉他和口琴。这十一位歌手拉着手，为黑人的自由而歌唱。在这个时刻，歌唱就像参加一场运动一般，而这场运动的代言人就是迪伦。

这个周末，迪伦又登了两次台。八场研讨会中，由西格尔主持的关于热带歌曲和新晋歌曲作家的研讨会最受关注，大约有500人参加。《普罗维敦斯纪事报》（*Providence Journal*）写道："很显然，许多人都在等着聆听这个个头不高、瘦弱年轻人的歌曲。他没有令他们失望。"观众们和他一起演唱《花花公子和花花女孩》这首歌。[8]周日晚上，在贝兹主场演唱会上，她宣布："这又是一首鲍勃的歌。"演唱《莫要三思》之前，她补充说："这是一首关于持续时间太长的爱情歌曲。"观众席里，苏西·罗托洛一下子脸色煞白，站起来走了出去。埃里克·冯·施密特跟了过去，试图在贝兹的揶揄后安慰苏西。

在没有安排的情况下，贝兹邀请迪伦和她一起上台演唱《上帝在我们一边》一曲。格罗斯曼一直都是笑眯眯的。这场演唱会最后以许多人一起上台演唱《这是你的土地》（*This Land Is Your Land*）而告终，反响很好，但是并没有周五晚上压轴演出那样具有影响力。这种由歌手举办音乐节的概念取得了成功，同时，民权运动为音乐节活动赋予了使命以及动力。每个人似乎都同意，迪伦是这场音乐会的"新发现"。《新闻周刊》纷纷评论道，民谣女王贝兹任命迪伦为"王子"。迪伦的学徒生涯正式结束。当他离开新港的时候，他已经是一位明星了。

"宝石与铁锈"

新港民谣音乐节活动刚刚结束，贝兹就在东部举办了10场个人演唱会，这是她迄今为止最为紧张的活动安排。此前，她会邀请弗拉特、斯克鲁格斯或者格林布里亚尔担任助演嘉宾。如今，一切都改变了，迪伦将成为贝兹巡演的嘉宾。阿尔伯特和贝兹的经纪人曼尼·格林希尔就演出细节进行了讨论：鲍勃将在每场演唱会上演唱6首歌曲，他的演出费将高于琼的部分，尽管琼对此并不高兴，但是也没有在如何分成这个话题上过于纠结。她一直以来都热衷于某个特定事业、某位音乐家、某个新风格或者某位歌曲作家，如今，她所有的这些热情都放在了迪伦身上。她担负着某种崇高的责任。她似乎感觉，迪伦像一个需要照顾的流浪儿。对于迪伦来说，他承诺未来演出的时候，将邀请贝兹同台演出。

东海岸的共同演出，使得迪伦和贝兹的私人关系变得更为亲密，也使得他们的友谊开始变味，发展成了一段强烈、时有时无的风流韵事。迪伦和贝兹的粉丝对他们的动机很感兴趣，并且甚为不解。戴夫·范·容克恼怒地说道："我认为这段关系对于他们双方来说都不过是投机取巧而已。当然，迪伦就像海绵一样，以最快的速度吸收他周围的一切。1963年，他真的很需要琼，并且急切渴望获得成功。"也许琼想要一个新的玩具，一种新的刺激，难道不是很凑巧吗？难道不是她始乱终弃吗？"不，"范·容克坚定地回应道，"琼完全投入，而迪伦却不是。她一直期待有一盏新的明灯，能够解救这场和平运动，但鲍勃从来就没有表示出这样的意思。"

我认识琼比认识鲍勃还要早两年，1959年新港音乐会后，在位于格林尼治村的公寓里我为大家举办了一场聚会，我曾记得的那个害羞的年轻人现如今已是自信满满，最后成为勇敢正义的旗手性人物。我无法忽视琼的才能，但从她与迪伦的交往中，我得出的结论也是鲍勃看待两人关系的视角。尽管有时候他很难做琼的朋友，我觉得我可以不失公平地站在迪伦一方。基于所有的一切，我可以肯定地说，鲍勃和琼之间的爱慕以及相互的需要，并不肤浅地局限于专业投机主义。他们两个人都崇拜英雄。此前，迪伦曾经视奥黛塔和西格尔为偶像。在琼看来，迪伦既是偶像也是学徒，因此在她看来，她可以向他传授一些门道。在迪伦看来，刚开始能够沐浴在琼的光芒下，是一种荣耀，但这也意味着他能拥有更多的听众。不知道什么时候开始，他们相爱了。此后数年里，琼变柔和了许多。尽管她有时取笑、嘲笑，甚至模仿他的言行，但依然能够用真诚、开放的爱情观对待迪伦。

新港音乐节结束后，琼来到伍德斯托克稍作逗留。迪伦回到了格林尼治村，心情比我前几个月看到的他好了许多。如今，迪伦不再与苏西和她的家人进行无休无止的争吵，而是找到了一位本身已经小有成就的姑娘。很明显，他已经坠入爱河。尽管苏西依然对贝兹在演唱《莫要三思》前所作的介绍耿耿于怀，但并没有意识到她现在真的遇上情敌了，也许当时并没有如此介意。"我一直都知道发生了什么，"苏西后来告诉我。那年夏天，不知怎么，迪伦和两个女人纠缠在了一起。

8月初的一天夜晚，范·容克的新乐队"雷格泰姆践踏者（Ragtime Stompers）"在先锋村首次登台亮相。我询问迪伦他是否想去。"当然了。我叫上琼。我们和你在那儿会合。"琼提前到了，她和我、我的女朋友一起坐着一边聊天，一边等着迪伦。后来，不知道是嗑药了还是过于坠入爱河，他下楼了，说他一直在楼上等着她。琼和鲍勃互相凝视着对方，借用林·拉德纳的话说，简直要肉麻坏了。乐队一组歌表演完后，鲍勃将琼推了出去——人群一直在骚扰他，而他却想和琼独处。路上，他们遇到了琼非常尊敬的"先锋唱片"联合负责人梅纳德·所罗门。在鲍勃眼里，他是一个忽视自己才能的人，不管怎样，阿尔伯特总是和他争吵。不论什么原因，在所罗门器重的歌手面前，迪伦对他"实话实说"，无情地表现责难了这位说话柔声细语的所罗门。

8月17日，贝兹和迪伦两人前往位于昆克里克的福里斯特希尔体育场进行巡回演出，这是自新港音乐节结束后的第六场演唱会。演唱会的当天早晨，迪伦叫我和他一起到位于克里斯托弗街的"德里美术馆（Gallery Delicatessen）"吃早饭。（"这天让我们享用'德里'面包"。）鲍勃不再扮酷。"她答应会在位于卡梅尔的家里为我专门空出一间房子摆放钢琴。想象一下，我在海岸边有一台自己的钢琴！"他的语气就像一位为生计奔波的画家，刚找到一位漂亮的赞助人为他购买颜料一样高兴。迪伦时不时地来到我的房间听唱片、聊天、弹钢琴，尽管我的钢琴声音粗糙、古老。如今他即将拥有一台属于自己的钢琴，以及贝兹温柔的关注。

在福里斯特希尔，琼介绍称迪伦是一位不速之客。几乎一半的歌曲都是迪伦演唱，或者他俩一起合唱的。"鲍勃·迪伦道出了许多我的同龄人感受到却无法言传的东西。"琼对接近1.5万名观众如是说。她奚落电视上的"名歌歌会"节目称："如果他们让彼得·西格尔参加节目的话，我就去。"迪伦的到来似乎令琼感到放松，她显然对于有迪伦在身边感到很满足。在此前的五场演唱会上，有报道称，观众对迪伦心怀芥蒂；他们甚至还有抱怨。但当迪伦和琼抵达昆克里克的时候，迪伦获得的掌声和琼获得的一样多。

演唱会结束后，鲍勃和琼回到了被琼称为"纽约的代理父亲"、时任紧急民权委员会（Emergency Civil Liberties Committee）负责人、罗斯福"新政"政府前官员、麦卡锡时代民权运动领导人克拉克·福尔曼的环河路（Riverside Drive）房间。福尔曼同时还邀请了其他客人，其中包括约翰·亨利·福克，摄影师迪克·罗昂、谢尔登·奥格尔维和我。当琼和迪伦迟迟不到时，我们开始担忧起来。他们的化妆间涌满了粉丝，后来这些人包围住了他们的车，他们被锁在里面接近一个小时。尽管琼对此习以为常，但是迪伦却是第一次经历这种场面。后来他们终于到达。演唱会获得成功，但迪伦看起来面色苍白、疲惫不堪。大家都对他表示关心，你一言我一语，安慰他。他都听着，但很显然，他并非真正想要这些建议。琼对他又拥抱，又亲吻，但当摄影师想要记录下他们亲密的瞬间，她却对他"嘘"道："记住我们的约定。"琼责备他，他顺势放下了相机。

福尔曼和福克是荷兰人，他们向迪伦传授站在观众和人群面前，到底是应该表现出同情、窒息，还是敌对。这两位民权运动的资深人士纷纷提出建议和方向，他们为迪伦播放了已经去世的剧作家尼德里克·杨关于作家社会责任的录音。如果这是在格林尼治村的话，迪伦可能已经冲到街道上，冲到咖啡馆，冲到拥有音乐之声、美酒味道或者青草味道，任何能够释放自由的地方了。而那晚，他无处可逃。

1963年年中，就像两年前一样，大家又开始对"鲍勃"议论纷纷。他不想再被当成孩子。琼也许就是在这里犯了重大错误：她比迪伦早出道3年；她以为自己知道所有的答案。但后来，她也是一无所知，胆怯的年轻人。能够让她尽快成长的捷径，就是担当一位更有经验歌手的角色。迪伦表面看似鼓励她关照自己，但其实对此深恶痛绝。除了极少数能够以完全平等的关系和迪伦打交道的人外，这种矛盾经常会让他和别人意见不合。尽管他一点也不喜欢琼对自己的关照，他暂时似乎还需要她。当晚，迪伦几乎被老左派大批特批。他并没有限定自己的政治立场。西格尔那个月开启了他为期一年的环球旅行，彼得告别音乐会过后，迪伦在卡内基音乐厅招待会上充分表达了对他的敬意。

迪伦的直觉告诉自己，接受琼的邀请和她一起在卡梅尔度过那年的秋天。他也许依然爱着苏西，但她已经在夏季决定搬出西四街（West Fourth Street）的公寓。他俩暂时分手了，但并没有完全画上句号。鲍勃依旧觉得自己能够平衡这种关系。就在迪伦来到卡梅尔的几周前，我刚拜访了琼，她的姐姐米米、姐夫迪克·法里尼娅和她的母亲。我们一起收看了一则关于华盛顿8月28号的报道，这一天，马丁·路德·金发表了著名的《我有一个梦》的演讲。迪伦，琼，奥黛塔，彼得、保罗和玛丽三人组合，贝拉方特，玛哈利娅，以及另外20万人举行和平游行，发声对金表示支持。

琼位于卡梅尔山谷的新家当时尚未完工，因此当时住在一个简约、现代的小木屋里。这间小屋紧靠着僻静、灌木丛生的峡谷，距离太平洋不到一公里距离。宽敞的客厅零星装饰着现代雕塑、长椅和休闲椅子；透过玻璃窗，窗外乡村风景一览无余。迪伦在这里感受到一片宁静，我此前曾感受过，在这种寂静中，纽约一切缤纷杂乱都被抛在九霄云外了。卡梅尔和大瑟尔海岸线蜿蜒曲折，柏树随风飘荡——这就是鲁滨逊·杰弗斯诗歌里的王国。在这里，这位隐居的诗人找到了适合自己的地方，冷峻的山脉就像古代中国诗歌里描述的一样。1963年秋季，在琼的家里，迪伦第一次蛰居在如此安静的地方，受到一首苏格兰民谣唱片的灵感启发，他在自己第一首收回的歌词中写道，"放下你疲惫的旋律"。"粉丝有什么好的？"迪伦向北方出发前问我。"你不能把掌声当早饭一样吃，你不能和掌声一起睡觉。"他如是说。在明星光环下生活了三个月后，迪伦开始向往更为简单的乡村生活。

卡梅尔就是迪伦梦想中的贝克斯菲尔德。北部不远处，是位于蒙特雷斯坦贝克的罐头厂街（Cannery Row），以及萨利纳斯的生菜地。这片地区成为迪伦的"伊甸之东"，也许甚至超越了他的"伊甸之门"。在琼的精心关照下，迪伦生活规律。过去，他创意的来源都是混乱和急迫的，如今则是平静。他的白天再次成为白天，夜晚成为夜晚。从琼的房子下去，跑车10分钟车程，或者走路半个小时，是一个荒芜的小海湾。迪伦喜欢在这里游泳，对着太平洋陷入沉思。他早上会在他的房里拿出他的打字机，一个人独自工作；而琼则担心自己会打扰到他。迪伦第一次与平静如此亲密接触；四年后，迪伦与另外一个黑头发女人在乡村里再次找到这样的平静。

　　"我试图让鲍勃多关心自己的身体，"琼后来告诉我。"我试着让他尽量少吸烟，并且每次抽完烟都要刷牙。"1966年，当被逼问迪伦对她到底意味着什么的时候，她变得忧郁起来，陷入沉思。也许她依然没有准备好如何评价所发生的一切。她小心翼翼，带有一丝讽刺地回答："他很复杂，问题缠身，很难搞。我觉得鲍勃的脑子里有一颗破损的宝石，这颗宝石比一般人的都要脆弱。当我坐着观看他表演时，他很容易被一句评论或者被发生的事情所干扰。但是你永远不知道他感受到了这些事情，因为他很擅长于掩盖这一切。在我看来，出于某种原因，他想逃避一切责任。在我看来，是关于任何人的任何责任。仅仅依靠别人提供的关照是不够的。如果你不在乎自己，那么你也就不必在乎别人。他非常非常聪明，内心有一个万能的磁铁，让你不由地靠近他。我是说，我爱着鲍勃，我永远都愿意为他赴汤蹈火。不管我们之间发生了什么误会，我真的都不在意。我不知道鲍勃是怎么看待我的。显然它并不重要。"

当我说，除了专业问题，鲍勃几乎没有谈起过她，琼回答道："哇，他确实是都藏在心里，不是吗？好吧，行动证明一切，他的歌也是。他不承认，这棒极了。我并没有那么自大，说就因为我所有这些才能写出来。但是，当我听到一些歌词的时候，我不由地这么认为。然而我就想。"我看到了琼戴着的埃及戒指，"这是不是开罗法老的小礼物呢？"琼笑了起来："是的，这是最有趣的事情。事实上……好吧，本来应该是一个秘密的。不管怎么说，它就在歌词里。我仅有的感觉是，我希望鲍勃一切都好。我感觉他在自杀。我认为鲍勃有很大的能力，能为社会作出贡献，但是用一个新词来说，那就是他也拥有很大的能力，能把很多人带到他所处的'洞穴'里。我对他的要求过多了。每个关于他歌曲的问题，似乎都在施加一种压力，而他不想受此困扰。我们之间的裂痕事关专业问题，但这让我脑子里更为清楚我自己想要做的事情。我们在一起的某个时刻，"琼继续说，"当我们依然在一起举办演唱会的时候……尽管我享受这些演唱会，我停下来对他说：'鲍勃，你做这一切像是一个摇滚之王，而我则像安静的王后。'那个时候他甚至还不是摇滚之王呢，我只是感觉，他很快就会是。"

琼的道路很显然是为社会作贡献，没有什么可以让她动摇。迪伦和他的歌曲帮着她找到了自己的道路，但是她不愿跟随他走一点冤枉路。她指责他偏离了某一正确的方向："社会批评没有什么错，"她说，"除了他在批评社会，我也在批评社会，但最终他说，这些都无济于事，所以咱们就歇了吧。而我的观点恰恰相反。我担心迪伦1955年和1966年传递出来的信息是：我们还是回家吸大麻吧，因为我们无法改变现状，还不如吸大麻呢。这就是为什么我们产生分歧的原因吧。"

尽管当迪伦并不十分积极参与政治，我们讨论他和他的世界观，内心深处琼认为迪伦依然心存担忧："我确实认为，和他愿意说出来的情况相比，他其实更加关心民权、和平，以及所有他似乎参与其中的事情。"那，为什么在1964年他变了呢？他是不是被迫发生改变的呢？"不。我认为他不想让任何人，包括自己，承担任何责任。我认为鲍勃更想成为一个例外。就是这样。除了非常重要的事情。我觉得他经常试图说，天下无大事，我觉得尽管有些困难，但每件事都应该认真对待。我认为，你不能欺骗自己。鲍勃非常非常聪明，他能够就这点跟你争论很久。"

　　琼经常义正词严地斥责鲍勃1955—1966年的生活方式或曰"死亡方式"："生活是你自己决定的。他生活的方式简直糟透了。我喜欢我生活的方式，因为它并没有那么糟糕。"难道不是所有的诗人都有自残倾向吗？"我不能回答这个问题。"琼说道，但她的导师、和平主义教育家艾拉·桑德普尔（Ira Sandperl）补充称："还有很多真正的诗人，并没有摧残自己。还有华莱士·史蒂夫和卡明斯这样的诗人。我不认同那种诗人倾向于自残的观点。"琼认为，明星不需要被成名的压力所困扰，因为不论是从精神上还是从精神分析上来说，她那时已经找到了属于自己的平静，她认为每个明星都可以做到。"我准备放弃1966年后半年所有的音乐会，"她继续说，"至于你所提到的'暴民的暴政'，我有一个理论，如果你想的话，如果你按照某一个特定的方式行动且拥有一位新闻发言人，你就会被围攻。我发现我可以躲藏在格林尼治村的厄尔酒店，并不会被骚扰。"贝兹谈起了"激烈竞争、每年不得不挣更多钱、保持公众形象"的各种危险。她同时回忆道，某个人曾经告诉她"只有当你陷入爱河的时候才会唱好歌"。

鲍勃和琼长期、坎坷、公开或私下的风流韵事极为复杂，甚至连他们两人自己都不知道到底发生了什么。迪伦似乎对她的关注和"保护"备感荣幸。和苏西在一起他很难找到规律和平静，然而，琼却承诺至少让他可以逃离"拥抱"他的混乱。作为歌手，不管琼之前的经验多么丰富，但迪伦在音乐方面的造诣远超于她。在一篇写给《名媛》（*Mademoiselle*）的文章中，理查德·法理尼亚回忆道，1963年1月，认识琼之前，迪伦曾批评她在歌曲选择方面与现实无关。"四处走走唱着一首歌，并非无所谓。"当他们在伦敦的时候，迪伦对法理尼亚如是说。"比如说，琼，她还在唱着什么玛丽·汉密尔顿的歌。我的意思是，这有什么用吗？她曾在（示威集会现场的）警戒线周围现身，一定会有很多感想，为什么她不把它们唱出来呢？"

1967年年底，琼由于"站出来"参加反战游行，入狱两年后出狱，当时她即将与一位反兵役运动领导人结婚。那个时候，迪伦的关注更为世俗，更为超脱。另一方面，琼指责迪伦缺乏社会责任感，尽管后来她明白他的使命感是通过歌词表现出来的。

1963年底迪伦对琼的态度发生一百八十度大转变。她的关注力持续时间很短，他也是。正如贝兹所言，我怀疑问题症结在于他对婚姻的观点，以及她对此的排斥。也许与卡梅尔同在一屋下生活，他们两人都过于自我怀疑、自负，以及自恋。一旦热恋结束，专业层面上的互相钦慕仍在。有些时候，这种关系也会变得紧张起来。数年之后，迪伦语气中带有一丝居高临下："我对她的感觉很差，因为她身边没有人，她身边没有一个可靠的人可以信赖。在学校（非暴力研究院）的事情上，她也许可以信赖艾拉·桑德普尔，但要说做唱片，我的意思是，她怎么信赖他？她什么都不算。你知道，我要告诉你，我研究过她的家庭——琼的母亲。天，琼的母亲太时髦了。她真的太圆滑了。什么都逃不过她的眼睛。她的姊妹保利娜也时髦。你知道，鲍勃，关于琼，我几乎没法和琼沟通。我开不了口。就像我们进行了巡回演出，但我不会和她聊天。"

"如今，我和琼发生了这样的事情。刚开始这不算个事儿。只是让我上台，唱我从来没有让人听过的歌，她以此为乐。而她的观众，就像一穗穗小麦一样，不论怎样，当他们听到我的歌时，目瞪口呆。琼提携了我。她录制了我的歌曲，在这个层面上来看她和彼得、保罗和玛丽一样重要。在民谣界，他们是为数不多、我愿意把自己的歌拿来唱的人。"无疑，他从贝兹身上也学习到了一些。他在于1964年3月发布的长篇散文诗歌《音乐会上的琼·贝兹（第二部分）》上给予了最为坦白的评论。在这篇优美的散文诗中，他将童年的记忆与他与琼的记录混在一起，表明他如何从她身上学到了美的概念。此前，他只能在歌曲——十几首经典歌手里表达出琼对自己的意义。

在某一时刻，迪伦说他认为贝兹不值得在任何关于他的书里被提及。尽管难以置信，但事实上，当琼的《破晓》提交给出版商时，书中一点也没有提到迪伦。我曾经问过她的编辑埃德·多克托罗。埃德是来自戴尔出版集团的责编，后来写过《雷格泰姆》。1968年初，埃德告诉她，她不能写一整本关于自己的书，对迪伦却只字不提。琼增补了一个简短的章节，名叫"达达国王（The Dada King）"，尽管没有提及迪伦的名字，但简单、亲切地谈论了他的魅力。"在极为明亮的灯光下，一位奇异的说谎者，朝着麦克风尖叫……他是一个巨大的自负的透明气泡。"这个章节结尾处表现出爱意：

"听着，上帝，好好照顾他。他比大部分人都要脆弱，另外，我爱他。我还保存着上面写着'怜悯他灵魂'的卡片。"[9]

当然，关于迪伦的话题琼有太多的话要说，后来数年，她通过许多有说服力的方式表达了出来。在一张精彩的、双碟片唱片《随时》（*Any Day Now*）中，琼与其他音乐家在纳什维尔一起合作（这些音乐家与迪伦曾在一年前合作过），进行的诠释不仅深刻而且动人；她与歌曲和词曲作者之间的关系显而易见。早在**1963**年，她曾告诉鲍勃，她想录制他的歌曲并出唱片。**1969**年1月《随时》面世时，她向《纽约时报》记者如是说：

> 不管是否决定和人类团结一致，他都是位天才。鲍勃的一些事迹会一直流传下去……如果某个人能够如此神秘、天才，你必须从聆听他写的东西中得到的信息……我无法唱他肮脏、可恨、丑陋的音乐；我能够欣赏他们的诚恳，从旋律上来讲，这些歌不错，但是我不能唱……我被迪伦宠坏了。我们关系最亲密的时候，我喜欢他创作的所有歌曲……我拿走了所有他的歌——大概100首左右——把它们平摊在地板上；把自认为喜欢的歌曲放在乐谱架上，就开始演唱了。

那个时候，琼大概有两年没有和迪伦交谈过。她那张全部迪伦歌曲的专辑是一封寄给旧情人的情书，告诉她自己仍然爱着他和他的作品，尽管这种爱对于她来说最好是有点距离。不管是迪伦还是贝兹，更不用说旁观者或者朋友，对他们的关系都没有话语权。**1965**年他们之间发生了最严重的分歧，并且就此持续了数年，甚至到《随时》问世之后还没有化解。然而他们依然保持些许联络，一直到20世纪80年代。1980年和1982年我与琼在伦敦见面时，她向我透露了她与迪伦保持联系。她在自己1975年最为精心制作的同名唱片歌曲《钻石和铁锈》里，向全世界讲述这件事。如果不是称之为爱恨交织的关系，那么琼和迪伦之间的关系就是一种强烈的、触及爱恨边缘的矛盾情感。琼跟随着《雷纳多和克拉拉》电影剧组拍摄，尽管看到电影里的自己她也许有些尴尬。不论什么时候琼跟我谈起迪伦，她都会做出各种模仿他做手势、说粗话、抽烟、措辞的动作。这很有趣，但有点可悲，似乎这是她能够掌控这个既难以驾驭，又让人难懂之人的唯一方式。

最重要的是，想厘清他们的作品和世界观如何相互影响并不容易，尽管迪伦创作的涉及琼的歌曲经常在这本书中讨论到。1966年琼对我说："他能够表达出来，但我不会写，我希望我会写。"她在为自己预测未来。在她最为精心制作的歌曲《钻石与铁锈》，以及对这首歌广泛的演出，比随口赞扬或者批评他更为有力。我认为她1971年创作的《致鲍勃》这种歌很幼稚，几乎是在恳求他承担救世主的角色——而他早已对这个角色嗤之以鼻。"滚雷讽刺剧巡演"结束后，琼写歌的节奏加快。我认为，《峡谷大风》（*Gulf Winds*）唱片中的几首歌曲值得玩味：其中，《对我更甜》（*Sweeter for Me*）、《哦，兄弟》（*Oh, Brother*）、《时间离我们远去》（*Time is Passing US By*）都或多或少受到迪伦的影响。琼同样可以在歌中表达她无法当面向朋友谈论迪伦的内容。

爱恋关系已经足够麻烦的了，何况暴露在公众视野之下。几年来琼发生了改变，甚至在歌曲中承认20世纪60年代自己曾经多么自以为是。最终，她承认了自己的错误，这个靠近迪伦的举动来得太早太冲动，而无情的时间过于长久。不管是迪伦还是琼，若要假装他们20年的关系无足轻重，都不过是人前作秀，同时也是自尊心作祟。多年来，他们对彼此带来的困扰，与给粉丝带来的一样多。

早在1963—1964年，他们就已经开始渐行渐远，原因不言自明，一山容不下二虎，他们两人都是自尊心过强。两位主唱不能永远迁就对方。那时候，他们眼里只有自己的个性，作为伴侣无法作出妥协。也许将爱放在台面上太过于痛苦。也许，喜爱偶像的最佳方式，就是远而观之。

"我说话算话"

如果迪伦对星途存有幻想的话，这种幻想也在新港音乐节后的3个月内开始逐渐消失。这种幻灭可以从他对媒体态度的转变中观察得知。迪伦与媒体打交道的能力既是天生的，也是后天学习而来的。他并没有从格罗斯曼那里获得许多如何与媒体搞好关系的建议；格罗斯曼成为经纪人10多年后，也就是直到1968年才雇佣了第一位全职媒体发言人。从前，格罗斯曼与媒体的一切交道都是通过他的合伙人约翰·考特、查理·罗特席尔德、唱片公司或者歌手自己来打点的。通过蒙特雷民谣音乐节，迪伦意识到媒体上的报道可以多么伤人。首先是来自格利森的指责，其次是1963年5月31日《时代周刊》的报道言辞刻薄：

谁能相信他？重击的吉他、发出嘀嘀声的口琴、瘦弱的微小声音、无须的下巴……炯炯有神像猫一样的眼睛……他看起来像是14岁，他的口音像是半真半假的内布拉斯加人，或者布鲁克林的乡巴佬。他是廉价商店的哲学家、药店的牛仔、男厕所健谈的人……这位成长在城市的乡村音乐演唱家身上有点可笑的东西，然而在一门以真实作为最高追求标准的艺术里，迪伦成了最新的英雄……他的声音仿佛是漂浮在结核病疗养院的墙上——但这就是其中一部分的魅力……一种表达出来的独一无二的东西，而他表达出来了，在……自伍迪·伽思礼以来这种形式最佳的歌曲里……围绕着他的是一种仿制品的感觉……

新港音乐节过后，那种自作聪明的评论逐渐销声匿迹；民谣界的媒体报道一片惋惜之声。《纽约小字报》（*New York Broadside*）继续洋溢着赞美之词，《波士顿小字报》以迪伦和琼的照片作为封面，两个月之内，又以迪伦单人照做了一次封面。10—11月份举行的《放声歌唱！》活动中褒奖之词更是如同潮水汹涌过来，比如称赞"迪伦的作品，以诗人无法衡量的才华，为他的一代人代言，触及我们时代的神经中枢"。1963年9月12日，来自纽约《镜报》的西德尼·菲尔德发表了针对迪伦的评论："但是我不想看到原子能浴室、电子卧室、加了马力的开罐器；我想要看到、感受到人们、灰尘、水沟和栅栏。"他解释道："因为狄更斯、陀思妥耶夫斯基、伍迪·伽思礼能把故事讲得更好。"迪伦说："我决定坚持我自己的主张。"迪伦在1963年10月20日《纽约每日新闻》上一篇题为《带有信息的音乐：当今愤怒的年轻人不发表演讲——他们买吉他当民谣歌手》的报道中表达的观点更为直接、更有想象力。迈克尔·亚凯塔写道：

"我们为什么会处在民谣音乐繁盛期？"迪伦如此问道……"因为时

代急需真相……人们想要听到真相，而这就是他们能在当今好的民谣歌曲中所听到东西……当我聆听别人高谈阔论的时候，我所听到的都是他们没有告诉我的东西。"优秀的民谣音乐中有神秘、魔法、真相，以及《圣经》。我不能期望自己能够触及那些，但我会尝试。"

迪伦仍然塑造着他四处流浪的形象，任凭媒体夸大其词。他从没有明说《卫报》1963年8月22日曾错误引用他的话，但他对这篇将自己归位"老左派"的报道怒不可遏：

迪伦运用了最为犀利的武器——诗歌的想象以及对不公的蔑视——谴责那些想要以自己名义运用这些工具的人，不论他们藏匿于3K党头罩下，还是股市收报机之中。"写作的时候我不假思索，"他说道，"我仅仅是本能反应，并付诸纸上。对于我所写的一切，我都认真对待。例如，当我看到我的朋友被关进南部监狱，头部遭打之时，我很愤怒。我音乐里所流露出的感情是在呼吁行动。"

《卫报》截取了他在重大问题上的简短评论：

资本主义？"当有人还躺在地沟里的时候，我反对那些开着凯迪拉克豪车的人。"社会主义？"我期待某天能够访问俄罗斯；看看这个国家，也许还能遇见一位俄罗斯姑娘。"美国？"在美国，难道我们能说真话吗？你所看到的地方遍布骗子和谎言。"政治？"不，我不会去投票，因为没什么值得投票的人；没人和我一样，我感觉……我想看到一个由伯特兰·罗素、吉姆·福尔曼、马龙·白兰度这些人组成的政府……"

在密西西比，他表示："弥漫着这样一种感情。更多的人愿意说：'我不在乎安全，我想要我的权利。'如果可以的话我想帮助他们。他们很喜欢听我的音乐。"

从这则报道起，迪伦开始对媒体颇为不满。此前他精心维护自己的形象，如今媒体的报道不受他左右。他感觉自己就像伽思礼从前一样，被迫成了"老左派"民谣歌手，一个为每个目标都要随时用歌曲回应的傀儡。他试图逃脱这种追随者强加于他的救世主角色——为整个青年人代言，而非局限于喜欢民谣的年轻人。苏西理解鲍勃正在为思想独立而挣扎。后来贝兹过于简单地描述迪伦"逃脱责任"，事实情况要复杂得多。迪伦并不想让自己所说的刻在石头上，尽管他经常带着木棒和口袋里的凿子转悠。（他也心里想着名垂青史）

我询问苏西为什么鲍勃看起来并不支持左派，她回答："我认为他并非不支持左派，而是，他总是从个人角度看问题。左派向他开了一扇门，但他看到门背后有很多小盒子，各党派都想从他这里获取其他东西。我仍然记得当他看完《卫报》报道后是如何离开的。所有人都把他当作"我们的代言人"。即使在那个时候，他也不想这样。每个人在写作的时候都会如此——他们会思索后找到合适的内容。迪伦当时并非乔·希尔，他当时、以后也从不想成为乔·希尔。这种东西让他很难受。"

卡拉·罗托洛表示："《放声歌唱！》活动的欧文·西尔伯把他逼到

了墙角。这个活动将迪伦视为他们事业的倡导者。迪伦当时22岁。天啊，他如何知道答案？但创造救世主的人却告诉他他'知道'答案，而且很快他们开始相信他确实知道。这对迪伦来说是个转折点。他成了努力的、无所不知的、痛苦的孩子。1963年8月到9月间，他真的感到害怕，苏西看在眼里，明白怎么回事。迪伦一半惶恐一般嘲笑救世主创作者以及自己。"

夏季接近尾声时，苏西再次搬离西四街的住处。她需要独自待待。与此同时，迪伦将于卡内基音乐厅举行一场重要的个人音乐会，并因媒体报道遭受打击。来自哥伦比亚唱片宣传的比利·詹姆斯和约翰·库兰德联系《新闻周刊》，想刊登一篇封面报道。《新闻周刊》新闻调研员安德烈娅·斯伯格（Andrea Svedberg）对迪伦-贝兹福里斯特希尔演唱会很感兴趣。后来斯伯格生气地打电话告诉比利，他联系不上迪伦和格罗斯曼。比利称："她说他们对于确定迪伦过去的一些事情非常感兴趣。我试图告诉她，鲍勃不喜欢谈论这些事情。我让她放弃吧。"

1963年11月4日发表的报道完全是诽谤，迪伦对此好几个月闷闷不乐，导致他随后数年几乎和父母兄弟断绝联系，并忽然与比利·詹姆斯断绝往来，更使得格罗斯曼越发不信任媒体，《新闻周刊》备显尴尬。歌手与媒体的关系也开始恶化。迪伦之前愿意接受采访，但后来内心极其排斥采访，采访时开始打太极，回答的问题让人震惊，甚至无法接受，连他本人经常也不相信这些答案。他变得让人半信半疑，甚至连新兴的新派刊物也难以理解他。

《新闻周刊》报道发表标题为《我说话算话》的文章。报道中所用的形容词颇为伤人："未刮胡须的脸……蓬乱的头发……消瘦的身板……嬉皮式的谈话，交杂着不堪入耳的言语。他的歌喉嘶哑，吼声刺耳，让人第一眼觉得，他获得的如此成功简直不可置信。很明显，他擅长煽动观众。"该报道如此描述迪伦的200首歌曲："简单的词语，抓住显而易见的事物。"该报道承认"事实上迪伦代表着一派宗教"，但对迪伦的可信度却提出异议：

他曾经受过苦难；他曾经被吊起来过，没有面包，没有女人，只有体内相互交织的内脏……他的观众分担他的痛苦，看起来有些嫉妒，因为他们成长在普通的家庭和……学校。具有讽刺意义的是，鲍勃·迪伦成长在普通家庭，也上普通学校。他的过去笼罩在矛盾之中，但他是美国明尼苏达州希宾一位名叫艾比·齐默尔曼的家电经销商的儿子……

"挖点料吧，伙计"：迪伦承认自己出生于德卢思，成长于希宾，然而……他否认鲍勃·迪伦曾用名鲍勃·齐默尔曼。"可以搜下我的征兵卡片，伙计，"他说，"鲍勃·迪伦。"（他于1962年8月9日合法改名。）他的父母？"我不认识我的父母，"他说道，"他们也不认识我。我几年前就和他们失去联系了。"几个街区外，艾比·齐默尔曼夫妇住在纽约一家汽车旅馆里……期待在卡内基音乐厅见到他们的儿子。鲍勃给他们付了来东边的路费，并送给他们门票，他们此前曾告诉了在明尼苏达州的朋友，"他8月份在家待了几天，"鲍勃17岁的弟弟大卫·齐默尔曼说道，"我们关系算是亲密。我们都有野心。当我们决定做某件事情时，我们一般都会成功。他曾决心成为现在的自己。""我过去的历史很复杂，你不会相信的，伙计。"迪伦说。"你很难明白鲍勃。"大卫·齐默尔曼如是说。

形象：为什么迪伦——他之所以取这个名字是因为崇拜迪伦·托马

斯——要费心去否认他的过去？是个谜。也许他觉得这将有损他辛辛苦苦塑造起来的形象……甚至有谣言说，迪伦并没有创作《随风飘荡》……迪伦表示他将写一本书解释所有的一切。然而，他坚持，这些解释无关紧要。"我说话算话。"他说。

这篇报道配图是一张迪伦唱片的照片，其文字说明为："鲍勃·迪伦：一个名字的含义是什么？""曝光"他的家庭已经够糟糕的了，但声称《随风飘荡》是迪伦偷窃而来的这种污名简直是致命一击。迪伦对比利·詹姆斯大发雷霆，因为接受采访是詹姆斯提议的。他指责自己父母接受了沃尔特·埃尔多（**Walter Eldot**）的采访，不仅是《新闻周刊》的报道，而且是**1963**年**10**月**11**日发表的同样惹人愤怒的《德卢思新闻论坛报》报道。格罗斯曼徒劳地试图谈妥一个采访，以换取迪伦最终获准，最终却遭到迪伦指责。

什么都没有透露。格罗斯曼的律师指出，有一条涉及诽谤《随风飘荡》**7**年最高限额的法规。格罗斯曼随后开始意识到自己对待媒体无礼态度的弊端。**1968**年，他邀请《新闻周刊》音乐编辑休伯特·萨勒来到伍德斯托克采访迪伦。贾尼斯·乔普林逝世后，阿尔伯特甚至与该杂志进行过简短的交流。

读完《新闻周刊》报道后不到一个小时，我便联系了迪伦。当时我正在就"民歌歌会"活动写一篇报道。鲍勃几乎声嘶力竭地说道："你想要采访我？好吧，你可以采访我，但从此以后我只信任我的朋友。等会儿，先读下《新闻周刊》上的报道吧。不，我不会读给你听。你自己读吧，然后你就会知道为什么琼告诉我甚至不要和《时代周刊》或者《新闻周刊》说话了。《时代周刊》让琼几乎精神崩溃，有一年多的时间，现在又轮到我了。我已经写了5000页，包括各种东西，诗歌、戏剧和小说。我只想因为自己所从事的工作而为人知晓。"迪伦大发雷霆。我明白，这并不仅仅事关新闻准确原则，更重要的是，迪伦在与表演和歌曲创作无关的领域遭到曝光。

我曾问过琼，如果《时代周刊》如此打扰了她的生活，为何她从来没有尝试进行反驳，她回答："谈到《时代周刊》杂志，真正让你难过的事情，是他们说的关于你真实的事情，或者一半真实的事情。他们说我曾经光着脚，披着像线一样的头发，开着敞篷车。他们讲述的方式很糟糕，但是他们所言都是真实的，所以为什么要费力进行反驳呢？"（许久之后，她创作并录制了《泰姆拉格》（*Time Rag*）"，严厉指责了这家杂志。）

迪伦决定避免直接反驳《新闻周刊》。波士顿音乐会过后，迪伦沉寂了三个礼拜，与范·蒙克斯和巴里·科恩菲尔德待在一起。格罗斯曼给鲍勃购买了几本犹太哲学家马丁·布伯的书当作赠品。休息期间，迪伦阅读了布伯的书，潜心思索，下笔如有神。迪伦终究会再次面对媒体，但他的言语经常带有奇怪的难题。1965年11月迪伦接受了《芝加哥每日新闻》的采访：

记者：你会唱所谓的民谣——摇滚音乐歌曲吗？

迪伦：不，这不是民谣摇滚，仅仅是工具……我称之为数学声调，类似于印度音乐。我无法真正解释它……当我13，14，还是15岁的时候，我玩过摇滚，但是我16，17岁的时候放弃了，因为我无法这样搞音乐……

记者：你为什么放弃了民谣？

迪伦：我曾经去过太多其他街道进行尝试……真正的民谣不会在42街出现，也不会在飞机上……

记者：从你谈话来看，你好像与别人特别隔绝。

迪伦：我不会因为某种力量而与任何事物隔绝，这只是一种习惯。只是我生活的方式……我不知道，我不知道隔绝比联络更加简单。对于所有联络在一起的人，我要给他们大大的唱赞美上帝的颂歌……我很多次都与外界保持联系。事情并没有朝好地方向发展，所以我开始隔绝，而不是让自己崩溃……

记者：你是否避免与其他人产生亲密的关系？

迪伦：我与其他人有各种关系。别人喜欢我，但也没有联系；很多人都没有联系。我并没有感觉遭到孤立或者隔离，抑或担忧。我不认为存在任何孤立人群的组织。我和任何组织都合不来。某一天我可能会独自乘坐地铁，当所有灯都熄灭的时候，我和40个人困在一起，那么我将不得不与他们相识。这时我会按照应有的方式处理所有事情。

即便是最懂行的记者也要应对迪伦的反语。1965年3月25日，来自《村声》的杰克·戈达德从伍德斯托克发来报道：

迪伦……几年来……一直同意回答所有砸向他的各种深度、有意义、检查式的问题。以下采访内容是许多记者采访迪伦所提出的问题。

记者：比如在（伍迪·伽思礼）之前，你给谁写歌？

迪伦：你听过吉恩·文森特吗？或者巴迪·霍莉？

记者：那么你在高中时曾组建过摇滚乐队吗？

迪伦：我在高中时曾组建香蕉乐队。

记者：当时你听说了伽思礼，他改变了你的生活？

迪伦：当时我听说过乔希·怀特……

记者：当时你听说过伽思礼……

迪伦：我当时听说过旧金山的骚乱……

记者：众议院非美活动调查委员会骚乱？

迪伦：我错过了与詹姆斯·迪恩的见面，所以我决定见见伍迪·伽思礼。

记者：他对你的影响是不是最大？

迪伦：有一段时间，他的观点对我影响确实比较大。

记者：布雷赫特怎么样？你对他了解得多吗？

迪伦：不多，但我读过他的东西。

记者：兰波？

迪伦：我读过他的一本书，《恶之花》。

记者：你想到了波德莱尔。

迪伦：是的。我也读过一点他的书。

记者：汉克·威廉怎么样？你认为他对你有影响吗？

迪伦：这样吧，我认为汉克·威廉、神奇队长、马隆·布兰多、田纳西种马、克拉克·肯特、沃尔特·克朗凯特，以及J.卡罗尔·奈什都对我有影响……

记者：谈谈你的电影吧。

迪伦：电影将是黑白片。

记者：风格会是安迪·沃霍尔那种的吗？

迪伦：安迪·沃霍尔是谁？告诉你吧，我的电影将是……波多黎各早期电影的那种类型。

记者：编剧是谁？

迪伦：艾伦·金斯伯格。我还会再进行改编。

记者：你在电影里演谁？

迪伦："英雄"。

记者：他是谁？

迪伦：我的母亲……

记者：鲍勃，对于生与死你有什么哲学吗？关于死亡？

迪伦：我怎么知道，我还没死呢。你这是诅咒我呢……

记者：你和琼·贝兹不看对方眼睛，你们怎么回事？

迪伦：她是给我算命的人。

记者：鲍勃，我们知道你更改过名字。快来告诉我们，你的真名叫什么？

迪伦：菲利普·奥奇。如果这个名字值钱的话，我将换回来。

记者：鲍勃，美国诗人的情况怎么样？肯尼思·雷克斯罗特估算，自1900年以来，大概30位美国诗人自杀。

迪伦：30位诗人！那有多少位美国家庭主妇、邮递员、清洁工、矿工呢？天啊，这30位所谓的诗人有什么特别之处呢？我们知道有一些非常好的人自杀。一位并非无所事事，一辈子都在加油站工作的人，没有人把他称作诗人。但是你会把罗伯特·弗罗斯特称为诗人；而我的观点是，这位在加油站工作的人也是一名诗人。

记者：鲍勃，我们知道你在写一本书。

迪伦：是的，这是一本有意思的书。我觉得它有可能在春季出版。

记者：内容是关于什么的呢？

迪伦：天使。

记者：……你对于这个世界没有什么重要的哲学吗？

迪伦：我不喜欢喝高浓度酒精，如果你是指这个的话。

记者：不，是关于整个世界的。你和这个世界？

迪伦：你是不是在开玩笑？世界不需要我。上帝，我身高只有5.7英尺。没有我世界照转不误。你不知道吗，每个人终将死去。你认为自己有多重要，这并没有关系。看看莎士比亚、拿破仑、埃德加·艾伦·坡。他们都死去了，对吧？

记者：好吧，鲍勃，在你的眼里，有没有哪个人可以拯救世界？

迪伦：艾尔·阿隆诺维茨。

获得"珍贵"采访机会的记者，都希望自己一个人就可以让迪伦敞开心扉。《布朗（大学）每日先驱报》记者斯图尔特·克伦普在采访结束后表示："结果可以称之为采访，也可以称之为闹剧。" 克伦普写道：当我递给他一张他的第三张唱片，让他签名，他在自己的照片上的嘴唇上、脸颊和下巴都画上了胡须，然后才签名……我让他给布鲁斯音乐下个定义，他说："布鲁斯是一条没有口袋的裤子。你喜欢吗？……布鲁斯是一条口袋里啥也没有的破裤子。"他补充说："布鲁斯是一种颜色。就是这。" "美国民谣界，你觉得自己地位如何？" "如果其他人不是民谣歌手，我也不是。"当他坐上他叫的车时，三四十名粉丝欣然说道："民谣歌手都是共党分子。"

"当你年纪更大的时候，你觉得会发生什么……下一代（我们的孩子）会找到自己的领袖吗？"迪伦有一点严肃地……回答："我了解过新一代人……很快新一代人就会反抗我，就像我反抗上一代人一样……没有什么比不断变化更加一成不变了。我喜欢这种话。我试图思考我自己的生活。重要的事情，就像我的头。我担心我的头。而非民谣商业化！"

"民谣的发展并不迅速。我认为除非它们迅速发展，否则它们很快将会衰落。它们会变成亨瑞·贝拉方特。""其他呢？""还有青蛙腿！"

对于在采访时开玩笑，迪伦不偏不倚。当《麦考氏》月刊新闻询问他最敬畏女性的哪种美，迪伦回答："女性身上有污渍，看起来非常迷人。这会引起本能的情感。我喜欢到处都是脏脏的长发。我讨厌刮过毛的腿和胳膊。我讨厌清洁水和收缩水，因为这些防腐剂的味道令人作呕。"迪伦诉诸讽刺、挖苦和各种言语修辞，传递隐含的信息。它是外交家所说的莫名其妙的言语、诗人的面纱、伊索的语言、笑话之中的笑话，揭露了隐藏其中的东西。"我说话算话，"他对《新闻周刊》如是说，但他们并不相信他。"没有什么比不断变化更加一成不变了。"他告诉一名大学编辑。有人在听吗？

只有一个声音在歌唱

尽管1963年台下不断发生动乱，迪伦依旧于卡内基音乐厅、费城城镇厅、波士顿乔丹音乐厅举行个人音乐会。迪伦像一位专业人士，这三场演出均获得成功。《新闻周刊》采访过后，11月2日于波士顿，迪伦表现出有些恼火的迹象。

卡内基音乐会特别之处在于，"少女流行音乐迷（teenyboppers）"开始出现。此前，民谣观众衣着、行为举止都与流行音乐观众不同。披头士乐队第一首单曲《请取悦我》1963年2月在英国获得巨大成功。10月"披头士热"爆发，几乎与美国第一股"迪伦热"同期。卡内基音乐厅的观众更为年轻化，比"金斯顿三重奏乐队"粉丝更富有激情、更加个性张扬。他们并非民谣星星之火燃烧的一群人。迪伦激起了听众的热情。民谣界的老保守们被这个艺人和高谈阔论者弄得猝不及防。他演唱了大概20首歌曲，其中包括《海蒂·卡罗尔的寂寞之死》《牛津镇》《英雄布鲁斯》，当然还有《说唱约翰·伯奇妄想狂布鲁斯》（"这首歌他们不让我在电视上演唱。"）他以道德家的身份来到现场。自离开"格迪斯民谣城"之后，迪伦从未如此滔滔不绝。在舞台中央，迪伦猛批费边社、电视上的肥皂剧广告、"民歌歌会"，以及各种审查制度。在一次很少有人能够理解的谈话中，他直面抨击散播谣言的那位罗格斯大学的教师，声称后者甚至连"随风飘荡"是什么意思都不知道。

迪伦依然需要面临各种指责。来自《综艺》杂志的莱昂纳德·L.莱文森承认"迪伦是代表未来的声音……但……未来除了对未来和现在的抱怨，什么都没有……就连一个希望或者整治社会弊端的话都没有……迪伦的用词自相矛盾……"《综艺》被一种莫名其妙的"写作和传播"风格所困惑。迪伦的一些歌曲经过仔细斟酌，并给人留下深刻印象；但更多的歌词只不过是草率的旋律，缺乏基本的文学规律，明显愿意屈从于作者脑海中浮现的第一个想法。

观众席上并非每个人的情绪都被带动起来。一位来自康涅狄格州韦斯特波特的16岁女孩安妮·莱昂写信告诉我，半个小时之后她就离开了。她把

《大雨将至》做了改写："我看到富家的女孩试图看起来堕落；我看到男孩长着苦行僧的脸庞，或者没有任何表情。我看到人们看起来像绵羊，或者动起来像绵羊。我看到一缕一缕的头发。庆幸的是，送我的男孩打着领带，穿着一件夹克。"

利文撒尔随后在其位于西96街的家中为迪伦及他的朋友举办了一场聚会，其中包括苏西的几位密友、古巴卡斯特罗坚定的支持者、龙尼·吉尔贝以及自1948年就加入"织工"乐队的一名成员。龙尼告诉我："如此富有激情！我从来没有听过这样的音乐或者这样的歌曲！这已经不仅仅是局部地区的一场运动了，迪伦完全是经典。他完全自成一体。"人们纷纷为迪伦举杯庆祝。迪伦过来问我："伙计，你不认为我会成功的吧，是吗？"我安慰他说我"之前"一直认为他会的。但他不依不饶："好吧，我成功了，我成功了！"

然而，《新闻周刊》的报道令他获得的成就大打折扣。在忙碌的工作中与镁光灯的照耀下，迪伦开始逐渐失去了他与众不同的幽默感和他的青春朝气。不到一个月，约翰·F.肯尼迪于11月22日遭到暗杀，美国举国悲伤。尽管迪伦有些卡斯特罗主义朋友并不在意这场暗杀，但他本人却受到了极大的震惊。面对这样的社会，一颗子弹就可以夺去最强大、最富有的改革者的生命，批评这样的社会似乎早已毫无意义。1965年美国《时尚先生》杂志大学版封面展示了四位学生英雄——肯尼迪、马尔科姆·爱克斯、切·格瓦拉以及迪伦的合成照片——我们曾以为迪伦某一天会和其他三人一样暴死街头。这与萦绕他青年时代的死亡方式不谋而合。比巴迪·霍利、汉克·威廉、詹姆斯·迪恩更有远见的人都将要离开这个世界。如同上帝一样的人终将会被钉死在十字架上。与此同时，舆论希望迪伦可以成为引导美国青年走向救赎的救世主。

长久以来，都有呼声将迪伦推向救世主的角色。1970年11月，英国流行音乐周刊《旋律制造者》刊登了一篇报道题为《迪伦是新基督》，配图图注为"迪伦：救世主"，肯·佩恩在文中写道："鲍勃·迪伦（并非此前报道的，拿撒勒的耶稣）被当今年轻人视为现实版救世主……关于生活，你从迪伦身上学到的远比从10个耶稣身上学的还要多……迪伦说过，'成为关注焦点也是一种累赘。耶稣之所以遭到迫害，是因为他成为了关注点。所以我经常消失'。"

来自"紧急民权委员会（Emergency Civil Liberties Committee）"的克拉克·福尔曼每年都要举办筹募基金晚宴，纪念人权法案的通过，并将汤姆·潘恩奖章授予那些公众人物，以表彰其在争取自由与平等方面所进行的艰苦斗争。1962年，紧急民权委员会将奖章授予贝特朗·罗素勋爵（Lord Bertrand Russell）；1968年，则是本杰明·斯波克博士；1963年，迪伦获奖，但他自认为荣誉过高，自己"不过是"写了几首歌而已。他并不想成为下一个乔·希尔或者汤姆·潘恩；但他终究还是前往赴宴了。

1963年12月13日，迪伦很早就开始喝酒。他在讲台上看到其他重要人物：作家、教育家、拉蒙特财产继承人科利斯·拉蒙特；宴会主持人约翰·亨利·福克；作家、身着正式礼服打着领结的詹姆斯·鲍德温。尽管现在的政治形势截然不同，但却很像当年他父亲的"圣约信徒"旅馆。参加当天颁奖晚会的老左派人士多达1500人，他们要么是灰白头发，要么是古稀之年，早已是垂垂老矣，迪伦注视着这些早已丧失斗志的新中产阶级的面孔。

被授予汤姆·潘恩奖之后，他开始讲话，之前他没有做任何准备，用几乎是幽魂般的声音开始了迪伦式的真心话告白：

我没有拿着吉他，不过我还是可以说。我想代表所有去过古巴的人，感谢汤姆·潘恩奖项。首先，因为他们都很年轻，我花了很长时间变年轻，如今我认为自己是年轻人。我对此感到自豪。我是年轻人，我感到自豪。我希望所有今天或者今晚在场的各位并不在场，我就能够看到头发浓密的各种脸庞，所有代表年轻的一切，为推翻众议院非美活动调查委员会而举行周年庆祝活动……因为你们应该在海滩上。你们应该在需要休闲的时候……游泳……仅仅放松。（大笑）这不是老年人的世界，与老年人没有任何关系。当头发脱落的时候，老年人应当退出舞台。（大笑）当我看到那些管制着我，给我下规定的人——他们的头上没有一点头发——我非常恼火。（大笑）他们谈论着黑人，他们讨论黑与白。他们谈论着红色、蓝色和黄色。伙计，我看的时候，什么颜色也没看出来……我从没有读过哪本历史书描述人的感受……回头看，丝毫没有帮助。有时候我希望自己能如同我的第一位偶像——我曾经的偶像是伍迪·伽思礼——20世纪30年代来到这里，他就是这个时候来的。（掌声）然而，伍迪来到这里和我来到这里，发生了巨大变化。一切都不是那么简单了。人们似乎有了更多恐惧……对我来说，不再有黑和白，左和右；只有上和下，下就是离地面非常近。我试图爬上去，根本没有考虑像政治这样的小事。他们根本与政治无关。我所考虑的是普通人，当他们受到伤害的时候。现在我想接受这个……来自紧急民权委员会的汤姆·潘恩奖项。我想接受这个奖项存在于我的名字，但是我并非真正在我的名字里接受它，我没有接受任何团队的名字，不管是黑人团体还是其他任何团体……三月我在华盛顿走上讲台，我看了看周围的黑人，我没有看到任何不像我朋友的黑人。我的朋友不穿西服。我的朋友不会穿着任何那种证明他们是受人尊敬黑人的衣服。我的朋友就是我的朋友，如果他们是我的朋友，他们就是善良、友好。我并非要颠倒黑白。（掌声）所以，代表曾经领导大家前往古巴的菲利普·卢斯（坚定的新左派人物，后来反对自己极端的朋友），我接受这个奖项。每个人都该去古巴，我不知道为何有人不能去。我不能理解前往某个地方有什么不对，见到某个事情如何会受伤。与之相反，菲利普是我的一位前往古巴的朋友。我将勇敢地面对，并且不会妥协，我不得不坦白，我必须坦白，我不得不承认那个射杀肯尼迪总统的人李·奥斯瓦尔德，我不知道具体是哪里——他知道他在干的是什么，但我不得不坦白承认，我也——我觉得我和他有点像。我知道它没有走——也不会走到那种极端。但是我不得不站起来说，我在我身上看到了他感受到的东西——不会到那种极端，开枪杀人。（各种嘘声）你们可以发出嘘声，但是嘘声和这没有任何关系。它是——我——我必须告诉你们，伙计，这是人权法案，是自由言论和（有人告诉迪伦："时间差不多到了。"）我只是想承认我是代表学生非暴力行动协调委员会的詹姆斯·福尔曼以及前赴古巴的人接受汤姆·潘恩奖项的。（掌声中掺杂着嘘声）

观众窃窃私语。迪伦是否在说，肯尼迪遇刺后三周，凶手奥斯瓦尔德应当获得同情？是否称他们是过时、秃头、将要被扔到历史垃圾桶的老年人？募集基金晚会继续进行，福尔曼意识到问题的严重性。募集到的基金少之又少，克拉克·福尔曼几乎崩溃。由于给迪伦授予荣誉奖项，他在组织内部遭到反对；如今投反对票的人继续责备他。恼火秃头的老年人不会为一个允许言语如此不敬的年轻人获奖的组织作出贡献。克拉克·福尔曼的儿子盖诺告诉我，筹集到的资金比预期的少了3万美元，但他的父亲后来告诉迪伦说仅少了6000美元。三年后盖诺在一场事故中丧生。

事件的影响继续扩大，迪伦意识到"紧急民权委员会"并没有明白他的意思。迪伦发起了自己的"猪湾事件"。如同肯尼迪向艾森豪威尔请教一样，鲍勃前去拜访伽思礼的经纪人兼西格尔的经理哈罗德·利文撒尔。50多岁、秃头、老左派的哈罗德告诉鲍勃，那些现在看起来"非常中产"的老年人，一生大部分时间都在与（邪恶势力）做斗争。哈罗德表示，麦卡锡时代当其中许多人被列入黑名单时，他们为生计拼命，但仍然关心社会。迪伦听在耳中，随后走向了自己的打字机。他给紧急民权委员会寄了一封公开信，油印后送交许多领导人传阅。迪伦说自己情绪多变，任何人试图表述他想表达的意思都徒劳无功，这些是甚至他本人都无法亲自做的事情。他仅仅是位词曲作者，而非公众演说家。

迪伦写道，也许他本该仅仅说句"谢谢"，但他觉得应该再说点什么。所以，就像在木板上行走，或者在车前跑一样，他竭力唱了最后一首歌然后跳了下去。他谈起李·奥斯瓦尔德，是因为他厌倦听到我们应当为每一起犯罪行为共同承担责任。他为自己关于旅行自由的言论辩解，并说他对于媒体越俎代庖、替他说话有多么的厌倦，他想自己亲自了解这个世界。

迪伦在笔下谈起自己的国家，尽管谣言四起，但他仍为自己的背景和他根基的血脉感到自豪。他写到纽约如何让自己感到重生。他重申自己说过的关于老年人及其20世纪30年代至40年代的经历对自己60年代的经历如何影响的言论。他重申，他写的只是澄清事实，而非道歉。迪伦提议归还这个上面挂着汤姆·潘恩笑容的奖项。他表示，他并不了解汤姆·潘恩其人，但他愿意为他唱歌。是的，他对于获得这个奖项而自豪，但不得已的话他愿意归还。他此前不知道晚宴的目的是筹集资金，而他的发言令组织者遭受损失。他感觉自己在道义上亏欠组委会。他提议支付晚宴费用，并且再次表示，他愿意重新上路，即回归原本的自我。

迪伦继续说，对他而言，写作的动力是期望自己不会发疯，这个想法使其担忧，他不得不考虑到。是的，这是一个令人恐惧的世界，封笔。他向自己所认识的组织委员会成员表达了爱意。仇恨太难、太累，根本不值得。他将生活比作一扇打开的窗户，通过这扇窗他再次跳了回来。他称这封信为"一条信息"。

这起事件本该到此画上句号。但是大概半年后，纳·亨托夫为《纽约客》杂志撰写一篇关于迪伦的介绍，听到迪伦以另外一种方式描述这起事件。我后来询问迪伦这篇报道是否准确，他回答说："基本上这是我对于整个汤姆·潘恩奖项事件所说的话。"亨托夫做笔记的时候，迪伦向自己的一位熟人，一个"实验剧场"的演员描述了事件的过程：

我没有参与任何运动。如果我参与的话，除了参与"运动"其他事就都做不成了。我就是不能让其他人坐着给我立规矩。我做的很多事情没有一场"运动"会允许的……我就是无法参与任何组织。我掉进了一个陷阱……当我同意接受汤姆·潘恩奖的时候……在美洲大酒店！在大宴会厅！我一到那里，便感到紧张……我身边的人员不能进去，他们看起来比我还畏缩……
我真的很紧张。我开始喝酒。我……看见一群和我的政治完全不相干的人。
我向下看，我害怕。他们理应是我这一边的人，但是我并没有感到自己和他
们有什么联系。这些人30年代参与左派，现在他们支持民权运动。这很好，
但是他们同样穿着貂皮衣，戴着珠宝，看起来就像是他们出于内疚才捐款
的。我站起来想离开，他们跟随我，抓住了我。他们告诉我必须接受这个奖
项。当我站起来发表演讲的时候，当时我除了说出来脑子里想到的事情，
已经说不出来其他话了。他们一直谈论肯尼迪遇刺，比尔·穆尔、梅德加·埃
弗斯和佛教和尚在越南遇害的事情。我必须说点关于李·奥斯瓦尔德的事
儿，我告诉他们，我在媒体上读到许多他的情感，我知道他当时紧张。我
说我也紧张，所以我能感受到他的许多情感。我在奥斯瓦尔德身上看到了
很多自己，我说，我在他身上看到了我们所生活的时代。你知道，他们开
始发出嘘声。他们看着我，仿佛我是动物一样。他们几乎认为我将要说，
肯尼迪遇刺是件好事。他们就是这么极端。我谈起奥斯瓦尔德。然而我开
始谈到我的一些哈勒姆的朋友，他们都很贫困，其中一些人是瘾君子。我
说他们和其他人一样需要自由，其他人为他们做了什么？主席在桌子下面
踢我的腿，我告诉他，"离开这里"……我本应是……一只听话的猫咪。
我本应该说，"我感谢这个奖项，我是一位伟大的歌手，我坚信自由主
义，请你们购买我的唱片，我将继续支持你们的事业！"但我没有这么
说，那晚我不招人待见。这就是我谈论的许多链条的起因……人们想要独自
一人的状态。独自一人是什么？有时面对着三千人我却独自一人。那晚我
独自一人……你知道，他们那晚正在讨论自由战士。伙计，我之前去过密

西西比州。除了民权运动我还了解那些人的其他方面。我视他们为朋友，比如学生非暴力协调委员会负责人之一的吉姆·福尔曼。我随时都支持他。但事实上，那晚那些人却让我将有色人看作有色人种。我告诉你，我这辈子永远不会和任何政治组织扯上任何关系。如果一位朋友参加竞选，我也许会帮他，但是我不会加入任何组织。那天晚宴上的人和其他人一样。他们制造自己的时代，他们与自己从事的事情捆绑在一起。仅仅是，他们试图将道德和伟大的事情放在自己的链条上，但基本上他们并不想改变他们的立场。他们需要保住自己的饭碗。那里根本没我什么事儿，也没有我经常打交道的那种人的事儿。我唯一感到遗憾的是，我感到我破坏了举办晚宴的目的。我当时不知道他们在我发表演讲后将进行捐款。我猜测我使得他们赔了不少钱。好吧，我提出，由于我讲话方式所造成的损失，他们估算一下，我愿意进行赔偿。我告诉他们我不在乎这个数字是多少。我讨厌欠债，尤其是道义上的债务。它们比金钱债务更加糟糕。[11]

就在《纽约客》刊登这篇报道后，克拉克·福尔曼就"未偿还的债务"开火。他于1964年11月2日对迪伦写道：

亲爱的鲍勃：你在《纽约客》上所说的话，致使我的好几位朋友……询问我给你寄了多少账单。我的回答是，我正拭目以待，看看我们是否不需要你慷慨的赞助就能弥补损失。现在我觉得我们不行。据我估算，我们的许多潜在捐助人感到被你侮辱，对我们募集活动所造成的损失大约为6000美元。如果你能提供这些资金，你将不会存在任何道德上或者资金上的负债。

一周后，福尔曼给《纽约客》回信：

你们那篇关于迪伦的报道，在处理……我们民权晚宴方面存在着很大的错误。文中引用的他所说的话，并不可信。存在的一些明显错误，不管喝了多少"博若莱"葡萄酒都不可能出这样的错误。除了沉默悼念最近遇刺的总统，当时并没有讨论任何所谓的引起迪伦谈论奥斯瓦尔德的谈话。不论是宴会主持人，还是……都没有……只有迪伦的前一位发言人赛勒斯·伊顿女士有可能——就像报道里指出的——让他感到存在种族差异……几乎没有可能，迪伦会比最后一位发言人詹姆斯·鲍德温更加敏感。

亨托夫机敏地回复福尔曼：

事实上，我是完全引用迪伦的原话。当我在电话里给他读那段话，以确保报道准确时，他并没有表示要作修改。

11月20日，福尔曼再次给亨托夫写信：

那段你声称迪伦所说的关于其他发言人的言论，同样并不可信，其中的原因你不仅可以从我寄给你的民权问题上得出，也可以从迪伦自己的诗歌中得出解释，而你完全忽略。对我而言，你似乎是昧着良心这么做的。这样做，你不仅伤害了迪伦和《纽约客》，还损害了紧急民权委员会的利益。

福尔曼与亨托夫继续混战，福尔曼希望迪伦能够偿还他所亏欠委员会的款项。1962年11月9日，格罗斯曼给福尔曼打了一通电话，委婉地表达了迪伦想为该委员会举办一场慈善音乐会的心愿。音乐会定于1965年2月5日举行，合同已签署，但很快，约翰·考特打电话说，格罗斯曼正在墨西哥，2月5日必须改期，因为那个时候迪伦将在欧洲。考特说，他建议时间安排在早春。春季到来音乐会时间仍然未定，福尔曼开始再次催促迪伦。1965年12月13日闹剧结束后的两年，福尔曼引用迪伦的话给后者写信："我愿意进行赔偿……我不在乎这个数字是多少。""从那以后，"福尔曼生气地表示，"说话算数，说话算数，说话算数——没有音乐会，没有赔偿……正如你能从附言中看到的，我们试图拯救不愿意前往越南参战的小伙子们。我们现在急需资金。"

这起事件尚未结束，直到1968年5月15日，"紧急民权委员会"的埃迪特·泰格写信告诉格罗斯曼，福尔曼即将离开委员会，他们正在筹划一个告别聚会，"在奥西宁的拉蒙特家举行一次类似文化节和自助午餐的活动……我肯定你愿意通知鲍勃·迪伦这一重要场合。他与福尔曼博士关系紧密且弥足珍贵。因此，我觉得他愿意到场感谢他为委员会所作出的贡献以及我们所有人。"最后这封信的副本上用铅笔写着："未得到答复。"

当迪伦勉强地坐在福尔曼的公寓里，听着福尔曼与福克的说教时，这起（欠债）事件与1963年8月那天晚发生的事情就逐渐被遗忘了。当琼充满爱意地在他周围走来走去的时候，福尔曼与福克告诉迪伦永远不要害怕说出自己心底的话；不管在哪里，永远、永远不要担心告诉观众自己心里的想法。就在福尔曼与福克鼓励迪伦勇敢表达真实想法后的第四个月，他无意间将这个"武器"对准了那些武装他的人们。然而，他的"信息"证明自己无法无情地嘲笑老一代人。他明白了他曾经提供给我的建议："为了摆脱它的影响，你没有必要对其大加贬损。"他正在因为一个不可调和的二元对立而纠结：尽管他能够通过歌曲与上百万人进行交流，但是却发现自己几乎无法通过其他方式与人沟通。他拥有文字和视野方面的天赋，但不得不承认他真正能够进行交流的唯一方式是通过他的打字机和吉他。

各种类型的我

1963年秋末和冬季，迪伦的人生跌入低谷。正当他本应享受成功成果之时，却不得不吞食绝望的毒药。一定程度上，这就是很多明星成功后所经历的低谷期。新目标取代旧目标之前，总会有令人扫兴的结局。同时（肯尼迪）遇刺事件的阴影笼罩着全国，迪伦也无法逃脱。迪伦知道，南方无名的黑人几乎每天都正遭到射杀、棒打、恐吓以及骚扰。由于孤独感日益增强，迪伦更加陷入绝望：苏西搬了出去，他们的关系恶化。苏西开始有自杀倾向。所有"名气（famiousity）"，他如此称呼，并不能代表幸福。他独自一人坐在位于西四街昏暗的小房子里，不断地写歌以及自己的日志。

苏西先是搬去和卡拉住在佩里街，然后在106大街 B找到了新住处。鲍勃也经常过去住，但是这并不一样。由于卡拉和玛丽·罗托洛的存在，鲍勃和苏西之间的矛盾不断升级。卡拉建议苏西和鲍勃交换下住处，但鲍勃坚持要住在自己的地方。他给苏西带来了包括昂贵的艺术书籍在内的各种礼物，晚上他们坐在一起盯着电视看，几乎不说话。卡拉告诉我，迪伦更有名气了，苏西却越来越像植物一样。她还在努力寻找自己的身份，去不同艺术学校听课，从事不同工作。

1963年圣诞节前后，每个人都努力忘记死气沉沉的这一年。平安夜，位于新泽西州的罗托洛夫人家举办晚宴，其中的一位客人是弗吉尼娅·埃格尔斯顿，她是汤姆·潘恩奖项晚宴上为数不多的真正支持迪伦非正统式演讲的人之一。圣诞节晚上，20人出门前往B大街公寓参加一场聚会。鲍勃非常外向和友好；卡拉回忆道："圣诞节他似乎心平气和，我又成了他'妻子的姐妹'。"客人们唱起了摇滚，那是一个很酷的圣诞夜，但迪伦依然计划前往加利福尼亚的长途旅行。罗托洛一家开始接到了许多来自迪伦年轻女粉丝的电话，其中一些电话颇为无礼。迪伦身边亲近的人几乎很难匿名。

圣诞节过后的一天晚上，鲍勃过来拜访，我当时正焦头烂额地忙着另一期那短命的《民歌歌会》杂志，我和《波士顿小字报》前编辑林恩·马斯格雷夫共同担任该杂志的编辑。迪伦为《民歌歌会》写了两篇诗歌文章，但他比我更直接地询问这个杂志代表的立场。"如果你正在做一个大工程的话，我不介意给你添砖加瓦，"他告诉我。"但是你到底在干什么？一面墙？一间房子？我不能把砖头扔到空气里，然后希望某个人能接住，并用来建造点什么。我只想知道砖头去哪里了。"自肯尼迪遇刺后，民谣运动的理想主义开始走向衰落。他的这些话是否于事"有"补？

迪伦看到了壁炉台和电视机上的一叠圣诞卡片。他表示，大部分"圣诞问候"并不是来自于朋友，而是唱片公司的公关和宣发部门。他说，他知道我希望更多的卡片是来自朋友的。鲍勃忽然看到了摇滚词作家、制作人、脸庞消瘦的菲尔·斯佩克特一张奇怪的小照片，斯佩克特头上围绕着长头发，一个黑色的、小精灵似的人物邪恶地坐在他的肩头。迪伦大笑着翻阅。"哦，不，"他说，"圣诞节别来这个啊！"斯佩克特可笑的照片给他留下了深刻的印象。之后两年内，迪伦和斯佩克特成了朋友，后者戴着墨镜、留着至少和照片上一样长的长发，同意哥伦比亚唱片使用那张像鹰一样的个性化照片，那张照片主要是用来推销他的民谣——摇滚乐唱片的。然而，1963年圣诞节，尽管表面上看十分荒谬，毫无迹象表明迪伦将投身流行音乐。

新年前夜，也就是代表1963年结束1964新的一年开启的仪式，迪伦在范·容克家参加一个小型聚会。一年前迪伦曾在我家参加过大型、缺乏人情味的聚会。现在他只想和极少数人聚在一起。苏西看起来无精打采，迪伦则是憔悴。我一直在参加各种聚会，范·容克家的这场是我的最后一站。迪伦和另外六名20来岁的朋友坐着一起守夜。1963年年初迪伦曾经雄心勃勃、充满希望，而年末他已经获得成功、小有名气，但看起来一点都没有年初那么开心。即使听到范·容克下流的小笑话也笑不起来。我穿过马路去睡觉，我想到那些孩子们看起来那么的老成、疲惫，如果一切都不改变，我觉得迪伦可能在1964年尚未结束就会死去。

1963年秋季，鲍勃给他《小字报》的朋友写过一封著名的公开信。这是最后一次——那段时间内——他计划发表任何如此私人的内容。迪伦可以真诚地与西斯和戈登·弗里森进行交流，就是说以推心置腹的方式而非空洞的口号。身为老左派的戈登1970年末写信告诉我，"从未真正明白如何对待艺术家。我记得伍迪曾展示给我一封来自格林尼治村、他那个区的工会组织者的来信，命令他前往回答有关'无组织无纪律'等的各种指责，原因似乎是他并未按照他承诺的那样，站在某一个街角叫卖《每日工人报》。呸！难道他们不知道伍迪的职责是写歌，而并非帮他们叫卖报纸。我还可以列出其他受到如此短浅目光影响的艺术家。比如来自芝加哥、发表过《土生子》（*Native Son*）的理查德·赖特等小说家、摄影师和散文家。第一次见到迪伦他们也是如此疏远他。"戈登理解美国艺术家所处的困境："梅尔维尔最后30年是在海关工作度过的。惠特曼一直默默无闻地工作，依靠一两个朋友的慷慨解囊维持生计。梭罗去世后很久，才有人敢买《瓦尔登湖》。埃德加·波和斯蒂芬·福斯特死于贫民窟……"西斯和戈登·弗里森出于同情，于1964年1月《小字报》上刊登了迪伦的信，那是属于"过去的"迪伦，但预示着在世人注意到他之前，一个"全新"的迪伦注定是一位更为孤独、更为痛苦的艺术家。

这是一封寄给朋友的信，心中的迪伦完全敞开了心扉。通过这封信可以看出，作为艺术家的迪伦在巨大的名望之前不知所措，然而内心却非常孤独。他感觉签名是件矛盾的事情，爱恨交加。他发现自己生活在矛盾之中，不得不面对恐惧，不得不承认各种情感。他承认感到内疚，每个人都能够安全与稳定该有多好啊！（为此）他问到为什么上帝必须令人敬畏。他令管理人员、经纪人、买家和卖家失望。他谈起"民歌歌会"电视节目，谈起竞选运动的所谓"英雄人物"，这些运动与那些需要工作的人作对、却从不反对那些不需要工作的明星们。他讲述自己航脏的公寓，以及他如何必须搬出这个掉着石灰、地板腐烂的地方。但他还是能找到其中之美，尤其是从唱机中听到彼得·西格尔演唱的歌曲《来自关塔那摩的女孩》。他将彼得称为圣人，因为他的爱远比表现出来的要多。爱意把他引向已经离开的苏西，他希望他可以像爱她一样爱着每个人。如果他能够如同爱苏西一样爱着每个人，他将成为耶稣那样的人。想到这里，他笑了起来。

至此，迪伦做出祈祷，以接纳不同的自我：

你们这些所有恶魔，走远走远

让我仅仅成为自己

像人一样的我

无情的我

疯狂的我

温柔的我

各种各样的我[12]

迪伦针对《小字报》、作家保罗·沃尔夫以及菲尔·奥奇所取得进展作了一些评论。他的"小说"《狼蛛》只是在草稿纸上拼凑的零星片段，由于没有情节，也没了下文。他只言片语地赞赏了布莱希特和戏剧创作。他认为，相比于歌曲，戏剧最大的优点在于在歌曲里他只能表露自己的个人情感，而在戏剧中他能够表达很多人的情感。

他焦躁不安地向《小字报》告别，但是难免继续对《新闻周刊》和那些嫉贤妒能、爱说闲话的人表现出以往的愤怒。他所面临的梦魇、憎恨以及愤怒充满了他对自己的希望："清晨当我醒来，我应该尝试再次去爱。"

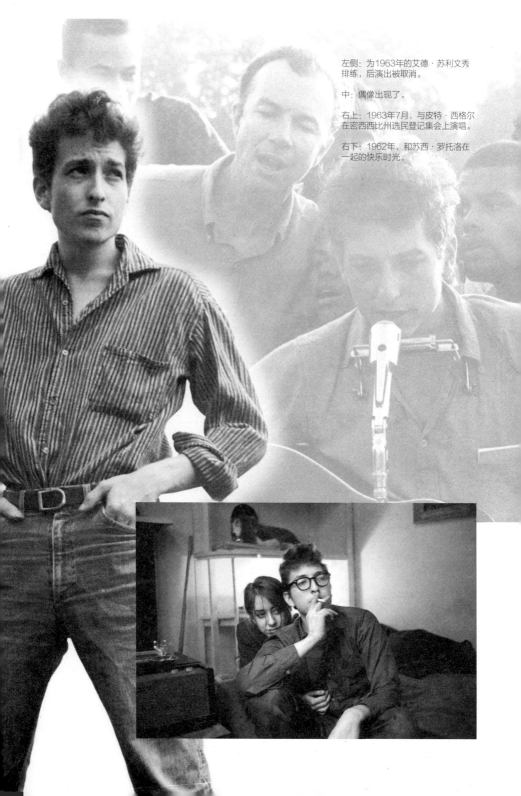

左侧：为1963年的艾德·苏利文秀排练，后演出被取消。

中：偶像出现了。

右上：1963年7月，与皮特·西格尔在密西西比州选民登记集会上演唱。

右下：1962年，和苏西·罗托洛在一起的快乐时光。

第六章　卷土重来吧，古腾堡！
Roll Over,Gutenberg

教授和读书人进行诗歌创作固然很重要……但我们若能将诗歌注入这个国家的日常生活中，那才是创新……不论是荷马还是写《贝奥武夫》的那个无名氏都旨在娱乐大众，而我们也只是想将诗歌纳入娱乐生活。

　　—— 肯尼斯·雷克斯罗特，1957[1]

今天的诗人都在自言自语……来自大众传媒的竞争冲击力巨大……诗歌也曾有一批听众……古腾堡的印刷术固然是个绝妙的创意，但这创意随他而逝，毁了诗人的念想。

　　—— 劳伦斯·弗林盖蒂，1957[2]

20 世纪 50 年代搞爵士乐和诗歌的那些家伙……十年后一觉醒来，看到这儿有个躁动的熊孩子做了他们曾经想做的事……把诗歌带进大街小巷，带给大众，放进自动点唱机。

　　—— 拉尔夫·杰·格利森，1966

伟大的画作不应埋藏在博物馆里。博物馆是艺术的坟墓。画作应该挂在餐馆、廉价商店、加油站、房间的墙上……音乐是唯一与时俱进的艺术。它不在书本里，不在舞台上……它不需要用成功与否来衡量它的价值，哥们儿，博物馆才得这么做。

　　—— 迪伦，1965

作为偶像的诗人，巴里·费恩斯坦为《时代的变迁》专辑拍摄的经典影像，1963 年 12 月。

在1963和1964年，迪伦日趋成为一名成熟的诗人，尽管他自己对此并不承认。他以自己独特的方式利用大众传媒，创造了一种新的艺术体裁。在旧金山，"垮掉派的诗人们"试图将口语诗和爵士乐结合起来——这种尝试几乎走不出地下室的小作坊。许多法国词曲作者，比如雅克·布雷尔，很早就意识到歌曲是诗歌绝佳的载体；此外，历史上无数无名的抒情诗人、早期吟游诗人、学生吟游诗人、民谣歌手、游方艺人、中世纪吟游诗人、市井民谣歌手、街头艺人，都这么认为。当时，迪伦处于民主的民间传统中心，看到周围都是"诗人"。伽思礼曾恰如其分地描述过这种民间传统："我心中有无数汹涌澎湃的字眼，足以写出几百首歌和几百本书……我知道我听到的话语不是我的私人财产……可能有人让你称我为诗人，但比起我来，你更是一名诗人……你就是那诗人，你的日常谈话就是出自我们最好的诗人的最好的诗。我只不过就像一个职员和思潮的试味员，我的工作室就是人行道，你所走的街道、所在的场地、所经的公路和所住的房屋。"[3]

1963年，我成为迪伦的编辑，因为我觉得他能以才华和独创性高效地完成任何形式的写作任务。他知道我会完全以他写的东西为准，保留他古怪的拼写，不会限制他写什么。我给他的第一个任务是为1963年的新港民间艺术节撰稿，那次我以斯泰西·威廉姆斯的笔名为他编辑。他当时选择写了一封公开信给他之前在明尼阿波利斯的死党——戴夫（托尼·格洛弗）。鲍勃当时交给我的是几张泛黄的纸，上面爬满了一倍行距的印刷体，写作风格融合了伽思礼草根漫谈和他自创的标点符号风，近150行的自由诗回忆了他美好的往昔和混迹纽约前的旧友。[4]

　　明尼阿波利斯的那批音乐人坚定地支持传统音乐，其中以蓝调居多。因此，迪伦将作词风格转向政治口号、政治抗议和时政歌曲的写作，让这批老音乐人惊诧不已。迪伦在那篇文章中回忆到他和格洛弗曾经唱过的老歌，在伍迪看来，这些老歌问世之时，作词之风只有两条路可选——"美国式和法西斯式"[5]，他还认为每个问题都有其两面性。但时间改变了这种两面性，迪伦曾写道："我们能很容易区分开的简单两面性被抨击、被粉碎，以致我们今天所处的世界成了一个复杂动荡的大旋涡。"[6]他紧接着又讲到社会弊病——约翰·伯奇们（美国极右翼分子）挥着旗子，扛着猎枪，牵着猎狗，带着杀虫剂和速食食品在街头作乱——"我不知道是谁把这个世界变成这样，但我知道这群人不择手段得到自己想要的，留给你我一个惨不忍睹的世界。"[7]这些话可以说是《荒凉街区》和《愚蠢的风》的前身，控诉了他们对美国所犯下的罪行："他们夺走了我们的宪法，刻在心里，作为斥责他人的武器/他们买走了拍卖会上所有的物品，留给我们满市场的垃圾——愚昧、恐惧、沮丧和虚晃。"[8]

　　所以迪伦后来再也不唱传统歌曲，而是转而去唱《战争狂人》（*Masters of War*）、《七个诅咒》（*Seven Curses*）、《霍利丝·布朗》等诸如此类的歌。但他特别指出自己并不排斥不带政治色彩的民歌，因为这些歌"为我指明前路……让我知道音乐亦可诉说人性"[9]。尽管他后来声称自己写抗议歌曲只不过是为了迎合纽约民歌运动，但这封公开信上的内容明显是真诚的。他当时也是随事实歌曲运动的大流。几周后，我问他格洛弗有没有给他回信，他笑笑说："还没呢，哥们儿，但我希望他看到我的信。"

　　1963年夏末，我接下一本民歌杂志《民歌歌会》的编辑职务，这本杂志仅在发刊四期后便无人问津，创刊之时的狂热也随之冷却。我请迪伦为这本杂志的一个双月专栏《随风飘荡》撰稿，体裁、长度、主题不限。我给他每篇稿子75美元的高价，这让格罗斯曼很生气，但迪伦却觉得很好笑。"和钱无关，"他告诉我，"我喜欢的是这个想法"。

迪伦的第一篇专栏稿于1963年初秋登上杂志。他知道在我的计划里，这本杂志涵盖的内容要比《放声歌唱！》要广，于是呼吁广大民歌粉丝不要为音乐激辩不休。"让音乐这样控制你的生活并无益处/你的生活应当掌控音乐……早晨醒来出发/睁开眼睛行走。"[10]他赞美蒙特雷往东的乡间美景，而纽约虽然压抑又丑陋，但他仍为之倾倒，因为这座城市有一种谜一般的美，活力四射、五彩斑斓。这篇专栏稿中的新伽思礼风格尤为显著，强调我们应投身于经历、生活和音乐并从中学习，不要被分类者、分析者、规则制定者"所框架"[11]。

迪伦在《民歌歌会》上的第二篇专栏抨击了两位流行民歌歌手，他并未指名道姓［用代称伊拉（Ira）和茵曼（Inman）］。文中写到他们圆滑取巧、阿谀谄媚地为白人创作黑人音乐。两位歌手不间断的音乐声中充满了对黑人的蔑视，让迪伦感到惊骇。听着他们的音乐，他愤然想到自己所欣赏的黑人斗士和艺术家：伊万·唐纳森（Ivan Donaldson）、金·福尔曼（Jim Forman）、约翰·路易斯（John Lweis）、麦吉太太（Mrs McGee）、伯妮丝·约翰逊、自由歌手们（1962年成立于佐治亚州的民间团体，通过歌曲向社区传播民权）、迈尔斯·戴维斯（Miles Davis）、麦维斯·斯特普尔斯（Mavis Stapls）、保罗·罗伯逊、戴安娜·珊德（Diana Sands）、詹姆斯·鲍德温。接着，迪伦写道："一个可怜的小偷因为/被冤枉抢劫珠宝店而受钉刑，其实他只是想去/典当一只手表，让老婆孩子能过上更好的生活。"[12]舞台上的灯光又暗下来了，汤姆叔叔的剧目在上演："我问心中的镜子……/'罪犯这个词是什么意思？'/'谁是罪魁祸首？'/'谁对扭曲这个世界负有最大责任？'/'谁对掩盖这个世界的真相负有最大责任？'"[13]如果迪伦能心想事成的话，他会让这两个受唾弃的歌手面壁搜身，戴上手铐，"再在他们的/头上戴上一块牌子……'已被捕。'"[14]这样一来，无辜的人们就会对此二人避而远之。

迪伦后来写过许多挑战法律的歌，这篇文章便是这些歌的前奏。除了他个性化的拼写、停顿和句法，这篇文章还以另一种风格而著称：他使二重唱跃然纸上。比如，他们唱到"黑色是我爱人头发的颜色"，迪伦就会弱化第一个词的音，短短三行中出现了30个字母K和8个字母A。

1963年年底，迪伦跟我说他的工作任务太重，无法继续为《民歌歌会》的专栏撰稿。我觉得他这么说也算是客气了，因为他还如连珠炮地问了我一连串问题：这本杂志有什么用？他写不写这个专栏有什么影响？我的回答并没有使他信服，或者说我这个人没有使他信服。继续发行一期之后，这本杂志因为经营不善加之缺少聚焦点而彻底倒闭了——最初，这本杂志旨在面向每个对民歌感兴趣的受众。但民歌受众的兴趣点四分五裂，他们不会接受这单一的一本杂志。但是，至少我曾有机会鼓励迪伦撰稿。虽然他很喜欢杂志撰稿，但他当时已经在着手出版自己的诗歌集《狼蛛》，疯狂地写歌，为下一张专辑制造惊喜。他知道唱片的传播力度才是最大的。

唱片文学

1964年2月，迪伦发行了专辑《时代在变迁》（*The Times They Are a-Changing*），哥伦比亚唱片公司最后不得不承认迪伦确实是明日之星。虽然这张专辑是由汤姆·威尔森（Tom Wilson）制作的，但迪伦对整张专辑有着绝对的掌控。他大胆地改变了以往的风格，唱片封皮上的内容与LP大碟上的插页大相径庭。《简要墓志铭11首》均收录在迪伦出版的第一部诗歌集中。专辑的封面照片是由玛丽·特拉弗斯当时的丈夫巴里·费恩斯坦（Barry Feinstein）拍摄的，这张照片将迪伦深沉而痛苦的愠怒展现得淋漓尽致。整张专辑充斥着浓浓的末世情结。迪伦对事实歌曲发展的推动作用远远超乎他自己的意料。虽然《海蒂·卡罗尔寂寞之死》（*Hattie Carroll*）、《只是游戏中的一颗棋子》、《霍利丝·布朗》是新闻媒体炒起来的，但迪伦自信满满，让他颇为复杂的"唱片故事"充满高瞻远瞩和情感共鸣。

《时代在变迁》：这首歌是迪伦对20世界60年代思潮的高度总结。它不是谨慎的质疑，而是预言者的声音在高声歌唱出变革中的秩序。这首歌广为流传，被翻译成塞尔维亚语、法语、希伯来语等多种语言。它的意象原始而质朴：洪水、命运的纺车、被堵住的门道、战争中的风暴、变化中的道路。这首歌不但是在布拉格、巴黎、芝加哥、伯克利的电影节上可以播放的流行音乐，更是受传统束缚的人们和勇于创新的人们二者之间永恒的对白。

这首歌开头的圣经意味似乎折射出黑人福音歌的思想。其中标题暗指《启示录》一章三节中的警告："因为时候近了。"迪伦还在随后的歌词中写道："现今的失败者/日后会成为大赢家"[15]和"今日在先的/日后要成为末后的"[16]。这几句歌词对应《马可福音》十章三十一节："然而许多在前的将要在后，在后的将要在前。"

洪水满溢全地，末日近了——"地球上将会有场战争/它正在咆哮"[17]。有人警告我们要小心"未来震惊"——我们可能会因为世界变化太快而无法同化。虽然《时代在变迁》是一首青春赞歌，但它并没有批评传统是根深蒂固的刻板思想，用他的原话来说，即没有"区分生与死"。迪伦在严峻的挑战中给父母、作家、评论家甚至是政客一个加入变革的机会。他在歌词中写道"跟随召唤"[18]；"请给我们让出这条大路/如果你们不愿伸出援手"[19]。激人奋发的歌词似乎是迪伦咬牙切齿地唱出来的，但这恰好符合歌词大胆的节奏和救世主的腔调。迪伦称这首歌目的鲜明，深受苏格兰歌谣的影响。

《霍利丝·布朗》：新式民谣借用了大量传统元素，旋律暗含如《美丽的波莉》（*Pretty Polly*）、《可怜的男孩》（*Poor Boy*）、《可怜的男人》（*Poor Man*）等歌曲的一贯悲伤风格。这首歌可以说是一个可怕叙事的音乐载体，描写了美国农村的贫困与天灾。整首歌字里行间写满了孤独："就算有人知道/那有人关心吗？"[20]迪伦在歌词中通过先后描写面粉中的老鼠、死亡的马、枯萎的草、干涸的井，层层递进地表达了对家园的不满。就如在莎翁的《麦克白》中，一样凶器——一把猎枪，独具威力，迪伦将它写进了自己的歌词："射出七发子弹/就如大海的咆哮。"[21]在死亡的幕布中，七个新面孔出现在了远方。这是希望的标志吗？抑或是他们将面临着同样的命运？这首十一节的悲剧诗以其戏剧色彩，用词简洁和有说服力的叙事，当之无愧地广受认可。

《上帝在我们一边》：这是迪伦讽刺美国神话用词最为尖刻的一首歌。这首歌问世后，大众对教育、课程、教科书的质疑接踵而至。这首歌的标题引用自罗伯特·骚赛（Robert Southey）的诗句（法律站在我们这边，上帝做我们的后盾）和萧伯纳的戏剧《圣女贞德》，让人啼笑皆非的是，这首歌让一位粉丝的母亲对迪伦有所改观："至少他还相信上帝。"这首歌并非是迪伦唱得最好的一首歌，他唱得最好的歌基本上都是和贝兹一起唱的。歌中一个天真谦逊的小男孩诉说着自己的背景和学业；此外，这首歌特意以民俗环境为背景，正是这样的环境让一种错误的观念根深蒂固：伤天害理的战争是经过上帝批准的。歌词的最后一句讲到上帝没有站在我们这边，而是站在加略人犹大（Judas Iscariot）那边。叙述者在这句歌词中点明他的新道德观：如果上帝站在我们这边/他就会阻止下一场战争。"[22]布兰登（Brendan）的弟弟多米尼克·贝汉（Dominic Behan）曾公开谴责迪伦把自己歌中的旋律用于他的爱尔兰反动歌曲《爱国游戏》（*The Patriot Game*）。不过，多米尼克的旋律其实也借用自曾经风靡一时的儿童音乐《欢乐的五月》（*The Merry Month of May*）。这首歌与迪伦发行在福音歌系列专辑《慢行货车》（*Slow Train Coming*）[23]中的歌曲形成了鲜明对比。

《醉梦清晨》（*One Too Many Morning*）：迪伦在与第一任女友苏西分手后写了两首歌，《醉梦清晨》便是其中一首。当曼哈顿阴郁的黎明悄然而至时，疲惫不堪的迪伦从苏西的住处走回格林尼治村。从舒缓的口琴乐中便能听出这是一个蓝调音乐人在慰藉自己"无处安放的空虚感"[24]。他对爱人之间的矛盾没有愤怒，没有指责："你站在你的角度是对的/我站在我的角度也是对的。"[25]对坠入情网的年轻人来说，没有什么比爱情的幻灭更让他受打击的了。

《北乡布鲁斯》：在这首歌中，迪伦以矿工妻子的口吻讲述歌中的故事。尽管迪伦将其称作"布鲁斯",但这首歌酷似19世纪的西方歌谣。迪伦以经济现实主义解释铁矿岭的关闭:"劳动力日益廉价/在南美的小镇上/矿工几乎成为免费劳动力。"[26]

《只是游戏中的一颗棋子》:这首歌描写了更多的社会现实主义——在南方的种族主义中,分裂和征服欲是如何让穷困的白人和黑人一样受到压迫:"穷困的白人无异于受奴役的工具。"[27]1963年初夏,黑人有色人种协会的领袖梅加·埃弗斯(Medgar Evers)惨遭杀害,举国哗然。《小字报》马上以特纳和奥克斯等人的歌对此进行谴责。而迪伦是其中最有力的声音,用一名黑人的惨遭杀害追溯悲剧发生的根本原因、势力勾结以及受害者对凶手的困惑无措。

《西班牙皮靴》(Boots of Spanish Leather):这首歌用分手后的恋人间的对话哀悼爱情、渴望和失去。带有古风的语言和措辞会让人想起大型帆船和异域风景。苏西旅居意大利让迪伦把这首歌的情感放大到普世的悲戚。克里斯多弗·理克斯称这首歌是迪伦最为细腻的一首情歌。

《大船驶入之时》:这是迪伦的一首预言歌曲,既表达一种乐观心理又带有复仇意味,预言终有一天邪恶将会被祛除。歌中的典故带有很浓的福音色彩,让人想起《旧约》中的人物如法老和巨人歌利亚以及使徒约翰所写的《启示录》。船是全宇宙象征拯救的标志。加布里埃尔·古德柴尔德(Gabrielle Goodchild)曾说道:"在神话和文学中,水象征着无意识、灵性和死亡,而船只则象征着人孤独渺小的自我成功地驶过危险的深渊。"卡罗琳·布利斯(Caroline Bliss)在她的硕士论文中把《启示录》七章一节中的"风不吹在地上、海上和任何树上"与这首歌的歌词开篇"那日将会到来/狂风将会止息/微风亦不再吹拂"[28]进行比较。歌中有一句歌词"大千世界都在看"[29]在1968年于芝加哥举行的民主党大会中被抗议者广为传唱。

《海蒂·卡罗尔的寂寞之死》：一则新闻报道激发了迪伦创作这首关于种族正义歌谣的灵感。故事发生于1963年2月8号，巴尔的摩的一个社会名流用细棍击打卡罗尔夫人。她有11个孩子，患有动脉硬化，被打之后昏迷不醒，第二天便死于脑出血。凶手威廉·迪·辛特辛格（William D Zantzinger）是马里兰州的政治活跃分子，因此他仅被判过失杀人和侵犯人身罪，以轻微判刑逃过法律制裁。迪伦告诉我，他用弗朗索瓦·维庸的诗歌结构将这个闹剧改编进他的歌词中。迪伦将诗歌和时事杂糅在一起，但并未将阶级正义当作这首歌的主题。他在歌中并未特意说明海蒂·卡罗尔是黑人，但我们能从整首歌中感受到她就是黑人。瑞克斯教授在讲学中多次提到这首"将信心错置在法律上的国歌"，称其威而不怒。她提到迪伦对歌中的每个词都有着"精准的把握"，歌词最后以双韵结尾。他的歌词乍一看来虽然有点奇怪，如"有富有的父母供应他、保护他"[31]，实则暗含艺术。五年后，这个故事和这首歌给西·莱斯特·富兰克林（C. Lester Franklin）创作戏剧《玛利亚内特的断头台》（*Ascaffold for Marionettes*）带来灵感。这部剧在巴尔的摩的广告中宣传道："《玛利亚内特的断头台》是对在巴尔的摩盛行的种族偏见的惊人展现。"（*Ascaffold for Marionettes*）［在《传记》中，迪伦并未沿用维庸的诗歌结构，他说道："这首歌的架构基于德国诗人布莱希特的诗《船，黑色的货船》（*The Ship*，*The Black Freighter*）。"］

《躁动的告别》：忏悔和自省奠定了这张专辑最后一首歌的主基调，

其旋律取自爱尔兰饮酒歌《离别酒》(*The Parting Glass*)。迪伦一般会以新的启程来结束他的专辑。在写这首歌的时候，他对《纽约时报》的爆料感到很不安，屡遭误解的迪伦感到很疲惫，因此他说了"永别"。迪伦称"时间"很重要，这与这首歌的标题形成鲜明对比。他意识到自己所处的时代正在发生剧变："一只破钟想勾勒出我的人生轨迹/这是在羞辱我、妨碍我、打扰我。" [32]

在醉梦中，迪伦回顾了自己的人生：他所挥霍的金钱，辜负的朋友，扔掉的酒瓶，接触过的女孩，反抗过的敌人，折磨他的思想，围绕着他的八卦。他自信地总结道："我会坚持自己的立场/停留在原地/向旧时代告别/不管他人的闲言碎语。" [33] 他曾把这首歌的未完结版唱给我听，问我人们是否能听懂。我说我觉得大家能听懂，但他只需取悦自己。

《简要墓志铭 11 首》

迪伦在唱片的背面和插页中加入11首散文诗，在这组带有个人色彩的诗歌中，他的表达更为奔放不羁。这些墓志铭式的短诗曾发表在《抒情诗》中，它们让我想起迪伦·托马斯的诗句："诗歌是人类通向坟墓的声明。"《纽约时报》的诗歌主编汤姆·拉斯克(**Tom Lask**)曾剖析迪伦在第八首《墓志铭》诗歌中的诗句：

若它押韵，就押韵

若它不押韵，就不押韵

若它来了，就来了

若它不来，就不来[34]

下面的这段节选可以放在T.S.艾略特《萎缩争论》（*Sweeney Agonistes*）充满爵士风的诗歌片段中：

我和你说话必然要使用词句

但不管你懂还是不懂

对你我来说都没太大影响

日子还得照旧过……[35]

放下手中的吉他和口琴，他便成为诗人。虽然他的诗句极不工整，有些甚至没经过思考，但其中不乏有见地的神来之笔。你既可以把它们看作自传式随笔，也可以把它们看作诗。他的诗看似随意，但细细品来便能读出其间微妙的平衡和布局以及诗人对诗歌的把握。诗中反复出现诗人奔跑的那条道路，时间从傍晚至深夜再到黎明。"墓志铭"这个词在此有两层含义：迪伦对自己已经逝去的生活的悼念以及在第八首、第十首和第十一首中提到自己心中的神圣信条（这是他为自己死后选择的墓志铭）。当他对过去说出自己"躁动的永别"，他不再是一个毛头小子，而是一个成年人。迪伦是个永远的作词人，他的《墓志铭》诗中充斥着浓郁的色彩和节奏，他后来也将部分诗歌改编成歌曲，比较出名的有《爱情减去零／无限量》（*Love Minus Zero/No Limit*）和《飓风》。

《**墓志铭**1》（*Epitaph 1*）：若要安于自己想象中的避难所，必要先"拉下眼帘"[36]。有声音说道"他是个疯子／他从不眨眼"[37]。叙述者道出了自己暮年的困惑，失去了方向和意识形态。然后灵光乍现："这声枪响让我浑身震动……因为我从未听过这种声音。"[38]是这声枪响杀死了肯尼迪或梅加·埃弗斯(Medgar Evers)吗? 抑或是这声枪响指明了他要去寻找自己隐身之处?

《墓志铭2》（*Epitaph 2*）：从比《我的盗梦瞬间》更成熟的视角来看待他童年的成长环境，德卢斯"没有给他留下任何回忆"[39]，而希宾"给他留下了远见"[40]。他描绘了西宾北部的消逝和新城运动。无孔不入的颓败伴着飕飕的冷风，"好似温暖时节的雨将大地炸毁"[41]。

他还写道："但是我的道路已经改变了许多/因为我一直是个难民。"[42]他说他会带着"变化的眼光"[43]回归。他会带着惠特曼式的积极口吻与男女老少对话。这时他感到自己接受了青春期的叛逆，停下来拥抱甚至爱上希宾这座小镇"——因为我现在知道/永远不要去期待/命运所不能给你的"[44]。

《墓志铭3》（*Epitaph 3*）：迪伦觉得一些"浪漫神话"给他带来了灵感，比如伽思礼在大萧条期间到访纽约。当时也没有工会运动等着迪伦。他采用了维隆的口吻（"哦，往昔的力量在哪里"）[45]再配上伊德瑞斯·戴维斯（Idris Davies）和彼得·西格尔的曲子《拉姆尼的钟声》（*Bells of Rhymney*），把这首威尔士的矿歌带入美国的时代背景。他力图把自己带入纽约：他没有迷失，他不是陌生人"而是一个不住在这里的人"[46]。他在结尾中写到，自己在孤独的寻求中摆脱了过去并语带双关地提及了一个布鲁斯人和《圣经》的《诗篇》23篇：

永远不要装作知道

什么是值得追求的

但至少

没有幽灵在我旁边

暴露我的幼稚

把我引向错误的道路

让我喝下污浊的水

对，这就是我

狠叩你的门

若你恰巧在门内

就会听到那声音[47]

哥伦比亚唱片公司用最后四行为这张专辑打了一整页的广告。

《**墓志铭4**》（*Epitaph 4*）：用死亡之诗对抗政治。他认为没有哪个政党或是运动能达到他的要求。[诗中的"吉姆"可能指的是全国学生统一行动委员会SNCC的詹姆斯·福尔曼]这篇墓志铭也是在抨击意识形态和教育的"洗脑式梦想"[48]。他"逃到"[49]高速公路上，他的康庄大道上，"不再关心/人们对这些事情都知道些什么/而是关心人们对这些事的想法"[50]。

《**墓志铭5**》（*Epitaph 5*）：迪伦拜访了作家阿尔·阿若诺维茨（Al Aronowitz)和他的妻子安妮。然而他们最终只是交流了一些棘手的问题和难以寻觅的答案。当被问到老唱这么阴郁的歌怎么会开心的时候，他说道：

> 兰尼·布鲁斯说没有肮脏的
>
> 字眼……只有肮脏的心灵，那我就说
>
> 没有阴郁的字眼，只有阴郁的心灵[51]

这篇《墓志铭》模糊地把诗歌界定为"没有终结的事物"[52]，并称他在舞台上演奏的歌曲是他"幸福的展现"[53]。

《墓志铭6》（*Epitaph 6*）：这篇讲的是偶像和盲目崇拜的危险。在他从始至终的偶像身上，他学到了"人终究是人而已"[54]。

《墓志铭7》（*Epitaph 7*）：迪伦写道，把老鼠赶出哈莱姆的厨房再去打外国佬吧："比起食人生番的老毛子/难道就没有更现实的敌人了吗?/老鼠也吃人的。"[55]这篇《墓志铭》中还有一段广为流传、讽刺政治标签的佳句：

> 没有左翼
>
> 和右翼……
>
> 只有上翼
>
> 和下翼[56]

《墓志铭8》（*Epitaph 8*）：他维护自己的名誉，抨击说他抄袭的那些流言。他解释到，整个民谣演化的进程是踩在巨人的肩膀上逐步建立起来的，好让"我最深刻的思想呼吸到后院的空气"[57]。他承认很多因素对他的影响，他写道：

因为所有的歌最终都汇入大海

曾经，没有

歌者模仿它[58]

没有人有一颗无愧的良心，然而"这个世界就是个法庭"[59]。他警示道，被告都忙着清洗法庭，有一天检察官会被扫地出门——这一段对应了《孤寂之死》的主题：虚伪的正义。

《墓志铭9》（*Epitaph 9*）：还有一个法庭，那便是媒体的审判：他公然和《新闻周刊》《小沙评论》《放声歌唱！》和其他威吓过他的刊物："我不会附和记者们的突发奇想，我不想加入这样的曝光。"[60]他还写道："因为我'曝光'自己/当我每一次/站上舞台。"[61]

《墓志铭10》（*Epitaph 10*）：最后两篇《墓志铭》把敌人、事业和政治抛在了脑后，赞扬生命、爱和歌。这首诗体现了迪伦情感的沉浮，在表达爱之前先消气。这篇《墓志铭》是小夜曲——迪伦从"黑暗的地牢"[62]飞往黎明。他承认自己的毁灭性，称自己把仅有的柔细情感都给了苏西。他还写了其他朋友：埃里克·冯·施密特、盖诺·福尔曼、范·容克，接下来他赞美了音乐，写下自己飞快流转的思绪：

因为我参加了一场公平的赛跑

没有跑道只有黑夜

没有竞争只有黎明[63]

《墓志铭11》（*Epitaph 11*）：他在这篇《墓志铭》中，用挽歌式的语言预言了思潮的反复转变。他情不自禁地提及了给他带来灵感的一连串人物：从威廉·布莱克到约翰尼·卡什再到西格尔。这首抒情的诗歌让我想到乔伊斯在他的作品《青年艺术家的画像》（*Portrait of the Artist as a Young Man*）告别爱尔兰的场景：主人公斯蒂芬（Stephan）用沉默、狡诈、流亡来捆绑自己。迪伦亦是把自己放在孤独歌手之列：

> 我的孤独是一种坚强的孤独
>
> 在深处消融
>
> 融在我自由的骨血中
>
> 而这孤独，必将
>
> 仍是我的歌[64]

尽管迪伦在《时代在变迁》中体现了高超的艺术技巧，但评论界对这首歌仍褒贬不一。《小沙评论》称"这首歌是45分钟的无病呻吟……从音乐角度来讲，是迄今为止最差的专辑"。该评论称其"822行自由联想式的无韵诗"是迪伦的"精神自虐"。《高度保真》提醒道："迪伦不会取悦你，那不是他的风格，但他会灼烧你的灵魂。"《高保真/立体评论》对这个"饱受末世观点折磨"的福音接受者有所保留，这篇评论将迪伦的歌与伽思礼的歌相媲美，但担心迪伦会因"受伤的自尊成为矫揉造作的辩解者"。

一位默默无闻的乡村歌手恶搞《上帝在我们一边》，暗示自己受到金钱的唆使。无论如何，迪伦的专辑和诗都受到了广泛好评，使他声名远播，他的成长与别人无关，他只需走自己的路。然而对于一个已经列出墓志铭大纲的人，迪伦的人生还有很长的路要走，远远未至暮年。

《鲍勃·迪伦的侧面》

1964年5月在伦敦进行演出之后，迪伦便马不停蹄地去巴黎和希腊旅行，他和自己的巡回演出经理人维克多·麦缪斯参观了希腊的村落威尔弥亚。6月回到美国之后，他在两个晚上录了11首歌，为唱片封皮写了更多的诗。哥伦比亚唱片公司原定在1964年夏天发行一张名为《音乐会上的鲍勃·迪伦》（*Bob Dylan in Concert*）的专辑，计划主要收录迪伦于1963年10月26日在卡内基音乐厅演奏的歌曲，他的另外一首歌以及他于1963年4月12日在市政厅音乐会上演奏的诗《关于伍迪·伽思礼的最后思考》（*Last Thoughts on Woody Curthrie*）。但是，后来这张专辑取消了，1964年8月，唱片公司发行了专辑《鲍勃·迪伦的侧面》。

许多评论的反应都很冷漠。《民谣左翼》（*Folk-Left*）称这张专辑"太流于主观主义"。其他评论还出于美学的原因找茬儿。最讽刺的可能是《高度保真》上的一首模仿迪伦口吻的打油诗："但是鲍勃/他有两个问题/小问题是/他写的语言/不是英语/他奏出的节拍/不能称作一首歌/然而这种/倒置的智商/让我/无聊得/想投胎。"这张专辑确实录得比较仓促，唱功也不是迪伦最细腻的状态。但是，这张专辑确实捕捉了他的疲惫、厌世和对公路巡演的厌倦。这张专辑阐述了他为自己选择的新方向。这首歌展现了迪伦一贯的嘲讽式幽默，而这种幽默在《时代在变迁》中显然有所缺失。专辑名《鲍勃·迪伦的侧面》是汤姆·威尔逊帮他起的，迪伦最后只能接受。

《所有我想做的事》（*All I Really Want to Do*）：这首歌讲的是一场闹剧——一个"头脑简单"的男人试图理解并同情一个复杂、戒备心强、信奉弗洛伊德学说的女人。这首歌富有异域风情，极为押韵。迪伦在唱歌或打游戏的时候都会笑话自己写的闹剧。这首歌嘲讽了在心理分析时代的"男孩遇见女孩"现象以及人们在社会—性关系领域逐渐变化的价值观。

《黑鸦布鲁斯》（*Black Crow Blues*）：迪伦对乡村布鲁斯的俗语掌握得很好。他将布鲁斯曲调与三角洲农场地带流露出的悲伤、疲惫和渴望交融在一起。整首音乐给人带来轻微的摇摆感，而走调、嘈杂的钢琴声却给演奏带来真实感。

《西班牙哈莱姆事件》（*Spanish Harlem Incident*）：迪伦的情歌中出现一连串的女性和女神，他的任何一个朋友都有可能是这首讲述向吉卜赛卜卦者投降的歌曲的原型。迪伦经常蔑视具有大学文化、从事知识分子工作的中产阶级女性，认为她们极为肤浅，而《狼蛛》中的黑人大地母亲——阿里莎（Arethas)让他看到更为真实的世界。这首歌中，他的声音充满激情，在唱"无家可归"这个词的时候几乎出现典型的墨西哥农场歌式的破音。

《自由的钟声》：从语言、广度、引发共鸣和同情的角度来看，这是迪伦写得最有深度的一首诗—歌。迪伦有六首歌我最为喜欢，这便是其中一首，语言色彩恰到好处，成功地运用隐喻融合了人类所有情感。迪伦从未用如此得体的表达来体现他与弱势群体的亲近。他听到"自由的钟声"[65]在为大批受剥削的群体敲响。这可能是迪伦写的最为政治化、最伟大的一首爱之歌，因为他延伸了自己的爱和身份认同："为那些因伤口不愈处于疼痛之中的人们/为迷茫、受控告、受虐待、吸毒以及处于更悲惨遭遇中的人们。"[66]这首歌的背景架设在狂风暴雨之中，"一个狂乱的教堂之夜"[67]，一步步展开他最为喜欢的暴风雨的隐喻"通过狂轰烂砸的冰雹/天空在原始的惊讶中撕碎了他的诗"[68]。

杰克·麦克多诺（Jack Mac Donough）认为这首歌是"布莱克式（Blakean）浪漫主义诗歌的现代版……《自由的钟声》是迪伦对人们情感贫瘠的痛斥"。这首歌充满了不切实际和暴力的意境，诗歌中称通感，这种栩栩如生的描绘经常出现在艾伦·坡（Poe）、哈特·克兰（Hart Crane），尤其是兰波的诗《元音十四行诗》（*Sonnet of the Vowels*）中，诗中的每一个元音中都流露了不同的色彩。贝拉·迪·拉文森在她的论文《鲍勃·迪伦和法国象征主义诗歌》（*Bob Dylan and French Symbolist Poetry*）中认为，《大雨将至》和《自由的钟声》是"迪伦的文风和近似兰波诗歌主题的融合"。我个人觉得《自由的钟声》的歌词具有重要的意义，标志着迪伦从《大雨将至》走向成熟的诗歌力量[69]。

《我将会自由：作品第10号》风格陡然转向奇特的达达流派式的胡言乱语。加布里埃尔·古德柴尔德认为这种转变带有喜剧式的放松和戏剧化的目的："在预见自己的遭遇和世界的无序后，李尔王冲进了狂风暴雨中，而我们感谢这疯子的胡言乱语。"戏剧式放松或许体现了这种谈话式布鲁斯的定位，迪伦还在歌中自嘲："现在他们让我读诗/在女生联谊会之家/我被击倒，脑子在打转/我最后读了个《首席女性》/我是雅皮士!我是诗人，我很清楚，/希望没把它搞砸。"[70]

《致罗马纳》（*To Ramona*）：这首歌是迪伦温和的说教，融合了性渴望，鼓励女性为自己的身份认同进行抗争。虽然这首歌有可能是迪伦写给他周围许多女性朋友的，但也有可能是写给南方民权运动的一名积极分子。迪伦通过这首歌思考她在纽约的不适："城市的花朵/虽生机勃勃，有时却也死气沉沉。"[71]然而，与在布鲁斯当中一样，叙述者在与情人对话，同时又劝诫自己不要因循守旧："从固定的模式、外在强制力和朋友中，/你的悲哀定然滋生，/这会使你定型，/让你觉得你一定要与他们一样。"[72]叙述者在安慰对方的时候显得较为谦卑："凡事都会过去，/凡事都会改变。"[73]有一天他自己可能会需要这个女人所寻找的安慰和方向。尤金·斯特尔兹格在他的论文《迪伦和布莱克》（*Blake and Dylan*）中指出，迪伦对自由下的定义超越通俗意义上的"政治"，达到"经验的政治"。他早已告诉《纽约客》（*New Yorker*）的奈特·亨托夫："问题已经深入骨髓。问题是有多少人还不自由。"比尔·金（Bill King）指出，迪伦在歌词"悲伤的剧痛/会在你的感觉（sense）被磨砺之后消逝"中暗指英王詹姆斯钦定的《圣经》版本中的"消逝"。金还指出，对迪伦来说，感觉（sense）一词有两层含义："此处的感觉指我们所感受到的真相，而不是我们所想的。"[74]

《摩托的病态噩梦》（*Motorpsycho Nightmare*）：这首歌暗示了他接下来的三张专辑中会出现的民俗摇滚——你几乎可以想象到它们的节奏。歌词语带双关，改编自农夫的女儿与四处游走的推销员这个黄段子，夹杂着刺耳的节奏。迪伦把美国中产阶级想到菲德尔·卡斯特罗和他的大胡子时的恐惧比作精神变态。这个故事诡秘而又引人入胜：一个嬉皮士面对一个主要武器是《读者文摘》的反动分子，这种讽刺真是经久不衰。

《我的后记》（*My Back Page*）： 这首歌悲伤的旋律让人想起《孤寂之死》，这是他标志性的宣言：远离空话、教条和信口雌黄。早在写新港音乐节那封公开信的时候，迪伦就意识到他再也不能从"道貌岸然的传教士"[75]口中接受"我们的生活非黑即白"[76]这种信条。他甚至因自己变成了自己敌人的样子而"厌恶自己"[77]。在《那一刻我在说教》（*In the instant that I Preach*）歌曲中，他曾经接受的信条和现在的疑惑间有一场隐晦的对话，这段家喻户晓的副歌暗指死亡和重生："哦，我那时心太老，/现在的我比那时年轻。"[78]

从布莱克式的经历可以看出，迪伦正在"返老还童"，这会让他永远年轻。这首歌是一首自我探索之歌，迪伦回到了孩童时代，心胸开阔。杰克·麦克多诺认为迪伦在诗歌方面最重要的成就就是从华兹华斯和布莱克的世界转入战后的美国。

这张专辑的最后三首歌分别是《我不相信你》（*I Don't Believe You*）、《D调民谣》、《宝贝，那不是我》（*It Ain't Me, Babe*）。尽管这几首歌风格迥异，但它们的共通处都在于与锡盘巷（Tin Pan Alley）（美国主流流行音乐风格）一贯的琐碎、枯燥的爱情理念大相径庭。

《我不相信你》：迪伦在《写作与绘画作品集》一书中，给这首歌取了另外一个标题《好像我们从未遇见过》（*She Acts Likes We Never Have Met*）。通常是女人在"风雨交加的一夜"[79]后提出分手，而不是男人。他把爱情的幻象视作现实的对立面："对我来说这一切都是全新的，/如同某种神秘的事物，/甚至貌似一种迷思。"[80]活泼欢快的旋律与语带讽刺的歌词形成鲜明对比。迪伦在唱到第三节的时候笑了，可能是因为他用第四节来代替最后五行。

《D调民谣》：这是迪伦最直接的自传式歌曲，不加掩饰的叙述充斥着浓浓的愧疚。"D调"是个关键的指代，很容易让人联想到死亡、绝望和孤寂。1964年3月中旬，苏西和迪伦在她和卡拉位于B大道的公寓大吵了一架。当迪伦和卡拉在地板上扭打起来的时候，苏西都快疯了。他们的两个朋友保罗·克莱顿和巴里·科恩菲尔德也被卷入这场混战。这场冲突直接导致迪伦和苏西分手。他们在接下来的几个月都没再联系，甚至多年后都未和好。虽然苏西知道迪伦为什么要写这首歌，但她在1968年还是告诉我："这首歌太过分了。不管你有多大的权力，有些事你真的永远不能做。"卡拉跟我说她只是想保护妹妹："我不是寄生虫，我也工作，出钱买食物，付房租。"她说迪伦最后也有为这首歌向她道歉。但迪伦还是坚持自己的立场："我觉得这首歌很好地总结了当时的情景。"迪伦在对话描写中经常是满腔俚语，然而在这首歌里用词完全不同："未知的意识"[81] "愤怒的轮廓到人为创造的和平"[82] "毁灭的墓碑"[83]。在最后一节中，迪伦的"爱情的政治观"把失败的情人比作一个不希望获得自由的囚犯：

> 哦，我身陷囹圄的朋友们，他们问我，
>
> "自由的感觉如何？感觉如何？"
>
> 我故作神秘地回答道，
>
> "难道鸟儿能够摆脱航路的束缚？"[84]

《宝贝，那不是我》：这首歌历数了爱的负担。斯特尔兹格认为这首歌和《莫要三思》都是对"女性意志"的思考，布莱克在他的诗歌《永恒》（*Eternity*）中抨击这种理念——"如果谁把快乐绑在身上/他就毁掉了生活的翅膀"——虽然迪伦觉得有翅膀的鸟儿也未必自由。就像比尔·金说的那样"迪伦用这首歌隐晦地说出人与人的关系"，这首歌拒绝真爱的神话，也说明迪伦拒绝迎合听众的口味。

《一些其他类型的歌……和诗》
（*Some Other Kinds of Songs…Poems*）

迪伦给《鲍勃·迪伦的另一面》这张专辑的唱片封皮内容取名为《一些其他类型的歌……鲍勃·迪伦的诗》（*Some Other Kinds of Songs…Poems by Bob Dylan*）。他的歌拓宽了他的诗，他的诗拓宽了他的音乐。哥伦比亚唱片公司把他的五首诗密密麻麻地打印在电话簿大小的纸上。而《写作与绘画作品集》读起来会更通俗易懂，这部作品呈现了迪伦的11首诗，数字和墓志铭篇数一样。《一些其他类型的歌》（*Some Other Kinds of Songs*）更深入地记录了迪伦对口头音乐的尝试和他难以捉摸的世界观，风格趋了超自然的印象派。

《诗歌1》（*Poem 1*）：这首单韵律、抑扬顿挫的诗带有跳跃般欢快的节奏和韵脚。［这种街头诗歌被欧皮斯（Opies）、托尼·施瓦茨（Tony Schwartz）收录，由多米尼克·贝汉和伊万·麦科尔在专辑《歌唱的街道》（*The Singing Streets*）中演唱。］迪伦这第一首诗的核心人物是"黑人小孩"，哈莱姆地区的一个黑人小女孩被迫面对残酷的生活，挣扎求生："黑人小孩/在反抗/抢劫、典当/靠肮脏的交易谋生。"[85]我们想到他在《民歌歌会》专栏中提到的妓女。"黑人小孩"还和"西班牙哈莱姆事件"有关："你问她轻重缓急/她会为了1.25美元/把整个世界/典当出去……我把自己/典当给你。"[86]

《诗歌2》（*Poem 2*）：这首诗献给法国温和派歌手弗朗索瓦·哈代，轻柔地唤起迪伦在1964年夏天的巴黎之旅。它简要地描述了巴黎的春天和当时在那召开的高级别会议形成的鲜明对比。

《诗歌3》（*Poem 3*）：这首诗讲的是一场象棋比赛，开篇时赢的一方盛气凌人地要求输的一方在地上"爬"。另一部分是滚石乐队1969年的歌曲《母亲的小帮手》（*Mother's Little Helper*）的前身，描述的场景是"大多家庭主妇在吸毒/都在药店购买毒品，合法/出售好让这些主妇更好地打扫厨房"。[87]该诗的第三节暗指迪伦和已故的小说家亨利·米勒在加利福尼亚打的一场乒乓球赛。迪伦暗讽一个女记者，她"要我/说她想让我说的话。她/要我说她/能懂的话"[88]。诗歌的最后一节颇为灰暗，讲到"驱逐。会传染的坏疽/和原子弹。这二者存在/只因有人想/获利"。[89]在隐晦地提及耶稣后，他又笔锋一转回到充满蛇虫鼠蚁的现实世界，最后又回到下棋人身上："每样东西还是在爬。"[90]

《诗歌4》（*Poem 4*）：迪伦运用的意象从象棋跳转到纸牌，一张凑合着用的老王牌，头上镶着钻石的杰克，这些都是传统布鲁斯音乐中的意象。这首诗抑扬顿挫、韵律十足，呈现出一幅闪电般光亮的图画，是诗人的呐喊。迪伦和一个美国演员本·卡鲁瑟漫步在巴黎夜晚的街道上时，他提议把这首诗中的一些词句引到迪伦当时还未成型的一首歌中——《镶钻的杰克》（*Jack O'Diamonds*）。1965年，卡鲁瑟和一个英国组合Deep合录了这首歌。英国的另一支摇滚乐队"菲尔伯特大会"也录了这首歌。奥黛塔的《杰克》（*Jack*）也是这首歌影响下的早期作品。

《**诗歌5**》（*Poem 5*）：这首诗是整个诗歌组的点睛之笔，能够让人零碎地瞥见黑人灵歌《约书亚出征耶利哥》中体现的自我反省。诗中有一段扣人心弦的场景：一个男人站在布鲁克林大桥上准备跳下去，"我一眼就能看出/他只是无助地孤单"[91]。迪伦站在看客中间感到很羞愧，因为他想看到他跳下去。他理解这群围观的看客，也理解这个要跳桥的男人。他思考着现代社会人群的孤独与空虚，随后他又想到新奥尔良"肥美星期二"上的人群。他随后在《狼蛛》中写道："聪慧的蜘蛛/编织了第六大道。"[92]他漫步在十四大道上，碰到了想把他拖入他们绝望中的人。他知道自己一定要和自我毁灭或他人带来的毁灭作斗争。他看着去看电影、逃避现实的人群："奴隶没有特定的颜色/枷锁上的链条/没有特定的排列顺序。"[93]他的吉他乐让希腊的一个老女人欢快地起舞。他在诗中思考逝去的爱情和誓言："我的后半辈子/我再不会去追逐一个鲜活的灵魂/让她来到我用自爱/堆砌成的监狱。"[94]他让约书亚去打这场仗，而叙述者则隐退到瓦尔登湖畔的树林，他觉得作为一个存在主义者和浪漫主义者，与世隔绝更能让他获得自我意识。迪伦悄悄地告诉约书亚下一次他会和他一起出征，约书亚可能还会喜悦地把他们共同参加的这场战役记录在歌里。

《**诗歌6**》（*Poem 6*）：迪伦在诗中宣称自己对情敌［喜欢苏西的另一个男人恩佐（Enzo）］的羡慕与痛恨。这首诗与《我的后记》中与嫉妒抗争的主题相呼应。

《诗歌7》（*Poem 7*）：这首诗总共只有六行，谜一般地描写了一个名叫查理的男人睡在米开朗基罗小天使的脸上。

《诗歌8》（*Poem 8*）：这首诗讲的是一个搭便车的女孩偶然与司机聊天的故事。凯鲁亚克式的道路上充斥着危险又带着自由。

《诗歌9》（*Poem 9*）：这首诗讲的是一个可怜、空虚的男孩约翰尼的故事，不管他做了什么，父母都罩着他。但是，他们还是没能把他买进大学，安慰他说："没事，你有一辆凯迪拉克。"[95]男孩最后把车给砸了。

《诗歌10》（*Poem 10*）：这首诗可以取个标题叫《无关政治》（*There Are No Politics*）：一个悲观者对话一个生活井井有条却内心空虚的人："神圣的空虚/对，神圣的空虚。"[96]还有一段重返迪伦在诗歌中运用谜语和真相的风格：

你问我问题

我说每一个问题

如果是真实的问题

问出来便得到答案[97]

《诗歌11》（*Poem 11*）：这是诗歌组的最后一首诗，"叛变行驶"在钟声与婚礼的颂歌中，再次与《拉姆尼钟声》相呼应。虽然语带嘻哈，但诗歌的最后一节抨击了破碎的幻象：

在祭坛里

在剧院外

神秘败了

叛变赢了

被遗忘的念珠

被钉在

由沙做成的

十字架上

富人盯着

私有的壁画

所有的一切都是迷失的灰姑娘

所有的一切都在迷失[98]

诗中的语言虽然晦涩难懂，这些《其他类型的歌》体现出了他大胆的隐喻以及对细腻情感和流动节奏的把握。迪伦在自我探索中得出的结论是我们要提出更多的问题来寻找人生的意义。他看似随意的语言组合好像是塔罗牌中暗藏的预言，揭示出他不断涌现的内在自我。这些诗写于他失意之时，需要重新定位自己，而探索潜藏的、逐渐浮出水面的内在自我是浪漫主义诗人的标志。迪伦在这个探索过程中顿悟到：问题本身就可能是答案。接下来讲的是，在他1965和1966年发行的三张出色的专辑中疯狂的远见卓识并提出了更宏大的问题。

文学扭转局势

如果撇开对文学的所有狭隘定义，迪伦既然将他的诗定义为"其他类型的歌"，难道我们就不能把他的歌定义为"其他类型的诗"吗？1964年的这两张专辑发行后，人们日益认可迪伦在文学界的声音。然而，20年后，刻板的文学界还是有许多人不愿承认歌词是文学的一种形式。

具有讽刺意义的是，这种态度也就是不承认诗歌和文学的根源是口头艺术。而几乎在每一种文化中，歌曲都是诗歌最古老的载体。诗歌和音乐本质上同属一套体系。自史前时代以来，口头文学便是各种故事、传说、神话、史诗和爱情的载体；伴随着人们的工作和宗教信仰；向英雄和神灵致敬；向人们传递道德箴言；给人们带来娱乐。在古腾堡的印刷术普及之前，诗歌是一种社会艺术——后来才逐渐成为一种个人艺术。当时的诗歌是一种大众文化，远未成为贵族和精英阶级的所有物。迪伦的核心成就在于让诗歌在社会上重新普及开来。大量书面诗歌都有赖于人们的口头传诵，莎士比亚和布莱克的作品中也充斥着歌曲，好让人们能口口相传或声声传唱。

不少人力证歌词是口头文学的一种形式。民俗学研究者已经为此努力很久。在弗朗西斯·詹姆斯·柴尔德的带领下，哈佛大学的一大批莎翁学者发起运动，提倡苏格兰和英格兰的古典歌谣的诗歌属性。[99]16名《圣经》学者提出《旧约》中的许多篇章在成文之前是被人们传唱过的。保罗·奥利弗（Paul Oliver）、查尔斯·基尔（Charles Keil）和塞缪尔·查特思（Samuel Charters）等布鲁斯学者和洛麦克斯父子等歌谣收集者都能从布鲁斯、民歌和歌谣中绘出人物或社区的画像。民俗歌曲和诗歌成为词曲作者［如马赫尔（Mahler）、阿尔多克（Bartók）］和诗人［如叶芝、桑德堡］的灵感之源。

现今我们不能用质量作为诗歌的评判标准。那些拒不承认流行音乐是口头文学的人只会陷入转瞬即逝、平淡乏味的创作。我们谁又能否认查克·贝里、斯莫基·罗宾逊（Smokey Robinson）、汉克·威廉姆斯、罗伯特·约翰逊的诗歌天赋呢？《圣经》中的先知和诗篇作者们都世代传唱他们的智慧。那古希腊神话和文学当中呢？荷马是个街头艺人；神话人物俄耳甫斯和狄俄尼索斯是音乐和诗歌的根源。中世纪的威尔士诗人呢？罗伯特·格雷夫斯的作品《白女神》（*The White Goddess*）中详述了宫廷诗人和平民诗人的造诣。[100]日耳曼和斯堪的纳维亚的史诗叙述者凭借着部族中口耳相传的习惯进入了民俗传统。

历史上我最喜欢的"文学歌手"是学生吟游诗人，他们的鼎盛时期大概是1160年，也就是迪伦参观该村落的800年之前。他们用拉丁文撰写歌词，颠覆性地采用教堂中连祷文的形式和风格来庆祝酒馆中异教徒式的肉体享乐。他们是叛逆者，用滑稽讽刺的模仿来纠缠堕落的牧师，讽刺败坏的修道士。大部分学生吟游诗人是衣衫褴褛的流浪者、辍学者或是逃亡者，他们经常出现在大道上，游走于学校间，行乞、偷窃、唱歌。自从20世纪德国词曲作者卡尔·奥尔夫（Carl Orff）把游吟诗歌带入他的不朽杰作《布兰诗歌》（*Carmina Burane*）后，游吟诗歌就正式进入了古典音乐。

那古希腊神话中最出名的歌唱诗人俄耳甫斯（他的传奇在音乐剧和戏剧中反复出现）呢？他对尤丽黛丝的爱让他动身前往阴间救她，然而却在从阴间回来之时又痛失她，从此他便如一具行尸走肉，再不和其他女人来往。色雷斯（Thrace）的女人们就如少女见了摇滚明星般将他大卸八块，一番撕扯后只有他的头是完好的。后来他被带到莱斯博斯岛，最后成为俄耳甫斯宗教狂潮的首脑——大祭司。

我并不是想说迪伦是俄耳甫斯的化身，是新吟游诗人，抑或是弗朗索瓦·维庸的化身。然而这一流浪汉/诗人/叛逆者/祭司的形象已经深入人心。民俗运动者知道伍迪·伽思礼的肚子里有多少才华。20世纪50年代当"垮掉的诗人"把他们的诗带进旧金山的爵士乐驻唱地时，劳伦斯·弗林盖蒂、肯尼斯·雷克斯罗特和后来的艾伦·金斯伯格都意识到诗歌和音乐是天生的伴侣。迪伦成为全世界家喻户晓的民谣歌手，广受追捧和模仿。大众媒体比学术界更快接受"迪伦现象"。1965年，《周六评论》（*Saturday Review*）的诗歌主编约翰·恰尔迪承认他侄子认为迪伦是个诗人："但是跟我碰到的所有迪伦粉一样，他对诗歌一无所知。迪伦自己也一样。"四年之后，恰尔迪仍然在质疑"摇滚诗歌"的美学："那是诗歌吗？写出来像什么？猪叫也是这样的调……我觉得评论家们已经抛弃他们对诗歌的原有定义了。"对，他说到点子上了！

作家、诗人、评论家肯尼斯·雷克斯罗特则站在另一个极端，他也经常在《周六评论》上发表观点。他是1957年"爵士诗歌现象"的主要倡导者，他还曾在20世纪30年代的芝加哥尝试过将爵士和诗歌融为一体。他在1966年的时候和我说："迪伦是'摇滚诗歌'第一人，自查理曼时代以来，法国和德国歌手均追随这一诗歌和音乐相融合的传统，但在美国，是迪伦填补了这一空缺。重要的是，到处有人在模仿迪伦。在这个男孩、女孩都光着脚到处跑的新兴休闲社会，迪伦把诗歌带入了社区，这真的相当了不起。这为诗歌的普及打下了坚实基础。诗歌正在到处传播开来。在古代中国，想做官的都得能写诗才够格，于是他们建立起了'诗歌的天堂'。"

1966年3月，雷克斯罗特在杂志《假期》（*Holiday*）上总结了诗歌的前景："可能最近在诗歌领域发生的最重要事件便是鲍勃·迪伦……他在美国开启一项在法国与其文明一样悠久的传统，他有些带有浓重批判和冷血色彩的诗还非常朗朗上口。迪伦的这个突破给诗歌带来了新希望。"

1965年12月，《图书》（*Books*）杂志称迪伦为美国的叶夫图申科，而且还在作家中对"迪伦和诗歌"进行民意调查。诗人桑德拉·霍克曼（Sandra Hochman）说："诗人再一次成为游吟歌手，这是多美妙的事情。因为所有的诗都与歌有关，他为诗歌定义的延伸作出了真正的贡献。"小说家约翰·克莱仑·霍尔姆斯说："我觉得迪伦是美国的布莱希特，布莱希特的诗注定是要唱出来的。他们有着同样的冷幽默，给人同样的嘲讽式温暖，同样动荡和破碎的意象，以同样急促的节奏运用习语（一如事物发展的本来节奏）……迪伦把诗带回歌的怀抱。"佛蒙特州立大学的萨缪尔·博戈拉德（Samuel Bogorad）告诉《图书》："那些称迪伦是'当今美国最伟大诗人'的人脑子里全是摇滚……都曾听过他的专辑，但我敢保证那些人连歌都不会唱！迪伦的歌是唱给鸟和那些脑袋里全是鸟屎的人听的！"菲利普斯学院的哈特·莱维特（Hart Leavitt）认为："他的诗歌像是有意在模仿凯鲁亚克。"

1963年9月，《纽约时报》杂志版拒绝了我的提议——严肃地评价迪伦作为诗人、哲学家和道德家的方方面面。他们只想把迪伦描绘成表演艺人。1965年12月，该杂志专门为迪伦做了个版面，大标题叫"全美第一公众作家？"，副标题为"谁还需要索尔·贝娄（Saul Bellow）?居然有人说我们这个时代的文学之声——伟大的诗人——是……鲍勃·迪伦。"作家托马斯·米汉表示,自从海明威和福克纳去世以后,一项面向三所主要常青藤名校英文系学生的调查显示, "最受他们欢迎的美国当代作家"是迪伦。布朗大学的一名在校生说:"我们才不关心赫佐格的《焦虑》(*Angst*)或是梅勒的个人幻想。我们只担心美国当前面临的核战争、民权运动、四散的谎言、因循守旧和伪善等威胁……迪伦是唯一会在作品中以一种我们能理解的方式写到这些议题的美国作家。说到现代诗歌,我们觉得他的歌有很高的文学价值……他的任何一首歌,如《大雨将至》比罗伯特·洛威尔(Robert Lowell)的……整部诗歌集……都要有趣得多。"

米汉写道,迪伦的一些社会抗议与20世纪30年代的克利福德·奥德茨和麦克斯韦·安德森相呼应,他还比较了《妈,我没事》(*It's Alright,Ma*)和W.H.奥登的乡村诗歌——特别是奥登早期的作品如《1939年9月1日》(September 1, 1939)中的一些诗行。《纽约时报》的这篇文章中还说道,有很多美国文学评论大家称"甚至连迪伦的名字都没听过"。

在1972年5月的《时尚先生》(*Esquire*)上,文学评论家富兰克·克莫德(Frank Kermode)和史蒂芬·斯彭德(Stephen Spender)思考了迪伦的诗歌写作。该杂志还补充道:"我给迪伦打了几个月的电话,但是没人接,最后我们终于打通了,成功地与流行音乐界的华兹华斯对话。他说:'你们是怎么看我的?'我们说:'就像是社会的企业化管理模式终结的人类隐喻吧。'他说:'哦,那还不错。'接着就把电话挂了。"斯宾塞把迪伦放入整个民俗传统和过去年轻人备受压抑的大背景中。他发现"迪伦有着高超的诗歌写作技巧……很难去判断歌词是不是诗,因为它们不一定非得是诗歌。

它们只需产生共鸣、色彩和适度诙谐的效果就行了"。

克莫德则精力比较旺盛，他甚至考虑就迪伦的诗歌创作写一本书。他强调了倾听歌曲的重要性："他是个技艺超群的演奏者，因为他带着心中技艺超群的表演写下了这些词句，所以他那纸上的歌词就不仅仅是……提示、暗示或是阴影。"他还写到，更好的诗歌比如古希腊悲剧和中世纪歌谣都是以同样的方式发展起来的。"当然"，他继续说道，迪伦"一贯谜一般隐晦的文字表达是他的诗歌发展起来的重要因素……喜欢使用神秘、隐晦还带点空洞的文本和被动的意思表达，无疑是情感上有深度的一个特点"。让克莫德好奇的是莎士比亚和贝多芬的风格演变分为四个时期，而迪伦截至1972年已经变了三种风格。他认为迪伦迅速的风格演变是想呼吁"必要的公众参与"。他总结道，迪伦的力量是"神秘，不只是隐晦——那是听众可以在听歌的时候自行脑补的单纯几何学。他的诗必定是开放、空虚、诱人的碰撞。写这样的诗就是在练习现代艺术，而迪伦自己也充分意识到，这是一种有着复杂过去的艺术"。

在1967年1月26日的《村声》上，杰克·纽菲尔德（Jack Newfield）在头版将迪伦誉为"自动点唱机里的布莱希特"。他抱怨道："文学界和学术界中超过30岁的人中几乎没人关注迪伦所带来的电光石火……美国的前瞻性简直是噩梦。"纽菲尔德称迪伦是"平衡事实和梦幻的跳梁小丑，是卓别林、赛琳（Celine）和哈特·克莱恩的私生子"。他继而总结道："他是个诗人。如果惠特曼现在还活着，他也会是个弹电吉他的诗人。"

早在1965年4月16日，英国《卫报》就称迪伦是"穿着牛仔的荷马"，认为"迪伦松散的元、辅音韵律架构，8步、12步抑扬格交替使用，让他的歌词如谈话般自然流畅"，还称这能让迪伦与诗歌写作手法较为新潮的庞德、奥登和麦克尼斯（**MacNeice**）相媲美。该报还惊讶于迪伦的听众规模之大——对于一个写作手法"在传统上、本质上与荷马无异的作家来说"。

我会定期地对迪伦作为诗人的一面进行调查。英国小说家安东尼·伯吉斯（**Anthony Burgess**）对我说："问题在于，虽然我听说过他，但他的歌词从未成文出版过。我知道诗歌可以是口头上/听觉上的，这也不错，但有时候我还是希望看到文字。我知道他作为民俗词曲作者有着高超的技巧，尽管我不确定在更精致细腻的艺术体系中，'民俗'艺术是不是作为一种拼凑艺术而存在。我会说他在这个非常局限的体裁——所谓的'高端流行艺术'中取得了很高的成就。但是他不能与菲利浦·拉金（**Philip Larkin**）和艾德里安·米切尔（**Adrian Mitchell**)之类的诗人相媲美。这绝对是褒不是贬。我想看到他正经地写诗，与歌分离开来，再来作评判。"

1968年8月，歌手兼词曲作者罗德·麦昆（**Rod Mckuen**）的三部诗歌集卖出了一百万册，成为全美最畅销的诗人。唱片公司在商界报纸上整页整页地用杰里·杰夫·沃克（**Jerry Jeff Walker**）和劳拉·奈罗（**Laura Nyro**）的歌词为他们的歌打广告。哥伦比亚大学教授F.W.杜比（**F W Dupee**）称看到学术圈越来越多的人开始接受流行诗歌。他跟我说："毕竟荷马和斯堪的纳维亚的史诗都是被人们口口传唱的。我觉得总体来说这场运动是不错的。他们之后的水平应该还会提高。"

20世纪60年代中期到晚期，是流行乐的听众和评论家发现了这批涌现的诗歌，而非文学界人士。随着迪伦这个电声乐器时代的诗人进入千家万户，诗歌再一次成为民主的、社会的艺术。从鞋店的店员到博士生——尽管他们在唱片店几乎不交流——都在买迪伦、披头士乐队、Fugs乐队、飞鸟乐队的专辑。狂热的歌迷认为流行音乐作为当代第一"大众艺术"进入了电影。在《新闻周刊》（1969年3月3日）的一篇对年轻诗人的报道中，我们看到的是诗歌不可思议的蓬勃发展，它们不但存活下来还大获成功。

摇滚是诗人的共同语言。"不管是白人还是黑人"，27岁的汤姆·克拉克（Tom Clark）坚称："我的诗有声音有旋律，我倾听摇滚——它的精神和欢快——必将影响我的写作。"摇滚诗人超乎寻常的受欢迎程度和天赋——科恩、披头士乐队、吉姆·莫里森和迪伦（有时被称作"这个时代的代表诗人"）——都在他们的作品中提倡带有摇滚式歌词的口语化诗歌。

不流血的"文化革命"正在"摇滚知识分子"的带领下上演。当时，我们相信人们再也不会把舞厅、迪斯科或者唱片集视作少年们发出的颓废噪音。我们把在东村（位于纽约曼哈顿）、彩色气球村、旧金山的菲尔莫尔、默里K俱乐部在长岛飞机库的表演看作艺术节。在持续的击打声、光照、闪光灯、电影片段和动态壁画中，我们的感官受到冲击，所有的一切都和嘈杂的声响交织在一起。在这个过程中重复播放的摇滚乐成为了我们的一部分。可能像理查德·内维尔（Neville）在《游戏力量》（*Playpower*）中和查尔斯·莱克在《美国的成熟》中那样，我们都太天真。如果这是天真，那这也是理想主义——相信青年文化可以改变美国社会。从20世纪80年代冷漠、愤世嫉俗的角度来看，我们必须承认深层改革并不容易实现。但我们不必觉得古腾堡的时代已经终结，抑或书本和戏剧都已经死亡；我们要相信它们只是把活力和精力传递到了流行音乐中。

流行音乐的带头人并没有蔑视书本，他们还在写书。约翰·列侬写了两本风格类似爱德华·李尔（Edward Lear）的书：《自写集》（*In His Own Write*）和《工作中的西班牙人》（*A Spaniard in the Works*）。伦纳德·科恩弹着吉他结束了他的诗朗诵。他告诉我迪伦鼓励他唱出自己的诗："迪伦不但是个伟大的诗人，他更是个伟人。"保罗·西蒙也反映了这个新风潮，新歌的主题涉及人的疏离与空虚。"大门"乐队的吉姆·莫里森写出的歌词令人惊叹。艾伦·金斯伯格教飞鸟乐队唱印度歌曲。理查德·法理尼亚从写作转向歌唱和作曲（与其妻米米·贝兹合作）。在埃德·桑德斯的带领下，五名初次创作的诗人自学音乐，创立了Fugs乐队。菲尔·奥克斯用毛主席的诗装饰他其中一张专辑的封皮，跟我说："我要做第一个左翼明星。"

20世纪60年代的年轻人都更加成熟。兰迪·纽曼和詹姆斯·泰勒就像多愁善感的回忆者，探索着他们孤独的青春期。披头士乐队唱出了人群中充斥的孤独与空虚和艾琳诺·芮格比（Eleanor Rigby）这样备受折磨的人。传统唱片还是大受欢迎，但我们相信20世纪60年代昭示着"流行音乐千年国"到来。法理尼亚在1965年写道："可以说……如果诗和歌从来都是一体，那人类历史上任何一个时期听诗的人都没有现在多。"

校园长青

20世纪60年代话语的突然涌现可能听起来很空泛。这期间文学界和学术界对流行音乐的研究日益增多，人们也越发从多学科的视角关注流行文化。美国大学开设了多达6000门关于流行文化的课程，迪伦的作品是这些课程关注的焦点。早在1977年，位于韦恩堡的普度印第安纳大学教授兼历史学家路易艾琳诺·芮格比、路易斯·坎托（Louis Cantor）在全美150所重点大学的英文系系主任中进行调查，发现仅教授迪伦诗歌写作的课程就超过100门。他说道："迪伦终于根植在学术界了。看到迪伦在文学研究课上和布莱克、艾略特一起成为讲授的主题是很稀松平常的事。在学术界关于他是否够格被称作诗人的这场争论战中，迪伦明显胜出了。"

多年来，我一直与多国的学术界就他们对迪伦歌词的文学性分析进行激烈交流。我读过几十篇毕业论文和学术论文，将他有远见的浪漫主义诗/歌与叶芝、艾略特、（中世纪）犹太神秘哲学、惠特曼、《圣经》中的先知和使徒、法国象征主义者、布莱克、卡夫卡、垮掉的一代相联系。

最著名的迪伦评论家可能要数克里斯多夫·里克斯（Christopher Ricks），他著有《弥尔顿的气势》（Milton's Grand Style）、《丁尼生》（Tennyson）、《济慈的尴尬》（Keats and Embarrassment）等书。他在全世界讲学，分析迪伦的诗歌艺术并称迪伦是一个"伟大的娱乐者，他属于狄更斯和莎士比亚那类寻找最广泛大众支持的艺术家"。里克斯认为自约翰·贝里曼（John Berryman）和罗伯特·罗威尔（Robert Lowell）死后，迪伦便是"美国最了不起的语言运用者"。虽然里克斯"不愿称他为诗人"，因为"他用的不仅是语言"，但他称赞迪伦是"了不起的，才华横溢的作家"。他还说："我也没对迪伦痴迷到没意识到并不是他的所有作品都堪称完美。他和莎士比亚一样，也会犯很多错误。"

1975年12月，研究迪伦的文学界学者在旧金山召开的每年一度的现代语言协会会议上召开第一次大型集会。奥本大学教授帕特里克·D.莫罗（Patrick D Morrow）组织了这次关于迪伦的流行文学研讨会。研讨会上，学界的一些民谣迷弹唱着迪伦的音乐，还发表了三篇论文：贝拉·D.莱文森（Belle D Levinson）的《错乱的先知：兰波和迪伦的诗歌》（*The Deranged Seer: The Poetry of Rimbaud and Dylan*），艾米莉·托特（Emily Toth）的《鲍勃·迪伦的女性观》（*The Women in Bob Dylan*）和W.T.拉蒙（Lhamon）的《迪伦与文化背景》（*Dylan and the Cultural Context*）。理查德·古道尔（Richard Goodall）在英格兰曼彻斯特组织了重访迪伦研讨会，他们在会上播放影片、磁带和视频，既讨论严肃的议题也关注细枝末节，交织着里克斯、拉蒙和音乐学者威尔弗里德·梅拉斯（Wilfrid Mellers）的热情。20世纪70年代，北卡罗莱纳州立大学和加州大学伯克利分校分别授予毕业论文围绕着迪伦展开的比尔·金和贝尔西·鲍登（Betsy Bowden）博士学位。到了80年代，西德、比利时、英国和美国的高等学府纷纷授予研究迪伦的毕业生博士学位。

并非所有关于迪伦的学术研究都来自校园，许多学术和文学类杂志都发表了关于迪伦的研究。《流行文化杂志》（*Journal of Popular Culture*）和《流行音乐杂志》（*Journal of Popular Music*）都为有关迪伦的作品贡献了大幅的版面；此外，博学的迪伦爱好者群体也经常为迪伦发声。

位于杰纳西奥的纽约州立大学英文系学生尤金·斯特尔兹格就迪伦和布莱克写了一篇相当不错的文章。他对我说："我一旦开始以批判性的眼光看待迪伦，就很强烈地觉得他是根植于浪漫主义先知艺术家传统的当代主流声音。"

活跃于学术界的布拉德利大学文学系教授大卫·R.匹查斯科（David R Pichaske）编纂了一部非传统诗选《从贝奥武夫到披头士：诗歌研究方法》（*Bewulf to Beatles: Approaches to Poetry*），其中迪伦的十首完整歌词与本·琼森（Ben Joson)、奥登、弗洛斯特（Frost）等诗人的诗一起收录在诗选中。在达特茅斯的迪伦研讨会上，路易·A.伦萨（Louis A Renza）让学生"像讨论诗一样地去讨论迪伦的歌，或者把专辑看成统一的文本……对歌曲进行严肃的文学性诠释……学生经常会惊讶于迪伦歌词的诗歌特点和玄学诗歌特有的起伏"。

　　位于塔拉哈西的佛罗里达州立大学文学系教授W.T.拉蒙（W T Lhamon）在《新共和国》（*New Republic*）和《本宁顿评论》（*Bennington Review*）上洋洋洒洒地发表了对迪伦的见解。他在自己一篇具有开创意义的文章《流行音乐和迪伦》（*Poplore and Dylan*）中提到在当代美国，流行文化已经接替了民俗，"流行文化帮助一些人获利，帮助剩下的人更好地生活。流行文化的符号激发人们联想到神话，在互联网媒体和其他消费者文化传播网向消费者扔下一堆带有迷惑性、转瞬即逝的文化符号的当今社会，流行文化帮助我们找到有益的元素……这个社会已经没有民俗——但仍需要口头文化——于是产生了流行文化……迪伦对摇滚的发扬光大改变了美国文化前进的方向。全速回归流行文化是新文化时代开启的重要标志。早在18世纪，文学也曾以小说的形式回归社会，描绘的主题从贵族的生活转向中产阶级的生活"。

　　南方的流行文化协会也听审了一些学者写的关于迪伦的论文，如蒙大拿州立大学的肯尼斯·J.库克（Kenneth J Cook）博士和格雷格·基勒

（Greg Keeler）以及来自塔尔萨大学的鲍勃·格拉阿尔曼（Bob Graalman）和琳·德沃尔（Lynn DeVore）。阿肯色州立大学教授苏珊娜·H.麦克雷（Suzanne H MacRae）将迪伦纳入了许多人文社科类课程："我将他与一些习惯用中世纪传统的讽刺风格写作的作家相比较。"她的文章《鲍勃·迪伦是气象员》（*Bob Dylan is the Weatherman*）发表的时候，迪伦《慢行货车》这张唱片还远未发行，这篇文章着重强调重生这个主题。位于阿林顿的得克萨斯大学历史系副教授杰罗姆·L.罗德尼兹基（Jerome L Rodnitzky）鼓励他的研究生在研究型课程中分析流行音乐。他写的书《黎明的吟游诗人：颠覆民俗的歌手成为文化英雄》（*Minstrels of the Dawn: The Folk-Protest Singer As a Cultural Hero*）中有一章叫作《超越左翼和右翼》（*Beyond Left and Right*），里面长达35页都在讲迪伦。

　　对迪伦的文学研究潮还席卷到加尔维斯顿（美国得克萨斯州东南部港市）附近位于佩利肯岛上的得克萨斯A&M大学穆迪海洋科学与资源学院。该校的人文学科讲师托马斯·S.约翰逊（Thoma S Johnson）博士认为"迪伦的作品充斥着强烈的情感和观点，经得起任何思想开明的人文科学学者的严密推敲"。约翰逊写信跟我说他担心对迪伦这样的人物的研究会有"启蒙主义(Didacticism)的风险——要求每一位读者和听众对歌词本身作出直接回应从而使他们产生超负荷的感觉。"北得克萨斯州立大学的詹姆斯·贝尔德（James Baird）博士教授关于歌词的课程，用迪伦的专辑和《狼蛛》作为课程的学习材料。他说："我们试图拓宽传统英语语言文学的范围，提供一套新的参考准则。很多学生都没有意识到迪伦的阅读面很广，而他的歌也反映了他的阅读面。"在杜兰大学攻读史学博士学位的史蒂芬·塔克跟我说："迪伦还在学术界活着而且还活得很好。"新泽西州立罗格斯大学的凯文·海斯还教授这样一门课程："三位有着革命性远见的作家——布莱克、金斯伯格和迪伦。"

随着迪伦研究席卷整个学术界，20世纪60年代深度地洞察了峥嵘的往昔，我们很难预测这一切会终结于何方。学术界总存在这样一种危险：以一种对原初的和街头生命力充满敌意的方式分析流行文化艺术。

古腾堡卷土重来

尽管加拿大社会学家麦克卢恩认为技术传播决定地球未来，但书本这种传播方式还未消亡，甚至在听/说文学中，书本也未完全被录音所取代。比较理想的是出版的歌词能让熟悉歌曲的人找到共鸣。迪伦的第一本书《狼蛛》也反向证明当纸上的文字被大声朗读出来之时，作者表达的思想更能被人们所领会。这让人想起杰勒德·曼利·霍普金斯的建议："用耳朵读书。"

迪伦的第一本歌词集（除去专辑的吉他谱）收录于《写作与绘画作品集》中，于1973年4月由阿尔弗雷德·A.克诺夫出版社出版（Alfred A Knopf）。该出版社的主席兼主编罗伯特·戈特利布（Robert Gottlieb）写信跟我说能为迪伦出版作品，他感到很"兴奋"："我一直对流行音乐很有激情，而且对迪伦尤为崇拜。一旦找到了迪伦的布局和他喜欢的口吻，这本书读起来就很顺畅；出版这本书的时候大家都合作得很愉快。"两个月内，凯普出版社在英国出版了这本书，欧洲和日本的出版社紧随其后。这部作品以时间顺序排版，从迪伦的第一张专辑到《清晨》总共有11个板块，收录了187首歌的歌词、17幅图、5页的手稿，26首诗中包括"11首墓志铭"和11首

"一些其他类型的歌"。收录的歌词中有些歌曲已经正式录制，有些大家还没听过。最有趣的是，《地下室录音带》（*the Basement Tapes*）的歌词两年之后才会正式发行。

迪伦民俗风的线条画让人想起他对伽思礼的崇拜。因为伽思礼也经常给自己的歌曲和书加入插图。书的献词部分也采用伽思礼一贯抑扬顿挫的风格。伽思礼和罗伯特·约翰逊都是了不起的布鲁斯音乐人，启蒙了迪伦的音乐。那些想要深度洞察迪伦精准措辞的人应该去看看他在书的首尾页中附上的正在构思中的歌以及一整页《地下思乡布鲁斯》的初稿。虽然《写作与绘画作品集》多次加印与再版，销量也一直不错，但并没有作为重要的诗集得到文学界的认可。拉尔夫·格利森为这本书写了一篇专栏，认为"对于任何一个对美国文化史感兴趣的人，对美国当代最有影响力的诗人感兴趣的人，这本书都值得一读……拿破仑（指迪伦）虽衣衫褴褛，但我们也不能把他当作昙花一现或者只关注时事写作的作词人。迪伦，是个诗人"。

这本书的英国版也受到《泰晤士报》和《观察家》（*Observer*）杂志的广泛关注，但评论中不乏对"这是不是诗歌？"这个问题嗤之以鼻的人。《泰晤士报》的罗伯特·奈（**Robert Nye**）表示："要说这是诗，那肯定是写给鸟听的。从这本书里就能看出他这个人又狡猾又悲哀，对糟糕的韵脚和重复措辞有着令人发指的天赋。"克莱夫·詹姆斯（**Clive James**）也曾一度是音乐人彼得·阿特金（**Pete Atkin**）的作词人，他在《观察家》杂志中写道："读这本书让人沮丧的地方就在于，它会让你意识到没有一节诗能与它最妙的一句诗行相媲美，没有一首歌能与它最妙的一节诗相媲美。"

《狼蛛》

研究迪伦的学生会不厌其烦地探究他歌词中模棱两可的措辞，可奇怪的是他的小说《狼蛛》却鲜有人问津，文学界也未给它任何肯定。《狼蛛》就是一部裹着问号的谜。这部作品中有一部分是（无意识状态或在超自然力影响下的）自书动作（Automatic writing），而大部分都带有强烈的音乐感，所以大声读出来会更有体会。1966年摩托车事故期间迪伦压下了这本书的出版，他不知道麦克米伦（出版公司）会怎么宣传这本书。他更担心的是评书人会怎么看待这本书。鉴于麦克米伦把他吹捧为"年轻的詹姆斯·乔伊斯"，这本书的出版会把他扔到文学界的斗兽场，让他面对他不想面对的一群张着血盆大口、露出獠牙的狮子。

我让我的第一个私人编辑加布里埃尔·古德柴尔德写篇文章分析《狼蛛》。她觉得这本书是"梦想的十字路口……关于夜间的真理和虚实之间的真理"。她把狼蛛（一种毒蜘蛛）的咬伤与之后会出现的"跳舞病"症状联系在一起，认为"这本书的主题既是疯狂的'舞蹈'也是疯狂的'音乐'"。尽管左派分子谴责迪伦没有在这本书中对越南战争明确表态，但读者仍能感受到迪伦在书中多次提及越战。古德柴尔德认为越战是一场超现实主义的战争，"不受我们控制，却毒害我们的生活"。从迪伦的诗句"结合在一面窃取的镜子中"，她读出这本书是一面双面镜，一面映射着现实世界的丰盛物资和食不果腹，一面映射着作者的内心世界。他一边接受喧嚣，一边寻找秩序。古德柴尔德把《狼蛛》放入《重访61号公路》的框架（有着惊人的立场、人格表象和模式）和节奏中。她发现"他用的语言有一致，有偶然，也有巧合"。这本书也揭示迪伦对"垃圾场里的天使"艾瑞莎

（Aretha）的尊重，这种尊重不可小觑，尤其从他后来与多名女性福音歌手交往可以看出来。艾瑞莎是"纯洁的象征，她'直白露骨极具穿透力'。她也是现代生存在空虚荒漠中的精神重生"。

古德柴尔德认为《狼蛛》"写得最妙的地方就在于各种元素有趣的结合……文风诙谐幽默，语言带有压迫感（能产生有指向性的新力量），侧面联系，时间扭曲，一个超越感官的新世界。但这本书总是没能达到预期效果，结果变得默默无闻，变成评论家口中的'胡扯'"。许多评论家都会在分析这本书的时候提到乔伊斯，甚至称这本书为"百事可乐一代的《芬尼根守灵夜》"。古德柴尔德称把这本书放到垮掉一代的作家的背景下视野会更为明朗，特别是在自发情感流露方面效法杰克·凯鲁亚克的威廉·伯勒斯。"从《在路上》到《狼蛛》这10年间发生了许多事。他在《狼蛛》中有着更为深刻的洞察，深入到一种不同的愧疚感和让他沦陷的情感中，一种更强烈的内在自我意识以及更强烈地意识到内在和外在的暴力。"

古德柴尔德认为《狼蛛》深受肯尼斯·帕琴的作品《艾尔比奥月光报》的影响，尽管这本书出版于1941年。乔治·普林顿在一次乡村晚会上拿到《狼蛛》的手稿之后提醒我：帕琴也是托尼·格洛弗颇为青睐的作家。古德柴尔德写道："这两本书不但在给人的感觉、表面的语言、使用的笑话都有相似之处。因为两本书都像戏剧，作者都想从读者身上得到反馈，然而结果都很令人失望。两本书都是镜子通道，假象是唯一的现实。"帕琴的灵感来源于布莱克，而迪伦的灵感来源于兰波，古德柴尔德想知道："为什么他们梦中的世界都如此暴力？是因为他们写书的时候外部都有战争：对帕琴是**1941**年希特勒发动的第二次世界大战；对迪伦是**1965**年越南战争。"

　　她写道，这本小说反映出迪伦"对智慧和懵懂的语言滑稽的痴迷……这种痴迷把我们带进狂风巨浪中，直到我们置身其间，晕眩、癫狂，无从回忆起飘忽的笑声和疯狂的暴力……迪伦在构建和探索个人'世界'的每一刻都将这个'世界'呈现在我们面前，有时候镜子破碎之时，'世界'的轮廓才架起一半，于是镜像逝去，场景支离破碎，于是场景的内容胡乱拼凑在一起重组成另一幅画"。古德柴尔德还写道，如果《狼蛛》有个主题，那应该是关于混乱以及为寻找一种艺术形式表达出这种混乱所做的挣扎。摩托车事故之后，他会重写这本书的可能性越来越小。**1968**年他公开向《新闻周刊》和《放声歌唱！》否认自己要出版这部作品。**1969**年他说自己把这本书扔进了废纸堆。古德柴尔德认为，"这在一定程度上是种障眼法"，因为"他在这部作品背后付出了认真、慎重、近乎绝望的努力"。她引用了史蒂芬·皮克林(Stephan Pickering)的文章《两只狼蛛：文本比较》（*The Two Tarantulas：A Textual Comparison*），写道："我们看到迪伦在编辑之前的手稿《狼蛛遇见雷克斯猫》（*Tarantula Meets Rex Paste*）之时相当缜密，该手稿以兰波的《七年之诗》收尾。"她觉得"他写下了这本书，这本书也同样刻画了他……其原来的书名为《不宜公开》（*Off the Record*）抑或是《一方》（*Side One*），如果我们伴随着《无数金发女郎》的旋律听着这本书，便能更好地理解他这带电般的散文。只有当我们一边听着迪伦**1965**年所唱的歌中抑扬顿挫的节奏一边看这本书时，这本书才能发挥它的真正威力"。

　　在《狼蛛》中出现的众多角色中，古德柴尔德觉得只有两个核心人物："一位名叫艾瑞莎的高尚母亲和一位叫缪斯的女仆……她们是纯洁的象征，她们是现代生存空虚荒漠中的精神重生。这本书的一个元素是音乐，另一个则是叙述者，她们俩都是迪伦的化身……又都不是迪伦……这出三角戏中的另一个元素是——读者。我们受到挑战、欺凌；有时候又被追求……如果这本书在一定程度上能被看成求爱诗歌集，那便是一名单膝下跪的、无畏的求爱者在他自己创造的触不可及的恋人（她有着宗教般的迷惑性）面前所表达的爱慕，于是我们组成了一个法庭，让疯癫的小丑在其中表演，我们在下面评判。"

然而，这本书也栩栩如生地展现了其他角色，"他们带着致幻的别称聚集在荒凉街区的狂欢节和社交晚会上，以及来自电视、电影、童谣、连环画、艺术、哲学、文学、《圣经》、传说、历史、政治、民俗歌谣集、布鲁斯音乐集、爵士、流行音乐、娱乐圈、新闻媒体上的角色"。她将《狼蛛》与凯鲁亚克（Kerouac）（新生代记者）以及他对暴力、疑惧和人工兴奋剂的推崇联系在一起。迪伦激励了一些新生代作者，与他们分享在重压下写作的心得，采用莎士比亚式的语言风格：无视英文的文法，把名词当作动词用，把大写当作感叹号，使用的写作原料是当下从泥中挖掘出的新鲜大蒜或蓝宝石，把它们一起扔进阻滞的交通中。

读懂这本书固然要下大功夫，古德柴尔德仍希望读者不要因此害怕这本书，鼓励听众去"倾听"它。"即使你从来没到过边缘城，坐在另一辆别克车中重访61号公路也是一件有意义的事。当心蜘蛛的网，当心狼蛛女士，当心美国。当心梦想，当心现实！但首先，'你要活着登上泰坦尼克号'，我们都知道它在黎明启程。"《狼蛛》是一本很难读懂的书。不过这本书很幽默，有时也很暴力，但它具有原创性、创造性和挑战性。我建议你们去读读这本书，大声朗读出来，读之前听几遍《重访61号公路》。祝你好运，旅行愉快。古腾堡在他的坟墓中卷土重来了！

左侧：迪伦为《鲍勃·迪伦的另一面》专辑出炉摆拍封面照片。

右上：1965-1966年完成，最终于1971年出版。1965年4月在马萨诸塞州的剑桥前往阿姆赫斯特的路上；那部福特牌轿车是迪伦与维克多·梅穆德斯的第一部旅行车。

介 绍

1 Friday, September29, 1961.

2 Robbie Woliver, *Bringing It All Back Home*, p 80.

3 Suze Rotolo, *A Freewheelin' Time*, p 149.

4 *Guardian*,December 13, 1995.

5 Tribute dictated by Collins to ET for the Shelton memorial celebration in London on April 26, 1996.

6 Faxed tribute to ET for the memorial. See also *Society's*; *Child*, p 62-3.

7 Writing to his sisters Ruth Kadish and Leona Shapiro, *circa* 1961, Shelton quotes aletter from Pete Seeger, "to inquire if your legal situation required financial assistance."The case is examined in *Dark Days in the Newsroom* by Edward Awood, Philadelphia, 2007.

8 *New York Times*, December 15, 1995.

9 Laing, see"Taste-making and trend-spotting: the folk revival journalism of Robert Shelton" in *Popular Music History* 1.3 (2006), pp 307-328. Laing co-wrote *The Electric Muse* with Shelton, Karl Dallas, and Robin Denselow. The well-documented three-CD set, *Washington Square Memoirs*: *The Great Urban Folk Boom 1950—1970*(Rhino) offers an excellent aural history of the Shelton years.

10 From *Words International*, November1987; reprinted in the *Telegraph*, Spring 1996.

11 Shelton in a letter to Betty Prashker, Executive Editor at Doubleday, February 12, 1979.

12 Shelton in a letter to Heather Kilpatrick, Associate Counsel at Doubleday, December17, 1981.

13 *Ibid*.

14 Letter from James Landis, Editorial Director at Morrow,to Shelton, November 21, 1984.

15 In Oetcher 1983, Shelton was offered two alternatives: cut the manuscript to 180,000 words including addenda, or accept a $35,000 reduction in advance plus a reduced royalty and cut to only 230,000. He accepted the latter, a decision Landis described in a letter of December 5, 1984 as "a principled act." The longer a book, the higher is the cover price, which may impact on sales, hence the publisher's intransigence.

16 "Trust yourself," p291-5 in *The Dylan* Companion, in which Shelton reflects on the publishing experience five years on.

序

1 Carl G Jung, foreword to *I Ching*, or the *Book of Changes* (NewYlork: Pantheon Books, 1950), p iv.

2 "Open The Door, Homer" ©1968, 1975 by Dwarf Music,renewed 1996 by

Dwarf Music.

3 "Where Are You Tonight? (Journey Through Dark Heat)"©1978 by Special
Rider Music, renewed 2006 Special Rider Music.

4 "Up To Me" ©1974 by Ram's Horn Music; renewed 2002 by Ram's Horn
Music.

5 Letter to *Broadside* magazine, January 1964.

6 "Mr Tambourine Man" ©1964, 1965 by Warner Bros. Inc.,renewed 1992,
1993 by Special Rider Music.

7 "When I Paint My Masterpiece" ©1971 by Big Sky Music,renewed 1999 by
Big Sky Music.

8 "Oh, Sister" (Bob Dylan & Jacques Levy) ©1975 by Ram's Horn Music,
renewed 2003 by Ram's Horn Music.

9 "It's Alright, Ma (I'm Only Bleeding)"©1965 by Warner Bros.Inc.,renewed
1993 by Special Rider Music.

10 "Advice For Geraldine On Her Miscellaneous Birthday" ©1964 Special
Rider Music, renewed 1992 Special Rider Music.

11 *Another Side Of Bob Dylan*, sleeve notes, ©1973 Special Rider Music,
renewed 2001 Special Rider Music.

12 "Temporary Like Achilles" ©1966 by Dwarf Music,renewed1994 by
Dwarf Music.

13 "It's Alright, Ma(I'm Only Bleeding)"©1965 by Warner Bros. Inc.,
renewed 1993 by Special Rider Music.

14 *Ibid.*

15 Bob Dylan, *Tarantula*, pp108-109.

16 *Bringing It All Back Home*, sleeve notes, ©1965 Special Rider Music, renewed 1993 Special Rider Music.

17 "Chimes Of Freedom"©1964 by Warner Bros. Inc.,renewed 1992 by Special Rider Music.

18 "Like A Rolling Stone" ©1965 by Warner Bros. Inc.,renewed 1993 by Special Rider Music.

19 "Subterranean Homesick Blues" ©1965 by Warner Bros. Inc., renewed 1993 by Special Rider Music.

20 Allen Ginsberg died in 1997 at the age of 70, by which time he was regarded as America's premier poet.

21 "Subterranean Homesick Blues"©1965 byWarner Bros. Inc., renewed 1993 by Special Rider Music.

22 "Ballad Of Hollis Brown" ©1963 byWarner Bros. Inc.,renewed 1991 by Special Rider Music.

23 "11 Outlined Epitaphs"(sleeve note to *The Times The Are Achangin'*)©1964 Special Rider Music, renewed1992 Special Rider Music.

24 *Ibid.*

25 "Just Like A Woman" ©1966 by Dwarf Music, renewed 1994 by Dwarf Music.

26 "11 Outlined Epitaphs"(sleeve note to *The Times The Are Achangin'*)©1964

Special Rider Music, renewed 1992 Special Rider Music.

第一章

1 Bob Dylan, *Tatantula*, pp108-109.

2 "It's Alright, Ma (I'm Only Bleeding)"©1965 by Warner Bros. Inc., renewed 1993 by Special Rider Music.

3 "My Life In A Stolen Moment" ©1973 Special Rider Music, renewed 2001 Special Rider Music.

4 *Ibid*.

5 "North Country Blues"©1963,1964 by Warner Bros. Inc., renewed 1991,1992 by Special Rider Music.

6 Music industry insider Andy Paley recalls waiting on a California course while alone golfer sent divots flying. After a while he began chiding the hooded figure. So how was Dylan as a golfer?"Terrible, absolutely *terrible*."

7 Johnnie Ray(1927—1990), the link between Sinatra and Presley, Dylan spoke fondly of Ray in Martin Scorsese's *No Direction Home*(2005) .

8 Dylan writes evocatively of the death of Hank Williams in *Chronicles*. He also contributed "I Can't Get You Off My Mind" to *Timeless: The Songs Of Hank Williams (2001)*. Dylan has long been rumored to be planning his own Williams tribute album.

9 Howard Sounes'*Down The Highway* provides new information about Dylan's teenage groups.

10 John Bucklen has the earliest known recording of a Dylan original, on

which the two of them can be heard performing "Little Richard" in 1958. Further Bucklen recordings were heard on the 1993 BBC TV documentary *Highway 61 Rehisited*. Another Hibbing friend, Ric Kangas, taped Dylan singing "When I Got Troubles" in 1959, which can be heard on the CD soundtrack of *No Direction Home*.

11 Helstrom later spoke in further detail to Howard Sounes.

12 Dylan acknowledged Holly during his 1998 Grammy acceptance speech, recalling the Duluth show.

第二章

1 "Like A Rolling Stone"©1965 by Warner Bros. Inc.,renewed 1993 by Special Rider Music.

2 Collins was present at Albert Grossman's Woodstock home the night Dylan finished"Mr Tambourine Man."She later released *Judy Collins Sings Dylan,Just Like A Woman* (1993).

3 "My Life In A Stolen Moment"©1973 Special Rider Music, renewed 2001 Special Rider Music.

4 Dylan wrote affectionately of Koerner in *Chronicles*. Koerner'stwo albums with Tony Glover and Dave Ray (*Blues,Rags and Hollers* and *Lots More Blues,Rags and Hollers*) were released on CD in 2004.

5 Cynthia Gooding(1924—1988). Her complete 1962 radio interview with Dylan on WBAI New York—including, for the first time, Dylan's performances—

was released on CD as *Folksinger's choice*(2010).

6 Dylan spoke fondly to Scorsese of the singer Odetta(1930—2008). Awarded the National Medal of Arts in1999, she was still performing a week before her death and had been invited to sing at the Obama inauguration.

7 Paul Nelson appeared in *No Direction Home* reminiscing about Dylan's Minneapolis days.

8 "11 Outlined Epitaphs"(sleeve note to *The Times They Are Achangin'*), ©1964 Special Rider Music: renewed 1992 Special Rider Music.

9 Robert Shelton, *Born to Win*, p 248.

10 Woody Guthrie:*Bound For Glory*, p 57.

11 In 1952, Moses Asch(1905—1986),founder of Folkways Records, released Harry Smith's six-LP set *American Folk Song*, which Dylan heard in Minneapolis. In1987, the Smithsonian Institution acquired Folkways from the Asch estate, and in 1999 released *Woody Guthrie,The Asch Recordingd Volumes 1-4*.

12 Dylan's only official recording of Guthrie's best-known song was a curiously muted affair, which appeared on the soundtrack of *No Direction Home*. Dylan appeared on *Folkways: A Vision Shared*(1988) performing Guthrie songs with Bruce Springsteen. Springsteen guested on a further Guthrie tribute,'*Til We Outnumber Them*(2000), contributing a poignant version of "Deportees,"which Dylan had so memorably performed on the 1976 *Hard Rain* TV special.

13 One of the most intriguing moments in *Chronicles* has Dylan meeting John Wayne("he looked like a heavy piece of hauled lumber"), an encounter engineered

by Bonny Beecher.

14 Tony Glover appears in Scorsese's *No Direction Home*; he also wrote the sleeve notes for *The Bootleg Series,Volume 4: Live 1996*(1998).

15 Dylan's song"Lenny Bruce" is included on *Shot of Love*(1981).

16 To date, Dylan's version of Lord Buckley's "Black Cross" (aka"Hezekiah Jones") remains officially unavailable.

17 Michael Gray has written about the significance of *Highway 61*("the blues highway") in both his *Encyclopedia* and *Song and Dance Man* III : *The Art Of Bob Dylan*.

18 "My Life In A Stolen Moment" ©1973 Special Rider Music, renewed 2001 Special Rider Music.

第三章

1 Albert Grossman(1926—1986) managed Dylan between 1962 and 1970.

2 Peter, Paul &Mary:*In The Wind* sleeve notes©1963 Warner Bros. Records, renewed 1991 Special Rider Music.

3 "11 Outlined Epitaphs"(sleeve note to *The Times They Are Achangin'*)©1964 Special Rider Music: renewed 1992 Special Rider Music.

4-5 *Ibid*.

6 The Clancy Brothers and Tommy Makem were key figures in the early folk revival—but are all now gone. The youngest,Liam, died in 2009. Dylan called him "the best ballad singer I ever heard." Along with Woody Guthrie, it was the Clancys

of whom Dylan spoke most affectionately when interviewed for *No Direction Home*. They were also great friends with Shelton.

7 The falsetto-voiced Tiny Tim(1930—1996) was a walking encyclopedia of American popular music, and a visitor at Woodstock during 1967.

8 Mike Porco(1915—1992), early Dylan champion and a welcome guest at the second Bob Dylan Convention at Manchester in1980.

9 At the time of writing, Izzy Young is running the Folklore Centrum in Stockholm. He appeared in *No Direction Home*, and was warmly remembered by Dylan in *Chronicles*.

10 A 1961 recording of Dylan performing "Dink's Song" eventually surfaced on the 2005 soundtrack to *No Dirtection Home*.

11 Dylan returned to"Poor Lazarus" during1967, but the *Basement Tape* version cuts out after only a minute. Originally collected by Alan Lomax from a convict in 1959, the song was revived on the soundtrack of *O Brother: Where Art Thou?*(2000), after which, Lomax was able to present the freed prisoner James Carter with a royalty cheque for $20,000.

12 Dave Van Ronk(1936—2002). One of his last appearances was on Nanci Griffith's *Other Voices Too...*(1998), on which he duetted with Eric Von Schmidt on the Dylan favourite,"He Was a Friend of Mne."

13 Robert Shelton, *Born to Win*, p. 248.

14 Jack Elliott received the National Medal of Arts from President Clinton

in 1998, and a Lifetime Achievement Award from BBC Radio 2 in 2005. *Friends Of Mine*(1998) found Tom Waits, Arlo Guthrie and Emmylou Harris, among others,paying tribute. He was the subject of a documentary, the soundtrack of which, *The Ballad of Ramblin' Jack*(2000), featured his 1961 duet with Dylan on the teen spoof "Acne."

15 Carolyn Hester was a guest at the 30th Anniversary Concert at Madison Square Garden 1992. Her album, on which Dylan made his recording debut, was reissued on a CD with bonus tracks, as *Carolyn Hester*(1994). Hester's life with Richard Farina, and much more besides, was covered in David Hajdu's. *Positively 4th Street*.

16 Harry Belafonte was reunited with Dylan in 1985 on the charity single "We Are The World."

17 In the1940s, Burl Ives(1909—1995) was a key mover alongside Woody Guthrie and Pete Seeger in the sourcing of folk material. He went on to act alongside James Dean and became a perennial favorite on children's radio. However, his reputation was permanently damaged in 1952, when he "named names" before the House Un-American Activities Committee.

18 "Talkin' Subway" Woody Guthrie©1960, Ludlow Music, Inc. NewYork.

19 "Pretty Boy Floyd" Woody Guthrie©1958, Sanga Music Inc. NewYork.

20 "Man Of Constant Sorrow" found a new audience when it appeared on the soundtrack of *O Brother, Where Art Thou?*, performed by Norman Blake, who had played with Dylan on *Nashville Skyline*.

21 "Pretty Peggy-O"©1962 (arrangement of music and new lyric by Bob Dylan), renewed 1990 MCA.

22 *Ibid.*

23 "The House Carpenter,""He Was A Friend Of Mine," and "Man On the Street" were eventually released on *The Bootleg Serier,Volumes 1-3.*

第四章

1 "Tomorrow Is A Long Time" ©1963 by Warner Bros. Inc., renewed 1991 by Special Rider Music.

2 "11 Outlined Epitaphs" (sleeve note to *The Times They Are Achangin'*), ©1964 Special Rider Music, renewed 1992 Special Rider Music.

3 Suze Rotolo finally broke cover in 2008 with her memoir *A Freewheelin' Time*. Besides offering insights into her life with Dylan, it is also strong on.the Greenwich Village scene of which she, Dylan, and Shelton were such an integral part.

4 "Outlaw Blues"©1965 byWarner Bros. Inc., renewed 1993 by Special Rider Music.

5 "Subterranean Homesick Blues" ©1965 by Warner Bros.Inc., renewed 1993 by Special Rider Music.

6 Bettina Jonic, *The Bitter Mirror: Songs by Dylan and Brecht,* (1975).

7 Josh Dunson brought together alot of matetial on the new songwriters in *Freedom in the Air:Movements of the' 60s.*

8 Gii Turner,"The Great New York Newspaper Strike"© 1963, as published in *Broadside* 20. Reprinted in *Broadside*,Volume 1,Oak Publications, p 32.© 1964, *Broadside* magazine.

9 In *And a Voice to Sing With*, pp 61-63,Baez describes how Grossman brought her to meet John Hammond:"At one point, a contract was slipped across [his] big desk.They would have had me sign right then and there what I believe was an eight-year contract." Instead she chose Vanguard and Manny Greenhill, with whom her only"contract" was a handshake. But she conceded:"If I wanted to go 'big time,' Abert was the best and so was Columbia."

10 Dylan cited the painter Norman Raeben, with whom he studied in 1974, as being a great influence on *Blood On The Tracks*. In 2007, Dylan felt confident enough to hold his first gallery exhibition.

11 Dylan recalled the late Paul Clayton in the interview that accompanied *Biograph*, and later in *Chronicles*.

12 Bernice Johnson and Cordell Reagon were founder members of the Freedom Singers, who performed at the 1963 Newport Folk Festival. In February 2010 she apperared alongside Dylan before President and Mrs Obama at a concert to commemorate the role of music in the Civil Rights struggle. (see Chronology)

13 A five-CD box, *The Best Of Broadside* 1962—1988 (2000) includes "The Ballad Of Donald White."

14 "Mixed-Up Confusion" ©1962,1968b Warner Bros Inc.,renewed 1990, 1996 by Special Rider Music.

15 Second only to the first single by the Quarrymen(currently in the possession of Paul McCartney), the most valuable record in pop history remains this ultra-rare stereo pressing of the original *Freewheelin'*,Currently valued at around £20,000. "John Birch,""Rambling, Gambling Willie," and "Let Me Die in My Footsteps" appear on *The Bootleg Serier,Volumes 1-3*, "Rocks and Gravel"on *Live At The Gaslight 1962*.

16 "John Brown"was included on Dylan's *MTV Unplugged*(1994).

17 "I Will Not Go Down Under The Ground"is better known as"Let Me Die In My Footsteps."

18 "Only A Hobo"appears on *The Bootleg Series,Volumes 1-3*."Talkin' Devil" has yet to be officially released.

19 "Tangled Up In Blue"©1974 by Ram's Horn Music, renewed 2002 by Ram' s Horn Music.

第五章

1 From "A Message," Dylan's open letter to the Emergency. Civil Liberties Committee after his speech to them in autumn 1963.

2 Dylan's own version of "No More Auction Block" appears on *The Bootleg Seriers Volumes 1-3*.

3 Dylan recorded "Willie the Gambler" as "Rambling, Gambing Willie."

4"11 Outlined Epitaphs" (sleeve note to *The Times They Are AChangin'*),©1964 Special Rider Mer Music: renewed 1992 Special Rider Music.

5 The only change Dylan's office made to the delivered sleeve notes for *The Essential Bob Dylan* was to add Duke Ellington to the list of distinguished artists who had covered his work.

6 "Last Thoughts On Woody Guthrie" is included on *The Bootleg Series,Volumes 1-3*.

7 A clip of Dylan singing in Greenwood that day appears in *Don't Look Back*—presumably courtesy of those"TV men from New York" .

8 "Playboys And Playgirls," on which Dylan duetted with pete Seeger, appears on *Newport Broadside,Newport Folk Festival 1963*(1964). The album featured topical sleeve notes written by "Stacey Williams" (aka Robert Shelton):"The record begins with… a characteristic bit ofwhimsy-plus-anger from the prolific pen of Bob Dylan. He is the22-year-old singer-poet from Hibbing, Minn., who some believe has given a major impetus to the whole topical-song development of his generation." Dylan's "Blowin' In The Wind" from the same event appeared on *The Newport Folk Festival 1963,The Evening Concerts Volume 1 (1964)*.

9 Joan Baez, *Daybreak*, p.84.

10 Dylan's comments to the Emergency Civil Liberties Committee were supplied to the author in a transcript the committee prepared, from its executive director, Edith Tiger.

11 From the New Yorker profile of Dylan by Nat Hentoff, October 4, 1964, p.64.

12 Dylan letter to *Broadside*, 1964.

第六章

1 "Essay Towards a New Form: Jazz and Poetry" in Ralph Gleason, editor, Jam Session: *An Anthology of Jazz*(New York 1958) pp 285-6.

2 *Ibid.*, p286.

3 Woody Guthrie: *Sing Out!*/17:6 (December/January), 1967—1968, reprinted in *Born to Win*.

4 Newport Folk Festival program book, July 1963.

5-9 *Ibid.*

10 *Hootenanny*, column by Bob Dylan, September 1963.

11 *Ibid.*

12 *Hootenanny*, column by Bob Dylan, November 1963.

13-14 *Ibid.*

15 "The Times They Are A-Changin'"©1963, 1964 byWarner Bros. Inc., renewed 1991, 1992 by Special Rider Music.

16-19 *Ibid.*

20 "Ballad Of Hollis Brown" ©1963 by Warner Bros. Inc' renewed 1991 by Special Rider Music.

21 *Ibid.*

22 "With God.On Our Side".©1963 by Warner Bros. Inc.,renewed 1991 by Special.Rider Music.

23 With Dylan's permission, the Neville Brothers added an extra verse about

Vietnam when they covered "With God On Our Side" on the Daniel Lanois-produced *Yellow Moon* (1989).

24 "One Too Many Mornings"©1964, 1966 byWarner Bros. Inc., renewed 1992, 1994 by Special Rider Music.

25 *Ibid.*

26 "North Country Blues"©1963, 1964 byWarner Bros. Inc., renewed 1991, 1992 by Special Rider Music.

27 "Only A Pawn In Their Game"©1963, 1964 byWarner Bros. Inc., renewed 1991, 1996 by Special Rider Music.

28 "When The Ship Comes In" ©1963, 1964 by Warner Bros. Inc., renewed 1991, 1992 by Special Rider Music.

29 *Ibid.*

30 Just before his death in 2010, William Zantzinger contributed to a BBC Radio 4 program, *The Lonesome Death of Hattie Carroll*, in which Howard Sounes interviewed those who were there the night Hattie Carroll was assaulted,even getting to hold the cane.

31 "The Lonesome Death Of Hattie Carroll"©1964, 1966 by Warner Bros. Inc., renewed 1992 by Special Rider Music.

32 "Restless Farewell", ©1964, 1966 by Warner Bros. Inc.,renewed 1992, 1994 by Special Rider Music.

33 *Ibid.*

34 "11 Outlined Epitaphs"(sleeve note to *The Times They Are A-Changin'*)©1964

Special Rider Music, renewed 1992 Special Rider Music.

35 From "Sweeney Agonistes" in *Collected Poems*, 1909—1962, by TS Eliot, 1936 by Harcourt, Brace & Jovanovich, ©1963,1964 by T S Eliot. Reprinted by permission of Harcourt, Brace & Jovanovich New York and Faber & Faber, London.

36 "11 Outlined Epitaphs" (sleeve note to *The Times They Are A-Changin'*)©1964 Special Rider Music, renewed 1992 Special Rider Music.

37-64 *Ibid*.

65 "Chimes Of Freedom"©1964 by Warner Bros. Inc.,renewed 1992 by Special Rider Music.

66-68 *Ibid*.

69 Shelton later cited. "Chimes Of Freedom" as his favorite Dylan song.

70 "I Shall Be Free.No.10"©1971 by Special Rider Music,renewed 1999 by Special Rider Music.

71 "To Ramona" ©1964 by Warner Bros. Inc., renewed 1992 by Special Rider Music.

72-74 *Ibid*.

75 "My Back Pages"©1964 by Warner Bros. InC., renewed 1992 by Special Rider Music.

76-78 *Ibid*.

79 "I Don't Believe you (She Acts Like We Never Have Met)"©1964 by Warner Bros. Inc., renewed1992 by Special Rider Music.

80 *Ibid*.

81 "Ballad In.Plain D" ©1964 by Warner Bros.Inc., renewed 1992 by Special Rider Music.

82-84 *Ibid.*

85 "Some Other Kinds Of Songs" (sleeve notes to *Another Side Of Bob Dylan*),©1973 Special Rider Music, renewed 2001 Special Rider Music.

86-98 *Ibid.*

99 The 305 English and Scottish ballads collected and catalogued by Professor Francis James Child of Harvard Universit included"Barbara Allen,""Matty Groves," and "Geordie." They featured prominently in the early repertoire of Joan Baez, Fairport Convention and Steeleye Span, and a number appear in Harry Smith's *Anthology of American Folk Music*. The entire collection is analyzed in Child's five-volume Study, *The English and Scottish Popular Ballads*(New York, 1965).

100 Robert Graves(1895—1985), English poet and novelist whose 1948 study of poetic inspiration,*The White Goddess*,Dylan has cited as an influence on his own work.

图书在版编目(CIP)数据

迷途家园：鲍勃·迪伦的音乐与生活. 1/（美）罗伯特·谢尔顿（Robert Shelton）著；滕继萌译. —重庆：重庆大学出版社，2017.1（2018.2重印）
（时尚文化丛书）
书名原文：No Direction Home: The Life and Music of Bob Dylan
ISBN 978-7-5689-0304-2

Ⅰ.①迷…　Ⅱ.①罗…②滕…　Ⅲ.①鲍勃·迪伦—传记　Ⅳ.①K837.125.76

中国版本图书馆CIP数据核字（2016）第295766号

迷途家园：鲍勃·迪伦的音乐与生活.1
MITUJIAYUAN:BAOBO · DILUN DE YINYUE YU SHENGHUO.1

[美]罗伯特·谢尔顿　著
滕继萌　译

策划编辑：张　维
责任编辑：李桂英　文　鹏　杨　敬
责任校对：关德强
装帧设计：崔晓晋
责任印制：赵　晟

重庆大学出版社出版发行
出版人：易树平
社址：（401331）重庆市沙坪坝区大学城西路21号
网址：http://www.cqup.com.cn
印刷：北京图文天地制版印刷有限公司

开本：890mm×1240mm　1/32　印张：14.5　字数：324千字
2017年1月第1版　2018年2月第2次印刷
ISBN 978-7-5689-0304-2　定价：58.00元